아시아 그리스도교 역사 ❷

명말청초(明末淸初) 시대의 예수회 중국선교

아시아 그리스도교 역사 ❷

명말청초(明末清初) 시대의 예수회 중국선교

에바히스트 헤지 육의 『중국, 몽골, 티베트에 전래된 그리스도교』 2권의 번역과 주해

김지인 · 안경덕 · 김상근 번역과 주해

연세대학교 대학출판문화원

『중국, 몽골, 티베트에 전래된 그리스도교』 제 2 권의 역사적 범위와 핵심 논의

김상근 ❋ 연세대학교 선교학 교수

이 책은 19세기 프랑스 출신의 가톨릭 사제이며 라자로회(Lazarites) 소속 선교사로 중국, 몽골, 그리고 티베트에서 활동했던 에바히스트 헤지 윅(Évariste Régis Huc, 1813-1860) 신부가 쓴 『중국, 몽골, 티베트에 전래된 그리스도교』(전 3권) 중 두 번째 책을 번역하고, 주해한 것이다. 안경덕이 초역抄譯을, 김지인이 재역再譯과 교정을, 교신 역자인 김상근이 최종 주해와 삼역三譯과 참고문헌 정리를 맡았다. 전체 3 권에 대한 서지 정보와 지은이에 대한 간략한 소개는 제 1 권의 서두에 기록해 두었다. 여기서는 두 번째 책의 역사적 범위와 사료적 가치에 대해서 간략히 소개한다.

이미 출간된 『중국, 몽골, 티베트에 전래된 그리스도교』 제 1권에서는 팔레스타인에서 출발한 그리스도의 복음이 중국에 이르기까지의 초기 과정을 다루고 있다. 서양 교회사의 기준으로 본다면 초대 교회와 중세 교회의 기간과

겹치는 시기이다. 우리는 육 신부의 철두철미하고 정교한 역사 복원 작업을 통하여 당대唐代의 대진경교유행중국비大秦景敎流行中國碑에 대한 상세한 정보를 필두로, 몽골족의 그리스도교 역사, 중세 유럽 선교사들과 탐험가들의 초기 중국 접촉, 동방 네스토리우스 교회의 역사 등에 대해 알게 되었다. 제 1권은 몽골의 쇠퇴와 더불어 막을 내린 중세 유럽의 아시아 및 중국 선교로 끝이 난다.

『중국, 몽골, 티베트에 전래된 그리스도교』 제 2 권에서는 대항해 시대의 개막과 더불어 재개된 중국 선교를 기점으로 프란치스코 하비에르, 마테오 리치, 아담 샬로 이어지는 명말청초明末淸初 시기의 예수회 선교 역사가 한편의 파노라마처럼 펼쳐지고 있다. 이 책에서 논의되고 있는 구체적인 역사 범위는 바스코 다 가마의 인도 항로 개척(1497-1499년)부터 청나라의 3대 황제였던 순치제順治帝의 붕어崩御(1661년)까지이니, 약 160여 년간 아시아에서 펼쳐졌던 예수회 선교 역사의 진면목眞面目이라 할 것이다. 19세기 중엽에 육 신부가 이 책을 출간했을 당시, 유럽인들은 중국, 몽골, 티베트를 일종의 서양의 반면교사反面敎師나 오염되지 않는 문명의 이상향으로 보던 낭만적인 시각에서 경제적 이익을 위한 식민지 개척의 목적지로 발전시켜가던 중이었다. 1839-1842년간 펼쳐졌던 제 1차 아편전쟁은 이러한 전환을 촉발시키는 계기였다. 따라서 육 신부는 당시 유럽의 정치, 문화적 이해의 프레임 속에서 아시아와 중국을 바라보았고, 이 책을 읽는 독자는 우선 당시 유럽인들이 가지고 있던 아시아와 중국에 대한 이중적인 입장을 염두에 두어야 할 것이다. 선교의 대상인 동시에 식민지배의 대상이었던 아시아와 중국은 현장에서 사역을 하던 선교사들에게 이중적인 관점을 갖게 하였고, 육 신부도 이런 시대의 제약에서 벗어날 수 없었다.

따라서 우리는 이 책의 내용을 통해서 육 신부를 위시한 당시 서양 선교사들이 가지고 있던 중국에 대한 부정적인 시각을 확인할 수 있다. 예를 들어 육 신부는 "사실 중국인들은 무관심과 미신 때문에 열정을 가질 수 없는 듯하다." 라는 표현 등을 반복적으로 사용하면서, 중국인들이 가지고 있던 돈에 대한 욕심과 미신에 물든 세태를 비판한다. 물질에 대한 욕심 때문에 선교사들을 배신하는 초기 중국인 배교자들의 모습도 자주 등장한다. 육 신부는 중국의 이런 문화적 한계와 중국인들의 오류를 극복할 수 있는 대안으로 가톨릭 신앙을 당당하게 제시하고 있다. 오직 유럽의 종교만이 아시아와 중국의 궁극적인 대안이라는 19세기 중엽의 보편적 인식을 반영하고 있는 것이다.

> "인류의 종교가 될 운명인 가톨릭은 편협하고 배타적인 종교가 아니라 여러 민족의 독특한 관습 가운데서 해가 되지 않고 허용될 수 있는 관습은 어느 것이든지 기꺼이 수용하는 종교이다. 참다운 종교는 개인의 특성은 물론이고 민족의 특성을 파괴하지 않는다."(p.155)

그러나 육 신부가 가졌던 이런 관점을 탈식민주의의 논점Post-colonial Criticism으로 비판하는 것은 현재의 관점으로 과거를 시대착오적으로 평가하는 우를 범하는 것이다. 역자들이 19세기 중엽의 시대적 한계를 가진 육 신부의 책을 번역하고 주해한 이유는, 실제로 일어난 역사적 사실을 재확인하기 위해서이지, 우리 시대의 입장에서 서서 그 시대의 관점을 비판하려고 했던 것이 아니다. 현재의 관점에서 16-17세기에 펼쳐졌던 예수회 선교 역사를 평가하는 것이 아니라, 19세 중엽에 펼쳐졌던 육 신부의 관점과 한계를 살펴봄으로써, 우리가 과거를 보는 시각에 문제가 없는지를 재점검하기 위해서였다. 우리는 육 신부의 치밀한 역사 기록을 복원하는 작업을 통해서, 그동안 "현재적 관점"에서 일괄적으로 비판되어 왔던 몇 가지 사실을 확인하게 되었다.

단도직입적으로 말하자면, 육 신부는 마테오 리치보다 니콜로 롱고바르디의 선교 방식을 더 선호하는 입장에 서 있었다. 널리 알려진 대로 마테오 리치는 중국 문화와 유교를 적극적으로 수용하여, 이를 중국 선교의 접촉점으로 삼았다. 중국에서 사용할 그리스도교의 신명神名(Deus)을 전통 유교에서 찾아 상제上帝로 과감히 동일화 하였고, 스스로 유학자의 복장을 착용했을 뿐 아니라, 황제 앞에서 바닥에 엎드려 절하거나 유교식 제사에 참여하는 것을 꺼리지 않았다. 그러나 마테오 리치 신부에 이어 중국 예수회 선교의 두 번째 관구장이 된 롱고바르디 선교사는 선임자의 적극적인 토착화 시도에 제동을 걸었다. 중국에서 진행되었던 전례 논쟁Chinese Rites Controversy의 역사에 대해서는 육 신부의 『중국, 몽골, 티베트에 전래된 그리스도교』 제 3권에서 다루어지지만, 이미 두 번째 책에서도 그 단초가 발견된다. 롱고바르디 신부는 소주에서 불교 사찰에 보시하라고 강요하던 중국 불교인들의 요구를 단호히 거절한 바 있는데, 이는 그가 마테오 리치의 개방적인 자세와 다른 입장을 취하고 있음을 보여주는 것이다. 그는 그리스도교와 중국 종교의 '유사점'보다 '차이점'을 더 강조했다. 이러한 토착화 선교 정책에 대한 반대와 더불어, 롱고바르디 신부는 마테오 리치의 이른바 '위로부터의 선교'에 대해서도 반대 의견을 개진하였다. 롱고바르디는 명말 중국에서 사역하던 예수회 신부들이 사대부와 황족에게 지나치게 선교 역량을 집중하는 것에 대해 부정적인 시각을 감추지 않았다.

> "인류의 구원지에게 처음으로 경배한 사람들은 목자들이었던 것처럼 중국에서도 그리스도교를 처음 받아들인 사람들은, 비록 나중에는 새 신자들이 중국 사회의 모든 계층에서 생겨났지만, 단순하면서도 순진한 사람들이었다."(p.160)

롱고바르디 신부는 하층민 선교를 더 강조했고, 실제로 그의 사역과 시간은 농부와 시골 아낙네들을 위해 할애될 때가 많았다. 여기서 우리가 주목해야 할 것은, 19세기 중엽 중국에서 활동했던 육 신부가 17세기의 선교에 대해서 이런 관점을 유지했다는 것이다. 그가 마테오 리치보다 니콜로 롱고바르디의 선교 방식에 더 우호적이었다는 사실은 육 신부가 소속되어 있던 라자로회의 선교 방식이 롱고바르디에 가까웠다는 것을 의미한다. 대항해 시대 이후부터 명말청초기에 중국 선교를 주도했던 예수회는 1773년부터 1814년까지 유럽의 여러 나라들에서 축출되었고, 모든 선교지에서 추방되었다. 육 신부가 중국, 몽골, 티베트에서 사역을 전개하고 있던 19세기 중엽, 중국 선교 현지에서는 라자로회와 예수회 소속 선교사들 간의 갈등이 펼쳐지고 있었다. 예수회 선교의 중국 선교가 금지된 후(1775년), 중국 선교를 대신했던 라자로회 소속 선교사들은, 복원되어(1814년) 중국 현지로 다시 돌아온 예수회 선교사들과 주도권 경쟁을 펼쳐야만 했다. 그렇다면 우리는 육 신부가 마테오 리치가 아닌 니콜로 롱고바르디의 선교 정책을 지지했던 이유를 짐작할 수 있게 된다. 롱고바르디의 선교 정책이 육 신부가 소속되어 있던 라자로회의 선교 방식, 즉 지나친 토착화를 경계하고, 사회적 약자들에 대한 우선적 관심과 더 가까웠기 때문일 것이다.

그렇다면 우리는 육 신부가 기록한 명말청초기의 예수회 선교 역사가 저자의 관점에 의해 왜곡되었을 것이라는 합리적 의심을 품게 된다. 실제로 육 신부가 포함된 프랑스 중심의 라자로회 선교사들은 예수회의 선교 방식, 특별히 마테오 리치의 선교 방식에 대해서 부정적이었다고 알려져 왔다. 그러나 이 책은 우리에게 이런 역사적 통념에 대해서 재고를 촉구하고 있다. 저자인 육 신부는 이 책의 후반부에서 마테오 리치의 방식을 포함한 예수회 선교 방식을 변호하는 입장을 함께 취하고 있기 때문이다. 19세기 중엽의 유럽에 만연해 있던 예수회에 대한 부정적인 시각에 대해 누구보다 잘 알고 있던 육 신부는 오히려 마테오 리치를 변호하는 입장에 선다.

> "예수회는 선교사역에서 현지인 성직자를 양성하는데 소홀했다고 크게 비난받아 왔는데, 사람들은 선교사들이 선교지에 계속 필요하도록 하고, 또 그들 마음대로 아무런 통제도 받지 않고 이 신생 교회들을 통제하기 위해서였다고 말했다."(p.162)

이어서 육 신부는 예수회의 선교 방식에 대해서 부정적이었던 시대의 평가가 잘못되었다고 주장하면서, 마테오 리치가 마카오에 현지인을 위한 신학교를 설립하려고 했다는 사실을 강조한다. 마테오 리치의 판단이 옳았던 부분이 분명히 있었다는 것이다. 이것이 『중국, 몽골, 티베트에 전래된 그리스도교』 제2 권의 역사적 범위와 사료적 가치를 논함에 있어서 반드시 기억되어야 할 점이다. 이 책의 저자인 육 신부는 시대의 획일화된 평가에 대해서 자신이 참고했던 역사 자료를 꼼꼼히 살펴 본 후에, 명말청초기의 예수회 선교 역사에 대해 긍정적인 요소와 부정적인 요소를 모두 소개하고 있다. 자신이나 소속되어 있는 집단의 논리에 편승하지 않고, 난삽하게 기록된 300년 전의 기록을 주도면밀하게 해석하고, 역사의 질정을 시도한 육 신부가, 이어지는 『중국, 몽골, 티베트에 전래된 그리스도교』 3권에서는 또 어떤 "다른" 이야기를 들려줄지 기대하게 된다.

참고로 육 신부가 소속되었던 프랑스 라자로회 선교회는 조선 가톨릭교회의 태동과도 밀접한 연관이 있다. 앞에서 잠시 언급한 대로, 예수회의 중국 선교가 금지 당한 후(1775년), 교황청의 포교성성(Sacra Congregatio de Propaganda Fide, 1622년 설립)은 프랑스의 선교 수도회Congegatio Missionis, 일명 라자로회(Lazarites)로 하여금 예수회를 대신하여 중국 선교를 책임지게 했다. 이에 프랑스 캉브레 출신의 선교사 니콜라 조제프 로(Nicolas Joseph Raux, 1754~1801, 중국명 나광상羅廣祥)가 1784년부터 중국에서 가톨릭 교회의 선교 활동을 이끌게 된다. 로 신부는 건륭제乾隆帝의 후원을 받으며 흠천감 부감欽天監副監으로 베이징에서 활동하고 있었다. 1789년 12월, 로 신부는 조선에서 온 한 천주교 신자 청년을 만나게 된다. 그는 자신의 이름이 윤유일尹有一이고, 조선 땅 여주驪州가 고향이며, 1784년에 그랑몽Jean-Joseph de Grammont 신부에게서 세례를 받았던 이승훈으로부터 영세를 받은 천주교인이라고 말했다. 그가 조선 동지사冬至使의 마부가 되기 위해 뇌물까지 주면서 베이징으로 온 이유는, 그랑몽 신부로부터 조선의 "자생적" 천주교회에서 제기된 교리 문제와 조선에서 재량으로 처리할 수 있는 교무를 확인하게 위해서라고 밝혔다. 그리고 겉옷의 솔기 속에 감추어 온 이승훈의 편지를 전달했는데, 그 편지의 내용은 로 신부에게 충격을 주었다. 조선의 "자발적" 천주교인들의 숫자가 1,000 명에 달한다는 보고가 포함되어 있었기 때문이다. 1789년 12월 22일, 로 신부는 윤유일에게 성대한 세례식을 베풀고 바오로라는 세례명을 주었다. 대부는 전 예수회 회원이자 당시 청 황실의 궁정 화가였으며 윤유일의 초상화를 직접 그려 로마에 보냈던 조셉 판지(Joseph Panzi, 중국명 潘廷章, 1733-1812년?) 수사였다. 당시 베이징의 교구장이었던 구베아(Alexander de Gouvea, 중국명 湯士選, 1751-1808) 주교는 윤유일과의 접촉과 세례를 통해 조선 선교에 대한 관심을 가지게 되었고, 결국 조선인과 외모가 비슷했다는 중국인 주문모 신부를 선교사로 파송하게 된다(1794년). 육 신부의 나자로회는 윤유일과의 우연한 만남을 통해 조선 가톨릭교회의 태동과 연결된다.

일러두기

1. 이 책은 1857-1858년간 프랑스 파리(Gaume frères)에서 출간된 에바리스트 헤지 육Évariste Régis Huc 신부의 『중국, 몽골, 티베트의 그리스도교Le christianisme en Chine, en Tartarie et au Thibet』의 두 번째 책을 번역하고 주해를 단 것이다. 이 책의 영어 번역본은 같은 해에 영국의 런던(Longman, Brown, Green, Longmans, & Roberts)과 미국의 뉴욕(D. & J. Sadlier)에서 동시에 출간되었다. 이 책은 동일한 판본인 영어 번역본을 저본을 삼았고, 필요에 따라 육 신부의 불어 원전을 참고하였다.

2. 본문 중 [ ] 안의 내용은 옮긴이들이 독자들의 이해를 돕기 위해 주해를 단 것이고, ( ) 안의 내용은 육 신부가 자신의 책에서 보충해서 설명한 것이다. 논의가 길어지거나 상세한 설명을 요구할 경우에도 각주로 처리했다.

3. 이 책은 총 9장으로 구성되어 있는데, 각 장의 제목과 소제목은 옮긴이들이 가독성을 높이기 위해 붙인 것이다. 지은이가 붙인 각주는 '(원주)'라 표시하였다. 책 제목처럼 명확한 번역이 가능할 경우 번역을 했지만, 가급적 원문 그대

로 옮겨 놓았다. 약자로 되어 있어 출처 확인이 불분명할 때도 있었다. '(원주)'라고 표시되어 있지 않는 나머지 모든 각주는 모두 옮긴이가 주해한 것이다. 19세기 중엽에 쓴 책이어서 사실史實과 연대가 다르게 표시된 것이 다수 있어, 최대한 바로 잡아 이를 옮긴이의 각주에서 수정하였다. 이렇게 옮긴이들에 의해 확인되고 수정된 사실은 따로 표시해 두었다.

4. 맞춤법과 외래어 표기는 원칙적으로 국립 국어원 어문규정을 따랐으나, 성경에 나오는 인명과 지명 등은 『표준 새 번역 성경』(2003)을 따랐다. 지명과 인명의 우리말 표기는 현재 통용되는 한글용어를 준용하였으나, 중국의 인명과 지명은 가급적 우리 발음으로 적었다.

차 례

제 1 장

대항해시대의 개막과 더불어 재개된 중국선교

제 1 장

대항해시대의 개막과 더불어 재개된 중국선교

중세 가톨릭교회의 선교가 유럽 문명에 끼친 영향

이 책의 제 1권에서 전체적으로 간략하게 살펴본 것처럼, 중세 가톨릭교회는 아시아의 여러 민족을 개종시키기 위해 많은 선교사를 파송하며 끊임없이 노력했지만 기대한 만큼의 좋은 성과를 내지 못했다. 프란체스코회와 도미니크회 수도사들의 커다란 희생으로 세워진 그리스도교 공동체는 초기의 일시적인 번성에도 불구하고 아시아라는 척박한 땅에서 박해의 비바람을 견뎌낼 만큼 깊이 뿌리를 내리지 못했다. 잠시나마 찬란하게 빛나던 복음의 빛을 눈으로 직접 목격했던 사람들이 다시 어둠에 빠져 들었다. 그들은 하느님께로 가는 길, 즉 진리와 생명으로 가는 길에서 점차 멀어져 방황하였다. 그러나 비록 교회가 이교도를 개종시키고 그들을 문명 세계로 이끌려는 부단한 노력을 했다는 점이 세상 사람들로부터 큰 주목을 받지는 못한 것은 사실이지만 그래도 일정 부분 열매를 맺었음을 인정해야 한다. 선교사들은 그들의 노력을 통해 유럽 문명이 놀랍게 발전하는 데 이바지했을 뿐만 아니라, 동아시아에 가톨릭 신앙의 가르침에 대한 흥미로운 기억을 남겨 놓았기 때문이다.[1]

북아시아Nothern Asia의 나라들은 몇 세기 동안 서방에 전혀 알려지지 않은 채 [고립되어] 남아 있었다.[2] 유럽의 그리스도교 세계에 속한 사람들은 가장 멀리 떨어져 있는 신비로운 [아시아의] 동방에, 수많은 사람이 거주하는 크고 부유한 도시가 존재하고 있으며 예술과 산업과 농업 그리고 상업이 고도로 발달한 거대한 제국이 존재하리라고는 전혀 상상하지 못하고 있었다. 따라서 두 개의 문명 세계가 유라시아 대륙의 양쪽 끝에 각각 존재하고 있었고, 이 두 문명은 수백 년 동안 상호교류도 없었으며 서로 영향도 주고받지 않은 채 각각의 자원을 개발하고 의존하며 성장과 발전을 지속해 왔던 것이다. 그런데 갑자기 전대미문의 거대한 전쟁이 벌어지면서 이 커다란 두 세력이 만나는 일이 일어났다. 몽골 세력은 서양이 감당하지 못할 정도로 커졌고, 동시에 유럽에서 들끓기 시작한 새로운 사상이 십자군을 통해서 동방으로 퍼지게 되었다. 이렇게 되자 다수의 인종들이 서로 뒤섞이기 시작했고, 오랫동안 떨어져 있었던 한 가족의 자녀인, 셈과 야벳의 후손들이 다시 서신을 주고받게 되었다.[3]

이 양쪽은 서로 연합하고 융합하려고 많이 노력했다. 몽골 쪽에서는 이탈리아, 스페인, 프랑스, 영국으로 스무 차례나 사절을 보냈고, 서방에서도 그리스도교인 군주들, 특히 교황들이 대 칸이 다스리는 [아시아의] 여러 나라로 사절

---

1) 중세 유럽의 아시아 선교가 유럽 문명 발전에 기여했다는 육 신부의 판단은 아시아라는 '타자'를 발견함으로써, 유럽 문명 자체의 가능성을 재발견하게 되었다는 뜻이다. 또 동방이 먼저 발명한 나침반, 화약, 종이 등을 이용해서 문명을 발전시킨 것은 서양이라는 뜻이다.

2) 육 신부는 원문에서 Upper Asia, Far Asia, Northern Asia, East Asia, Inner Asia, Tartary 등을 상황에 따라 다른 개념으로 사용하였다. 중국 역사에서 차지하는 몽골 원나라와 만주 청나라의 지정학적 위치의 중첩 때문에 이런 용어들이 다양한 의리로 사용되었다. 여기서 '북아시아'는 몽골 제국의 위상을 고려해서 사용된 용어이다.

3) 『창세기』 9:18-10:32.

과 선교사들을 보냈다. 이러한 접촉은 오랫동안 활발하게 이어졌는데, 유럽과 아시아에서 이슬람 세력을 영원히 파멸시키려 했던 십자군과 몽골군 사이에 연합이 성사되지 못했던 것은, 분명히 몽골의 잘못이 아니었다.

공식적인 보고서와 진지한 회담이 이제까지 남남으로 지냈던 두 민족이 서로 의사소통하기 위한 시작한 유일한 방법은 아니었다. 잘 알려지지는 않았으나 오히려 더 효과적이었던 접촉이, 바로 사절과 군대를 따라서 세상의 반대편 끝까지 갔던 개인들의 여행을 통해서 이루어졌다. 몽골인들은 로마, 파리, 아비뇽, 런던, 바르셀로나와 다른 많은 유럽 도시에서 그 모습을 드러냈다. 당시에 프랑크인Franks이라고 불리던 사람들도 자신들의 고향에서 멀리 떨어진 곳[아시아]에서 쉽게 눈에 띄었다. 이들은 아시아 전역을 두루 다니면서 외교사절의 임무를 감당하였고, 이교도들에게 복음을 전했다. [아시아로 간] 교황의 사절들은 면죄를 받기 위해서 그들이 방문한 먼 나라의 예절과 관습을 주의 깊게 살펴보라는 지시를 받았다. 이 명령에 따라 많은 것을 관찰한 덕분에 유럽의 문명은 더욱 진보할 수 있었으며, 또 중세에는 동방의 나라들과 만나면서 유럽의 산업과 예술에 많은 유익을 끼쳤다.

제 1권에서 우리는 루브룩, 플라노 카르피니, 마르코 폴로, 오도릭 등의 여행기를 인용했고 그들의 글에 대한 분석도 했다. 하지만 당시 그들에게는 이러한 긴 여행을 견뎌내는 것이 여행기를 쓰는 것보다 훨씬 쉬운 일이었다. 따라서 이 대담한 여행자들은 대부분 그들이 경험했던 놀라운 여행에 관한 기록을 거의 남기지 않았으며, [그래서] 오늘날에는 [그들이 남긴] 기억조차도 사라지고 말았다. 하지만 낯선 땅에 관해 그들이 관찰한 내용이 완전히 사라진 것은 아니다. 여행자들은 고국에 돌아와서 그들이 목격했던 믿기 어려운 일들을, 틀림없이 약간의 과장을 섞어서 말했을 것인데, 그 말 속에는 물론 유용한 정보가 많이 들어 있었다. 프랑스, 이탈리아, 독일에서 이 여행자들은 요새, 수도원과 수도회 모든 곳에 나중에 귀한 열매를 맺게 될 귀중한 씨앗들을 심어놓았다. 유럽의 예술과 사상에 아시아인들은 놀랐고, 반면 유럽인들은 동양의 산물과 지식에 매료되고 감탄하며 모방하게 되었다.

유럽 문명을 크게 자극한 나침반, 화약, 인쇄술, 이 세 가지는 아시아에 갔던 선교사들이 여행하면서 이야기했기에 유럽에서 [아시아로부터] 도입하게 된 새로운 발명품들이다. 자석은 중국인들이 오래전부터 쓰고 있던 것으로, 중국에서 해안지대를 돌아다니거나 커다란 호수를 건너던 선교사들은 자석화 된 철로 된 바늘이 들어 있는 작은 상자가 중국 범선에 비치되어 있다는 것을 알게 되었다. 중국인들은 이것을 '지남철指南鐵'즉 '남쪽을 가리키는 바늘'이라고 불렀고, 선원들이 항해의 방향을 결정하는 데 사용하고 있었다. 중국 서적에 4,456년 전에 한 영웅이 '지남철'에 의지하여 악령에 둘러싸인 어두운 구름을 헤치고 나왔다는 이야기가 있다. 물론 이것은 우화지만 이 경우에는 옛날이야기가 남다른 권위를 가지기도 한다. 중국인들이 '지남철'을 사용하는 것을 보았던 동일한 선교사들이 몽골 군대가 화포火砲라고 부르는 무서운 무기를 사용하는 것도 목격하였다. 화포는 화약을 이용하여 적군의 성벽을 향하여 돌 같은 것을 쏘아 보내는 무기다. 아는 것이 많았던 가우빌Gaubil신부는 13세기 초 개봉부Kai tong Fou, 開封府가 점령당한 이야기를 하면서, 중국 역사가들의 말을 이렇게 인용했다.[4)]

"방혈병放血瓶처럼 생긴 용기에 담은 쇳조각을 발사하는 화포가 개봉에 있

---

4) 가우빌(Antoine Gaubil, 宋君榮, 1689-1759)은 프랑스 태생의 예수회 선교사였고 천문학자, 사학자였다. 중국의 천문학에 관한 저술(Traité de l'Astronomie Chinoise, 1729-1732)을 남겼고, 칭기즈칸의 역사(Historie de Gentchiscan, 1739)와 당나라의 역사(Mémoires concernant les Chinois, vols. XV and XVI)를 불어로 번역하였다. 가우빌에 대한 자세한 내용은, Renée Simon, ed., Le P. Antoine Gaubil, S.J., Correspondance de Pékin, 1722-1759 (Genéve: Droz, 1970) 참조.

었다.[5] 이 병에 화약을 채우고 발사하면 40km 밖에서도 들릴 만큼 천둥소리 같은 굉음이 울렸고, 포탄이 떨어진 자리에서는 불이 붙었다. 포탄이 무쇠 갑옷에 맞으면 갑옷은 산산조각이 났다. 몽골군은 성벽으로 다가갈 때 땅속으로 대호對壕를 파서 그 안으로 몸을 피했는데, 성벽이 무너지면서 부상을 당하지 않으려는 목적 외에도, 이 참호를 창살로 엮어서 포위당한 사람들이 참호 안으로 떨어지게 만들어 도망치지 못하도록 하였다. 성벽 위에 있던 적군들이 배수로나 참호로 빠지면 포위하고 있던 몽골군들은 여기에 성냥으로 불을 붙여서 불길이 번지게 만들어 모조리 파괴했다. 몽골군은 다른 무엇보다도 이런 화포를 가장 두려워하였다."[6]

중국에 침입한 유럽인들은 화포보다 중국의 도서관을 보고 더 큰 충격을 받았다. 유럽인들은 부드럽고 결이 고운 종이에 목판으로 재빠르게 인쇄한 품위 있는 서책들을 보고 충격을 받았다. 중국에서 고전을 인쇄한 첫 판본이 등장한 때는 958년으로, 유럽에서 구텐베르크Johannes Gutenberg가 인쇄술을 발명하기 500년 전이었다.[7] 선교사들은 [아시아로 떠나기 전에] 수도원에서 서책을 필사하는데 고단하고 분주한 노력을 기울였으므로, 간편한 중국의 인쇄술은 그들의 관심을 끌기에 충분했다. 그밖에도 유럽인들이 알지 못했던 비단, 도자기, 놀이패, 안경, 또 수많은 공예품과 생산물 같은 신기한 것들이 유럽인들의

---

5) (원주) Gaubil, "Histoire de la Dynastie des Mongols, tirée de l'Histoire Chinoise, Paris, 1789, p. 71.

6) (원주) 가우빌 신부는 자신의 쓴 『가우빌 신부의 비망록』에서 이 무기를 "화포"라고 하였는데, 유럽의 대포와 비슷한 것인지는 알 수 없다고 하였다. 또 포탄이 지금과 같은 방식으로 발포되는지, 또는 발사체를 폭탄이라 불러야 하는지 모르겠다고 하였다. 중국인들이 화약을 사용한지는 1,600년이 넘었다는 것은 잘 알려진 사실이지만, 지금까지 포위 작전에 이것을 사용하였는지는 분명치 않다.

7) 세계 최초의 금속활자는 13세기에 고려에서 발명되었다. 1372년에 출간된 『직지심체요절指心體要節』이 금속활자로 찍어낸 세계 최초의 책이다. 현재 프랑스 국립도서관에 소장되어 있다. 중국에 현존하는 가장 오래된 목판활자로 인쇄된 책은 당나라 함통咸通 9년(868년)에 출간된 『금강반야바라밀경金剛般若波羅蜜經』이다. 한국에서는 1966년 10월 경주 불국사 석가탑에서 발견된 『무구정광대다라니경無垢淨光大陀羅尼經』이 가장 오래된 것으로, 석가탑 창건 751년 목판활자 인쇄본이라고 주장하고 있다. 여기서 육 신부는 중국의 기록에만 의존해서 말하고 있다.

눈에 띄었다. 선교사들은 이런 새로운 아이디어를 가지고 유럽으로 돌아갔는데, 아벨 레뮈자Abel Remusat는 이 영향력에 대해 아래와 같이 말했다.[8)]

> "그때부터 서양에서는 전 세계의 중심이며, 가장 인구가 많고, 고대부터 가장 문명화된 나라인 중국에 대해 당연한 존경심을 갖기 시작하였다. 중국인들의 예술, 종교와 언어를 연구하게 되었고, 심지어 파리대학교에서는 몽골어를 가르치는 교수직까지 만들겠다는 생각을 했다. 온 세계가 동방을 향하여 문을 여는 것 같았는데, 지리학이 이를 선도하였고 결국 새로운 발견에 대한 열정이 유럽인들의 모험심을 일으키는 새로운 통로가 되었다. 우리가 사는 서반구에 동방이 더 잘 알려지게 되면서, 다른 나라에 관한 생각이 절대로 일어날 수 없는 이치에 맞지 않는 말이라고 생각하는 사람은 없어졌다. 그리고 마르코 폴로Marco Polo가 지팡구(Zipangou, 일본)에 관해 이야기할 때쯤, 크리스토퍼 콜럼버스Christopher Columbus는 신세계를 발견했다."

나침반, 목판 인쇄술, 화기가 유럽에 전해지기 오래전부터 아시아에서는 이것들을 사용하고 있었다. 마침내 유럽에서는 [아시아로 파견하는] 그리스도교 선교를 위한 여러 방안을 모색하기 시작하였다. 수많은 선교사가 아시아로 파송되었으며, 그들의 왕래는 한 세기 반이나 지속 되었다. 그리고 또 다른 세기가 지나기 전에 선교사들이 언급했던 발명품들이 모두 유럽에서 사용되기에 이르렀다. 하지만 그런 발명품들을 누가 만들었는지는 의문의 대상이었다. 처음으로 이러한 발명품을 만든 나라나 그것을 처음 만든 사람들이 누구인지는 전혀 알 수 없었다. 이러한 예상치 못했던 빛으로 문명 세계를 비추었던 이들은 이름을 알 수 없는 알려지지 않은 [아시아의] 장인들이었다. 이러한 발명품

8) (원주) Jean-Pierre Abel Rémusat, Mélanges Asiatiques, ou Choix de morceaux de critique, et de mémoires relatifs aux religions, aux. sciences, à l'histoire, et à la géographie des nations orientales. Vols. I. and II., Paris, 1825.

은 대체로 아시아 발명품이 지녔던 조잡한 형태로 유럽에 처음 등장했다. 바로 실생활에서 사용된 것들도 있었고, 더러는 기능이 향상되는 동안 우리의 관심에서 오랫동안 사라지기도 하였으나, 이것도 모두 새로운 발견이었다. 유럽의 천재들이 기존의 아시아 발명품을 더 발전시키면서 이러한 융합된 영향력이 인류의 지성에 커다란 자극을 주었다.[9] 따라서 엄격히 말하자면 근대 문명이 열매를 거두었던 이러한 위대한 발견들은 대부분 중세의 [유럽] 수도사들의 공으로 돌려야 마땅하다. 가톨릭은 무엇보다도 선교사들이 사도들처럼 손에 십자가를 들고 이교도들에게 복음을 전하러 가고, 그들에게 주어진 이 힘든 과업에 뒤따르는 궁핍과 고통을 기꺼이 참아내면서 영혼들을 예수 그리스도 앞으로 이끄는 것을 소중하게 생각한다. 복음을 전파하기 위한 이러한 열정 때문에, 복음 전도에 도움이 되는 일들을 아무것도 아닌 것으로 여기는 사람들을 개의치 않았던 것이다. 하지만 이 때문에 선교사들은 과거에서부터 오늘날까지 가장 유능한 문명의 중개자였다. 복음 전도자에 대한 그리스도교적인 공감대가 없음에도 불구하고, 그들은 존경과 감사라는 대가를 바라지 않고 새로운 생각을 퍼뜨렸기 때문에, 인류의 발전에 매우 구체적인 도움을 주는 존재가 되었다는 점을 인정해야만 한다.

라마 위계 제도와 불교의식의 기원

지금까지 우리는 중세의 그리스도교 선교사들이 아시아 심장부에 그들이 선교한 흔적을 크게 남겨놓았으며, 달라이 라마의 최종적인 지시를 받고 티베트에 만들어진 개혁 불교가 유럽에서 큰 호기심을 끌었다고 말했다. 이런 내용

9) (원주) 루브룩과 같은 시대를 살았던 유명한 영국의 수도사 로저 베이컨(Roger Bacon)은 화약의 발명자로 알려져 있는데 그렇게 말할 수도 있다. 당시에 몽골군이 화약을 사용하고 있었으므로 루브룩이 베이컨에게 화약 발명의 단서를 주었을 수도 있다.

을 잘 알고 있던 17세기 초의 선교사들은 아시아의 중심부에서 많은 [라마 불교] 수도원, 엄숙한 종교의식, 종교축제, 달라이 라마의 궁전, 티베트와 몽골의 정신적 아버지인 달라이 라마 선출을 위한 라마들의 모임 등에서 가톨릭교회와 거의 흡사한 조직을 발견하고는 매우 놀랐다. 선교사인 이들 수도사들은 훌륭한 신앙심과 정직함으로 충만해 있었다. 이들 선교사들은 가톨릭교회와 라마 불교의 이러한 두드러진 유사성을 숨기려는 노력을 전혀 하지 않았고, 오히려 그러한 것들을 꾸밈없이 전했다. 그들은 불교를 타락한 그리스도교의 하나로 간주하였으며, 이런 나라들에서 예전의 시리아 그리스도교 동방교회의 흔적을 찾아내고 특히 충격을 받았다.

하지만 반反그리스도교 철학자였던, 볼테르Voltaire, 볼니Comte de Volney, 바이Jean Sylvain Bailly 같은 사람들은 이러한 유사점을 가치 있는 발견이라 보고 크게 매료되었다.[10] 이 사상가들은 우선 겉으로는 과학을 내세우며, 언어, 예술, 종교를 가진 모든 인류는 원래 티베트 산악지대에서 살았던 사람들의 후손이며, 이들이 계속해서 중국, 인도, 이집트로 흘러들었고 마침내 유럽으로 퍼졌다고 주장하면서, 티베트가 과학과 종교의 요람이라는 주장을 펼쳤다.[11] 이 첫 번째 가설은 상당한 대담함과 피상적이고 잘못된 학식을 바탕으로 세워졌고, 이 철학자들은 불교와 달라이 라마에 관하여 신비롭다는 말로 꾸며서 설명하였다. 그들은 라마의 위계Lama Hierarchy에 관해 수많은 논문을 발간하였는데, 너러는 상상력을 발휘한 것처럼 보였지만 사실은 신뢰할 수 없고 보류되어야 하는 것들이었다. 당시는 계몽주의 시대였으므로, 사람의 눈을 피해 진리의

10) 볼테르(Voltaire, 1694-1778)는 프랑스의 소설가, 극작가이자 사상가로서 신앙과 언론의 자유를 추구하는 합리주의적인 계몽 사상가로 활약하였다. 콩테 드 볼니(Comte de Volney 또는 Constantin François de Chassebœuf, 1757-1820)는 프랑스의 철학자, 작가, 동양학자, 정치가였다. 바이(Jean Sylvain Bailly, 1736-1793)는 프랑스의 천문학자이자 웅변가이다. 프랑스 혁명 초기의 지도자 중 한 명이기도 하였으나, 공포 시대에 단두대에서 처형당했다.

11) (원주) 이 사상가들의 주장에 관하여는, "Les Voyages de Thamberg"를 참조.

빛을 감추는 것이 허락될 수 없었던 시대였다. 그래서 이 철학자들은 그리스도교가 불교에서 비롯되었고 또 가톨릭교회의 미사가 라마교의 관습에 기초한다고 대담하게 주장하였던 것이다. 하지만 엄밀하게 따지자면 이러한 경우들은 실상은 그 반대라는 것을 쉽게 증명할 수 있다.[12)]

볼테르와 그의 지지자들은 그들의 논문에서 상당히 중요한 부분을 간과했는데, 바로 개혁 불교가 설립된 날짜였다. 볼테르는 달라이 라마가 다스리는 티베트 지역은 몽골 제국의 일부였기 때문에 칭기즈칸은 [티베트의 자치권을 인정해 주기 위해] 달라이 라마가 하는 일을 방해하지 않았다고 주장하였다. 이러한 주장은 달라이 라마의 자리가 칭기즈칸 시절에는 존재하지도 않았고, 그의 후계자들이 만든 자리였기 때문에, 따라서 무지함과 거짓으로 만들어진 것이 분명하다. 쿠빌라이 칸은 중국을 정복하고 나서 불교를 수용하였는데, 이로 인해 몽골인들의 문명이 상당히 발전했다. 1261년에 쿠빌라이는 마티Mati라는 불교 승려에게 제국의 종교수장이라는 자리를 마련해주었다. 이 불승을 팍보 라마Pakbo Lama, 즉 '최고의 라마'라고 불렀는데, 그는 티베트 태생이었다. 이 불승은 쿠빌라이에게서 큰 은총을 입었고 신임도 받았으며 대사제직과 더불어 '위대하고 귀중한 법왕法王'과 '제국의 성직자'라는 칭호와 함께 티베트에 대한 세속적인 지배권까지도 허락받았다. 이것이 바로 티베트 달라이 라마의 기원이다. 그리스도교 선교사들과 잦은 접촉을 가졌던 몽골 황제 쿠빌라이가 자신이 잘 알고 있었던 가톨릭교회의 위계를 본 따 하나의 종교조직을 만들기 원했을 가능성도 있다. 수백 년 동안 티베트에는 군주가 없었고, 나라의 다양한 부족들이 각기 다른 부족장의 지배를 받고 있었다. 쿠빌라이는 자신의 제국을 통치하기

---

12) 종교사학(History of Religions)이 발전하지 않았던 때라, 어느 지역의 종교가 다른 종교의 영향을 받았을 것이라는 원인과 결과를 중시하는 사고가 펼쳐지고 있다. 예수회 선교사 역시 이러한 원인과 결과를 중시하는 사고를 중국 선교 현장에서 확대시켜 나간다. 복음의 신비가 이미 중국에 전해졌고, 그것이 비밀스러운 기호로 암시되고 있다는 형상주의(Figurism)으로 발전하게 된다.

위하여 제국을 여러 개의 성으로 나누고 성직자가 성을 하나씩 맡아 다스리도록 하였는데, 이 성직자는 쿠빌라이가 임명했던 법왕의 지배를 받았다.

한 세기가 지나 불교에 중대한 변화가 생겼으니, 가톨릭교회의 의전과 놀라울 만큼 유사한 예배형식을 도입했기 때문이다. 라마 불교의 개혁은 코코노르 靑海湖 남쪽 암도Amdo 지역에서 시작되었는데, 우리는 1845년에 티베트를 여행하면서 이곳에서 6개월을 머문 적이 있다.[13] 이곳은 시판인Sifans들이 사는 곳으로, 황량하고 침울해 보이는 곳이다.[14] 사방을 둘러보아도 붉고 누른 황토색 언덕들뿐이며, 경작지는 거의 없고 사방으로 깊은 협곡만이 가로지르고 있다. 하지만 이 황량하고 적막한 땅에서도 가끔 초원으로 둘러싸인 계곡을 만나게 되는데, 이곳은 유목민들이 그들의 가축을 먹였던 곳이다. 거기서 우리는 다음과 같은 흥미로운 전설을 접하게 되었는데 바로 라마불교의 개혁이 시작된 이야기다.

14세기 중엽에 람보 모케Lambo-Moke라는 양치기가 암도 지역의 커다란 협곡 어귀에 있는 산기슭에 검은 천막을 치고 살고 있었다. 그 돌투성이인 협곡 바닥으로는 풍부한 개울물이 흐르고 있었다. 람보 모케는 아내인 칭차치오Chingtsa-Tsio와 함께 가축을 기르며 살았는데 재산이라고는 염소 스무 마리와 야크 몇 마리가 전부였다. 부부는 여러 해를 자녀도 없이 황무지 한가운데서 홀로 살았다. 남편 람보 모케가 가축을 몰면서 가까운 초원을 찾아다니는 동안 아내 칭차치오는 천막에서 홀로 유제품이나 털로 만든 옷감을 만들며 지냈는데, 이 투박한 옷감은 암도의 여인들이 야크의 긴 털을 뽑아 만드는 것이었다. 어느 날 칭차치오가 물을 뜨려고 계곡으로 내려갔다가 현기증이 나서 의

13) 암도(Amdo)는 티베트의 동북쪽에 있는 지역이다. 현재의 중화인민공화국 칭하이성(靑海省) 지역이다.

14) 시판(Sifan)은 지금 인도와 파키스탄의 국경 분쟁 지역에 속하는 카시미르 지역에 위치해 있다.

식을 잃고 큰 바위 위에 쓰러졌는데, 그 바위에 붓다의 말씀이 새겨져 있었다. 칭차치오가 의식을 회복하여 일어났을 때 옆구리에 큰 통증을 느꼈는데, 넘어지면서 임신이 되었다는 것을 알게 되었다. 이 일이 있은 지 아홉 달이 지난 1357년 정미년丁未年에 칭차치오가 출산을 하였고, 람보 모케는 아이에게 쫑카빠Tsong-Kaba, 宗喀巴, 1357~1419라는 이름을 붙여주었다. 이 이름은 부부가 천막을 치고 여러 해를 지냈던 산의 이름을 딴 것이었다. 이 기적적으로 태어난 아이는 날 때부터 흰 수염에 위풍당당한 얼굴을 지니고 있었고 전혀 어린아이같이 행동하지 않았다. 눈을 뜨자마자 말을 할 수 있었고 자기 생각을 분명하고 정확하게 표현했다. 말수는 적었으나 그의 관찰은 언제나 인간의 본성과 운명에 관한 깊은 의미를 내포하고 있었다. 세 살이 되자 쫑카빠는 속세를 떠나 종교 생활에 헌신하기로 다짐하였다. 아들의 성스러운 계획을 전적으로 존중했던 어머니 칭차치오는 손수 아들의 머리털을 밀어 낸 다음, 길고도 아름다운 긴 머리카락을 천막 문 앞에 던져놓았다. 이 머리털에서 나무 한 그루가 솟아났는데 곧 싱그러운 향기를 내뿜었고, 잎사귀마다 그 위에 성스러운 티베트 문자가 새겨져 있었다.[15] 그때부터 쫑카빠는 완전히 속세를 떠나서 살았으므로 부모가 사는 세계에서도 완전히 벗어났다. 그는 매우 적막한 산꼭대기나 매우 거친 계곡의 바닥으로 들어가 밤낮으로 영원한 것을 사색하며 지냈다. 금식을 자주 오랫동안 했으며 가장 작은 곤충의 생명도 귀하게 여겼으며 모든 종류의 육식을 철저히 멀리했다. 쫑카빠가 기도와 금욕생활에 정진하고 있을 때 머나먼 서방에서 온 라마 하나가 우연히 암도 지역에 오게 되었고 람보 모케의 천막에서 신세를 지게 되었다. 쫑카빠는 이 나그네가 지닌 체계적 지식과 성스러움에 크게 압도되어 그의 제자가 되어 그를 지도자이며 주인으로 섬기게 되었다. 라마교의 전승에 따르면 서방에서 온 이 기이한 라마승은 불교의 교리를 매우 깊이 깨우치고 있었을 뿐만 아니라 얼굴이 특이했는데, 특히 코가 크고

15) (원주) 이 나무에 관해서는, 지은이가 쓴 『Travels in Thibet』 참조.

눈에서는 신비한 불이 반짝였다고 한다. 이 나그네 역시 쫑카빠의 뛰어난 자질에 놀라서 즉시 그를 제자로 받아들였다. 이 나그네는 암도에 자리를 잡았으나 몇 년 살지는 못했다. 하지만 그는 서방의 가장 저명한 성자들이 깨우친 교리를 자신의 제자에게 전수한 뒤에 산꼭대기에서 잠들었다가 다시 깨어나지 못했다. 쫑카빠는 이 거룩한 나그네의 가르침을 자기 것으로 만들어서, 그 어느 때보다도 종교적 가르침에 몰두하였다. 그는 샘이 시작되는 곳에서 진리를 터득하려고 자기 부족을 떠나 서쪽으로 여행할 것을 결심했다. 그는 혼자서 걸어서 길을 나섰으나 마음에는 강한 초인적인 용기가 가득하였다. 그는 남쪽으로 첫 발걸음을 옮겼다. 그는 한참을 고생하며 방황하다가 중국의 맨 끝인 운남성 국경에 이르렀다. 그는 여기에서 북동쪽으로 방향을 틀어 야로아장보Yaroa-Dsangbo라는 큰 강의 둑을 따라 걸어 마침내 티베트의 수도에 닿았다. 여기에서 길을 계속해서 더 가자, 찬란한 빛으로 둘러싸인 라(Lha, 靈)가 그에게 나타나 가는 길을 멈추라고 하였다. 영이 그에게, "오, 쫑카빠여, 이 모든 나라가 너에게 주어진 거대한 제국의 일부라. 여기서 네가 깨달은 새로운 진리를 모두에게 알려라. 이곳이 네 목숨이 허락되는 날까지 머물 곳이니라."라고 말하였다. 쫑카빠는 초자연적인 음성에 순종하여 영들의 도시, 즉 라싸로 들어가서 도시에서 가장 후미진 곳에 초라한 거처를 마련하였으나 이내 많은 제자가 그에게 몰려왔다. 얼마 지나지 않아 그가 가르쳤던 새로운 교리와 그가 라마교 예전으로 도입했던 잘 알려지지 않았던 예배의식이 많은 사람들의 관심을 끌기 시작했나. 그러사 쫑카빠는 내담하게 자신은 개혁자라고 선인하면서 고대의 신앙에 대항하는 전쟁을 선포하였다. 추종자들이 날이 갈수록 늘어났고, 이들을 고대의 종교를 지키려는 홍모파紅帽派와 구분하기 위해서 황모파黃帽派라고 부르게 되었다.[16] 살아있는 붓다活佛이면서 라마교의 위계질서 상으로 최고 권

16) 15세기에 접어들면서 티베트 불교는 전통을 중시하는 홍모파(紅帽派, Nyingma), 개혁을 중시하는 황모파(黃帽派, Gelugpa), 그리고 중도를 선택한 흑모파(黑帽派)로 분리되었다.

위자였던 착자Chakdja가 종교계에 논란을 부르고 있던 이 새로운 종파에 대한 조사에 착수하였다. 착자는 쫑카빠를 자기에게 오라고 명했는데 쫑카빠가 주장하는 교리가 그 추종자들이 생각하는 것처럼 훌륭하고 심오한지를 판단하려는 목적에서였다. 하지만 개혁자인 쫑카빠는 이러한 초대를 받아들이는 것을 거부했다. 왜냐면 고대의 종교를 대체하려는 새로운 종교 제도의 대표자로서 그가 착자의 초대에 경의를 표하거나 복종하는 행동을 해서는 안 된다고 생각했기 때문이었다.

황모파의 교세는 날로 확장되었다. 많은 사람이 쫑카빠에게 존경을 표하자 붓다인 착자는 자신의 권위가 실추되는 것을 깨닫고, 자신이 이 개혁자를 비하하며 불렀던 "암도의 작은 라마"를 찾아가기로 했다. 착자는 자신의 거처를 수리해서 주요 집무실을 화려하고 특색 있는 것들로 둘러싸이게 만들었는데 막상 쫑카빠의 낮은 움막으로 들어가려고 하니 그의 커다란 빨간 모자가 문의 상인방에 걸려 바닥에 떨어지고 말았다. 이 사고를 승려들과 일반인들은 황모파가 승리할 전조로 받아들였다. 개혁자인 쫑카빠는 방석 위에 가부좌를 틀고 앉아 있었고, 착자가 들어오는데도 눈길조차 주지 않으면서 근엄한 표정으로 염주를 굴리고 있었다. 착자는 모자가 벗겨진 것이나 쫑카빠의 냉대에도 당황하지 않고 퉁명스럽게 담화를 시작했다. 착자는 고대의 예배의식에 관하여 거만한 태도로 찬사를 보냈고 그 모든 의례가 뛰어나다고 누누이 말했다. 그러나 쫑카빠는 눈길 한 번 주지 않으며 착자의 말을 이렇게 가로막았다.

> "얼마나 잔인한가, 당신이란 사람은! 당신의 손가락 사이에 몸부림치고 있는 불행한 생명에게 자유를 되돌려주어라! 내 심장이 그 고통에 찬 신음을 듣고 비탄에 빠지는구나."

자신의 뛰어난 점을 이야기하는 데에만 몰두하던 착자에게 실제로 벌레 한 마리가 달려들어 물어뜯고 있었다. 생명이 있는 것은 모두 귀하게 여기라는 말을 반복하는 윤회설에도 불구하고 착자는 손가락 사이에서 벌레를 눌러서 죽이려고 하고 있었던 것이다. 쫑카빠의 날카로운 지적에 할 말을 잃은 착자는 이 개혁자 앞에 엎드려 그의 우위를 인정하고 말았다. 그날 이후로 쫑카빠는 개혁을 진행하는데 아무런 장애물이 없었고, 티베트 전역에서 그의 권위를 인정을 받고 나서는 몽골 제국의 모든 왕국에서도 점차 자리를 잡게 되었다.

쫑카빠의 개혁과 혁신을 조금만 살펴보아도 가톨릭의 개혁과 너무나 닮았다는 것을 쉽게 알게 될 것이다. 앞서 말한 것처럼 달라이 라마의 통치구조와 교회국가의 통치구조 사이에 놀랄 만큼의 유사성이 있다. 우리가 티베트에서 불교 신자들과 함께 살던 기간에는 십자가, 주교관主教冠, 제의祭衣, 예복 같은 것 말고도, 고위 라마들이 여행을 하거나 사원 밖에서 드리는 합창예배, 푸닥거리 같은 의례를 행할 때 다섯줄을 사용하여 여닫는 향로를 지니고 다녔는데 이는 가톨릭교회와 흡사하다. 또 라마들이 신자들에게 강복할 때 손을 애원자의 머리에 얹는 행위, 묵주의 사용, 독신주의와 영성수련 관행, 성자들에 대한 예배, 금식, 행진, 성수, 호칭기도, 그밖에도 불교신자들이 예전에서 사용하고 있는 여러 세부사항들이 우리 가톨릭교회의 그것들과 너무나 같아서 모든 것이 그리스도교에서 기원하였다는 점을 분명히 한 바 있다.

티베트에 불교의 성청에 세워지고 있던 시기에, 북부 아시아 전역에는 그리스도교인들이 많이 퍼져있었다. 이미 살펴본 것처럼 가톨릭 선교사들은 중국, 몽골, 투르케스탄, 심지어 티베트의 유목민들이 사는 지역에까지 많은 교회 공동체를 세웠는데, 이 선교사들은 오도릭Oderic de Friuli이 개종시킨 사람들이었다. 이들은 선교를 위한 여행을 할 때 교회 용품을 가지고 다니면서 자기들을 환대하고 궁궐 안에 예배당을 세우는 것을 허락하는 몽골의 왕자들 앞에서 가톨릭교회의 예식을 행했다. 따라서 몽골의 왕자들은 그리스도교 예배의 장엄함을 직접 눈으로 보면서 이에 감탄할 수밖에 없었다. 몽골 정복자들이 보낸 사신들도 그리스도교 세계의 수도 아비뇽를 여러 차례 방문하였고, 1274년 2차 리옹 공의회에도 참석한 적이 있었다. 이 야만인들은 틀림없이 가톨릭의 훌륭함에 커다란 충격을 받았을 것이고, 가톨릭의 장엄함에 대한 강렬한 인상을 간직한 채 자신들의 땅인 황무지로 돌아갔을 것이다. 당대에 설립되고 있었던 불교 성청의 새로운 위엄으로 인해 자신의 종파의 신도 수를 늘리기를 바랐고 많은 신자를 끌어 모으는 그리스도교 예배의 경이로운 예전들 가운데 일부를 받아들여 예배의 장엄함이 더 커지게 하였다. 따라서 선교사들로 인해 익숙해진 교회조직 중 일부분을 불교 조직에 도입하려고 했다는 사실은 전혀 놀랍지 않다. 우리가 쫑카빠의 전설을 그의 출생지에서 많은 라마로부터 들었다는 것은 불교의 개혁이 그리스도인에게서 비롯되었다는 놀랄만한 증거가 아니겠는가?

라마들의 상상력에 의해 첨가된 더욱 경이로운 세부묘사를 제외하더라도 쫑카빠가 지성과 덕성이 뛰어난 인물이었고, '서방에서 온 나그네'에게서 배웠다는 것을 추정할 수 있다. 스승이 죽은 후에도 제자였던 그는 서쪽으로 발길을 돌려 티베트의 수도 라싸에 도달했고, 거기서 그가 흡수했던 교리를 가르쳤다고 쉽게 추정할 수 있다. 이 '큰 코를 가진 나그네'는 당시에 중국, 몽골과 티베트에 나타났던 많은 가톨릭 선교사들 가운데 하나일 수도 있으므로 그 전승에서 아시아인과는 외모가 다른 유럽인의 얼굴로 기억되고 있다고 해도 놀랍지 않다. 우리는 쫑카빠의 고향인 암도에 머물면서 라마들이 우리들의 낯선 용모에 대해 언급하면서 바로 우리가 확실히 쫑카빠의 스승과 같은 나라에서 왔을 거라고 말하는 것을 들었다.

이 선교사인 스승이 너무 일찍 세상을 떠나서 제자인 쫑카빠에게 끝까지 종교적인 가르침을 주지 못하였다. 이에 이 제자는 나중에 선교사가 되기를 원했고, 완전히는 아니지만 불완전하나마 그리스도교 교리를 접하게 되었거나 혹은 자신의 종교에서 탈퇴하여 단지 새로운 예전을 받아들였을지도 모른다. 그에 대해 사소한 반대밖에 없었다는 것은 그 지역에서 그리스도교의 확산이 불교의 안정에 이미 영향을 주고 있었음을 보여준다. 이러한 시간과 장소의 우연한 일치와 역사와 전승의 증언을 모두 살펴보면 라마의 위계는 주로 그리스도교에서 차용했음이 사실이다. 따라서 볼테르와 볼티의 주장은 무지함에서 나왔거나 고의로 잘못 전달한 것임을 알 수 있다.

바스코 다 가마의 인도항로 개척

유럽과 아시아 간의 소통은 피비린내 나고 파괴적인 티무르의 전쟁 때문에 오랫동안 가로막혀 있었다. 두 대륙 사이의 관계를 확립하려는 새로운 시도가 나타났을 때, 예전에 유일한 왕래의 수단이었던 지치고 끝도 없는 육로는 더 이상 이용되지 않았다. 대신 대양大洋이 고속도로가 되기 시작하면서 동서로 가장 멀리 떨어진 대륙을 하나로 이어주게 되었다. 나침반의 발견이 결실을 맺었다. 나침반이 [항해의 방향에 대한] 확실한 안내를 해주면서 뱃사람들은 대담해졌고, 배를 육지에서 멀리 떨어져서 항해하면서 광대하고 길도 없는 평원인 해양을 가로지르는 모험을 감행하게 되었다.

바톨로메우 디아즈Bartolomeu Dias, c.1450-1500가 아프리카 해안을 따라 길고도 모험적인 항해를 한 뒤에 리스본으로 돌아온 때는 1487년이었다. 그가 궁정에서 자신의 항해에 관해 말하면서, 아프리카 대륙 끝에 폭풍우로 유명한 곶이 있었는데 자신이 '고통의 곶'이라는 이름을 붙였노라고 하였다. 이 말에 포르투갈의 왕 후안 2세Juan II, 1406-1454는, "아니다! 위대한 발견은 큰 이로움을 가져오는 길조라는 의미로 '희망봉'이라 불러라"고 외쳤다. 그 뒤 10년이 지나 후안 2세가 말했던 희망봉은 현실이 되기 시작하였다. 천재이며 대단한 용기를 지닌 한 사나이가 디아즈의 진로를 막았던 폭풍 치는 곶을 돌아서 중국과 인도에 이르는 바닷길을 발견한 것이다. 당시 리스본에서 멀지 않는 곳에 소박한 예배당이 하나 있었는데, 엔리케 3세Henry III, 1390-1406가 뱃사람들의 헌신을 기리고 성모가 이들을 보호해 달라는 뜻으로 바닷가에 세운 것이었다. 1497년 7월 말 즈음에, 한 무리의 사나이들이 성모상 아래에 무릎을 꿇었다. 그들은 모두 햇빛에 그을린 피부와 활기로 가득한 얼굴을 하고 있었는데, 나태함이나 편안함의 추구와는 거리가 먼 나그네들이라는 것을 알 수 있었다. 그들은 기도하며 하룻밤을 지새우고 나서, 이튿날 미사를 드리고 활발하게 의견을 교환한 뒤 열을 맞추어 리스본으로 돌아갔다. 각자 초를 한 자루씩 들고서 찬송가와 시편을 낭송했는데, 사제들, 수도사들과 호기심으로 가득한 많은 사람이 그 뒤를 따랐다. 이들은 바로 바스코 다 가마Vasco da Gama와 그의 선원들로, 위험이 도사리고 있는 미지의 바다에 용감하게 뛰어들 준비를 하고 있었던 것이다.[17] 디아즈가 폭풍의 곶에 관해 두려움을 불러일으키는 이야기를 했으므로 모든 선원은 자신들의 배가 파선하여 많은 희생을 당하리라 예상하고 있었다. 따라서 그들의 행렬은 거의 장례행렬이나 다름없었다. 리스본의 군중들은 조국에 작별을 고하고 확실히 슬픈 운명을 향해 뛰어들겠다는 이 젊은이들의 남자다운 기세에 눈물을 흘렸다. 군중들은 이 모험가들을 부두까지 바래다주었고, 이들은 부두에서 무릎을 꿇고 마치 죽으러 가는 사람들처럼 면죄부를 받고 나서 사람들의 비명과 탄식을 뒤로하고 배에 올랐다. 이 대담한 모험가들은 순

---

17) 바스코 다 가마(Vasco da Gama, 1469-1524)는 포르투갈의 항해자이로 최초로 인도 항로를 개척한 탐험가다. 1497년~1499년, 1502년~1503년, 1524년 3차례에 걸쳐 인도로 항해하여 바다의 실크로드를 열었다.

풍을 따라 항해를 시작하였고 잠시 뒤에 그들의 모습은 수평선 너머로 사라졌다.[18)]

바스코 다 가마가 발견한 말라바르 해안의 그리스도교과 유럽의 세력 확장

일 년이 채 지나지 않아 바스코 다 가마는 [인도 서남부 끝에 있는] 말라바르 해안에 십자가와 포르투갈 국기를 꽂았다. 그는 그곳에 이미 교회당과 그리스도인들이 존재하는 것을 보고 매우 놀랐다. 가톨릭교회의 초기 시대에 동방에 세워졌던 네스토리우스파 교회가 여전히 번창하고 있었고, 바스코 다 가마가 고아에 유럽인들의 첫 정착지를 만들려고 말라바르 해안에 상륙하였을 때, 이미 [동방교회의] 총대주교 엘리아 5세Elias V, 1502-1503는 인도와 중국에 주교 넷을 파송하고 있었다. 이 주교들은 도마Thomas, 야발라하Jaballah, 딩하Denha와 야곱Jacob으로 모두 메소포타미아에 있는 성 에우제니오St. Eugene 수도원 출신의 수도사들이었다. 그들은 1502년에 출발하여 포르투갈인들이 인도에서 정착할 곳을 찾고 있을 때, 우연히 인도에 도착했다. 우리는 이 선교사들이 총대주교에게 보냈던 서신을 통해서 그들이 당면했던 첫 번째 시련이 어떠한 것이었는지 알게 되었다. 이 서신은 마론파 시리아 정교회 가문이 설립한 아세마니Assemani 동양학 도서관에 소장되어 있는데, 여기에 이 문서를 옮긴다.

"하늘과 지상에서 그리스도의 양 떼를 먹이는 권세를 부여받으신 우리의 총대주교를 지도자로 모신 이들은 행복하도다! 동방교회의 총대주교이신 마르 엘

18) (원주) Lafitau, "Histoire des Découvertes et Conquêtes dee Portuguals dans le nouveau monde."

리아Mar Elie께, 그리스도교의 영광과 교회의 기쁨을 위해. 주님께서 그분을 강하게 하시고 또 영예와 장엄함으로 감싸시길 기원합니다. 아멘!

성하의 미천한 종이며 무익한 제자이고 순례자인 마르 야발라하, 마르 도마, 마르 야곱, 마르 딩하는, 병들고 비참한 사람들로서 성하의 순결하고 거룩한 발아래의 발받침도 흠모합니다. 그들은 빈곤의 밑바닥에서 성하의 능력 있는 기도를 간절히 바랐으며, 매우 간절하게 '주여 은혜를! 주의 은혜를! 주의 은혜를 베푸소서!' 하며 빌었습니다.

우리의 인사를 하느님의 장막이시고, 하느님 선교의 재정을 담당하시고, 성자들 가운데 으뜸이시고, 아텔레Atèle의 대주교이신 요한께 드립니다. 또한 고결한 수도사와 순결한 사제님들과 흠 없으신 집사님들 또 신앙인들, 그리고 하느님의 선택받으신 분들과 아텔레에 거주하는 모든 그리스도인들께도 우리의 인사를 전합니다. 저희가 인도 땅에 안전하게 도달한 것은 하느님의 은총과 기도로 도왔던 성하의 따뜻한 도움 덕분이었음을 모두에게 알려주시기 바랍니다.

저희는 하느님을 믿는 자들을 절대 부끄럽게 만들지 않으시는 만물의 주, 하느님께 겸허한 마음으로 감사드립니다. 저희는 많은 축복을 받았습니다. 저희의 교부이신 마르 장Mar Jean께서는 여전히 살아계셔서, 성하께 문안을 드립니다. 이곳에는 저희와 믿음으로 연합된 3만 명의 그리스도인 가족들이 있으며, 이들은 주님께 성하의 생명을 지켜주시기를 간구하고 있습니다. 이 신자들이 새로운 성전들을 짓기 시작하였습니다. 그들은 풍요의 기쁨을 누리고 있으며 매사가 평온합니다. 주님을 송축하라!

성 도마 성전을 그곳 교인들이 복구하고 있습니다. 그들이 있는 곳에서 다른 신자들이 사는 곳까지 가려면 25일이나 걸립니다. 그들은 이 지방의 수도인 밀라포르Meliapour라는 도시의 해변에 삽니다. 인도는 광대하고 땅이 비옥한 나라인데, 한쪽 끝에서 다른 쪽 끝까지 가려면 여섯 달이 걸리고, 지방마다 독특한 이름이 있습니다. 그리스도인들이 사는 지방을 말라바르Malabar라고 부르며 20개가 넘는 도시가 있습니다. 그 중 크란가노르Cranganor, 팔라오르Palaor, 콜람Colam이 가장 중요한 세 도시입니다. 그곳에는 모두 그리스도인들과 교회가 있습니다. 이웃에는 우상숭배자[불교신자]들이 사는 캘리컷Calicut이라는 부유한 도시가 있습니다.[19]

저희들은 우리의 형제인 프랑크의 그리스도인 왕이 여기로 보냈던 강력한 배가 있다는 말씀을 성하께 알려드려야만 하겠습니다.[20] 그들이 유럽에서 이곳까지 오는 데는 꼬박 1년이 걸립니다. 이런 배들은 에티오피아를 경유한 뒤에 인도 해안에 상륙하여 후추를 비롯한 상품을 사들여서 자기네 나라로 돌아갑니다. 새로운 항로를 발견하고 개척한 그 권세 있는 왕 하느님께서 왕을 보호하시기를! 커다란 배 여섯 척을 타고 이들 능숙한 뱃사람들은 6개월 만에 캘리컷에 도착하였습니다. 캘리컷에는 그리스도인들을 항상 미워하는 많은 무슬림이 사는데, 그들은 자기네 왕에게 그리스도인들을 중상 모략하였습니다. 이 무슬림들은 도시와 그 근교에 사는 그리스도인들이 이 서양인들을 반가이 맞아서 서양인들이 막강한 군대를 데려오게 하여 왕국을 침략하여 정복하라고 하였으므로, 이 서양인들을 돌려보내라고 말했습니다. 이교도 왕은 무슬림들의 이러한 말을 믿고 크게 화를 내고는, 도시에 있는 프랑크인들 70명과 그들과 함께 온 사제 다섯 명을 죽였습니다. 프랑크인들은 어디를 가든지 사제들과 함께 갑니다. 배에 남아 있던 선원들이 즉시 닻을 올려 큰 고통 속에서 비통하게 울면서 저희가 있는 코친

19) 캘리컷(Calicut)은 현재 코지코드(Kozhikode)라 불리는 인도 남부 케랄라 주 북부의 해안 무역도시이다. 포르투갈 항해자인 바스코 다 가마가 1498년 5월 20일에 처음 기항한 곳이다.

20) (원주) 포르투갈 왕을 말하는데, 동방에서는 관습적으로 모든 유럽인들을 '프랑크인'이라고 불렀다.

Cochin으로 배를 몰고 왔습니다. 코친 또한 이교도 왕에게 속한 땅이었으나 고통에 빠진 이방인들을 보자 이들을 친절하게 맞아들여 위로하면서 버리지 않겠다고 맹세하였습니다. 이 소식이 캘리컷의 신앙이 없는 왕의 귀에 들어가자 그는 군대를 일으켜 전투를 벌였습니다. 그리고 프랑크 인들은 자기네들에게 호의를 보인 왕과 함께 해변에 있는 요새로 몸을 피했습니다. 그곳에서 며칠을 보내고 있던 중 그리스도께서 그들을 불쌍히 여기시어 프랑크의 배 몇 척을 더 보내주셨고, 이 배를 가지고 캘리컷의 왕과 전쟁을 벌였습니다. 배에 대포가 있었으므로 적군에게 큰 돌을 쏘아 보내어 큰 피해를 입히자 적군은 마침내 도망가고 말았습니다. 프랑크 인들은 코친 시내로 행군하여 그곳에 커다란 군영을 지었고 프랑크인 약 300명이 그곳에 주둔하게 되었습니다. 일부는 대포를 관리하였고 다른 사람들은 화승총을 쏘는 일을 하였습니다. 그들에게는 대포가 50문, 소총 100자루가 있었고, 그밖에도 화승총이 많았습니다.

[캘리컷의] 이 호전적인 왕의 기억이 사라지기를! 왕은 패배를 만회하려고 하였으나 첫 전투에서 완전히 패함으로 그리스도의 영광이 드러났습니다. 3,000명이나 되는 그의 군대는 대포 때문에 전멸하였고 그는 캘리컷으로 퇴각하고 말았습니다. 프랑크 인들은 캘리컷이 해변에 세운 도시였으므로 바다로 그를 계속 추격하여 사로잡았고, 그의 배들을 침몰시켰으며 도시는 포격으로 파괴해 버렸습니다. 프랑크 인들이 전쟁을 이렇게 끝내고 나서, 말라바르 해안에 있는 다른 이교도 왕을 찾아가 카나노르Cananor라는 도시[에서의 교역]를 요구하였는데, 이는 그곳에서 자유롭게 교역할 수 있는 허락을 받고자 함이었습니다. 이 왕은 프랑크 인들을 반갑게 맞아들여 친절하게 대접하였고 땅과 큰 건물을 주었습니다. 이에 그리스도인 대장은 금과 자주색 장식물로 수놓은 화려한 외투를 선물하였고, 곧 이어 자신들의 나라로 방대한 양의 향신료를 가지고 배를 몰고 돌아갔습니다.

카나노르라는 도시에는 스무 명 정도의 프랑크 인들만 남았습니다. 저희가 그곳에 도착하여 인사를 건넸더니 저희를 반갑게 맞이하여 의복과 금화 20 드라크마를 내주었습니다. 저희는 두 달 반을 그들과 함께 머물렀는데, 어느 날 그들이 저희에게 성체미사를 올려달라는 부탁을 했습니다. 그곳에는 그들이 기도드리는 작은 예배당이 있었으며, 날마다 그들의 사제들이 미사를 드리고 있었습니다. 그들의 사제들이 주일 미사를 드리고 난 후에야, 같은 주일에 저희들이 예배를 드리는 것이 허락되었습니다. 저희는 그들과 작별한 후 곧바로 여드레 거리에 떨어져 있는 저희 공동체로 갔습니다. 프랑크인의 숫자가 400명이나 되었으므로 이들의 존재 자체만으로도 이 지역에 사는 무슬림들과 이교도들은 공포에 빠지게 되었습니다. 이 프랑크인들의 나라는 포르투갈, 그들 왕의 이름은 엠마누엘Emmanuel이었으며, 저희는 엠마누엘의 하느님께 엠마누엘 왕을 보호해 주시기를 기도하였습니다.21) 수사님들, 이 편지가 길어진 것에 대해 불평하지 마십시오. 저희는 이런 자세한 내용을 알리는 것이 유익하다고 여겨집니다. 여러분 모두에게 주님이 함께하시기를. 아멘!"

이러한 빠른 정복과 엄청난 세력의 확장이 시작되면서, 포르투갈은 이후 아시아를 정복했다. 한 시리아인 수도사의 편지에서 그런 과정의 세밀한 면을 알게 되었고, 또 유럽인들이 화약과 나침반에 관한 정보를 신속히 활용하였던 사실을 발견하게 된 것이 흥미롭다. 아시아인들은 오래전에 화약과 나침반이라는 두 가지 위대한 발견을 했지만 그게 활용하지 못했고, 「이것들은 서양에 전해진 후에」 곧바로 아시아인들을 해치는 치명적인 무기가 되어 돌아왔다.

21) (원주) 엠마뉴엘 대제(Emmanuel the Great)는 포르투갈을 1490-1521년에 다스렸다.

포르투갈 인들의 광동 상륙과 교역의 시작

상업 정신이 투철하고 원정과 모험을 좋아했던 포르투갈 인들은 인도에 발을 들이자마자 넓고 신비에 싸이고 오랜 시대에 걸쳐 전해져 왔던, 수많은 불가사의를 간직한 '카타이Cathay'를 찾아가려는 소망을 품게 되었다. 포르투갈 인들은 이미 정크를 타고 말레이반도 연안을 오가는 많은 중국인들을 만난 적이 있었고, 위대한 알부케르크Albuquerque가 말라카를 점령하였을 때 중국인들과 의사소통을 한 적도 있었다.[22] 유명한 전사이며 신중한 정치가인 알부케르케의 주도로 포르투갈 왕실은 중국에 원정대와 외교사절을 보내기로 했다. 페르디난드 안드라다Ferdinand d'Andrada가 이끄는 9척의 선단은 1518년에 리스본을 떠났고, 인도에 오랫동안 주재하던 토마스 피레스Thomas Pirès가 중국 대사로 임명되었다. [명나라의] 해군 제독[海道]은, 포르투갈 선단이 광동 부근의 수많은 섬 가운데에서 시야에 들어오자 정체를 알 수 없는 이 선단을 보고 놀라 전함들을 무장시키고 유럽의 소함대를 맞으러 나갔다. 다정다감하고 유순한 기질을 가진 안드라다는 자신의 선단을 수색하도록 허락하여 명나라 제독과 사귀게 되었다. 그는 광동을 방문할 수 있는 허락도 받아서 [그곳으로 가] 광동 총독을 만나 자신이 온 목적을 말했다. 선단은 주강珠江을 거슬러 올라가면서 강 양쪽의 기름진 땅에서 주민들이 농사를 짓고 장사하면서 평화롭게 살아가는 부유한 마을들을 감탄하며 바라보았다. 광동이라는 대도시에는 부지런히 일하는 똑똑한 사람과, 문명화된 나라의 수많은 상품이 넘쳐나는 커다란 상점들이 있었다. 광동을 가득했던 수많은 여행자는 이 도시를 바라보면서 놀라움을 금치 못했다. 그들은 이 놀라운 사람들과 관계를 맺기 위해서는 중용과 친절을 통해서만 가능하다는 것을 알게 되었다. 안드라다는 광동 관리들의 커

22) 알폰수 드 알부케르크(Afonso de Albuquerque, 1453-1515)는 포르투갈 출신의 뛰어난 장군이자 정치가로, 1509-1515년간 인도 고아에서 총독을 역임했다. 인도의 이슬람 해군과 주도권 경쟁을 펼쳤고, 고아(1510년)와 말라카(1511년)을 정복했다. 뛰어만 무공과 해군 작전능력으로 '바다의 사자'로 불렸던 인물이다.

다란 호감을 얻었기 때문에 중국과 무역조약을 체결하는 데 성공했다. 물론 황제의 허가를 받는다는 조건이 붙어 있었다.

포르투갈의 교역과 베이징 방문 시도

토마스 피레스는 대사의 자격으로 자신을 잘 대해줄 궁정을 찾아간다는 기대를 품고 베이징을 향해 출발했다. 그러나 불행하게도 그의 기대는 다양한 뜻밖의 상황을 맞아 물거품이 되고 말았다. 페르디난드의 동생인 시몬 안드라다 Simon d'Andrada가 배 4척을 끌고 말라카에서 와서 타만Ta-men 섬에 요새를 세우고 중국 배들을 약탈했다. 시몬 안드라다가 선원들을 해안에 상륙시켜 지나친 행패와 해적 행위를 일삼고 있다는 소식이 광동에서 베이징으로 전해졌다. 이와 동시에 [자바 섬의] 반탐Bantam의 무슬림 왕이 보낸 사자가 남경에 와서 포르투갈 인들이 자신들의 통치권을 부당하게 빼앗았다는 사실을 황제에게 고하였고, 제국의 봉신으로서 중국의 보호를 받기를 원하였다. 남경의 부윤은 이러한 불만을 접수한 후, 황제에게 탐욕스럽고 뻔뻔한 프랑크 인과는 어떤 조약도 맺으면 안 된다고 간언하였다. 그 이유는 프랑크 인들이 장사를 하는 척하면서 그들을 받아들인 나라의 약점을 찾아내고 주인인 체하면서 장사꾼의 자리를 잡으려 하기 때문이라는 것이었다. 아시아에서는 유럽인들의 정복욕을 이미 알고 있었음이 분명하다. 인도에서 확인된 포르투갈 인들의 행동과 그들의 대담한 장삿속과 빠른 속도로 [아시아를] 정복해 가는 것을 강조했던 이 간언 때문에 피레스가 희망하던 것을 성취하는 것은 거의 불가능하게 되었다. 또 피레스 대사가 전달했던 포르투갈 왕이 중국 황제에게 보내는 서신도 포르투갈에 대한 새로운 불만을 일으키는 주제가 되었다. 서양의 군주들이 동방의 군주들에게 보내는 일상적인 문체의 서신이 천자의 궁정에서는 받아들여질 수 없었기 때문이다. [이 공식 서신은] 말라카의 무슬림에 의해 한자로 번역되었는데, 중국 황실의 비위에 거슬리는 방식이 사용되었다. 따라서 [중국 당국은] 피레스를 대사의 자격과 이름을 불법적으로 사용한 첩자로 간주하게 되었다.

이 중요한 시점에 황제가 돌아가시자 [중국 당국은] 피레스에게 광동으로 돌아가고 당분간 포르투갈 인들은 베이징을 떠나라는 명이 내려졌다. 포르투갈인들이 이 명에 따르지 않고 난동을 부렸으나 곧 진압되고 말았다. 이런 불운한 일[황제의 사망]이 생긴 직후에 도착한 피레스와 그 일행은 희생을 치르게 되었다. 그들은 감옥에 갇혔고 중국 법에 따라 처벌받게 될 것이라는 위협을 당했다. 그들이 지니고 온 프랑크 왕이 보낸 서신이 무례하고, 프랑크 왕의 부하들이 중국의 선박을 공격하여 약탈하는 뻔뻔한 행위를 하였으며, 천자의 제국의 주민을 학대했다는 이유였다. 이 정도의 범죄라면 중국인들의 기준으로 볼 때, 포르투갈 대사를 엄하게 처벌하는 것이 당연한 일이다. 포르투갈의 역사가들은 그가 옥사했다고 하지만 이것은 사실이 아니다. 그는 고문을 당하고 풀려났다. 다른 일행 12명도 잔혹한 고문을 당했고, 그 가운데 다섯은 형벌을 받다가 죽었으며, 나머지는 유배형을 받고 중국 각지로 흩어졌다. 피레스도 유배되었고 그곳에서 중국 여인과 결혼하였다. 아내가 된 중국 여인과 자녀들은 그리스도교로 개종하였다.[23] 중국인들과 협상을 벌이겠다고 감히 나섰던 최초의 유럽인 대사의 운명은 이러했다.

이러한 불운에도 불구하고 안드라다 형제는 중국과 크게 이윤이 남는 장사를 하고 있었으므로 포르투갈 인들은 이렇게 부유한 나라를 잃을 생각이 전혀

23) (원주) 1548년에 핀토(Pinto)는 중국에서 포르투갈어를 하는 중국 여인을 만났는데, 그녀는 도미니크회 예배에 관해 알고 있었다. 바로 피레스의 딸이었다.

없었다. 1522년, 포르투갈은 알폰소 데 멜로Alphonse de Mello가 이끄는 네 척의 새로운 원정대를 준비하였다. 그들은 중국인들이 자기들을 냉대하리라고 우려했는데, 이것은 그대로 현실이 되었다. 프랑크의 선박들이 도착할 것이라는 사실이 알려지자마자 광동 순무巡撫는 이 선단을 추적하였고, 이들과 아무런 조약이 없음을 알고 있었기에 모든 선박과 선원들을 없애버리라고 명했다. 해전이 벌어졌고 포르투갈이 패배했다. 선단 가운데 한 척은 화약고에 불이 붙어 폭파되었고, 다른 한 척은 억류되었다. 멜로는 많은 선원을 중국인에게 포로로 넘긴 후 퇴각할 수밖에 없었다. 이들은 대부분 광동의 감옥에서 굶어 죽었고, 황제는 살아남은 자들에게도 첩자와 강도를 벌하듯 능지처참하라는 무자비한 처분을 내렸다. 포르투갈의 한 역사가는 "이 사안에 대해 중국인들은 두 번째 경우보다 첫 번째 경우에 더 가혹했다."고 말하였다. 23명이 이러한 잔인한 처벌을 받았으나 이러한 새로운 재앙도 포르투갈 인들을 좌절시키지 못했다. 오히려 그들의 이윤을 얻고자 하는 갈증과 모험심을 자극했다. 인도 서해안의 고아Goa를 기지로 삼았던 사나포선私拿捕船들은 중국 해안을 따라 밀무역을 했다.[24] 중국 관리들은 뇌물을 받고 이런 밀무역에 눈을 감고 있다가 마침내 포르투갈 인들에게 상천도上川島에서 거래할 수 있는 권리를 주었다.[25] 포르투갈 인들은 아프리카에서 금을, 몰루카에서 향신료를, 실론에서는 상아와 보석을 사들여, 이것들을 [가지고 중국에 와서] 다양한 종류의 비단, 도자기, 광택제, 차와 바꾸었는데, 이 모든 것들은 유럽인들에게는 생필품이나 다름없었다.

24) 사나포선(私拿捕船)은 민간 소유이지만, 전쟁이 발발할 경우 소속 정부로부터 적선을 공격하고 나포할 수 있는 권리를 인정받은 사설 무장 선박을 말한다.

25) 상천도는 광저우 인근에 있는 작은 섬으로 중국 선교를 꿈꾸던 예수회 선교사 성 프란치스코 하비에르가 임종한 곳이다(1552년).

예수회 선교사 프란치스코 하비에르 중국 입국 시도

포르투갈 인들이 온 힘을 다해서 중국과 무역 관계를 확립하고 확장할 방법을 찾고 있을 때, 성 프란치스코 하비에르St. Francis Xavier는 일본열도에서 그리스도교를 전하고 있었다.[26] 하비에르는 불교 승려들과 토론하게 되었는데 그들은 중국의 종교 권위자들에 관하여 계속 언급했다. 그들은 만약 그리스도교에 진리가 있다면 지식과 지혜가 어느 나라 사람보다 뛰어난 중국인들이 틀림없이 그리스도교의 신조를 먼저 알고 있을 것이라고 말했다. 이 말을 들은 하비에르는 중국인의 명성에 대해서 알게 되었다. 그래서 인도와 일본의 사도였던 하비에르는 중국을 찾아가겠다는 강한 욕망을 가지게 되었다. 그가 중국에서 우상을 파괴할 수 있다면 일본인들에게 그들이 매우 존경하는 중국인들의 발자취를 따르도록 하는 것이 쉬운 일이 되리라고 기대했기 때문이다.

바스코 다 가마와 함께 왔던 포르투갈 인들은 마카오가 아니라 상천도上川島에 자리를 잡고 중국인들과 장사를 하고 있었다. 하비에르는 일본을 떠나 인도로 향하다가 상천도에 들려 그곳에서 유명한 뱃사람이고 부유한 상인이었던 제임스 페레이라James Pereira를 만나게 되었다. 하비에르는 이 상인에게 선교를 위해 중국에 갈 계획을 말했고, 고아 총독과 주교에게 베이징에 공식 사절을 보낼 것을 제안하라고 부탁했다. 그리고 자신을 그 사절단의 일원으로 포함 시켜 줄 것을 부탁했다. 페레이라는 이 계획에 찬성하고 자신이 소유한 선박, 재산과 모든 영향력을 사용하여 하비에르의 계획이 이루어지도록 돕겠다고 약속하였다.

---

26) 성 프란치스코 하비에르(St. Francisco Xavier, 1506-1552)는 스페인 바스크 출신으로 파리 대학에서 이냐시오 로욜라와 함께 예수회(Society of Jesus)를 창립한 인물이다. 1542년 인도 고아에 도착하여 아시아 최초의 예수회 선교사로 고아대학교를 설립하였다. 1549년부터 일본에서 2년 동안 선교활동 후, 1551년 선교를 위하여 중국으로 갔지만 입국하지 못하고, 이듬해 상천도에서 중국 땅을 바라보면서 별세하였다. 하비에르에 대한 자세한 정보는 김상근 『프란치스코 하비에르, 아시아 선교의 개척자』 (홍성사, 2010) 참조.

하비에르는 고아에 도착하여 인도 총독 돈 알폰소 도로니아Don Alfonso Doronia와 고아의 주교인 후앙 알부케르케Juan Albuquerque에게 자신의 계획을 설명하였다. 이에 사절단이 구성되었고 단장에는 제임스 페레이라가 임명되었으며, 즉시 출발을 준비하기 시작했다. 물론 황제에게 줄 값비싼 선물을 준비하는 것도 잊지 않았으며, 이 사절을 통해서 통상과 외교 면에서 중요한 결실이 있을 것을 크게 기대하게 되었다. 그러나 종교적이고 열정이 넘치는 선교사들은 오로지 하느님의 영광과 영혼 구제만을 생각했다. 당시에 순다해협에 머물고 있던 페레이라는 하비에르와 말라카에서 합류하기로 합의했지만, 페레이라와 개인적인 원한이 있었던 말라카 총독 알바레스Alvares라는 자는 페레이라가 중국 대사의 높은 자리를 차지하는 것에 질투심이 생긴 나머지 사절단이 실패하도록 일을 꾸몄다. 알바레스는 페레이라가 도착하자마자, 말라카가 말레이인들에게 포위되어 위험에 처했으니 아주 적은 수의 군대라도 이를 방어하는 데 써야 한다고 거짓말을 했다. 그러자 페레이라는 배와 선원들과 함께 항구에 대기할 수밖에 없었고, 이 명령을 지킨다는 것을 보장하기 위해 배의 방향타를 관저에 보관하라는 요청을 받게 되었다. 하비에르는 이런 결정을 바꾸려고 말라카 총독을 설득하는데 온갖 영향력을 행사했으나 아무런 소용이 없었다. 심지어 그는 겸손의 표시로 그때까지 밝히지 않았던 교황청 대사라는 자신의 신분까지 총독에게 내보이며, 선교를 방해하는 자는 누구를 막론하고 파문하겠다는 위협까지 했다. 그러나 말라카 총독은 이러한 간청과 협박에도 아랑곳하지 않았나. 하비에르는 자신의 선교를 돕기는커녕 그의 앞길을 방해하는 이러한 총독의 모습을 보면서 하느님의 섭리에 모든 것을 맡기기로 했다. 그는 계획을 바꿔서 그가 할 수 있는 최선의 길을 선택했다. 상천도로 가서 중국인들과 관계를 맺고, 그 친분을 이용하여 중국의 해안에 무작정 상륙하기로 결심한 것이다. 그가 만약에 운이 좋게 잡혀서 투옥된다면 적어도 함께 갇혀 있던 죄수들에게라도 예수 그리스도를 전할 수 있고, 그 이교도 나라의 품에 참 신앙의 싹을 남길 수 있을 것이라고 생각했다.

말라카의 총독은 페레이라의 기대를 꺾고자 하는 계획에 성공했고 그를 감옥에 가두기는 했으나, 페레이라의 배가 하비에르를 태우고 상천도까지 가는 것은 허락해 주었다. 말라카를 출발한 하비에르는 싱가포르 해협을 지나 중국 해안이 보이는 곳에 이르렀다. 황량하고 미개한 상천도는 대륙에서 불과 165km[실제로는 14km] 떨어진 곳에 있는 섬이었다.[27] 교역할 때가 되면 포르투갈 상인들이 이 섬의 해변으로 모여들었는데, 이들은 강렬한 햇살을 피해 몸을 보호하려고 천막을 치거나 나뭇가지로 움막을 세우곤 하였다. 중국에서는 국경선 안에다 외국인이 건물을 짓는 것을 허락하지 않았기 때문이었다. 순풍이 불어 포르투갈 상인들이 인도로 다시 돌아갈 때가 되면 이런 임시거처들은 모두 버리고 떠나거나 파괴했다.

상천도에 머물던 포르투갈 상인들은 이 거룩하고 포기할 줄 모르는 선교사 하비에르가 중국본토로 들어갈 생각이라는 말을 듣고는 경솔하고 위험한 행동이라고 극구 만류했다. 상인들은 하비에르에게 외국인 입국이 금지된 나라에서 겪게 될 매우 가혹한 처벌에 대해서 설명해 주었다. 하지만 개인적인 위험이 따른다는 어떠한 말도 하느님의 사람인 하비에르의 용기를 꺾을 수 없었다. 궁핍과 고통, 투옥, 고문, 심지어 죽음까지도, 그와 같은 인류를 구원하겠다는 생각만으로 가득 찬 이 숭고한 수도사의 눈에는 중요한 것이 아니었다.

광동의 중국 상인 하나가 하비에르에게 자기 아들과 신뢰하는 사람들만 태우는 배로 중국 본토에 데려다주겠다는 약속을 하였다. 상인은 하비에르를 광

27) 육 신부는 상천도에 대한 정확한 지리적 이해가 없었던 것 같다. 원저에는 상천도가 본토에서 약 30 리그, 즉 165킬로미터나 떨어져 있다고 되어 있지만, 실제로는 본섬으로부터 14킬로미터의 지척에 있다.

동에 있는 자기 집에 며칠 머물게 한 다음, 하비에르가 그의 열정과 하느님의 은총이 이끄는 대로 따라갈 수 있도록 할 작정이었다. 그러나 주변에 있던 포르투갈 상인들이 이 계획에 반대했다. 상인들은 이 계획이 처음부터 실패할 것이라고 확신했을 뿐만 아니라 자기들이 중국 당국의 분풀이 대상이 되리라고 염려하였다. 즉 이 일 때문에 중국 관리들이 자기들의 상품을 강탈하는 핑계로 삼고 또 앞으로 중국에서의 모든 상거래를 금지할 것이라고 판단했다. 그래서 포르투갈 상인들은 하비에르가 그 계획을 포기하거나, 적어도 우기가 돌아와서 자신들이 인도로 돌아갈 때까지라도 연기해서 자신들이 중국 관리들에게 화풀이를 당하지 않도록 해달라고 그에게 애원했다.

포르투갈 상선이 항해할 때가 되었다. 이에 하비에르는 약속의 땅 중국으로 들어가 고통이라는 대가나 혹은 피의 대가를 지불하고, 그곳에서 잃어버린 영혼들을 그리스도에게로 인도하려는 즐거운 생각에 잠겨 있었다. 그러나 그의 동포들이 지나치게 신중한 탓에 일이 지체되면서 새로운 장애물이 생겼다. 배를 준비하겠다던 중국 상인이 약속한 시간이 지났는데도 나타나지 않는 것이었다. 하비에르는 한자漢字를 전혀 몰랐기 때문에 중국인과 소통할 수 없었다. 그래서 하비에르는 배를 약속한 중국 상인에게 포르투갈 상인들이 구호금으로 헌납한 많은 양의 후추와 향신료를 배 값으로 미리 줘버리는 경솔한 행동을 했다. 이 약삭빠른 중국인은 이 화물을 가지고 도망가 버리고 말았다. 중국 상인들의 이처럼 간단한 사업 방식에 대해 모두가 놀라움을 금치 못했다.

성 프란치스코 하비에르가 믿음을 저버린 이 장사꾼이 돌아오기만을 인내와 체념 속에서 기다리는 동안, 주님께서는 이 하느님의 종의 노고와 고통을 아시고 그를 데려가시기로 하셨다. 하비에르는 심한 열병으로 한동안 고통을 당했지만 쉬지도 않고 병자들을 찾아다니고 선교사가 해야만 할 다른 일들을 지속하면서 중국으로 갈 배를 기다리고 있었다.

어느 날 섬에 남아 있던 포르투갈 상인 하나가 땅에 쓰러져 있는 하비에르를 발견하였는데, 병들어서 움직일 수 없는 상태였다. 상인은 그를 움막으로 옮겨 지극한 정성으로 보살폈으나 병세가 악화되었고, 1552년 12월 2일 하비에르는 자신의 영혼을 창조주에게 맡겼다. 그가 복음의 빛을 비추려고 했던 거대한 제국을 바로 눈앞에 둔 채였다.

가즈파 다 크루즈의 중국 입국과 마카오

성 프란치스코 하비에르가 세상을 떠난 뒤 3년이 지나, 포르투갈을 떠나 인도로 가던 12명의 도미니크회 수도사들 가운데 하나인 에보라Evora 태생의 가스파르 다 크루즈Gaspar da Cruz가 중국에 입국하는 데 성공하였다.[28] 카르도소Cardoso는 자신이 쓴 순교자 열전에서 가스파르 다 크루즈 선교사가 중국에서 겪은 모험담을 포르투갈어로 쓴 이야기를 읽은 적이 있었다고 밝히면서, 제대로 노력하기만 하면 중국인들이 끝까지 저항하던 그리스도교로의 개종에 가능성이 있다고 말하고 있다.[29] 중국인들에게 크루즈 신부의 노력이 전혀 성과가 없는 것은 아니었고, 그가 중국에서 한 행동과 대화에 감화되어 우상을 모셨던 사원을 무너뜨렸다고 한다. 많은 사람이 세례를 받겠다고 하여 어떤 이들은 실제로 세례를 받았다. 그러나 외국인이 끼칠 영향력을 두려워한 중국 관

---

28) 가스파르 다 크루즈(Gaspar da Cruz, c. 1520-1570)는 포르투갈 에보라(Evora) 태생의 도미니크회 수사. 고아와 실론, 말라카, 캄보디아를 거쳐 1556년 말에 상천도 근처까지 와서 중국당국의 허가를 얻어 광주에서 한 달을 머문 뒤에 말라카로 돌아간 적이 있다. 1569년에 『中國志Tratado das cousas da China』라는 중국에 대한 소개서를 출간했는데 마르코 폴로에 이어 두 번째였다.

29) (원주) Touron, "Histoire des Hommes Illustres de l'Ordre de Saint Dominique," vol. p. 729. Fontana, "Monumentum Dominicana, ann. 1555."

리들이 그를 처형할 목적으로 체포하였다.[30)]

그러나 중국 관리들은 성스럽고 확고한 소명을 가진 사람을 무조적 극단적으로 대할 수 없었기 때문에 국외 추방하기로 결정했다. 크루즈 선교사는 예수 그리스도 안에서 새 가족이 된 사람들로부터의 잔인한 결별을 강요당하자 호르무즈Hormuz로 피신하여, 그곳에서 새로운 개종자들을 만들었다. 그러나 쉴 틈 없이 일하면서 너무 지쳤기에 고국 포르투갈로 돌아왔지만, 역병이 창궐하던 리스본에서 다시 시민들에게 헌신하다가 결국 세상을 떠나게 되었다. 스스로 예견한 대로 자신이 이 역병의 마지막 희생자가 되었던 것이다. 따라서 하비에르의 노력에도 불구하고, 선교사로 중국 본토에 처음 들어가 종교와 역사의 관점에서 큰 관심을 불러온 잘 알려진 일련의 선교를 시작했다는 영광은 이 도미니크 수도사에게 돌아가게 되었다.[31)] 비록 포르투갈 인들이 바닷길로 마르코 폴로가 말했던 카타이에 도달하는 데는 성공하였으나, 질투심과 의심이 많은 중국인과 규칙적으로 상업적, 정치적인 교류를 하게 된 것은 여러 해가 지난 뒤였다.

중국인들은 광동의 무슬림들 때문에 프랑크인[유럽인]들에 대해 비우호적인 입장을 갖게 되었다. 무슬림들이 프랑크인들은 위험하고 무례한 사람들이며, 모든 민족을 지배할 엄청난 힘을 지녔다고 쉬지 않고 떠들어 댔기 때문이었다. 하지만 중국인들은 장사하기를 좋아 하고 이익을 챙기려는 마음을 가지고 있었다. 이로 인해 중국인들은 프랑크인들에 대한 혐오감을 조금씩 줄이게 되었고, 결국 이 위험한 이방인들이 상천도에서 교역하는 것을 허가하게 되었

30) 명나라 말기의 중국의 철저한 쇄국 정책을 고수하였다. 일본 왜구들의 잦은 출몰도 이런 중국의 쇄국 정책에 영향을 미쳤다.

31) (원주) Michel Le Quien, "Oriens Christianus: in quatuor patriarchatus digestus: quo exhibentur ecclesiae, patriarchae caeterique praesules totius orientis,"vol. iii. p. 1854.

다. 그리고 시간이 흘러 중국인들은 드디어 프랑크인들이 입국하여 광동에 오는 것을 정식으로 허가했다. 물론 특정한 계절, 즉 광동의 시장이 끝날 때까지만 출입을 할 수 있다는 조건을 달았다. 광동 시장이 문을 닫으면 유럽인들은 상품과 소지품을 챙겨서 인도로 되돌아가야만 했다. 이러한 교역방식이 여러 해 이어지던 중 예상하지 않았던 사고가 발생했는데 이 덕분에 포르투갈 상인들은 약간은 항구적이고 보다 안전한 거주지를 갖게 되었다.

그 지역을 장악하고 있던 해적이 광동에서 그리 멀리 않은 곳에 있는 중요한 섬을 차지하고 있었는데, 바로 향산오香山奧였다.[32] 그 해적은 이곳에 자리잡고 중국의 주요 항구들을 통제하고 있었다. 중국 관리들은 이 골치 아픈 해적 문제를 해결하기 위해 상천도에 배를 여러 척 가지고 있던 포르투갈 상인들에게 도움을 청하였고, 이 상인들의 즉각적인 원조로 해적과 전투를 벌여 이들을 소탕하였다. 포르투갈 상인들이 이런 도움을 주었다는 소식을 전해들은 황제는 크게 아량을 베풀어 이 이방인들에게 향산오 동쪽 끝자락에서 거주할 수 있는 허가를 내주었다. 이로 인해 마카오의 유럽인 거주지역은 조금씩 커졌고, 결국 거대한 무역중심지이면서 아시아 동부에 있는 모든 선교사가 모이는 장소가 되었다. 당시에 가톨릭교회와 그 선교사들이 새로운 나라나 지역으로 들어갈 때면 그 사절단에 정치와 교역에 관계되는 요원들을 대동하거나, 때로는 앞장서게 하는 것이 관례였다. 따라서 가톨릭교회 여러 수도회의 수도사들은 포르투갈의 식민지인 마카오에 자신들의 거주지를 곧바로 마련하였고, 교황청도 그 곳을 총괄하는 주교를 임명하였다. 이런 연유로 이 지역에 널리 퍼져있던 예수회가 마카오에 거점을 세워 선교 활동을 더 활발히 할 준비를 하게 되었다.

32) 향산오(香山奧)는 지금의 마카오를 말한다.

여러 해 동안 선교 활동의 범위가 포르투갈 상인들의 경제 구역 안으로 한정되었기 때문에 중국 선교는 용감한 이방인들과 행운을 나누어 가지기 위해 마카오에 정착했던 다수의 중국인에게만 한정되었다. 그러나 드디어 하느님의 섭리로 그리스도의 사도들이, 우상이라는 어두움 속에서 길을 잃고 칠흑 같은 어두움 속으로 가라앉는 광대한 제국의 중심부에 다시 진리의 횃불을 밝히는 순간이 찾아오게 되었다.

예수회 중국 선교와 알레산드로 발리냐노

동방 순찰사Il visitatore로 임명된 이탈리아 출신의 예수회 신부 알레산드로 발리냐노Alessandro Valignano는 [동 아시아 선교의] 어렵고 고된 임무를 완수하기 위해 일본으로 가던 중에 마카오에 도착하여 잠시 휴식을 취했다.[33] 열정이 넘쳤던 발리냐노는 [동 아시아 선교의 책임자로서] 중국 내륙으로 들어가려는 선교 계획을 포기하고 수많은 사람이 죄악에 빠졌는데도 아무도 구원의 손길을 내밀지 않는 것을 보고, 특단의 조치를 고민하고 있었다. 그는 중국 선교의 기초를 세우기 위한 가장 좋은 방법이 무엇인지를 되돌아보았다. 그는 마카오에 이미 파송되어 있는 수도사들이 중국 선교에 필요한 준비가 부족하다는 것을 깨달았다. 발리냐노는 인도에 있는 교구장에게 편지를 보내, 선교사들이 일본으로 가는 배를 타기 전에 선교 사역을 할 수도사들을 위한 지침서를 만들자고 제안했다. 이 서신을 받은 교구장은 서둘러서 발리냐노의 요구에 응했고, 유럽에서 고아에 온 지 얼마 되지 않은 나폴리 태생의 미켈레 루지에리

33) 알레산드로 발리냐노(Alessandro Valignano, 范禮安, 1539-1606)는 이탈리아 태생의 예수회 신부. 아시아 순찰사로 예수회의 선교의 아시아 최고책임자였다. 1578년 마카오에 도착하였고, 뒤이어 일본 선교를 지휘하였고, 1583년에는 마테오 리치와 루지에리 신부를 중국으로 상륙시켰다. 현지 적응 우선과 위로부터의 선교를 실천하였고, 이에 대한 방편으로 1594년 중국에서 활동하던 선교사들의 복장을 승복에서 유학자들의 관복(儒服)으로 갈아입게 하였다.

Michele Ruggieri 신부를 마카오로 파견했다.[34] 그는 1579년 7월에 마카오에 도착하여 발리냐노가 남긴 지침서를 읽으면서 중국어를 공부하고, 한자를 읽고 쓰는 법을 익히라는 현명한 조언을 그대로 따랐다. 루지에리 신부는 중국어를 충분히 교육받았다는 생각이 들자, 자기의 계획을 실행할 방법을 찾아 나섰다. 우선 저명한 중국 관리들과 사귀는 것이 필수적이었고, 이런 목적을 위해 포르투갈 상인들을 따라 상업적인 거래를 할 수 있도록 정해져 있는 계절에 광동으로 갔다. 당시 포르투갈 상인들은 날이 저물면 주강珠江에 정박해 있는 자신의 선박으로 돌아간다는 조건으로 광주 시내에 들어갈 수 있는 허가를 받았다. 이에 더하여 포르투갈 상인들은 여러 무관의 감시를 지속적으로 받았는데, 이들은 상인들의 상거래를 규제하고 그들의 행동을 가까이에서 감시했다. 루지에리 신부는 이 관리들과 곧 친분을 맺게 되었는데, 그들은 이 유럽인이 중국어를 배우는 것을 보면서 기분이 우쭐하여 루지에리 신부를 특별하게 대우해 주었다. 그래서 그는 매일 저녁 정박한 배로 돌아가야 한다는 일반적인 규칙을 적용 받지 않고, 해마다 태국에서 베이징으로 가는 사절들이 묵는 관사에 머물 수 있게 되었다.

미켈레 루지에리와 마테오 리치의 중국 입국

중국의 관리들이 루지에리 신부에게 관심을 가지자, 마카오에 자리 잡고 교역을 하던 중국 상인들이 루지에리 신부를 좋게 보고, 많은 사람들이 그리스도교를 받아들이겠다고 요청하였다. 루지에리는 이제 막 싹트기 시작한 중국 선

34) 미켈레 루지에리(Michele Ruggieri, 羅明堅, 1542-1607)는 이탈리아 나폴리 태생의 예수회 신부(1572년 입회)로, 마테오 리치와 함께 중국의 예수회 선교의 기초를 마련하였다. 1584년, 중국어로 된 『교리 문답서』를 최초로 출간했다. 리치와 함께 최초의 포르투갈-한어 사전을 펴내고, 유교의 『사서四書』를 유럽어로 번역했다. 1588년 명나라 조정과 공식 외교를 여는 문제를 교황청과 협의하기 위해 유럽으로 귀환했다가 1607년 병환으로 살레르노에서 임종하였다.

교에 모든 관심을 쏟게 되었고, 일본에 있던 관찰사 발리냐뇨에게 성공적인 중국 선교의 시작을 알렸다. 이에 발리냐노 신부는 [인도에 있던] 교구장에게 루지에리와 함께 일할 수도사를 한 명 임명해 달라고 청하였다. 루지에리와 같은 배를 타고 인도로 왔던 마테오 리치Matteo Ricci 신부는 그때 고아에서 신학 과정을 마치고 있었는데, 이 어려운 사역을 위해 하느님의 섭리로 [중국으로 가는 선교사로] 선택을 받게 되었다.[35)]

리치는 이탈리아 안코나Ancona 부근의 마체라타Macerata라는 마을에서 성 프란치스코 하비에르가 상천도의 초라한 오두막에서 숨을 거둔 해에 태어났다[1552년]. 아시아에 복음을 전하겠다는 생각을 품었던 선교사가 아시아의 중심에서 숨을 거두고 있던 바로 그때, 세상의 다른 쪽 끝에서 이 계획을 실천하기로 운명 지워진 선교사가 태어난 것이었다. 하비에르의 선교적 열정이 리치의 영혼 속으로 들어온 것 같았는데, 리치는 원래 법학을 공부하려 하였으나 수도사의 길을 택하여 1571년 예수회에 입회하였다. 리치는 수련 기간에 [나중에 아시아 관찰사가 된] 발리냐노에게서 배웠다. 그의 스승 발리냐노는 결국 아시아에서 많은 일을 성취했으므로, 포르투갈 왕은 그를 '동방의 사도'라고 불렀다. 리치는 스승 발리냐노가 외국 선교를 위하여 아시아로 떠난 후에 그의 뒤를 따르고 싶은 소망을 품고 있었다. 그가 계획을 이루기 위해 필요한 공부를 마치려면 유럽에 오래 남아 있어야만 했으므로, 정작 그가 고아에 도착한 때는 1578년이었다. 그가 선교사로서의 길을 걷기 시작한 것은 27살이 되어서였다. 루지에리와 리치 신부는 장기간의 위험한 항해를 한 후에 마카오에 도착해 보니, 같은 사역을 함께 하도록 명령을 받았다는 것을 알게 되었다. 두 사람이 중국으로 입국할 방법을 애타게 찾고 있는 동안 하느님께서 특이한 상황에

35) 마테오 리치(Matteo Ricci, 利瑪竇, 1552-1610)는 이탈리아 출신의 예수회 선교사로 명대 말에 중국에 가서 선교한 인물이다. 그의 저서인 『천주실의』는 한국의 천주교 성립에 결정적인 영향을 끼쳤다.

서 그들에게 기회를 주셨다.

당시 광동성 총독은 오늘날처럼 광서성廣西省도 함께 관할했는데, 광동성 동쪽에 있는 성도인 조경부肇慶府에 살고 있었다. 이 양광兩廣 총독의 이름은 복건福建 출신의 곽응빙郭應聘으로, 중국인들 가운데서도 탐욕스럽기로 유명한 사람이었다.[36] 그는 마카오에 있는 포르투갈 상인들을 상대로 큰 수입을 올릴 생각이었는데, 이들이 엄청난 재산을 가지고 있다는 말을 종종 들었던 탓이었다. 그리하여 그는 마카오에 전갈을 보내서 마카오 주교와 총독을 조경의 관아로 즉각 대령하도록 하였다. 주교와 총독은 이러한 명령이 개인의 안전에 위협이 되고 또 그들에게 큰 굴욕이 된다는 것을 알고 있었으나, 생긴 지 얼마 안 되는 식민지로서는 중국인들의 자비를 구하는 것 말고는 다른 방법이 없었다고 판단했다. 이러한 지시를 무시한다면 이는 현명하지 못한 행동이 될 것이고, 또한 양광 총독의 권위를 무시하는 것으로 여겨질 것이라고 생각했다. 어떻게 해야 하겠는가? 어떻게 이 서로 모순되는 고려 사항이 조화를 이루도록 하겠는가? 마카오에 있던 포르투갈 상인들은 자신들이 거래해야만 하는 이 교활하고 부정직한 사람들에게 계략이 있다는 것을 이미 알고 있었다. 그리고 주교와 총독은 이 곤경을 빠져나갈 완벽한 중국적인 방법을 생각해두고 있었다. 그것은 실제 포르투갈 상인과 교회의 권위자들을 보내는 대신, 다른 사람을 양광 총독에게 보내야 한다는 합의로 이어졌다. 이러한 명백하고도 기만적인 복종으로 인해 포르투갈 상인들의 체면이 손상되지 않았고, 동시에 양광 총독의 자부심도 충족되기에 이르렀다.

예수회의 아시아 선교 책임자인 발리냐노 신부는 이 기회를 중국 제국에 들

36) 곽응빙(郭應聘 1520-1586)의 자는 君賓이다. 복건(福建)성 출신으로 여러 관직(廣西布政使, 右副都御史, 廣西巡撫, 右都御史)을 거쳐 1583-84년간 양광(兩廣)의 총독(總督)을 역임했다.

어갈 수 있는 계기로 삼았다. 루지에리 신부가 주교의 역할을 대신하고, 마카오의 감사관 마티아 페넬라Mattia Penella가 시장의 역할을 대신하기로 했다.[37] 이런 속임수가 양광 총독의 눈에 더 그럴듯하게 보이도록, 마카오에 있는 모든 상인이 기증한 값진 선물도 함께 가져가기로 했다. 상거래를 하면서 생길지도 모르는 장애물을 제거하기 위해서는 양광 총독의 지지를 얻는 것이 무엇보다도 중요했기 때문이었다. 이 가짜 사절은 조경에서 대단한 환영을 받았다. 즉 엄청나게 많은 폭죽놀이와, 귀가 먹먹할 정도로 큰 음악연주, 화려하게 도열해 있는 경호원들, 다양한 색상의 정장을 입은 관리들이 그들을 맞이했다. 그러나 양광 총독의 이런 화려한 과시는 서양의 야만인들을 환영하기 위해서가 아니라 중국 왕조의 장엄함을 보여주어 위압하려는 생각이 더 많았다. 총독은 이 가짜 사절을 관저에서 맞았는데 그가 취했던 그러한 "근엄한 태도"는 공식적인 행사에서 [중국] 고관들에게는 크게 권장되는 덕목이었다. 그렇지만 거만한 양광 총독은 자신의 모습에서 오만한 태도를 조금 덜어내고, 너그럽고 반기는 것 같은 표정을 짓고는 남의 눈에 띄지 않도록 조심하면서, 가짜 사절이 내미는 진귀한 선물을 받았다. 그는 통역에게 서양에서 온 이방인들이, 중국인들의 부모나 다름없는 중국 관리들의 법을 충실히 따르는 한, 마카오 항에 머물면서 장사를 계속해도 좋다는 말을 전하라고 명했다. 또, 포르투갈 상인들이 준비한 값진 선물을 흘깃 쳐다보고는 그들에게 돈을 내고 이 선물을 받겠다고 말하면서, 선물마다 가격을 묻더니 그 자리에서 고지식하게 값을 쳐주었다. 하지만 이러한 아주 놀라운 처신은 보고 있는 사람들의 눈을 의식한 행동일 뿐이고, 실제로는 포르투갈 상인들에게 준 돈으로 마카오에서 더 많은 선물을 사서 가능한 한 빨리 보내 달라고 미리 말해 두었던 것이다.

[가짜 사절로 온] 루지에리 신부는 자신이 중국어를 열심히 배웠고 중국인

37) 마테오 리치, 『마테오 리치의 중국 선교사 I』, 신진호, 전미경 역 (서울: 지만지, 2013), p. 204 참조.

들과 사는 것이 가장 큰 기쁨이라고 말하면서 총독에게 중국 내지에서 살고 싶다는 강한 의지를 표명하였다. 총독은 크게 만족스러운 표정으로 그 말을 듣더니 루지에리가 돌아간 후에 기회를 보아 요청을 들어주겠다고 가능성을 내비쳤다. 이에 가짜 사절들은 자리에서 일어났는데, 징소리에 맞추어 타고 왔던 배까지 환송을 받았다. 중국 사람들이 처음으로 큰 무리를 이루어 이 신기한 이방인들을 둘러쌌고, 곧이어 이들에게 "서양 악마洋鬼子"라는 별명이 붙게 되었다. [얼마 후] 총독이 요구했던 선물이 준비되어 이를 전달해야 했는데, 루지에리는 떠나기 며칠 전부터 갑자기 심한 병이 나서 함께 갈 수 없게 되었다. 결국 마티아 페넬라Matthew Penella가 혼자 이 일을 맡게 되었다. 병 때문에 동행할 수 없었던 루지에리 선교사는 이 때문에 무척 실망했다. 그는 리치가 고아에서 가져온 멋진 자명종을 총독에게 선물하여 회유할 작정이었기 때문이었다. 총독은 루지에리 신부가 병이 들었다는 사실을 알고는 매우 슬퍼 보였으나, 기발한 톱니바퀴가 작동하여 저절로 움직여 정확하게 시간을 표시하는 신기한 기계에 관한 이야기를 듣고는 큰 흥미를 표시했다. 총독은 이 기이한 물건을 보고 싶고 또 갖고 싶어서, 루지에리가 건강이 회복되는 대로 조경으로 오라는 편지를 자기 신하에게 직접 써서 전달했다.

이렇게 특별한 목적으로 파견된 사람이 조그마한 포르투갈 식민지에 도착한다는 것은 대단한 사건이었다. 그들은 크게 기뻐했는데, 특히 예수회 선교사들은 더욱 기뻐했다. 총독은 편지에서 루지에리가 첫 번째 방문했을 때 요청한 것을 수락하여, 수도사들에게 조경에 거처와 성당을 지을 수 있도록 공식적으로 허가했다. 오직 발리냐노만 이런 커다란 기쁨에 휩쓸리지 않았다. 그는 이런 기대하지 못한 성공에 큰 충격을 받아서, "만일 다른 신부들이 그에게 한목소리로 이러한 기회를 잡으라고 충고하지 않았다면, 이 기회를 지나칠 뻔했다."고 조심스럽게 말했다. 이 발리나뇨가 한 말은 트리고Trigault가 나중에 기록으

로 남긴 것이다.[38]

총독은 루지에리 신부를 정말 빨리 보고 싶어 했거나, 혹은 말로만 들어왔던 자명종을 빨리 갖고 싶어 했으므로, 자신의 신하를 마카오로 보내 관용 배로 선교사를 영접하여 조경으로 각별히 모시도록 조치하였다. 총독이 이렇게 보기 드물게 우애를 표하자, 루지에리는 이를 감사히 받아들여 마침내 1582년 12월 18일, 마카오에서 조경으로 출발했다. 그는 아직 신부 서품을 받지 않은 예수회 회원인 프란체스코 파스코Francesco Pasco와 중국인 청년 몇 명을 함께 데려 갔다. 총독의 신하들은 루지에리 한 명만 초청한 것으로 알고 있다가, 수행원들과 함께 가는 루지에리를 보고 놀랐다. 그러나 루지에리는 그 총독의 신하에게 사제로서 혼자 길을 나서는 것이 어색할 뿐 아니라, 자기 수도회 회원 두 명이 함께 가는 것은 총독을 만날 때 함께 갈 사람과 빈 숙소를 지킬 사람이 필요하기 때문이라고 말했다. 이러한 답변이 받아들여져서 관용 배는 마카오에서 출항하였다. 모든 그리스도인의 선한 소망과 함께, 선교사들을 태운 배는 중국으로 향했다. [조경에 도착한 루지에리 선교사는 총독에게 자명종을 선물했다.] 총독은 시계가 작동하는 모습에 크게 기뻐하면서, 이처럼 놀라운 것들을 만들 수 있는 사람들이라면 서양인들이 자신들이 생각해왔던 그러한 야만인일 수는 없다고 생각했다. 그는 감사의 표시로 선교사들에게 선물을 주려고 했지만, 선교사들은 그 선물을 정중하게 거절했다. 선교사들은 그들의 유일한 소망은 중국에 살도록 허락을 받는 일이며, 그들의 직업은 하느님을 섬기는 일이고 학문에 정진하는 일이라고 말했다. 그들은 이미 중국인들의 지성, 법률, 관습과 지식에 관하여 많은 것을 들었고, 고국을 떠나 3년이나 걸리는 고단한 항

38) 니콜라스 트리고(Nicolas Trigault, 金尼閣, 1577-1628)는 벨기에 출신 예수회 선교사로 1610년 중국에 입국하였고, 남경에서 바그노니, 카타네오 신부와 함께 사역했다. 1613년 교구장인 롱고바르디 신부의 명으로 로마로 돌아가서 중국선교에 관한 종합보고서를 제출하였고, 1619년, 7천여 권의 서양도서를 가지고 아담 샬 신부와 함께 다시 중국에 와서 산서성(山西省)에서 주로 활동하였다. 중국어로 쓴 저서로는, 『推曆年膽禮法』, 『宗徒禱文』, 『況義』, 『西儒耳目資』 등이 있다. (원주) Trigault, de l'Expedition Chrétienne, etc., p. 126.

해도 감수할 만큼 많은 성과가 있었다고 말했다. 중국에서 배운 것이 많기 때문에 마카오에 있기보다는 제국의 내륙으로 들어갈 수 있으면 더 좋을 것 같다고 총독에게 말했다. 총독은 그들이 중국인들과 함께 살려고 내륙 깊숙이 들어간다는 것은 영예로운 일이라고 생각했다. 또 자신이 선교사들이 통달하고 있는 철학과 수학을 배우는 것을 자랑스럽게 여겼으므로, 그들의 소원을 들어주기로 하고, 도시 근교에 있는 불교 사찰 한 곳에 선교사들의 거처를 마련해 주었다. 총독은 가끔 관저에서 생필품을 보내주었고, 선교사들과 사적인 면담도 가졌다. 조경의 문무 관리들과 중요 인사들은 호기심에서 또는 총독에게 잘 보이기 위해 가톨릭 수도사들이 사는 사찰을 자주 찾았다. 따라서 오랫동안 외국인들에게 문을 닫았던 거대한 제국이 열정적이고 헌신적인 선교사들에게 어느 정도 문호를 개방하게 되었다. 루지에리 신부는 이미 중국어로 교리 문답서를 만들었고, 그리스도교 교리를 대중에게 전달할 목적으로 그리스도교 성인들의 생애를 엮어 『천학실록天學實錄』이라는 제목으로 중국어 번역을 마친 상태였다.[39] 그는 총독의 동의를 얻어 마테오 리치 신부도 조경에 자리 잡게 했다. 선교사들이 하는 노력이 모두 순조롭게 진행되는 듯했으나, 갑자기 예상 밖의 사건이 일어나면서 그들의 모든 희망은 다시 물거품이 되었다.

39) 이 책은 1584년에 『天主聖教實錄』으로 이름을 바꾸어 마카오에서 출간되었다.

제 2 장

조경에서 시작된 예수회의 중국 내지 선교

제 2 장

조경에서 시작된 예수회의 중국 내지 선교

조경으로부터의 추방과 계속되는 재입국 시도의 실패

어느 날 선교사들이 중국 선교의 미래에 관한 즐거운 대화를 나누고 있을 때, 조경의 주요법관 중 한 명이 찾아 왔다. 그는 슬픈 표정을 지으며 총독이 방금 면직되었고, 선교사들에게 수치를 당하지 않도록 마을을 당장 떠나는 것이 좋겠다고 말했다. 짐작하듯이 이것은 수도사들에게는 날벼락이었다. 면직되어 도시를 떠나게 된 총독은 선교사들을 위로하고자 광동의 관리들이 선교사들의 거주 여부를 결정할 것이라는 내용의 서신을 보내 주었다. 그러나 쫓겨난 총독의 편지가 광동 관리들에게 어떤 가치가 있겠는가? 그렇지만 선교사들은 이것조차 한 줄기 희망으로 받아들여야 하는 형편이었기에 관용선을 타고 광동 쪽으로 내려갔다. 그러나 선교사들이 염려한 대로 광동에서는 선교사들이 배에서 내리는 것조차 허락되지 않았다. 그들은 어쩔 수 없이 여행을 계속했고 슬픔에 잠긴 채 마카오로 돌아왔다. 그들은 그 곳에서 하느님께서 중국에 복음의 빛을 다시 드러내실 때까지 기다릴 수밖에 없었다. 중국에서는 고위 관리가 발행한 공문은 모두 기록보관소에 보관하고, 그 공문서의 아랫부분에 시행 여부에 관한 기록을 남기는 것이 관례이다. 그 때문에 새로 부임한 양광 총독은 기록보관소에서 공문을 살펴보다가, 전임 총독이 광동의 중국 관리들에게 유럽 수도사들이 광동에 거주하는 것을 허락하라는 내용의 공문을 발견하게 되었다. 이 공문에는 최종 서명이 없어서 그 실행 여부를 알 수 없었기에, 신임 총독은 이 공문에 관해 전혀 몰랐던 광동 관리들에게 서면으로 확인하도록 했고, 또 마카오에 사는 중국인들을 관장하고 있는 말단 행정구역인 향산현香山縣에도 이 내용을 문의하였다. 이 일에 관해서는 광동의 관리들처럼 향산현 관리들도 아는 바가 없었으므로 신임 총독은 관리들의 대표를 마카오 주교에게 보냈다. 이 관리들은 예수회의 신학원으로 안내되었는데, 거기서 예수회 선교사들은 커다란 관인이 찍힌 공문을 그들에게 보여 주었다. 중국 관리들은 천자 제국의 위엄을 드러내는 문서가 야만인들의 손에 있을 리가 없다며 갑자기 공문을 잡아채려고 했다. 예수회 신학원에 있던 신부들은 모두 이런 중요한 문서를 포기할 수는 없다고 생각했다. 또 그들은 광동 관아로 이 문서를 직접 들고 가서, 문서에 쓰인 대로 [선교사들의 조경 거주 허락을] 이행할 것을 촉구하겠다는 뜻도 밝혔다. 중국 관리들은 이 말을 듣자 화를 내면서 그런 절차는 "예禮"에 어긋나며, 있을 수 없는 일이라고 분명히 말했다. 그러나 예수회 선교사들이 끝까지 주장하자, 관리들은 마침내 예를 무시하고, 공문을 지참한 신부를 향산까지 안내해서, 그곳의 관리들이 이들 일행과 함께 배를 타고 광동까지 동행하기로 합의했다. 이 어려운 임무의 성공 여부는 리치와 루지에리 신부가 얼마나 사려 깊고 열정적으로 행동하는가에 달려있었다.

일행은 마카오 동쪽 끝자락에 있는 바위투성이인 응가오멘Ngao-Men 섬을 지나 몇 시간을 걸어서 건너편 해안에 있는 향산香山에 닿았다. 향산 지현

知縣은 신부 일행을 불친절하게 맞으며 공문을 내놓으라고 명하면서 자신이 직접 그것을 광동으로 보내겠다고 하였다. 선교사들이 이를 정식으로 거부하자 지현은 분노가 치밀어 선교사들이 손에 쥔 공문을 찢어서 발로 짓밟으며, "어리석은 자들아, 쫓겨난 총독의 공문이 무슨 가치가 있겠느냐? 여기 이 휴지를 들고 마카오로 어서 빨리 돌아가라."고 소리를 질렀다. 가련한 선교사들은 이 무례한 관리 곁을 슬픈 마음으로 떠났으나, 이런 우발적 사고에 조금도 위축되지 않았다. 그들은 한 작은 여관에서 잠시 휴식을 취한 후에 대담한 시도를 하기로 마음을 모았다. 그들은 새 신자인 중국인 청년을 통역사로서 대동하고 항구로 갔다. 때마침 광동으로 막 출발하려는 선박을 보고 선교사들과 통역은 그 배에 올라탔다. 선장은 조그만 보따리를 든 두 외국인이 배에 오르는 것을 보고서 의심이 들어 승선을 거부했으나, 청년 통역이 태연스레 끼어들어 관인이 찍힌 공문을 보여주었다. 그는 선장에게 "노형, 총독이 내준 통과증을 가진 분들을 내쫓다니, 미친 거 아니오?"라고 소리쳤다. 선장은 이 놀라운 문서를 보고서 태도를 바꾸어 선교사 일행이 배에 타는 것을 허락했다. 그러나 다른 승객들은 통과증을 대수롭지 않게 여겼고, 오직 야만인들과 함께 여행하는 위험에 대해서만 생각했다. 그들은 닻을 올리기 전에 수도사들을 하선시키라고 요구했고, 선장이 당연히 자신들의 말에 따를 것이라고 여겼다. 이에 선장은 두 수도사의 짐을 해변에 던져버렸다. 따라서 선교사들은 두 번째 [중국 입국] 실패도 받아들일 수밖에 없게 되었다. 그러나 중국인들의 의도를 잘 알지 못하는 사람들이라면 마카오로 돌아가서 더 좋은 기회를 참고 기다리는 일 외에는 다른 방법이 없다고 결론을 내렸겠지만, 그 선교사들의 생각은 달랐다. 선교사들은 자신들이 상대하고 있는 사람들에 대한 연구를 게을리 하지 않았으므로, 거듭된 실패에도 불구하고 희망이 완전히 사라진 것은 아니라고 판단했다. 선교사들은 지방관리 한 명에게 뇌물을 주고, 자기들을 광동으로 보내 달라고 설득하였다. 이 지방 관리는 이들을 광동으로 보낼 목적으로 이들을 체포하여 광동에 있는 해상 관리에게 죄수라고 속여서 보냈다. 그가 쓴 공문에는 향산에서 체포한 이방인 둘을 보내는데, 저들이 총독의 공문이라는 것을 지니고 있다고 주장하고 있으니 이를 정확하게 판단해 달라는 내용이 포함되어 있었다. 그리하여 선교사들은 더 이상의 어려움이 없이 광동에 도착했고, 해상 관리에게 인도되었다. 선교사 일행은 해상 관리에게 전임 총독의 공문과 함께 진정서를 전달했는데, 거기에는 그들이 중화제국의 명성에 이끌려 이곳으로 왔고, 이렇게 축복받은 나라에서 살다가 죽는 행복을 누리기 위해 [멀리 유럽에서] 용감하게 매우 위험한 바다를 건너왔다고 기록했다. 그리고 그들이 원하는 것은 오로지 천주天主에게 신전을 지을 수 있는 구석진 땅과, 그곳에서 기도하고 수양으로 그들의 여생을 보내는 것이라고 전했다. 해상 관리는 그들이 원하는 바가 선하고 칭찬할 만하다고 여겼으나, 그의 소관이 아니라 총독이 결정할 사안이었기 때문에 그들의 요구를 당장 들어줄 수 없었다. 이에 선교사들은 포르투갈 상선들이 광동으로 오는 계절이 될 때까지 만이라도 태국 공관에 머물게 해달라고 간청하였는데, 그 사이에 총독의 허락을 얻어내려는 심산이었다. 이런 제안이 수용되어 선교사들은 기쁜 마음으로 태국 공관에 머물게 되었으나, 그 날이 채 지나기도 전에 마카오로 돌아가라는 명령이 내려졌다. 신임 총독이 광동으로 오고 있는데 포르투갈 상인과의 교역 시장이 열리는 계절도 아닌 때에 이방인 둘이 머물고 있다는 사실을 알게 된다면 매우 부적절한 일이 되리라는 구실 때문이었다. 따라서 선교사들은 다시 한 번 썰물 때를 이용하여, 마카오로 돌아가는 배에 오를 수밖에 없었다. 선교사들은 향산을 지나가면서 중국인들이 자신들을 광동에서 쫓아낸 진정한 동기가 무엇인지를 파악했다. 향산의 성문들과 주요한 장소에 신임 총독의 포고문이 걸려있는 것을 보았는데, 거기에는 광동성의 행정에 관하여 여러 가지 측면이 묘사되어 있었다. [내용은 이런 것이었다.]

> "응가오멘 인근에서 많은 악폐가 저질러졌고, 법을 공공연히 위반하는 사례가 많았다. 이러한 범죄의 대부분은 직위를 남용하여 이방인들에게 악행을 가르치고 그들에게 죄를 짓게 만든 통역사들과 언어학자들의 잘못이 크다. 몇몇 통역사들이 실제로 어떤 외국 수도사들에게 중국어를 가르치고 또 성도省都에 거주지와 교당을 지을 장소를 요구하라고 설득하였다는 사실을 알게 되었다. 이런 모든 행위는 중화제국에 치명적이므로 어떠한 형식으로라도 이방인들이 거주한다는 것은 나라에 도움이 될 수 없다."

이 포고문에는 또 중국 통역들이 참수를 면하려면 [외국 이방인들을 돕지 말아야 한다고] 촉구하는 말이 덧붙여져 있었다. 예수회 신부들은 거듭되는 [중국 입국] 실패와, 무엇보다 이 마지막 포고문을 보고 크게 실망하였다. 그러나 세상의 어느 곳에서와 마찬가지로, 중국에서도 종종 눈에 띄지 않는 우연한 사건으로 중요한 일들이 결정되는 경우가 있다. 모든 일을 적절하게 처리하시는 하느님의 섭리는 사람이 자기의 책략이 지혜롭고 빈틈없다고 자랑하는 것을 허락하지 않으시며, 때로는 장애물만이 예상되는 곳에서 성공하게 하신다.

두 신부를 조경으로 부른 신임 총독과 최초의 개종자 진 씨

예수회 선교사들은 신임 총독이 광동과 광서를 다스리는 동안에는 그곳에 자리를 잡을 희망이 없다고 확신하게 되었으나 놀랍게도 그들에게 그러한 기회를 준 사람은 바로 그 신임 총독이었다. 선교사들이 마카오로 돌아온 지 채 며칠이 지나지 않아 조경에서 온 관리 하나가 마카오에 나타났다. 그는 징과 수많은 행렬을 앞세우고 마카오의 중국인들을 다스리던 관리의 처소로 향하더니, 그곳에서 다시 예수회 숙소로 갔다. 그는 신부들에게 자신이 루지에리와 리치 두 신부를 조경으로 초청하는 공문을 가져왔는데, 성당과 거처를 그곳에 지을 수 있는 허가증도 가져 왔다고 했다. 선교사들은 이런 반가운 소식을 거의 믿을 수가 없었다. 하지만 전달된 공문의 내용은 분명하고도 상세했다. 두 선교사는 서둘러서 꼭 필요한 것만 챙기고 나서, 기쁨과 기대를 가지고 조경을 향해 발걸음을 옮겼다. 조경 입국을 환영한다는 전갈을 가져왔던 관리가 그들을 뒤에서 호위했다.

양광 총독은 선교사들을 정중하게 맞이하더니 선교사들이 어떤 나라에서 왔으며 중국에 오게 된 동기가 무엇인지 물었다. 수도사들은 예전에 말했듯이, 자신들은 서쪽 끝에 있는 나라에서 태어났고 천자 제국의 위대함과 명성을 들어왔기에 이곳에 오기 위해 3년 동안의 지치는 항해를 감수했다고 답했다. 선교사들은 지금까지 수많은 나라를 방문했고 대양을 횡단하면서, 중화제국이 찬란한 명성을 뛰어넘는 나라임을 직접 눈으로 확인했다고 하였다. 자신들은 중국에서 여생을 보내고 싶고, 집과 성당을 지을 조그만 땅을 준다면, 그곳에서 기도와 공부로 여생을 지내겠다고 하였다. 마카오는 장사하는 소리로 소란스럽고 북적거려 이런 조용한 생활을 할 수 없다는 이유를 댔다. 총독은 선하고 관대한 사람이었다. 그래서 그는 이 이방인들이 행복하게 살려고 세상의 끝에서 중국으로 왔다는 칭찬을 듣고, 그들을 보호해 주겠다고 약속하고 조경 시내나 그 인근에서 그들에게 가장 알맞은 장소를 찾아주고자 하였다.

수도사들은 진陳이라는 성을 가진 사람의 집에 숙소를 정하고 선교 활동을 준비하느라 바쁘게 지냈다. 예수회 신부들이 전에 조경에 머물 때 진기한 물건으로 중국인들을 매료시켜 유명인사 몇 명과 사귄 적이 있었는데, 루지에리 신부는 그 때 진陳이라는 젊은 유생과 가까이 지냈었다. 그 유생은 심성과 지성이 모두 뛰어난 사람이었다. 루지에리는 그에게 그리스도교 진리를 가르치는

데 힘을 쏟았다. 이에 이 사람은 새 신자로 감화되어, 믿음과 열정으로 배운 짤막한 기도를 드리는데 곧 익숙해졌다. 예수회 신부들은 조그마한 휴대용 제단을 가지고 다녔는데, 진씨가 마련한 방에 그 제단을 놓아두었고 신부들은 거기에서 원하는 미사를 올렸다. 신부들이 조경에서 쫓겨날 때 그들이 중국 최초의 그리스도교인이라 여겼던 진씨 가정에 이 제단을 관리하도록 맡겼었다. 루지에리 신부는 조경으로 돌아오자마자 진씨 집으로 갔고, 전에 심어놓은 이 진리의 씨앗이 싹터 풍성한 열매를 맺게 되었다는 것을 알고는 크게 기뻐하였다. 그 청년은 최대의 존경과 연대감을 표시하며 선교사들에게 예를 갖춘 뒤에, 단아하게 꾸민 방으로 안내하였다. 그 청년은 맡겨두었던 제단을 그곳에 세워두고 있었다. 비록 성상은 없었지만 제단 뒤에는 천주天主라는 글자를 새긴 명판이 놓여있었다. 제대 양쪽으로는 여러 개의 아름다운 꽃병들과 놋그릇이 놓여있었고, 그 안에서는 향이 피어오르고 있었다. 이 작은 기도실에서 진 씨는 날마다 무릎 꿇고 하느님께 기도를 드렸는데, 그에게 하느님은 더 이상 낯선 분이 아니었고, 이미 진실함과 열정으로 경배를 드리고 있었다. 새 신자의 믿음에 대한 감동적인 증거를 목격한 선교사들은 흘러내리는 눈물을 참을 수 없었고, 회의주의와 미신이 가득한 이 거대한 나라에서 참 하느님을 섬기는 사람을 보게 된 것에 대해 주님께 무릎을 꿇고 감사드렸다.

중국의 사찰과 불탑에 대한 소개

이미 설명한 것처럼 신임 총독은 예수회 신부들을 불러 교당을 세울 마음에 드는 장소를 선택하라고 하였다. 당시에 조경 교외에 중국에서 흔히 볼 수 있는 탑이 하나 서 있었는데, 바로 불탑佛塔으로, 중국 건축에서 유일하게 기념비 형태를 띠고 있다. 오늘날에도 성현省縣의 각급 도시 부근의 외딴곳에는 어디에나 높은 탑이 마치 거대한 감시병처럼 서 있는 것을 볼 수 있다. 인도의 전승에 따르면, 붓다가 죽자 시신을 화장하고 그 유골을 여덟 개로 나누어 여러 항아리에 담아 팔층 탑에 보관하였다고 한다. 이것이 불탑의 기원으로 불교가 융성한 모든 나라에서 흔히 볼 수 있다. 층수는 물론이고, 모양도 어떤 것은 둥글고, 어떤 것들은 육각, 혹은 팔각으로 각이 져서 다양하고, 또 재료도 석재, 목재, 또는 자기磁器 등 여러 가지를 사용하는데, 남경에 있는 다양한 문양으로 장식한 자기로 된 탑을 '자기 탑'이라고 부른다.[40] 현재 이런 기념비[불탑]들은 대부분 외관이 손상되어 무너지고 말았으나, 중국 고대 시에는 이러한 불탑 건축을 장려했던 황제들의 너그러운 기품을 찬양하는 구절이 많이 남아 있다. 그 가운데 한 구절을 소개한다.

> 눈을 들어 석탑을 보니 상륜에 구름이 걸려있네
> 벽체를 감싼 법랑琺瑯은 앞다투어 황금색과 자주색을 발하고
> 햇빛을 무지개 색으로 반사하여 탑신 위에 떨어지네

유명한 창간Tchang-Ngan의 탑이 쓸모없고 건립비용이 너무 많다는 것을 비판적으로 표현하기 위해, 창간의 탑이 "도시의 반을 차지하고 있다"고 비난하는 관리도 있었다.[41] 한 풍자 시인은 높이가 500척이나 되는 대형 건축물 가운데 하나를 가리켜, 그 위대한 예술품의 구상과 실제 건축에 경이와 감탄을 표현하는 몇 구절을 읊고 나서, "나는 천식이 있어 감히 꼭대기 난간까지 오를 수 없다네. 그 위에서는 사람이 개미처럼 보인다고 하네. 수많은 계단을 만드는

40) 이 탑은 남경에 있는 대보은사(大报恩寺) 안에 건립되었다. 중국에서는 '유리 탑'으로 알려졌으나 서양에서는 자기 탑(Porcelain Tower)으로 소개되었다. 이 자기 탑은 15세기 명나라의 제3대 황제인 영락제가 그의 죽은 어머니의 명예를 위해 건설했다고 전해지지만, 태평천국의 난 때 파괴되었다. 지금 남경에 있는 탑은 2015년에 복원한 것이다.

41) 창간(Tchang-Ngan)의 탑이 정확하게 어디에 위치하고 있는지 확인할 수 없다. 베이징의 문을 설명하는 저자의 다른 책에서 Tchang-Ngan kiai가 언급되어 있는데, 만약 그렇다면 베이징에 있는 사찰의 탑일 수 있다.

일은 젊은 여왕들의 몫일세. 그들은 손가락과 머리로 여러 지방의 재원을 움직일 힘이 있다네."라고 읊었던 적이 있다. 중국인들은 흰 대리석, 금박을 입힌 벽돌이나, 심지어 일부를 구리로 덮은 불탑들이 있다고 말한다. 층수도 3층, 5층, 7층, 13층까지로 다양하다. 불탑의 겉모습은 내부 장식만큼이나 다양하다. 층이 높아질수록 난간이 작아지는 탑이 있는가 하면, 나무와 꽃들이 자라고 작은 폭포들이 쏟아지는 탑도 있고, 호수의 한 가운데 있는 커다란 바위 위에 세운 탑도 있다. 그 탑의 꼭대기에 오르려면 바위 밑이나 가운데를 자연 동굴을 본뜬 크고 작은 동굴로 뚫어서 크기가 줄어든 곳과, 벼랑이 감싸고 있는 곳을 통과해야 한다. 바위 위의 단에 오르면 매혹적인 정원을 발견하게 되는데, 그 가운데는 탑이 세워져 있다. 그 웅장함이 대단한데, 오늘날 남아있는 폐허에서도 여전히 그 웅장한 규모를 짐작할 수 있다. 이러한 탑 혹은 우상의 사찰은 중국 전역에 엄청나게 많이 산재 되어있다. 마을마다 사찰이 몇 군데나 있다. 길가나 밭 한가운데 등, 한 마디로 어느 곳에나 사찰이 있다. 베이징과 그 인근에만 만 개가 넘는 사찰들이 있다고 전한다. 또 하나 덧붙여 이야기할 것은, 거의 모든 탑이 무섭게 생긴 우상들이나 향로들로 둘러싸인 작은 기도처나 벽감壁龕 같은 것에 지나지 않지만, 그 장엄함, 풍성함과 아름다움은 주목할 만하다. 베이징에 있는 천단天壇과 여러 성에 세워진 유명한 사찰들은 그 규모가 대단한데, 해마다 수많은 중국인이 이런 곳을 순례하곤 한다. 이런 사찰들의 장식은 전부 중국인들의 취향에 따라, 묘하게 결합해 놓은 것들로 가득하다. 거기에 나타난 그림과 조각은 아무런 예술적 가치가 없는 것들인데, 이는 중국에서는 도안이 거의 개발되지 않았기 때문이고, 화공들은 단지 색깔을 고르고 칠하는 것과 관련된 정해진 기계적인 세부묘사만 잘하면 되었기 때문이다. 화공들이 원근법에는 전혀 관심이 없었으므로, 그들의 풍경화는 한탄스러울 정도로 단조롭다. 중국의 세밀화와 수채화 가운데는 매우 완성도가 높은 것이 가끔 있기는 하지만, 유럽에서 만든 작품과 비교한다면 대부분 수준이 매우 낮다. 탑에 새겨진 조각은 여러 개의 섬세한 부분으로 되어있으나, 일반적으로 형태의 우아함과 정확함이 부족하다. 중국인들도 스스로 오래전, 특히 5-6세기의 화공畵工과 조각가들이 오늘날보다 훨씬 뛰어났었다고 단언하고 있으며, 진품들을 많이 소장하고 있는 박물관에 가보면 이러한 주장을 확인할 수 있다. 중국에는 훌륭한 고대의 모습을 간직하고 있는 사찰들이 거의 없다. 이는 이러한 사찰들이 세월과 사람들의 공격을 이겨낼 만큼 튼튼하지 못하기 때문에 사찰들이 무너져 내렸고, 같은 자리에 새 건물을 지을 수밖에 없었다. 중국 격언에, "송나라 사람들은 길과 다리를 만들었고, 당나라 사람들은 탑을 지었으며, 명나라 사람들은 사찰을 지었다."고 한다.[42)]

예수회 선교사 거처의 건축 허가와 과정

당시에 조경 성 밖에 짓고 있던 탑을 '꽃 같은 탑'花塔이라 불렀다. 9층으로 설계되었으나 당시에는 겨우 2층까지만 모습을 드러내고 있었다. 근처에 커다란 사찰을 조성하고 있었는데 기초를 거의 마무리하는 단계에 있었다. 불전에는 붓다를 모실 예정이었고, 공자를 모실 사당도 있었다. 화탑은 아름다운 강가에 자리 잡고 있었고, 이 강에는 크고 작은 수많은 중국의 범선들이 광동에서 내륙으로 화물을 나르기 위해 끊임없이 오가고 있었다. 이곳은 풍요로운 고장으로 도처에 농가들이 빽빽하게 들어서 있었고, 대나무, 널따란 잎을 가진 반얀 나무, 줄기 끝에 커다랗고 샛노란 열매가 다발로 달린 파파야 나무, 귤나무, 석류나무, 그밖에도 열매와 꽃들이 항상 있는 온갖 나무들이 숲을 이루어 멋진 풍경을 연출하고 있었다. 선교사들은 이 고장의 황홀한 아름다움에 매료되어 그곳에 자기네들의 거처를 정하게 해달라고 총독에게 청하였다. 총독은 청

42) (원주) Chinese Empire, vol. II. p. 127.

을 승낙하고는 이튿날 화탑을 보수하여 그들에게 할당된 바로 그 장소에 배치해 주겠노라고 답하였다. 그 다음 날 총독이 감정사와 공사 감독자를 거느리고 현장에 나타났으나, 이 위원회 사람들은 선교사들의 계획에 비판적이었다. 그들은 중화제국에 이방의 야만인들이 자리를 잡는다면 이는 부적절할뿐더러 위험하여 자기네들을 고생시킬 것이라고 하면서 총독을 설득하려 하였다. 그들은, "이 사람들은 틀림없이 마카오에서 동료들을 불러들일 것이고, 그 숫자가 늘어나면 조경이 위험에 처하게 될 것입니다."라고 말했다. 그러나 이러한 암시에도 불구하고 총독은 생각을 바꾸지 않았다. 예수회 신부들에게는 그들의 동료들을 데려오지 말라고 경고했고, 중국 법을 따를 것을 다짐시켰다. 이에 선교사들은 중국의 법도를 빠뜨리지 않고 충실히 준수하겠다고 약속했다. 이에 따라 총독은 화탑 가까운 곳에 있는 땅을 선교사들에게 할당하였으나 선교사들은 거처와 성당 모두를 짓기에는 그 땅이 협소해 보였기에 이의를 제기했다. 이에 총독은, "그 땅은 오로지 당신들의 집만 지을 장소이다. 여기에 어마어마하게 큰 절을 짓고 있는 것이 보이지 않는가? 그런데 당신들은 왜 또 다른 땅이 필요한가?"라고 답하였다. 선교사들은 이 말을 들으면서, 총독이 자신들을 사찰의 승려와 종복으로 삼으려는 의도가 있다는 것을 알아차렸다. 이것은 그들이 인내심을 가지고 추구해온 목적이 정확히 아니었으므로, 그들은 즉각적으로 "서방에서 온 저희는 붓다와 우상을 섬기는 사람들이 아닙니다. 저희는 오로지 창조주이시며 만물의 주재자이신 유일하신 참 하느님, 곧 천주를 섬기는 사람들입니다."라고 답했다. 그러나 총독은 중국의 종교를 따르라는 자신의 말에 선교사들이 반감을 표한 것을 이해하지 못하는 듯이, 그들의 반응과 대답에 놀랐다. 그는 감정인과 잠시 말을 나누고는 루지에리를 향하여, "너희들의 종교는 무엇이고, 또 천주를 섬긴다는 말은 무엇이냐? 사찰이 지어지면 너희들이 좋아하는 어떤 신이라도 그 안에 모실 수 있는 것 아니냐?" 라고 물었다.[43] 이 말은 중국 관리들이 가지고 있는 회의주의적 태도, 즉 모든 종교를 같은 수준으로 본다는 생각을 정확히 표현한 것이었다. 예수회 신부들은 총독이 이러한 양보마저도 거두어들일 것을 염려한 나머지 서둘러 거처를 짓는 일에 착수했다. 자신들이 거처 건축의 일을 감독하려고 집터 가까운 곳에 있는 자그마한 집을 빌렸고, 그들은 이 곳에서 선교 활동과 건축 공사에 시간을 나누어 할애했다.

중국 땅에 두 서양 야만인들이 직접 거처를 짓는 일은 전례가 없는 획기적인 일이었기 때문에, 중국인들에게 이것은 충격으로 다가왔다. 조경과 그 인근에 이 소식이 빠르게 퍼졌고, 화탑에 이르는 모든 길은 이런 믿을 수 없는 일을 제 눈으로 확인하고, 세상에서 가장 특이한 얼굴을 지녔다는 이방인들을 보려고 모여드는 사람들로 가득했다. 이러한 중국인들의 호기심에 나쁜 본성이 더해졌다. 식자들은 투덜댔고, 화탑과 사찰을 세운 사람들은 사찰 부근이 싸움판이 되고, 무질서한 행동이 벌어지는 것에 대해 불만을 표시했다. 사람들은 이방인들이 마카오에서 벌인 행동을 조경에서도 할 것이라고 말했다. 마카오에서는 바다를 건너 새로 도착하는 이방인들의 숫자가 해마다 크게 늘어서 땅을 서서히 잠식해 들어가면, 그들을 쫓아내는 것이 거의 불가능할 정도에 이를 우려가 있다고 말했다. 이런 불평에도 불구하고 예수회 신부들은 하는 일을 중단하지는 않았으나, 내심 이러한 불만에 염려가 되었다. 이에 선교사들은 불평과 불만을 말하는 이들을 찾아내 그들의 존경과 동정심을 얻도록 노력하였으므로 더는 괴롭히는 사람들이 없어지게 되었다.

그러나 부족한 건축자금이 새로운 장애물로 등장했다. 선교사들은 훌륭한 외관을 갖춘 유럽풍의 이층집을 지으려고 하였으나 1층을 짓고 난 후 건축자금

---

43) (원주) Trigault, lib. ii. p. 164.

이 바닥나 버렸다. 이러한 사정을 편지에 써서 마카오 선교회에 알렸으나 책임자는 선교회의 재정 사정이 여의치 않아 도울 형편이 안 된다고 답하였다. 게다가 이층집을 짓는 것이 중국의 관습에 크게 어긋나 염려가 될뿐더러, 시기하고 의심이 많은 중국인이 이층집을 침략하기 위한 요새로 여길 수 있다고 걱정하였다. 따라서 선교사들은 책임자의 우려와 자금 부족으로, 집을 일 층으로 짓기로 하고 일 층을 지붕으로 덮었다. 경제 사정이 나아지면 더 근사한 집을 지을 것을 기대하면서 그들은 1층 집에 입주할 수밖에 없었다.

초창기 선교 활동의 성패는 오로지 양광 총독의 개인적인 호의에 달려있었다. 만약 이 고관이 자리에서 물러난다면 그와 함께 선교사들의 희망도 곧바로 사라지게 될 판이었다. 따라서 선교사들은 더 확고한 기반을 다지기 위해 노력하였고 총독에게서 아래 내용을 담은 공문을 받게 되자 크게 고무되었다. 거만한 어투였지만 공문에는 그들[선교사들]의 상황에 따라 중국에 오게 된 동기를 다시 나열하였고, 조경의 거처는 총독이 그들에게 내려준 것이라는 점을 확실히 하였다. 또한 어떤 식으로든 그들에게 말썽을 일으키거나 그들에게 해를 가하는 경우 엄벌로 다스릴 것이라는 점을 명시하였다. 예수회 신부들은 중국의 관습에 따라 이 공문의 사본을 만들어 틀에 넣어 그들의 집 문 위에 걸어놓았다. 곧이어 선교사들은 중요한 공문 두 통을 더 받게 되었는데, 여기에는 커다란 관인이 찍혀 있었다. 한 통은 거처를 지을 땅을 하사한다는 문서였고, 다른 한 통은 선교사들에게 광동, 마카오, 또는 제국의 어느 곳이든 그들이 원하는 대로 가도 좋다는 내용이었다. 중국에 온 선교사들은 이런 힘을 무기로 삼아 이제는 가벼운 마음으로 중국선교 활동의 미래를 생각하고, 오래전부터 불자와 도인의 교리를 믿어왔고 모든 종교에 무관심했던 이 거대한 나라를 개종시키는 일을 하느님의 은혜로 추진 할 수 있게 되었다.

예수회 선교사들의 초기 선교 방법과 그 효과

[당시 상황에 대해] 트리고 신부는 이런 기록을 남겼다.

> "새로운 종교에 대한 중국인들의 불신을 불러일으키지 않으려고, 선교사들은 처음에는 공개적으로 그리스도교에 대해 명확하게 설명하지 않았다. 오히려 그들을 보려고 찾아온 손님들을 환대하고 예의 바르게 맞이하는 데 시간을 할애하면서, 중국의 글과 말 그리고 풍속을 연구하면서 보냈다. 어쨌든 이들은 말보다는, 거룩한 삶과 덕을 행함으로써 중국인들의 자비로운 마음을 얻기를 희망했고, 그들의 마음에 직접 말로 가르칠 수 없는 것들을 서서히 받아들이게 하였다. 중국어를 불완전하게 구사하거나 본래 악랄한 기질을 가진 중국인들을 탓하지 않고, 해야만 할 일들을 빠짐없이 실천에 옮겼다. 선교사들은 중국에서 유행하는 복장을 했는데 커다란 소매가 달린 긴 두루마기여서 우리 유럽인의 복장과 크게 다르지 않았다. 중국인들은 이런 일련의 행동을 매우 긍정적으로 보았다."[44]

이런 표현을 보면 조경의 선교사들이 "지금까지 당신들은 어둠과 무지에 갇혀 있었으나 저희가 빛과 진리를 가지고 왔습니다."라고 직설적으로 말하지 않음으로써 중국인들의 감정을 자극하지 않도록 매우 조심했음을 알 수 있다. 선교사들은 이런 접근 방식으로 총독, 고위 관리들과 도시 지식인들의 호감을 얻기 시작했다. 그런 사람들이 선교사들을 자주 찾아왔고, 이들과 대화를 나누는 가운데 생긴 호기심이 주요한 동기가 되어 중국인들의 영혼에 진리의 씨앗을 심고, 중국인들에게 진리의 말씀을 쏟아 부을 수 있게 되었다. 모든 중국인의 거처처럼 선교사의 거처에는 응접실이라고 부르는 방이 있었다. 선교사들은 이곳을 기도실로 꾸며놓고 기도하며 미사를 드렸다. 응접실 한쪽 끝에는 제단

44) (원주) Trigault, p. 141.

을 마련하고, 성모와 아기 예수의 커다란 초상을 위쪽에 걸어 놓았으며, 주위의 벽에는 그리스도교의 기본 진리인 "모든 만물을 통치하는 분, 존재의 진정한 근원" 등을 커다란 한자로 적어 붙여 놓았다.[45] 또 십계명도 번역하여 방문객들에게 나누어주려고 여러 벌 인쇄했다. 성모의 초상은 제단 위에 오래 걸어 두지 못했고, 그리스도의 상으로 바꾸어 걸었는데, 이는 선교사들이 한 여인[성모 마리아]을 예배한다는 소문이 돌았기 때문이었다. 만일 그런 인상을 심어준다면 그리스도교의 전파를 크게 저해할 우려가 있었다. 중국에서 여자들은 비천한 대접을 받는 신분이었기 때문이다.

신부들이 중국어에 좀 더 익숙해지자, 교당[응접실]에서 그리스도교의 기본 진리를 강론하기 시작했다. 조경의 관리들과 유자儒者들과 많은 주요 인사들이 큰 관심을 가지고 강론을 경청하였다. 트리고는 "그러나 이 모든 것은 칭찬에 그쳤고 결실은 없었다."고 기록하고 있다. 관리들은 하느님, 영혼, 구원에 관한 강론을 단순한 호기심을 가지고 들었는데, 그들의 표현을 빌리자면, "마음을 다소나마 즐겁게 하려고" 그 자리에 참석했다. 관리들은 종종 그들이 들은 교리가 완벽하고 반박할 수 없는 것이라고 하면서 매우 공손한 자세를 보이기는 했으나, 그 자리를 벗어나면 습관적인 무관심상태로 되돌아가서 언제나 그랬듯이 본래 중국인으로 되돌아가는 것이었다. 관리들은 이 야만인들로부터 무엇인가를 배울 수 있다는 생각은 해보지도 않은 채, 새로운 교리가 참되고 아름답다는 것은 진지하게 인정하고 동의했다. 그들은 신자가 되기보다는 오만하고 자만한 비평가와 판단자의 태도로 거만하게 굴었다. 성경에는 "하느님께서는 교만한 자들을 물리치시고, 겸손한 사람들에게 은혜를 주신다."고 기록되어 있다.[46]

45) 만유주재(萬有主宰) 만유진원(萬有眞原).

46) 『야고보서』 4:6. 『잠언』 3:34. "조롱하는 사람을 비웃으시고, 겸손한 사람에게는 은혜를 베푸신다."

첫 번째 개종자와 중국인들의 반응

어느 날 선교사들이 마을의 성곽을 지나다가 바닥에 가난한 사람 하나가 누워있는 것을 보게 되었는데 몇 장의 누더기로 거의 몸을 가리지 못한 채 심한 고통을 겪고 있었다. 불쌍한 생각이 든 선교사들이 그에게 가까이 다가가서 동정 어린 목소리로 길가에 버려져서 누워있는 이유를 물었다. 이 불행한 사람은 자비와 동정을 자아내는 목소리로 말하려고 애썼는데, 거의 들리지 않는 목소리로 심한 병에 걸려 오래 누워있다고 했다. 그의 친척들은 지독하게 가난하여 그를 더는 도울 수 없으니, 동정심 많은 사람이 자기를 불쌍히 여겨 고통에서 구원해주기를 바랐다. 수도사들은, 이런 괴로워하는 모습을 보자 마음에 안타까움을 느끼고 그를 일으켜 팔로 부축해서 자신들의 거처로 데려갔는데, 마치 보석을 발견한 듯이 행동했다. 그들은 이 사람을 정성껏 치료했는데, 자기네들 거처 옆에 조그만 초막을 지어 머물게 하면서 그의 건강 회복에 큰 관심을 기울였다. 며칠이 지나자 그는 약간 기운을 차리게 되어 선교사들과 대화를 나눌 수 있게 되었는데, 선교사들은 그의 육체를 치료하는데 열심이었지만 그의 영혼을 구원하는 일에 더 큰 관심을 가졌다. 곧바로 이 병자에게 그리스도교의 진리를 가르치던 중에, 어느 날 루지에리 신부는 그에게 그리스도교를 받아들일 것인지 물었다. 그는, "예, 그리스도교인이 되겠습니다. 저는 책을 읽지 못한 무식한 사람입니다만, 당신들이 믿는 종교가 중국 사람들에게 사랑과 자비를 가르치는 것을 보니 참되고 기룩한 것이 분명합니다."라고 말했다. 이에 그는 믿음을 가지고 감사하는 마음으로 세례를 받은 뒤에 곧 병이 재발하여 의로운 자로서 죽음을 맞았다. 이 불쌍한 버림받은 병자가 이 거대하고 사람들이 들끓는 나라에서 하느님이 데려가신 첫 그리스도인이었다. 그가 아기이신 하느님을 경배하러 첫 번째로 베들레헴에 있는 말구유를 찾았던 목자였고, 그 뒤로 그리스도교가 전파되는 곳마다 인류의 구세주께서는 가난하고 헐벗은 사람들에게 자신을 처음으로 내보이셨다. 선교사들의 자비에 힘입어 불쌍한 병자가 소박한 마음으로 세례를 받고 이 눈물 골짜기에서 더 좋은 세상으로 편안하게 옮겨가는 동안, 수도사들이 지혜와 경험을 통해서 그에게 보여준 아낌없는 헌신과 선행에 대해 중국인들은 어떻게 반응했을까? 중국의 현인들은 이를 어떻게 설명하려 했는지 매우 궁금한데, 어느 중국인 현자는 다음과 같은 기발한 말로 선교사들의 선행 이유를 설명했다.

> "서양에서 온 이방인들에게는 우리가 모르는 비밀이 있다. 그들은 이 병자의 얼굴을 바라보자 그의 머릿속에 보석을 숨기고 있음을 알았다. 그리하여 그들은 병자가 살아 있는 동안에 정성껏 돌보고 나서 죽게 되면 그 시신이 그들의 몫이 될 것이고, 그렇게 되면 그 병자의 머릿속에 들어 있던 값진 보석을 꺼낼 수 있게 될 것이다."

이러한 설명은 중국 현인들에게는 매우 자연스러운 것으로 보이는데, 모든 나라에서 자만에 빠져있는 사람들에게서 종종 비슷한 일이 일어난다. 이런 부류의 사람들은 가장 단순한 일을 단순한 믿음으로 받아들이지 않지만, 엄청나게 모순된 일에는 매우 터무니없이 속아 넘어가는 경향이 있다. 루지에리와 리치 두 신부는 자만심이 가득한 사람들, 특히 중국 식자층을 개종시키는 일에 착수해야 한다는 점을 곧 깨달았다. 그리하여 선교사들은 자신들의 자그마한 유럽식 서재를 방문객들에게 보여주었는데, 중국인들은 [서양 서적의] 아름답고 화려한 제본에 감탄하면서 이 서책들에 틀림없이 고귀한 내용이 담겨있을 것이라고 결론지었다. 심지어 어떤 방문객들은 학식을 이렇게 존중하는 사람들이 있는 민족이라면 야만스러울 수가 없다는 의견까지 내놓았다. 그러나 선교사들은 유럽의 언어로 읽고 쓰는 법을 알리는 데 만족하지 않고, 자신들이 한문 서적을 판독하고 심지어 한문으로 작문까지 할 수 있다는 것을 보여주려

했다. 선교사들은 그들을 도와주는 박식한 사람 덕분에 중국어 공부에 전념하였는데, 보통 사람들보다 높은 지적능력을 타고났던 두 사람은 진전이 빨라서 한문으로 합리적이고 상식적인 수준에서 그리스도교의 교리에 관한 글을 쓰기에 충분할 만큼의 실력을 쌓게 되었다. 선교사들은 거처에 간단한 인쇄시설을 갖추고 교리에 관한 책을 인쇄하는 일을 직접 감독하였고 여러 부를 인쇄해서 중국 전역에 아낌없이 뿌렸다. 중국인들은 서책, 특히 새로운 내용이 포함된 것들에 관심이 많아서 그것[교리서]을 열심히 읽었고, 이 다른 나라에서 온 박사들은 큰 명성을 얻게 되었다. 총독은 선교사들이 행동에 크게 만족하여 감사장을 보냈는데, 중국에서는 화려하게 꾸민 감사장은 일종의 서예 솜씨를 과시하는 수단이었다. [중국에서는 지금도] 유명인들은 습관적으로 명예로운 일을 한 사람들에게 이런 감사장을 보낸다. 예수회 신부들은 이 감사장을 서재에 걸어놓고 그들이 중국 관리들로부터 크게 존중을 받는다는 사실을 방문객들과 새 신자들에게 보여주려 했다. 비록 총독의 호의와 보호가 있었지만, 이것이 선교사들에게 여전히 적대적인 중국인들에게 큰 영향을 주지는 못했다. 중국인들은 기회가 있을 때마다 선교사들에게 모욕을 주었다. 교활하고, 탐욕스러운 간첩을 뜻하는 '서양의 악마洋鬼子'라는 현수막을 내걸었는데, 이것은 중국인들이 유럽인들에게 모욕을 주기위해 붙여준 별명이었다. 또 화탑을 '이방인의 탑'이라고 그 이름을 바꾸어 불렀는데, 가까이에 수도사들의 거처가 있었기 때문이었다. 이런 새로운 이름이 붙게 된 것은 존재 자체만으로 국가에 골칫거리이고 분란의 원인이 되는 이방인들에게 관리들이 호감을 보인 것에 대한 일반 중국인들의 불만이 깔려있었다.

루지에리 신부가 마카오에 가서 한동안 머물 일이 생기자, 그들의 선교를 반대하는 사람들은 그가 조경의 거처를 비운 틈을 타서 이를 폐쇄하고 수도사들을 중국에서 쫓아낼 기회로 삼았다. 그들은 리치 신부가 혼자 하인 몇 명만을 데리고 있다고 생각하고서, 자기들의 계획을 실행하기 쉬우리라 생각했다. 온갖 핍박이 끊이지 않았고, 리치 신부는 신변의 안전에 큰 위협을 받았다. 사람들은 선교사들의 거처를 둘러싸고 이 양귀자들에게 모욕과 위협을 주는 것에 그치지 않고, 집안으로 돌을 던지고, 근처의 탑에 올라가 선교사들이 거처하는 곳의 지붕에 다른 물건들을 던졌다. 어느 날 아이 하나가 돌을 교당 문에 던지자, 하인이 재빠르게 나가 이 아이를 집안으로 잡아와, 훈육 차원에서 체벌했다. 이 사실을 안 이웃들은 큰 소동을 일으켰고, 무리를 지어 집안으로 난입하여 아이를 데리고 나왔다. 그들은 온 동네를 누비며 이 유럽인들에 대해 악담과 모욕하는 말을 반복해 퍼트렸다. 한 작가가 이 사건을 과장하여 중요한 일로 확대시키기에 이르렀다. 그는 리치 신부를 고소하였다. 리치 신부가 불법으로 아이를 붙잡아 사흘 동안 집안에 가두었고 마법의 물을 강제로 마시게 하여, 정신을 혼미하게 한 다음 마카오로 보내어 부정不淨한 마법에 빠지게 하려 했다는 혐의였다. 이 사건은 총독에게 넘어갔고, 많은 거짓 증인들이 이 주장을 증명하려고 소환되었다. 심리가 진행되자 끔찍한 소동이 마을을 뒤덮었다. 리치 신부가 총독의 관아로 끌려갔다. 총독은 처음부터 이 모든 것이 중상모략이라고 믿고 있었지만 [리치 신부를 고발하는] 증인이 너무 많았다. 그러나 하느님의 뜻은 진실이 밝혀지는 것이었다. 오히려 고소인과 거짓 증인들은 태형을 받았고, 리치 신부는 당당하게 집으로 돌아와 기뻐하는 신자들의 환영을 받았다. 같은 날 총독이 새로운 포고문을 공포하였는데, 리치에 대한 칭송과 더불어 리치가 조경에 머무는 동안 그에게 감히 말썽을 부리는 자는 엄한 벌을 내릴 거라는 엄중한 내용이었다. 그리하여 선교사들에게 치명적일 수 있었던 이 사건으로 새로운 친구들을 얻게 되는 결과를 가져왔다. 새로운 총독이 조경에 부임한 뒤로 선교사들은 그들이 개종시키려는 사람들의 성향을 이해할 수 있는 시간을 갖게 되었고, 중국인들의 존경을 받는 최고의 방법은 자신들이 학문 연구에 전념하는 개화된 사람들이며, 사람들을 혼란하게 만드는 중국의 불승들과는 크게 다르다는 것을 보여주는 것임을 알게 되었다. 선교사들은 자만에 빠져 방황하는 사람들에게는 사제보다는 현인이 더 좋은 인상을 줄 것이라는 점을 정확히 깨닫게 되었다.

세계지도와 과학을 이용한 초기 선교 접촉점 모색

로마에서 유명한 클라비우스Christopher Clavius라는 스승을 통해 수학과 지리학을 깊이 공부했던 리치는, 커다란 지도를 제작하여 중국인들의 허영심에 부응하기로 했다. 그래서 그는 세계지도를 제작하면서 중국을 지도의 한 가운데 자리 잡게 하고, 다른 나라들이 중국을 둘러싼 모습으로 만들었다.[47] 트리고는 리치 신부의 이러한 일련의 행위를 다음과 같이 묘사하고 있다.

> "리치 신부는 당대 수학자들 가운데 최고였던 크리스토퍼 클라비우스에게 배워 수학에 조예가 깊었다. 그는 이 세계지도를 제작하면서, 예수 그리스도에 대한 신앙을 다른 민족들에게 전하려면 똑같은 방법만 고집할 수 없었기에, 복음을 전파하기 위한 수단을 적절하게 반영하였다. 사실 그는 이 유인물[세계지도]을 사용하여 많은 중국인을 교회의 품으로 끌어들였다. 매우 크게 그린 이 지도에는, 우리가 쓰는 알파벳보다 더 큰 한자로 많은 주석을 달아서 중국인들의 취향에 맞추었다. 리치 신부는 각기 다른 나라들의 관습을 다루면서, 우리가 믿는 거룩한 신앙의 성스러운 신비를 설명할 기회를 얻었는데, 그러한 신비는 그때까지

47) 클라비우스(Christopher Clavius, 1538-1612)는 독일 출신의 예수회 신부이자 수학자였다. 그레고리우스력 개정에 참여한 당대 유럽 최고의 천문학자로, 마테오 리치의 스승이었다. 리치는 이 지도에 『輿地山海全圖』(1588년)라는 이름을 붙였다. 리치는 지도제작을 통하여 새로운 세계관을 중국인들에게 심어 주었고, 유럽의 과학기술의 선진성을 입증하였다. 리치가 제작한 첫 지도는 아브라함 오리텔리우스(Abraham Ortelius, 1527-1598)의 세계지도를 본떠 1584년으로 광동 조경에서 제작하였고, 그 뒤로 1608년까지 12차례나 인쇄하였다. (원주) "리치는 중국인들의 취향에 맞추려고 지도의 중앙부를 가장 작게 표시하는 일반적인 지도제작법을 뒤집어 버렸다." Riccloli Almagest, Nov. 1651.

중국인들에게는 알려지지 않은 것이었다. 이것은 사람들에게 복음에 대한 소문을 널리 빠르게 전하기 위해서였다.[48] 나는 리치 신부가 중국인들의 환심을 얻었던 또 다른 일을 말하려 한다. 중국인들은 하늘은 둥글고 땅은 네모지며, 자기네 제국이 그 한 가운데 있다고 믿고 있었다. 그들은 우리 지리학자들이 자국의 지도를 만들면서 중국을 동쪽 맨 끝에다 놓는 것을 보고 크게 화를 냈다. 중국인들에게 증명해 보여야 할 일이지만, 그들은 세계가 하나의 구체球體로서 육지와 바다로 구성되어 있고, 지구 자체에는 기점이나 종점이 없다는 수학적 설명을 이해하지 못한다. 이에 따라 리치 신부는 세계지도를 그릴 때 위치를 조금 바꾸었는데, 기준 자오선을 그리지 않고 지도 양쪽에 공간을 남겨놓아 중국을 지도의 한 가운데로 오게 만들어 중국인들을 크게 만족시켰다."

트리고 신부는 이렇게 기록하고 나서 "당시에는 우리가 믿는 종교의 신비를 중국인들이 받아들이도록 만드는데 이보다 더 좋은 방법을 생각해 낼 수 없었다."는 말을 덧붙였다. 실제로 이 지도는 그 구조가 좀 변칙적이긴 했지만, 이방인들에 대해 중국인들의 혐오감을 일으켜왔던 주요한 원인 중 하나의 편견을 없애는데 매우 유용했다. 처음부터 중국인들은 유럽인들이 중국에 입국하려는 변함없는 목적은 중국을 정복하는 것이라고 생각해왔다. 이제는 이 세계지도를 쳐다보는 것만으로도 이러한 두려움에서 벗어나게 될 수 있었는데, 중국 땅이 서방 여러 나라로부터 멀리 떨어져 있다는 것을 보여주었기 때문이었다. 그리하여 이러한 위험은 그렇게 급박한 것으로 보이지 않았고, 또 소수의 외국인들이 중국 연안에 머무는 것도 그다지 경각심을 불러일으킬 만한 일은 아닌 것으로 생각되었다. 리치 신부는 그의 지도가 만들어낸 이러한 효과 때문에 크게 고무되었고, 더 많은 능력을 발휘하여 구리와 철을 사용하

48) (원주) 우리가 지금까지 살펴본 바로는 [중국 선교 역사를 쓴] 트리고 신부는 루지에리와 리치 신부가 중국에 복음을 처음으로 전하였다고 크게 잘못 알고 있었다.

여 혼천의渾天儀를 만들었다. 이것 역시 중국 지식인들에게 큰 관심을 불러 일으켰고, 해시계도 만들어 이를 여러 도시에 있는 주요관리들에게 선물로 나누어 주었다. 이 일로 리치 신부는 엄청난 명성을 얻게 되었고, 중국말로 "하늘에 관한 학식天文"인 천문학 분야에서 가장 뛰어난 지식을 가지고 있는 사람으로서 여겨지게 되었다.

그동안에 루지에리 신부는 할 일을 무사히 마치고 마카오에서 조경으로 귀환하였다. 또 인도와 일본에서 오기로 예정되어 있던 포르투갈 상선들도 마침내 도착하여 상거래를 잘 마무리하였으므로 선교사들에게 후하게 선교헌금을 기부할 수 있었다. 이렇게 되자 조경에 있는 거처를 증축하는 일도 재개되었고, 트리고 신부의 표현대로, 아담하고도 아름다운 거처가 완공되었다. 중국인들은 유럽식 건물이 완공되어 가는 모습을 흥미롭게 지켜보았는데 중국식 건물과는 창문의 비례와 배치가 크게 달라 색다른 느낌을 주었다. 건물의 아름다운 구조도 그 위치 때문에 크게 주목을 받았는데, 그곳에서는 산과 숲을 조망할 수 있었고 강을 따라서 여러 종류의 배들이 오고 가는 것을 볼 수 있었다. 모두가 "도시 전체에서 이보다 더 아름다운 건물은 볼 수 없다고 여겼고, 또한 유럽에서 가져온 많은 진기한 물건들을 보려고 많은 사람이 그곳으로 몰려갔다. 우리의 거처에는 날마다 고위 관리들이 찾아왔는데, 조경뿐만 아니라 먼 곳에서 총독을 찾아오는 관리들도 포함되어 있었기 때문에 서양인들이 위신을 세우게 되어 그 결과 중국인들이 점차 그리스도교에 관해 알고자 하는 마음을 갖도록 했다."[49)]

49) (원주) Trigault, p. 155.

스페인 사절의 입국 시도와 포르투갈 상인들의 반대

선교사들은 이러한 첫 번째 성공으로 크게 기뻐했고, 이 사실은 마카오에 거주하는 외국인들에게도 커다란 감동을 주었다. 이 기쁜 소식이 동방 전체로 빠르게 퍼지기 시작하였는데, 유럽인들이 거주하는 곳, 특히 스페인 사람들이 아름답고도 부유한 식민지를 가지고 있던 필리핀 제도에도 퍼졌다.[50] 중국과 상거래를 하고자 했던 마닐라 총독은 가톨릭 교인인 스페인 왕의 이름으로 베이징에 공식 사절을 보낼 계획을 세우고, 마카오와 특히 조경에 있는 예수회 신부들의 영향력을 활용하기를 원했다. 그는 사절을 파견하는 것에 관해 중국 당국의 허락을 받고자 마닐라에 주재하는 도미니크회 수도사들을 끌어들였다.[51] 열심히 추진한 이 협의가 성공적으로 마무리되어, 원하는 결과를 얻게 되었다. 중국 황제에게 바칠 많은 선물을 준비하였고, 스페인 도미니크 선교사들은 그들이 베이징에 가게 되면, 중국 전체에 그리스도교를 전파하는 일에 큰 도움이 되리라고 스스로 기대했다. 그러나 마카오에 있는 포르투갈 당국자들은 스페인인들의 이러한 계획을 듣고는, 조경에 있는 예수회 신부들에게 이 사절의 계획이 실패하도록 하라고 명했다. 포르투갈 당국자들은 스페인인들의 계획이 성공하여 중국 시장에서 그들과 경쟁하게 된다면, 페루에서 생산된 금을 가진 이 스페인 사람들이 중국의 상품가격을 크게 올려놓을 것이라고 판단했다. 결국 그들과 경쟁이 불가능하게 되어 결국에는 마카오 [포르투갈] 상인들을 몰락시키게 될 것이라고 주장하였다. 조경의 선교사들은 이탈리아 태생

50) 당시 아프리카와 인도는 포르투갈의 독점적인 상거래 지역이었던 반면, 신대륙은 스페인의 독점 지역이었다. 그러던 중 아시아의 필리핀은 스페인이, 그리고 신대륙의 브라질은 포르투갈이 배타적인 권리를 행사하는 지역에 포함되었다.

51) 필리핀의 스페인 총독은 스페인 국왕을 대리하던 장 밥티스트 로망(Jean Baptiste Roman)과 스페인 출신의 예수회 수사 알폰소 산체스(Alfonso Sanchez, 1547-1593)를 마카오로 보내, 이 일을 교섭하게 하였다. 스페인 출신인 산체스 신부는 1565년에 예수회에 입회하여 1579년에 멕시코 선교사로 파송되었다. 1581년 필리핀으로 옮겨온 최초의 선교사 중의 한 명이었다. 두 차례 중국 조정으로 가서 외교 관계를 수립하려고 했으나 실패했고, 유럽으로 돌아가 필리핀 선교에 대한 자세한 보고를 했다.

이기는 하지만 자신들의 활동을 여러 면에서 도와주고 엄청난 헌금을 내서 중국선교를 시작하고 유지하도록 해 준 포르투갈의 국가이익에 관심을 가지지 않을 수 없었다. 그리하여 마카오 신학원의 학장은 수사를 조경으로 보내서, 스페인 사절의 일을 도와주지 말고 포기하게 만들라고 지시하였다. 사전에 중국 관리들과 모든 것을 협의했지만, 총독에게서 스페인 사절을 공식적으로 받아들이지 않겠다는 공문을 받아냈다. 총독은 그런 사람들의 입국을 허용하지 않을 것이고 그들이 만약에 입국을 시도한다면 엄벌을 받을 것이라고 선포했다.

첫 입교자의 세례식과 추가 선교사의 중국 입국

한편 리치와 루지에리 신부는 스페인 사절에 관한 일에 관심을 가지면서, 동시에 천문에 관한 연구와 농사일에 힘쓰면서도, 여전히 그들의 본분인 영혼들을 개종하는 일에 우선순위를 두었다. 두 신부는 오랜 노력 끝에 마침내 많은 성공을 보답으로 받게 되었다. 두 명의 새 신자들에게 세례를 베풀게 된 일인데, 하나는 복건성 출신의 선비였고, 다른 하나는 선교사들이 조경을 비운 사이에 제단을 지키다가 그들이 다시 조경에 있는 집으로 돌아왔을 때 반갑게 맞았던 젊은 서생이었다. 세례 의식은 공개적으로 행해졌는데, 마카오 신학원의 학장도 예식을 집행한다는 명분으로 당당하게 초대되었다. 새 교인들이 받은 세례명은 바울과 요한이었다.[52] 중국인들은 서방에서 유입된 상당히 많은 새로운 의례에 대해 몇 가지 의견이 있었지만, 이를 방해하지 않으려고 정중함과 공손함을 갖추었다. 새 신자들의 숫자가 점차 늘어났으며, 그들은 섬기던 우상을 확실히 버리고 세례를 받고 새사람이 되었다.

---

52) 요한은 진씨 성을 가진 청년으로, 선교사들이 조경을 떠날 때 제단을 맡긴 사람이었다. 세례의식은 1584년 12월 18일에 있었다.

때마침 일본에서 마카오에 도착한 예수회 동아시아 순찰사 발리냐노 신부는 하느님께서 조경에서 루지에리와 리치 두 신부의 노고에 어떻게 축복하셨는지 듣고 크게 기뻐하였다. 또 발리냐노는 이 두 일꾼의 지칠 줄 모르는 열정만으로는 그들에게 열린 커다란 선교지를 충분히 감당할 수 없으리라고 판단하여, 인도에 있는 예수회 순찰사에게 증원을 요청했고, 순찰사는 에드워드 드 산데Edward de Sande와 안토니 드 알메이다Antony d'Almeida라는 포르투갈 신부 두 명을 보내주었다. 두 사람은 1585년 7월 마카오에 도착하였으나 그들을 중국 내륙으로 불러들이는 것이 문제였다. 루지에리와 리치 신부가 이방인은 누구라도 [추가로 받아] 들이지 않겠다고 명시적으로 약속했기 때문이었다. 신부들이 이 약속을 변경할 방법을 찾고 있던 가운데 하느님께서 매우 좋은 기회를 통해 두 사람을 중국으로 입국하게 하셨다. 때마침 양광 총독이 마카오에 사람을 보내어 유럽의 진기한 물품을 구입하여 베이징으로 올려 보내라는 황제의 칙령을 받게 되었다.[53] 이에 조경 지부는 루지에리 신부를 감독으로 삼아 커다란 범선을 마카오로 보내어 서양 물품을 사서 가져오도록 했는데, 그가 돌아오는 길에 에드워드 드 산데 신부를 데려온 것이다.[54] 조경 지부는 루지에리가 황제에게 바칠 물품을 구하면서 산데 신부를 데려온 것에 대해 별다른 부정적 반응을 보이지 않았다. 며칠 쉬고 난 뒤에 산데 신부가 돌아가려고 하지 않는 이유를 조경의 관리가 물었는데, 산데 신부는 "돌아가지 않겠습니다. 중국인들과 함께 늙어 죽도록 사는 것이 제가 평소에 염원하던 일입니다."라고 답하였다. 이와 같은 그의 간청이 설득력이 있었으므로 추가로 다른 사람은 입국하지 않을 것이라는 명시적인 조건을 달아, 산데 신부는 체류 허가를 받게 되었다. 마카오에는 중국 입국의 파송을 기다리고 있던 알메이다 신부가 있었지

53) 당시의 양광 총독은 곽응빙(郭應聘)이었다. 마테오 리치, 『마테오 리치의 중국 선교사 I』, 신진호, 전미경 역 (서울: 지만지, 2013), p. 272 참조.

54) 당시의 조경 지부(知府)는 왕반(王泮)의 후임인 절강성 출신의 정일린(鄭一麟, 字 世禎, 1548-1613)이 맡고 있었다.

만 마침 처리해야 할 다른 사건이 터져 그에 관한 이야기를 꺼낼 수 없는 상황이 되어버렸다.

중국 내지 선교의 시작

선교사들에게 매우 호의적이었던 조경 지부의 왕반王伴이 승진하게 되자, 그 후임으로 조경의 고관이며 루지에리 신부와 아주 가까운 정일린鄭一麟이 임명 되었다. 중국의 관례에 따라 취임하기 전에 수도 베이징에 다녀와야 했으므로, 정일린은 베이징으로 가는 길에 루지에리에게 절강성 항주杭州까지 동행하자고 제안하였다.[55] 루지에리는 중국 내지에서 새로운 선교 기회가 생길 수도 있는 이 제안을 기꺼이 받아들였다. 알메이다 신부 또한 만반의 준비를 하라는 지시를 듣고 광동으로 가서 정일린과 합류하였다. 일행은 1586년 1월 23일에 항주에 이르렀다.[56] [영서 도윤] 왕반의 부친은 두 선교사를 반가이 맞이한 다음 그들의 방 하나에 기도실을 마련해 주고 그곳에서 날마다 그리스도교 교리를 강론하게 하였으며, 고위 관리들은 선교사들을 초대하여 함께 식사했다. 불승들까지도 선교사들을 크게 존경한 나머지 성수聖水를 달라고 했는데, 예전에 이 중국을 횡단하던 어떤 성자가 사람들에게 성수라는 것을 주어 병자들을 고치고 많은 기적을 일으켰다는 전승이 여전히 중국에 존재하고 있었기 때문이었다. 이는 중국에 왔던 옛 사도들에 관한 기억이 아직도 완전히 사라지지 않았다는 명백한 증거였다. 신부들은 나이가 일흔이나 되는 왕반의 부친에

55) 이는 사실과 다르다. 루기에리 신부는 지부 정일린이 3년마다 베이징에 업무보고차 가는 길에 동행 권유를 받은 것이었다. 마테오 리치, 『마테오 리치의 중국 선교사 I』, 신진호, 전미경 역 (서울: 지만지, 2013), pp. 273-274 참조.

56) 마테오 리치 중국 선교사에 따르면, 루지에리 신부와 알메이다 신부가 간 곳은 절강성 항주가 아니라 절강성 소흥이었고. 베이징으로 가게 되는 정일린이 소흥까지 동행하지는 않았다. 마테오 리치, 『마테오 리치의 중국 선교사 I』, 신진호, 전미경 역 (서울: 지만지, 2013), pp. 276-277 참조.

게 세례를 베풀면서 크게 기뻐하였는데, 이 노인이 선교사들에게서 그리스도교의 원리에 관해 충분한 가르침을 받은 후였다.

루지에리 신부는 항주에 자리 잡는 것에 만족하지 않고, 이 기회를 활용해 호광성湖廣省으로 들어가서 새로운 선교의 기틀을 마련했는데, 그곳은 불교의 성지인 무당산武當山과 가까워서 여러 시대에 걸쳐서 많은 사람이 모여드는 곳이었다. 결국 두 선교사들은 광서성, 절강성, 호광성 등 세 곳에서 그리스도교를 전하게 되었다. 날마다 그들의 명성이 점점 높아져서 호광성에서는 선교가 성공할 가능성이 매우 커 보였다. 이 소식은 서양 [그리스도교 세계]을 기쁨으로 열광하게 했는데, 중국에 파송된 선교사들이 보내 주는 기쁜 소식을 듣고 하느님께 엄숙하게 감사를 올렸다. 교황 식스투스 5세Sixtus V, 1585–90는 예수회에 이날을 기념하라 명했고, 예수회 총장 아쿠아비바Claudio Acquaviva 신부도 마카오에 있는 신부들에게 축하와 격려를 담은 편지를 보냈다.[57] [총장은] 멀리 동방에서 사역하는 이 선교사들을 위해 유럽에서 기도하고 희사하겠다고 약속하였다. 총장은 그때 성화 몇 점을 포함한 여러 가지 성물과 기발한 장치가 달린 자명종 여러 개를 보냈는데, 중국인들이 특히 좋아하는 물건이었다. 하지만 이러한 많은 흥미로운 선물들이 중국에 도착하던 바로 그 순간에, 선교사들은 그때까지 그렇게 노력해서 이루었던 기반을 포기해야만 하는 상황에 직면하게 되었다. 조경과 호광에서 선교사들을 보호하면서 가까이 지냈던 관리들이 점점 쌀쌀하게 대하기 시작했는데, 관리들은 자신들이 이 이방인에게 환대를 베풂으로써 자신들의 체면이 손상될 것을 염려했기 때문이었다. 관리들은 선교사들이 이제까지 이룬 성과를 포기하고, 선교의 요람이라고 할 수 있는 조경으로 돌아가라고 강요했다. 그러나 조경에서마저 선교사들은 예전에

57) 클라우디오 아쿠아비바(Claudio Acquaviva, 1543-1615)는 1567년 예수회에 입회했고, 1581년 예수회 제5대 총장으로 선출되었다. 젊은 나이에 총장으로 선출되었으나 타고난 리더십을 가졌고, 그가 사망했을 때 예수회의 규모는 약 3배로 성장했다. 1599년 예수회 교육에 대한 새로운 지침을 내려, 예수회의 성격을 규정했다.

느꼈던 공감이 아니라, 무관심만을 확실히 경험하게 되었다. 총독은 이제 그들을 만나러 오지도 않았고 어쩌다가 마주쳐도 모르는 체했다. 이 모든 것이 다가올 폭풍의 전조였으니, 곧바로 그들에게 폭풍이 엄습했다.

연금술 사기로 인한 조경 선교의 피해

다른 민족들이나 마찬가지로 중국인들 역시 연금술에 관심이 많았고, 중요한 발견을 기대하고 있었다. 그들은 오랫동안 여러 가지 방법을 동원하여 쇠붙이를 금과 은이나 심지어 생명을 연장하거나 영생할 수 있는 영험한 묘약으로 바꿀 수 있는 비법을 찾아내려고 애쓰고 있었다. 당시 중국의 연금술사들은 외국에서 자란다는 어떤 약초를 첨가하기만 하면 수은을 은으로 쉽게 바꿀 수 있다고 주장했고, 포르투갈인들, 즉 '양귀자들'이 이런 귀한 약초를 가지고 있다고 주장했다. 그들은 선교사들이 연금술 비법을 알고 있다는 말을 덧붙이면서, 그것이 해마다 외국 배들이 많은 양의 수은을 사고, 또한 매우 많은 화폐로 교환해 돌아가는 이유라고 말했다. 선교사들이 어떻게 일하지도 않고, 장사하거나 농사를 짓지도 않으면서, 그렇게 좋은 집을 짓고 많은 하인을 거느리면서 좋은 옷을 입고 관리들에게 선물도 하면서 살아갈 수 있단 말인가? 중국인들은 선교사들이 분명히 수은으로 은을 만드는 비법을 가지고 있다고 믿었다.[58)]

마카오에 있던 예수회 신부들에게서 세례를 받은 중국인들 가운데 마르틴Martin이라는 [영세명을 가진] 사람이 있었는데 냉담한 그리스도인으로, 돈을

58) 은에 대한 중국인들의 관심이 증폭된 이유는 당시 은본위제를 채택하고 있었기 때문이다. 당시 중국인들은 은으로 세금을 납부했는데, 은값이 폭락하여 세금 납부에 많은 어려움을 겪고 있었다. 스페인이 신대륙의 은을 수출하기 위해 필리핀에 기지를 마련한 것도 바로 이 때문이었다. 또한 일본의 은을 수입했는데, 이를 알게 된 포르투갈 상인들은 중국의 비단과 일본의 은을 상호 교환시키는 중개 무역으로 큰 수익을 올리고 있었다.

버는 데에만 큰 관심이 있을 뿐 그의 영혼은 전혀 돌보지 않는 사람이었다. 그는 신앙을 핑계로 다양한 구실을 만들어 조경에 가곤 했지만, 실제로는 선교사들에게서 사소한 여러 가지 이익을 챙기길 바랐으며 심지어 기회만 있으면 좀도둑질을 했다. 하지만 루지에리 신부는 그를 반갑게 맞아 거처에서 중요한 일도 하도록 맡겼는데, 그가 그리스도인의 일에 더욱 순종하는 사람으로 변화되길 기대했기 때문이었다. 그때 조경에 새 신자 둘이 있었는데, 이들은 열정적인 연금술사들로 도가니와 증류기 옆에서 대부분의 시간을 보내고 있었으나 이렇다 할 성과를 올리지 못하고 있었다. 어느 날 마르틴이 그들은 만나 그들의 실험실로 가서는 루지에리 신부가 연금술을 알고 있는데, 아무에게도 말하지 않는다는 조건으로 자신에게 그 비법을 알려주기로 약속했다고 말했다. 이 두 연금술사는 비법이 있다는 말을 듣고는 그들의 앞에 새로운 세상이 열린 듯했고, 마르틴에게 온갖 비위를 맞추어야만 한다고 생각했다. 당시 마르틴은 가난하고 허영심이 많았으므로, 두 사람은 그에게 새 비단옷을 사서 입혀주었다. 마르틴이 자신들과 함께 지내기를 간청했고, 날마다 진수성찬을 대접했다. 마르틴은 이제 잘 자고, 잘 입고, 잘 먹게 되어 크게 만족했으나 총각 신세를 면치 못하고 있었다. 이리하여 두 연금술사는 그에게 짝을 찾아주었고 많은 선물을 주며 아첨을 한 끝에, 마침내 루지에리 신부가 비법을 전수하는 즉시 알려주겠다는 약속을 마르틴에게서 받아냈다. 물론 이 모든 일은 아주 신중하게, 즉 "신령한 신부"가 어떤 의심도 하지 않도록 진행했으나 이 야심 찬 계획은 물론 실패로 끝날 운명이었다. 이런 방식으로 마르틴이 즐거움을 누리며 살아간 지 서너 달이 흐르고 난 후, 그는 이 매우 너그러운 친구들에게 와서 곧 대단한 발견이 이루어질 거라고 알려 주었다. 바로 다음 날 루지에리 신부가 자신에게 수은을 은으로 바꾸는 기술을 전수하면, 지체하지 않고 그들에게 그 비법을 알려주겠다고 말했다. 이튿날 연금술사들은 마르틴이 나타나기를 기다렸으나 그는 모습을 나타내지 않았다. 두 사람은 하루를 더 기다렸으나 마르틴에게서 아무런 연락이 없었으므로 그를 찾아 나섰지만 찾을 수 없었다. 수소문한 끝에 그들은 마르틴이 조경에서 선교사들에게서 많은 귀중품을 도적질하고, 또 새 신자들에게서 빌린 적지 않은 돈을 챙겨서 광동으로 사라졌다는 사실을 알게 되었다. 이것이 바로 마르틴식의 금을 만드는 방법[도둑질]이었고, 옛날부터 지금까지 중국에서 많은 사람이 알고 있고 실천에 옮기는 비법들 가운데 하나였다.

마르틴이 사라지자 마을에 있던 다수의 중국 그리스도교인들 가운데서 큰 소동이 일어났는데 그들 대부분이 이 악당에게 피해를 입었기 때문이었다. 이 사건이 관리들의 귀에도 들어갔고 선교사들은 개종자들 가운데 한 명이 귀중품을 훔쳐 갔다는 사실을 밝힐 수밖에 없었다. 마르틴을 체포하라는 명이 떨어졌으나 그는 이미 광동으로 도망친 후였다. 하지만 행적이 발각되어 체포되었고, 사슬에 묶인 채 조경으로 압송되어 재판을 받게 되었다. 그가 압송된 뒤에 그의 친구들은 마르틴이 선교사들을 가장 악명 높은 범죄자로 비난하여 선교사들의 명예를 크게 훼손하였다는 것을 알게 되었다. 예상한 대로 재판은 큰 파문을 일으켰고, 만일 하느님께서 재판관들이 진실을 밝히도록 자비를 베풀지 않으셨다면, 선교의 미래는 위태롭게 될 처지였다. 마르틴으로서는 매우 끔찍한 음모를 꾸민 것이었으므로 죄가 드러나 심한 태형을 받았고 칼을 채운 채로 무기징역을 받게 되었다. 그러나 선교사들은 재판관들에게 자비를 베풀어 달라고 간청하였고, 그러한 관대한 태도에 중국인들은 크게 경탄했지만 이러한 좋은 감정이 오래 지속되지는 못했다.

서글프게도 당시 선교사들의 평온한 생활을 방해하고, 선교사들에게 군중들이 반감을 갖도록 자극한 사람들은 주로 처음 개종한 새 신자들이었다고 말할 수밖에 없다. 마르틴이 옥사하자 잃어버린 돈을 되찾을 가망이 없어진 새 신자들은 선교사들에게 불평의 화살을 돌렸고, 선교사들이 비밀리에 나라를 멸망시키려는 계획을 세우고 있다고 단언했다. 심지어 지식인들에게 호소하여 예수회 신부들을 정식으로 고발하고 중국에서 추방하자고 했다. 이러한 불운한 상황은 제방이 무너져 조경 시내가 물에 잠기는 홍수의 피해를 입은 장마철에 일어났다. 중국인들은 물길을 원래 흐름대로 되돌리자마자 전보다 더 튼튼한 제방을 다시 쌓으려고 일을 시작하였으나 이에 필요한 목재가 부족해졌고, 관리들은 공공 목적을 위하여 과실수가 아닌 나무는 모두 벌목하라는 명했다. 이런 경우 중국인들은 관리들의 비호 하에 매우 무자비한 약탈자가 되었고, 이 상황을 평소에 원한을 품었던 사람들에게 해를 끼치도록 허용 받은 기회로 활용하였다. 오래지 않아 백성들이 선교사 거처의 마당으로 몰려들어, 보이는 나무는 모두 베어냈고 잔가지들은 내팽개쳐 두었다. 하인들은 대부분 포르투갈인들의 노예인 흑인들이었는데, 이 엄청난 파괴행위를 막으려고 하였으나 오히려 혼란만 더할 뿐이었다. 집 건물 자체가 무너져 버리자 중국인들이 출입구들과 창문으로 난입하여 가구들을 모두 부수고, 지붕조차도 무너뜨려 집 안에 있던 사람들 모두가 몸을 피할 수밖에 없었고, 돌팔매질이 이어졌다. 이런 난동을 부린 뒤에 폭도들은 서양인들에게 거둔 승리를 자랑스러워하며 징을 울리며 마을로 돌아갔다. 이튿날 리치 신부는 법정에 출두해서 난동을 부린 자들을 용서해달라고 청하면서, 앞으로는 선교사들에게 폭행을 가하는 일이 다시는 없도록 명해 달라고 총독에게 청하였다. 에드워드 드 산테 신부는 당시 선교가 성공하지 못한 것을 보고 체념한 채 마카오로 돌아갔다.

루지에리 신부의 소천과 알메이다 신부의 합류

중국에서 예수회 신부들의 상황은 매우 위태로웠고, 선교사들의 안전에 대한 유일한 희망은 고관 몇 명의 보호에 달려 있었다. 그러나 그것도 어느 때든지 철회될 수 있는 것이었고, 우정이라는 것도 갑자기 식어버릴 수 있는 것이었다. 어떠한 경우든 선교사들이 중국의 국법을 어긴다면 추가 중국 입국은 물론이고 내지에 거주하는 것도 금지되어 모든 것을 잃게 될 상황이었다. 따라서 선교사들은 여러 해 동안 애쓰고 노력한 결과가 순식간에 사라져 버릴 수도 있는 상황에서 하루하루를 보내고 있었다. 선교사들이 계속 성공을 지속한다는 희망을 가지고 중국인들을 개종시키는 활동을 하려면, 언제나 적의를 품은 적들이 자비를 베푸는데 의존하지 않으면서 그들 가운데서 자리를 잡을 필요가 있었다. 가톨릭의 선교 활동은 베이징에 있는 황제로부터 공인되고 승인을 받아야만 했는데, 이것은 마카오에서 열린 예수회 회의에서 만장일치 된 의견이었다. 이 일은 교황청에서 중국으로 사절을 보내어 해결해야 할 일이었다. 이러한 공식 사절을 파견하고 나서 좀 더 굳건한 바탕 위에서 선교할 수 있게 되기를 모두가 바랐다. 루지에리 신부가 오랫동안 중국에 살았기 때문에, 다른 어느 선교사들보다 중국의 예법을 잘 알고 있었으므로 이 중요한 사안을 교황청과 협의하는 일을 맡게 되었다. 따라서 그는 마카오를 떠나 리스본에 안전하게 도착하여, 이 문제에 펠리페 2세Philip II, 1556-98가 큰 관심을 가질 것이라는 기대와 함께 마드리드로 향했다. [이어 교황의 허락을 받으려고] 교황청에 왔으나 두세 명의 교황들이 계속하여 병환 중이어서 한없이 기다려야 했다. 루지에리 신부는 피로와 노고로 지쳐 나폴리 왕국의 살레르노Salerno에서 고된 삶을 마감했다.[59]

조경에 홀로 남게 된 리치 신부는 중국인들이 일으킨 소요에 신중하고도 상냥하게 대처해서 피해를 본 부분을 어느 정도 회복하였다. 그가 물리학과 수학

59) 여기서 "두세 명의 교황들"은 우르바노 7세(d. 1590), 그레고리오 14세(d.1591), 인노첸시오 9세(d. 1591)를 가리킨다.

에 관해 큰 지식을 가지고 있었기 때문에 중국인들, 그중에서도 선비들로부터 큰 존경을 받아, 많은 선비가 그를 찾아와 우호적인 관심을 보였다. 그는 어려운 가운데서도 거처에 시간을 알리는 시계를 비치했는데, 멀리서도 시간에 맞추어 일정한 간격으로 내는 소리를 들을 수 있어서 중국인들이 크게 감탄하였다. 중국인들은 가까이에 그런 놀라운 기계가 있다는 것이 자랑스러워하면서 서양에서 온 이 위대한 선비에게 존경을 표하기에 이르렀는데, 그에게 시계에 있는 모든 부속 바퀴들이 잘 돌아갈 수 있도록 결합하는 능력이 있다고 생각했다. 리치 신부는 감탄하는 사람들의 우호적인 마음을 이용하여 그들에게 그리스도교 신앙에 관한 지식을 알려주었다. 알메이다 신부는 중국에 선교사로 임명되어 마카오에서 오랫동안 기다리고 있었는데, 이러한 평온한 시기를 활용하여 리치 신부와 합류하여 선교 활동을 도와야겠다고 생각했다. 이에 따라 그는 조경으로 출발했지만, 그가 미처 도착하기도 전에 먹구름이 끼더니 또 다른 폭풍이 불어 닥칠 조짐이 보였다.

광동 노인들의 고소와 리치 선교사의 침착한 대응

중국인들에게는 연장자를 존경하는 관습이 있었는데, 지역의 노인들 가운데서 해마다 가장 연장자이면서도 모범적인 인물을 선출했다. 그들 중에서 나이가 많을 뿐 아니라 모범적인 삶을 산 사람으로서 재판에 출석한 적도 없고, 재판 때문에 누군가를 소환한 적도 없는 사람을 뽑았는데 중국인들에게 매우 영예로운 자리였다. 관리들은 이런 백발의 노인들을 한자리에 모아놓고 성대한 잔치를 베풀고, 공경하는 마음을 표하며 극진히 모셨다. 이제 광동의 이 경험이 많은 대가들은 모이기만 하면 마카오와 조경에 온 이방인들에 관한 이야기를 나누었는데, 이 선교사들이 조경에 상당히 많은 돈을 들여서 복층 집과

탑을 세운 대담함 때문에 크게 충격을 받은 것 같았다. 앞서도 말했듯이, '화탑'이 선교사 거처 부근에 있다는 이유로, '양귀자의 탑'이라고 바꾸어 부르게 되었고, 급기야 그 탑을 이방인들이 세웠다는 소문까지도 나돌게 되었다. 이 탑은 이 나이 많은 신사들에게 광동성의 안전을 위협하는 요새로 여겨졌으므로, 숙고한 끝에 이 문제를 가지고 양광에 왔던 감찰어사에게 고소장을 올리기로 했다. 중국어 원본이 보존되어 있는데, 이를 번역하면 다음과 같다.

> "중국의 법에 따르면 국가에 위해가 되는 일이 있으면 일반 백성은 삼가 윗사람에게 알리게 되어 있습니다. 따라서 광동에 사는 저희 노인들은 그동안 일어난 여러 가지 일들을 숙고한 끝에, 감찰어사에게 이 사실을 알려야 한다는 생각이 들었습니다. 감찰어사의 자리야 말로 악행을 바로잡기 위한 적절한 처방을 내릴 수 있는 관직이기 때문입니다. 첫째로 이방인들이 조경에 살고 있는데, 그들은 외국에서 중국으로 들어온 사람들입니다. 그들이 신기한 물건을 가지고 있는 것이 염려됩니다. 커다란 불운이 앞으로 제국을 위협할 것입니다. 저희는 단지 모든 것이 분명하다는 말만 되풀이할 수 있을 뿐입니다. 매우 많은 이방인이 향산현의 마카오 항에 도착하였고, 천자의 나라에 대사관을 세울 준비를 하는 것처럼 보입니다. 이를 구실로 그들은 통로를 열어 중화제국에 들어와 중국에 상품을 팔려고 합니다. 비록 그들이 이 일에 대한 당국의 허가를 아직 얻지 못하였고 대사관을 세우는 일도 인가를 받지 못하였으나, 무턱대고 마카오 항구에 남아 지금도 여전히 그 곳에서 살고 있습니다. 과거에 이 이방인들이 배에서 내려 우리 중국인들과 거래하는 것이 발견되었으나 내륙으로 들어올 기미는 없었습니다. 교역하는 시즌이 지나면 배를 타고 자기네 나라로 돌아갔던 것입니다. 그런데 지금 와서 보니 저들이 여러 층에 달하는 집을 짓고 줄지어 들어오는 것이 마치 벌떼와 개미 떼와 같습니다. 이 광경을 본 저희 성의 백성들은 누구나 가슴이 떨리고 머리털이 솟기까지 합니다. 이 이방인들이 책략을 써서 날마다 잠식해 들어오는

것을 보고 있기 때문입니다. 저들은 자기네 돈을 들여 높은 탑을 쌓았는데 이를 수단으로 삼아 조경으로 들어오려는 것입니다. 저들은 한 무리의 사악한 사람들을 데려왔는데, 이들이 끊임없이 우리 고장의 수로와 강을 오가는 것이 눈에 들어옵니다. 저희는 이 이방인들이 첩자들로, 우리의 기밀을 몰래 알아내서 자기 나라 사람들에게 알릴 것이라고 염려하고 있는데 이에는 분명한 이유가 있습니다. 그들은 신기한 물건을 좋아하는 우리나라 사람들과 점점 관계를 이어가면서 중화제국에 대재앙을 불러올 원인을 제공하고, 우리나라 사람들을 물고기와 돌고래처럼 드넓은 바다에 두루 흩어놓게 될까 봐 특히 걱정됩니다. 우리의 예언서에 적힌 '옥토에 가시나무와 엉겅퀴를 심고 너의 집으로 뱀과 용을 불러온다'고 한 불행이 바로 그런 일일 것입니다. 마카오는 이미 발과 손으로 번진 궤양과 같습니다. 제때 적절한 처방을 내린다면 큰 위험은 아닐 것이나, 그들을 조경에 놓아두는 것은 궤양이 가슴과 심장으로 번지게 하는 일이니, 이 때문에 당장에 이들을 잘라내야만 합니다. 이 때문에 저희 광동의 노인들은 황제께서 보낸 감찰어사에게 경고해 주어야 한다고 생각했는데, 그가 속히 이 이방인들을 쫓아내어 마카오에 있는 자기 나라의 사람들에게로 돌아가게 하려는 것입니다. 마카오에 관하여는 기회를 보아 처리하여야만 한다고 말씀드립니다. 감찰어사는 이 청원을 받아들여 온 성에 활기를 다시 일으켜 주십시오. 저희는 이렇게 하면 커다란 이득을 얻으리라고 한목소리로 단언합니다."

광동의 노인들이 이러한 청원을 올리자 재판소와 백성 가운데 큰 소동이 일었고, 조사하라는 지시가 내려져 이 사건의 진상을 가리게 되었다. 리치 신부는 이런 어마어마한 공격이 있음을 알게 되자마자 방책을 강구 했는데, 그는 중국인들이 벌이는 일을 매우 잘 알고 있었으므로 이러한 위협적인 폭풍을 어떻게 피할지 잘 알고 있었던 것이다. 그는 비망록을 작성하면서, 거기에 청원 가운데 지목된 유명한 화탑의 건축은 선교사들이 어떠한 일도 관여하지 않았다는 것을 명기하였다. 조경 사람들은 모두 그 건축의 진상을 잘 알고 있었으므로 이것은 어려운 일이 아니었다. 고발의 주요 쟁점이 완전히 바뀌었으므로, 나머지 부수적인 쟁점들은 저절로 사라져버렸다. 리치 신부는 어떻게 사람들이 이 연장자들이 했던 말에 주의를 기울일 수 있었는지, 혹은 지독한 거짓말을 사실이라고 주장할 수 있었는지를 따졌기 때문이다. 리치 신부는 자신의 비망록을 중국의 예법에 따라 중국의 관습을 엄격하게 준수하면서 만들었기 때문에 조경의 몇몇 고관들로부터 보호해 주겠다는 약속을 받아냈다. 재판이 열리자 리치 신부는 심문에서 큰 승리를 거두었고, 알메이다 신부도 거주 허가를 받아 분위기가 호의적으로 바뀌게 되었다. 마카오 신학원의 원장은 이 기회에 프란치스코 드 페트리스Francis de Petris라는 신부를 한 명 더 보낼 생각을 하게 되었고, 선교사들은 마침내 평온한 가운데 선교사로서의 본분에 충실할 수 있게 되었다.

조경은 상업과 정치의 중심지이며, 큰 강에 면해 있어서 많은 배가 끊임없이 오가고 있었다. 중국 남부에서 베이징에 왕래하는 관리들 대부분이 이 길을 지났는데, 성곽 밖에 강가 쪽으로 지은 예수회 신부들의 거처와 교회당이 서쪽 강을 오가는 모든 사람의 눈길을 자연스레 끌게 되었다. 조경을 지나는 거의 모든 여행자와 특히 관리들과 선비들은 서방에서 온 종교인의 거처를 찾는 일이 일상이 되었는데, 모두가 이방인들의 얼굴을 자세히 들여다보고는 신기해하였으며 놀라운 물건들에 관해 말을 나누었다. 중국인들은 시간마다 종을 치는 자명시계, 지구의 모든 나라를 그린 지도, 놀라울 정도로 완벽하게 인물이 살아있는 것처럼 보이는 그림, 중화제국에 사는 사람들에게는 알려지지 않은 많은 신기한 물건들을 보려고 했다. 중국의 관리들과 선비들은 이러한 물건들을 보고 나서 서방에서 온 야만인들이 지적이라는 사실과, 중화제국 바깥에도 그럴듯한 산업과 예술이 발전된 나라들이 있다는 사실은 인정하지 않을 수 없었다. 리치 신부는 중국어를 능숙하게 구사하였고 중국인들에게 관심을 가졌으며 말로써 그들을 즐겁게 만들었으므로 중국인들은 '양귀자'가 거의 중국인들에 가까운 감각을 지녔다는 사실을 인정해야만 했다. 중국인들이 자주 찾아왔기에 유럽에서 온 사람들과 물건에 관한 소문이 크게 나돌게 되었다. 점차 방문객들은 종교적인 가르침에 좀 더 귀를 기울이게 되었는데, 선교사들이 언제나 대화 속에 그런 것들을 포함 시켰기 때문이었다. 그리하여 하느님의 은혜로 복음의 씨앗이 많은 사람의 마음속에 심어져 구원에 이르는 열매를 맺게 되었다. 제국의 고위직으로 승진한 많은 관리가 그리스도교에 관하여 처음으로 생각하게 되었고, 그 때문에 그들이 나중에 열정적으로 그리스도교를 받아들이고 그 가르침을 실천하게 된 것도 조경에서의 선교 활동 덕분이었다. 이에 대해서 차후에 자세한 설명을 하게 될 것이다. 조경의 명문가 가운데 세례를 받은 이들도 생겼고, 새 신자들의 숫자가 상당히 불어나서 마침내 가톨릭 교회는 공공연히 또 정기적으로 미사를 드릴 수 있게 되었다. 당시에 인도차이나 왕국의 사신들이 중국 황제를 찾아뵙고 조공을 바치러 3년마다 베이징으로 가는 길에 조경에 있는 선교사들을 만나러 왔다. 그들은 또 귀환 길에 리치 신부가 한문으로 지어 인쇄한 그리스도교 교리서 여러 권을 받아서 갔다. 베트남 Annam에서도 한자를 쓰고 있었으므로 그들도 그리스도교의 원리를 다소나마 들여다볼 수 있게 되어 복음이 더 먼 곳까지 전파된 셈이고, 그러한 책자를 통해서 베트남인들도 정말로 인류의 구원자가 계심을 알게 되었다.

중국 고관들의 마테오 리치 방문

양광 총독이 오래전에 세상을 떠났고, 그의 후임자가 조경에 오게 되었다.[60]

60) 새로 부임한 양광총독(兩廣總督)은 오선(吳善, 字 元夫)이다. 그는 광서순무로 재직할 당시 루지에리 선교사를 계림에서 추방한 적이 있다.

신임 총독에 대한 악의적인 소문이 빠르게 퍼져나갔다. 그가 선교사들에게 전혀 호의적이지 않으며 선교사들을 쫓아내려 한다는 소문이었다. 심지어 선교사들이 소유하고 있는 작은 땅을 자신의 궁을 짓기 위해 빼앗으려고 하고 있는데, 이는 미신에 사로잡혀서 전임 양광 총독이 머물던 곳에 들어가지 않기 위해서라는 것이었다. 즉 이제까지 전임 총독이 쓰던 관사에 들어가자마자 즉시 불행이 닥쳐올 것이라고 상상했기 때문이라는 소문이었다. 한편 광동성을 특별 감찰하는 감찰어사는 베이징으로 돌아가서 그가 보고 들은 바에 대해 말해야만 했다. 이 고관에게서 호의적인 보고서가 나오길 기대했던 총독은, 그가 떠날 때 평소보다 더 극진히 대했고, 강 상류의 상당히 멀리까지 자신이 직접 그를 배웅하겠다는 뜻을 밝혔다. 감찰어사가 베이징으로 떠나는 날 조경에 있는 병사들은 모두 도열 하였고, 대소 관원들 모두가 정장 예복을 갖추고 예식에 참여했다. 강에는 수많은 범선과 깃발과 색 줄을 매단 배들이 가득했으며, 사방에서 폭죽이 터졌고, 강둑을 따라 지옥에서 들려오는 것 같은 음악 소리가 울려 퍼졌는데, 이 화려한 연출을 보기 위해 조경 사람들이 모두 와서 째진 눈을 크게 뜨고 커다란 귀를 기울였다. 마침내 커다란 부채 모양의 선단이 모습을 드러냈고, 수천의 뱃사공들이 내는 콧소리가 들리자, 수많은 사람의 머리가 마치 파도처럼 위아래로 왔다 갔다 했으며, 수많은 다양한 크기와 모양의 범선들이 대열을 갖추기 시작했다. 앞서 말한 대로 가톨릭 선교사들의 거처는 강둑에 있었으므로, 놀라운 광경이 강 상류를 따라 천천히 펼쳐지자 선교사들은 창가로 몰려든 몇몇 친우들과 함께 서서, 관리들의 현란한 전송을 받으며 끝없이 이어지는 전송행렬을 바라보고 있었다. 감찰어사와 총독은 가장 호화롭게 꾸민 범선의 갑판에 나란히 앉아 당당하게 장죽으로 담배 연기를 빨아들이고 있었고, 추종자들은 목청을 높여 "만세, 만세"를 외치며 아첨하고 있었다. 커다란 범선은 순풍을 타고 부드럽게 나아가다가 갑자기 배 위에서 급박한 움직임이 있었다. 배가 물살 때문에 조금 뒤로 물러났고, 선교사 거처 출입문 맞은편에 닻을 내리게 되었다. 두 주인공인 감찰어사와 총독은 곧바로 상륙하여 엄청나게 큰 붉은 색 양산의 보호를 받으며 가톨릭 선교사들의 거처로 들어왔다.

매우 중요한 방문객들이 예고 없이 갑자기 다가오자 이 가난한 선교사들이 당황했으리라고 상상이 된다. 하지만 리치 신부는 서둘러 이 방문객들을 중국의 예법에 따라 정중하게 맞았는데, 이 저명한 손님들은 특이한 유럽산 물건들, 시계, 그림, 지도, 천문과학기구 등을 큰 호기심을 가지고 살펴보았고, 그 용도에 관한 설명을 들었다. 리치 신부의 서가에는 유럽과 중국의 서책이 가득 꽂혀 있었는데, 이것이 두 사람의 시선을 끌었다. 드디어 두 손님은 강이 내다보이는 서재로 가서 앉아 선교사들과 유럽 여러 나라의 사정을 이야기하기에 이르렀다. 이 고관들은 그들이 눈으로 보고 또 야만인들에게서 들은 모든 것에 찬사를 보내며, 자신들이 가진 호감을 다정하게 말해 주었는데, 이는 진심에서 우러나온 것이었을 것이다. 그 후에 그들은 올 때와 같은 장관을 연출하며 범선으로 돌아갔는데, 끔찍한 음악과 폭죽놀이가 재연되었다. 선교사들과 함께 있던 중국인 친구들은 서둘러 그들이 받았던 영예에 대한 표시로 크게 감사를 표하였다. 이러한 고관들의 방문은 당연히 이 마을에 대단한 화제를 불러일으켰다. 그때까지 매우 자주 괴롭힘을 당했던 이 이방의 종교인들이 갑자기 중요 인사가 되어서, 선교사들을 알고 있던 사람이라면 누구나 이 일을 두고 자랑하게 되었다. 거리가 모두 [선교사들을 찾아 오는] 가마 행렬로 막혀버렸는데, 관리들과 군인들이 총독과 감찰어사의 보호를 받는 사람들의 비위를 맞출 방법을 생각해 냈기 때문이었다. 그리스도교로 개종한 뒤로 언제나 조심하고 염려하던 새 신자들은 이제 평안을 되찾았다. 리치 신부는 이제 7년 동안의 노고가 평화롭게 열매 맺을 시간이 다가왔다는 확신이 들었다.

제 3 장

조경에서 남경까지 이어진 마테오 리치의 중국 내지 선교

제 3 장

조경에서 남경까지 이어진 마테오 리치의 중국 내지 선교

조경에서 다시 추방되는 마테오 리치 일행

리치 신부가 당시에 골몰했던 희망은 비록 터무니없는 것은 아니었지만 아직은 실현될 것 같지 않았다. 리치는 오랫동안 애통해 하며 눈물의 씨앗을 뿌려야만 했는데, 기쁨으로 거둘 때가 오기 전에 곧 폭풍이 다가오게 되었다. 총독이 갑자기 베푼 공손한 호의는 바로 이런 폭풍의 시작이었다. 며칠이 채 지나지 않아, 조경의 관리들은 총독으로부터 명령을 받았다. 조경에서 이방인들을 즉시 쫓아내고, 그들의 집을 잃은 대가로 백은 60냥을 주어서 그들 나라로 추방하라는 명령이었다. 선교사들이 집을 비우는데 주어진 시간은 단지 사흘뿐이었다. 리치 신부에게 공식적으로 전해진 공문의 내용은 다음과 같았다.

> "이마두(利瑪竇, 마테오 리치)가 비록 악한 의도를 가지고 천자의 나라에 온 것은 아니지만, 증인들의 증언에 따르면, 그는 지금까지 중국의 법을 어긴 적이 없고

> 세상 어느 곳에서든지 경건하게 살 수 있는 사람이다. 그렇다면 이런 경건한 사람이 자신의 나라를 버리지 않으리라는 것은 분명한 사실일 것이다. 이방인들이 총독이 다스리는 [중국] 도시에 오랫동안 거주하는 것은 매우 적절하지 않으므로, 이 이방인들을 그들이 온 곳으로 되돌려 보내는 것은 조금도 잘못되거나 불의한 일이 아니다. 집을 짓는데 쓴 비용을 따져보니 그들이 상당한 돈을 썼다는 사실을 부인할 수 없으나, 이 돈은 헌금으로 받은 것으로 보이기 때문에, 실제로 그들의 돈이라고 할 수는 없다. 그러므로 이것저것 합해서 그들에게 백은 60냥을 주어 고국으로 돌려보낼 것을 명한다."

앞으로 알게 되겠지만, 이 공문은 매우 공식적인 내용을 담고 있었고 선교사들에게 어떤 호의도 보이지 않은 내용이었다. 선교사들은 어려움을 극복하려고 여러 가지 시도를 했지만, 결국 이 조치를 받아들이고 마카오로 되돌아갈 수밖에 없었다. 출발할 날이 되자 조경의 지부는 리치 신부에게 백은 60냥을 보상으로 주려고 했으나 리치 신부는 그 돈을 받기를 거절했다. 현명한 리치 신부는 자신이 조경에 세운 건물에 대해 확실한 권리를 주장했다. 돈 대신에 자신과 자신의 동료들이 오랫동안 조경에서 중국의 법과 예절을 지키면서 지금까지 살았으며, 그들의 추방이 어떤 잘못 때문이 아니라는 사실을 증명하는 공식문서를 달라고 요구하였다. 총독은 이러한 요구가 합당하다고 인정했고 여기에 찬사를 덧붙였다.

이 불쌍한 선교사들은 자신들의 소중한 선교를 포기할 수밖에 없었으므로 크게 상심하였고, 작별하게 된 새 신자들도 슬퍼하면서 강가까지 따라 와 그들을 배웅하였다. 『사도행전』에서 사도 바울이 밀레도Miletas의 그리스도인들과 헤어질 때를 묘사한 것과 똑같은 장면이 재현되었다.

> "바울은 말을 마치고 나서, 무릎을 꿇고 그들과 함께 기도하였다. 그리고 모두 크게 울며, 바울의 목을 안고, 입을 맞추었다. 그들을 가장 마음 아프게 한 것은, 다시는 자기의 얼굴을 볼 수 없으리라고 한 바울의 말 때문이었다. 그들은 배 타는 곳까지 바울을 배웅했다."[61]

중국인들은 일반적으로 애정을 지나치게 혹은 진심으로 잘 표현하지 않지만, 조경의 새 신자들은 신앙으로 그들을 일깨워주고 세례를 베풀어 그들에게 새 생명을 주고 그들을 하느님의 자녀로 만든 이 선교사들을 정말로 사모하는 마음을 가지고 있었던 것 같다. 리치는 그들을 위한 선교사로서 많은 고통 가운데서 양육한 영적인 가족들을 언제나 사랑하고 있었다. 그래서 사랑하는 관계를 맺고 있는 사람들을 갈라놓으려는 핍박이 가해졌으니 이는 정말 고통스러운 슬픔이었다. 아마도 이교도들 가운데서 선교사로서 살았던 경험이 없는 사람이라면, 리치 신부가 조경의 선교지를 출발해서 신강新江의 빠른 물살을 따라 신속하게 떠나면서 느꼈을 감정을 헤아릴 수 없을 것이다.

조경 총독의 재소환과 선교사들의 조주 이동

선교사들은 해상 관리가 그들이 타고 갈 범선을 구해줄 때까지 광동에서 이틀을 더 기다린 후에야 마카오를 향해 출항할 수 있었다. 하지만 마카오에 도달하기 전에 양쪽에서 노를 젓는 관용 쾌속선이, 돛대에 황색 깃발을 꽂은 채 전속력으로 그들에게 다가왔다. 놀라서 보니 그 배에 타고 있는 관원이 즉시 조경으로 돌아오라는 총독의 명을 전했다. 신부들은 제국의 내륙으로 돌아갈 기회가 다시는 없을 것을 염려하여, 잠시도 주저하지 않고 이 명령에 따랐다.

61) 『사도행전』 20:36-38.

그들은 관용 갤리선을 타고 그들이 떠났던 포구에 다시 나타났다. 많은 사람이 이 광경을 보고 놀라움을 금치 못했다. 선교사들은 곧바로 총독 관아로 오라는 명을 받았다. 사실 총독은 선교사들이 조경에서 사는 것을 허락하지 않겠다고 마음을 먹고 있었지만 정의가 살아있다는 것을 보여주고 이방인의 집을 빼앗았다고 고소할 여지를 주지 않으려고, 선교사들에게 보상금을 받으라고 강요할 계획이었다. 총독은 속임수와 회유, 협박, 분노 등 온갖 수단을 동원해 노력했으나, 리치 신부는 [전형적인] 중국인의 습성을 지닌 총독을 완벽하게 파악하고 있었으므로, 끝까지 확고하고 완고하게 [자신의 주장을] 관철시켰다. 그는 총독의 빗발치는 비난과 협박에도 굴하지 않고 보상금을 받는 것을 끝까지 거절하면서, 자신을 추방한 것에 관해서 차분하게 항의했다. 그는 중국 내의 다른 성으로 가서 거처를 마련할 수 있도록 허락해 달라는 한 가지 조건만을 내걸었고, [나머지 조건은] 어느 정도 총독에게 양보했다.

이러한 새로운 조건을 가지고 다시 협상을 시작되었고 곧 합의되었다. 리치 신부는 그 보상금을 받는 대신 선교지를 조주潮州로 옮길 수 있는 공식적인 허가를 받았다. 조주는 강서성江西省 경계에서 멀지 않은 공강贛江의 양안兩岸에 있는 중요한 도시였다. 때마침 조주의 좌사左使가 우연히 조경에 있었는데, 그는 선교사들과 친분이 있었기 때문에 선교사들을 인솔해서 소주까지 안내했다. 뱃길로 북쪽으로 팔 일쯤 가서 커다란 항구에 도착하니, 여러 명의 관리와 군인 관료가 선교사 일행을 기다리고 있었다. 그곳에서 소주는 약간 떨어져 있었지만, 이들은 선교사들을 강가에서 가까운 아름다운 지역에 있는, 크고 유명한 불교사원으로 데려가기 위해서 기다리고 있었다. 하지만 리치 신부는 불교사원이 아니라 시내에 거처할 숙소를 정할 생각이었다. 그러나 남화사南華寺라는 절에 관해서 많은 이야기를 들어 왔으므로 한번 방문해보고 싶었다.

남화사 방문을 통한 불교와의 첫 번째 접촉

조주에 도착하려면 매우 다양하고 우아한 모양의 언덕으로 둘러싸여 있는 아름다운 지역을 지나가게 된다. 질 좋은 쪽Indigo 재배 농장과, 논, 메밀밭, 사탕수수밭을 지나, 언제나 맑고 투명한 물이 수천 개의 물길로 휘감아가는 매력적인 평원을 지나게 된다. 주변의 언덕에는 나무가 우거져 있었고, 그 나무들에는 언제나 꽃과 열매가 가득했다. 왜냐면 이 지역의 따뜻한 기후에는 차가운 계절인 겨울이 없었기 때문이다. 오렌지, 석류, 바나나, 파파야, 리키 같은 과일이 항상 아름답게 영글어 있었다. 이 촘촘한 과일나무들은 동백꽃, 일반적인 장미꽃, 차나무의 하얀 꽃들이 스페인산 자스민과 같은 상쾌한 향기를 뿜어내며 한데 섞여 있었다. 웅장한 규모의 남화사는 커다란 언덕의 기슭에 있었는데, 이 절의 소유지인 평야 전체를 굽어보고 있는 모습이었다. 오늘날[19세기] 이 사원은 어느 정도 방치되고 퇴락되었지만, 리치 신부가 이곳을 찾았을 때[16세기말]는 매우 번영하여 천 명이 넘는 승려들이 거주하고 있었다. 이 사원은 8세기쯤에 건립되었다고 하는데, 건립될 당시에 신성하고 매우 금욕적인 삶을 살기로 유명한 한 은자가 살고 있었다.[62)]

그 은자는 평생을 기도와 명상과 일정한 육체노동을 하며 살았다. 그는 매우 허름한 옷을 걸치고 맨살에 쇠사슬을 감고 있어서, 살이 썩어 들어가고 부패해서 벌레가 들끓었다. 남화사 승려들이 전하는 말에 따르면, 언젠가 이 벌레들 가운데 한 마리가 바닥으로 떨어지자, 이 성자는 그 벌레를 바로 집어서 도로 제자리에 가져다 놓으면서 말하기를, "네가 물어뜯기 충분하지 않은가? 왜 너는 가려고 하는가?"라고 했다고 한다. 이 은자가 세상을 떠나자 주민들이 그

62) 이 사찰은 선종육조(禪宗六祖) 혜능(惠能, 638-713)이 건립하였으므로 육조사(六祖寺)라고도 한다. 혜능은 중국 선불교의 비조인 달마(達摩)대사의 6대 조사로, 그의 언행록인『六祖壇經』이 남아 있다.

를 존경하여 그를 기리기 위한 거대한 사찰을 짓게 되었는데, 이 사찰은 곧 남부 여러 성의 주민들이 순례하는 유명한 장소가 되었다. 가톨릭 선교사들이 처음 이곳에 왔을 때, 이미 말했듯이, 천 명이 넘는 승려들을 수용하고 있었다. 리치 신부에 대한 명성도 오랫동안 전 중국에 퍼져나갔고, 남화의 주민들도 서양에서 온 이 유명한 승려[리치 신부]가 놀라운 과학적 지식을 갖고 있다는 이야기를 들어왔다. 그들은 리치가 남화사에서 살려고 온다는 말을 듣고는 전혀 기뻐하지 않았다. 왜냐면 주민들은 그가 남화사를 개혁하고 승려들을 보다 도덕적이고 정상적인 생활로 이끌 목적으로 온다고 생각했기 때문이다. 따라서 승려들의 우두머리는 리치가 이 장소를 숙소로 삼지 않고 다른 곳으로 가도록 하려고 점잖게 노력했다. 하지만 대사형과 간부들은 리치에게 예를 갖추어 성대하게 맞이했고 그를 위해 근사한 잔치를 베풀었다.

그 뒤에 승려들은 리치 신부 일행에게 불당 몇 군데를 보여주었는데, 알메이다 신부와 리치 신부는 이 불당들이 매우 공들여서 만든 호화로운 건물임을 알게 되었다. 남화사에는 나무나 구리도금으로 만든 거대한 우상[불상]들이 많았고, 상당히 작은 크기의 우상들은 숫자가 너무 많아서 불당 하나에 500개가 넘을 정도였다. 한 특별한 불당에는 50개의 등잔으로 장식하고, 금과 비단을 입혀 반짝이는 유명한 은자의 시신을 볼 수 있었는데, 바로 이 사찰을 건립한 사람이었다. 시신을 건조한 후에 멋지게 칠을 입힌 것이었다. 이 사찰의 승려들에게는 이런 진기한 불교 기념물을 흥미롭게 바라보고 있는 선교사들이 생생하고 흥미로운 관찰의 대상이었다. 승려들은 이질감이 돋보이는 유럽인들의 생김새를 자세히 살펴보려고 교활하고 익살스러운 작은 눈을 깜박거렸다. 그들이 특히 놀란 것은 선교사들이 사찰을 둘러보면서 전혀 경건한 태도를 보여주지 않았다는 점이었다. 선교사들은 우상에게 절을 하지도 않았고, 향을 피우지도 않았으며, 소원을 빌지도 않았다. 이 모든 것들이 그들에게는 매우 낯설고 또 헤아릴 길이 없었다. 그동안 승려의 우두머리는 크게 근심했다. 그들은 서로 말하기를, "이 선교사들은 우리 절을 개혁하고 우두머리가 되려고 온 사람들이다."라고 말했다. 그들은 이 선교사 일행이 조주의 좌사에게 자신들은 절에서 사는 것을 굉장히 혐오하며, 불승들이 자신들을 붙들어도 불승들과 함께 살지 않겠다고 했다는 말을 듣고 기뻐하며 놀랐다. 선교사 일행과 불승들 사이에는 타협이 이루어질 수 없었고, 둘은 서로 함께하지 않겠다는 뜻을 분명히 밝혔으므로 좌사는 리치 신부와 그 동료가 조주로 가도록 허락했다.

조주 선교의 첫 번째 제자, 구태소

선교사들이 조주에 도착하자마자 서둘러 지주知州에게 찾아가 경의를 표했다. 지주는 종교인이라고 하는 사람들이 불승들과 함께 있기를 원하지 않았다는 말을 듣고 매우 놀라는 듯했다. 그러자 리치 신부는 자신들은 불승들과는 신경信經과 기도서 모두가 크게 다르다는 점을 설명하였다. 하지만 이런 신학적 차이를 모르는 지주는 중국의 종교와 문자 말고는 세상에 다른 종교와 문자가 없다고 하면서 그럴 수 없다고 대답하였다. 그러자 리치 신부는 소매에서 인쇄된 성무일과서聖務日課書를 꺼내어 보여주었다. 격식을 차리려고 리치 신부를 따라 왔던 사찰의 대사형이 지주의 보좌에게 자초지종을 설명하면서 이 이방인들은 중국의 종교를 믿지 않는 외국인이라고 증언하였다. 그는 "이 사람들이 저희 절에 왔을 때 경건한 모습을 조금도 보이지 않았습니다. 그들은 우리가 숭배하는 위대하고 거룩한 건립자의 시신 앞에 무릎을 꿇지 않았습니다." 라고 말하였다. 이런 충격적인 사실을 증언했지만 선교사들에게 조주에 자리 잡아도 좋다는 허락이 떨어졌고, 좋은 자리에 있는 땅을 신부들에게 내주게 되었다. 신부들은 자진해서 땅값을 지불하였는데, 대지의 소유를 확실하게 하려는 의도였다. 이어서 집 짓는 일이 활발하게 진행되었다. 리치 신부는 이번에는 조경에서 그랬던 것처럼 가옥을 유럽식으로 짓지 않기로 조심하였는데, 경험상 그런 식으로 호기심을 유발하면 말썽이 생긴다는 것을 알았기 때문이었다. 따라서 리치 신부는 묵을 거처, 교당과 다른 모든 건물은 가장 정통적인 중국식으로 지었다.

조주에서는 얼마 전에 학문이 높은 구상서瞿尙書라는 고관이 세상을 떠났다. 그는 최고위 관리로서 중요한 국사에 결정적인 영향력을 행사했던 인물이었다. 그의 아들인 구태소瞿太素도 부친을 뒤이어서 매우 큰 성공을 이루었지만 나중에 방탕한 생활을 즐기면서 학업을 그만두었고, 연금술에 대단한 열정을 가진 인물이었다.[63] 부친에게 물려받은 많은 유산을 도가니와 증류기의 연기를 통과시키는데 탕진했고, 곧이어 유랑자가 되어 중국 각처를 돌아다녔다. 구태소는 부친의 지인이 있는 곳이면 어디든 가서 거처를 정했는데, 대개 아버지의 영향 때문에 환영을 받기 때문이었다. 구태소는 이런 식으로 한동안 조경에 살면서 선교사들과 친해져서 그들의 거처에 자주 드나들게 되었는데, 서방에서 온 이 이방인들이 어떤 금속이라도 금은으로 변환시키는 법을 알고 있다는 소문을 들었기 때문이었다.

하루는 리치 신부가 조주에 지은 새 거처에서 평화롭게 유클리드Euclid의 『기하원본幾何原本』을 한문으로 번역하고 있을 때 구태소가 찾아 왔다.[64] 그

63) 구태소(瞿太素, 본명은 汝夔, 1549-?)는 강소성(江蘇省) 태생으로 소주(韶州)에서 마테오 리치 신부와 교류하면서 수학과 천문학을 배웠고, 본인은 예수회 선교사들에게 사서오경을 가르쳤다. 리치와 함께 유클리드의 『기하원본』을 번역하였고, 리치에게 유복(儒服)으로 갈아입을 것을 권유하여, 선교사들은 1594년부터 유학자의 옷을 입기 시작했다.

64) 『기하원본幾何原本』은 마테오 리치가 중국인들에게 유클리드의 기하학을 가르치기 위해서 자신의 스승이었던 콜레지오 로마노 교수 클라비우스가 쓴 유클리드의 『기하학 원본』 주해서 『Euclidis Elementorum libri XV』(전 15권) 중 전반 여섯 권을 한문으로 번역한 책이다. 마테오 리치와 서광계가 함께 중국어로 옮겼고 리치가 사망한 후 서광계는 예수회 신부와 협력하여 개정판을 출간했다. 조선에도 전래되어 수학발전에 크게 기여한 책이다. 이에 대해 안상현, "『기하원본(幾何原本)』의 조선전래와 그 영향: 천문학자 김영(金泳)의 사례," 『문헌과 해석』 60호, pp. 132-145참조.

는 화려한 예복을 걸치고, 근엄하게 꽃과 리본으로 감싼 선물을 들고 여러 시종을 동반하고 왔다. 구태소는 선교사 앞에 엎드려서 이마로 바닥을 세 차례 부딪히고는, "스승님, 저를 제자로 받아 주십시오!"라고 말했다. 이것은 중국인들이 스승을 택할 때 관례적으로 행하는 예식이었다. 그리하여 이튿날 대단한 잔치가 벌어졌고, 구태소는 마테오 리치 신부의 제자가 되었다. 하지만 그는 연금술에 대한 열정 때문에 리치 신부의 제자가 된 것이다. 구태소는 한동안 선교사들과 사귀고 나서, 비록 그들이 종교적 진리라는 현자의 돌만은 확실하게 소유하고 있고, 지성과 감성의 놀라운 변화를 가져올 수 있는 능력이 있다는 것을 알게 되었지만, [선교사들이] 금이나 은은 작은 파편도 만들 수 없다는 것 또한 알게 되었다.

구태소는 리치 신부의 지도로 우선 수학, 기하학, 역학을 배우는 일에 전념했는데, 진도가 매우 빨리 나갔다. 그는 기구器具를 만들고 과학적 주제를 가지고 분명하고, 품위 있으며 또 상세한 내용의 글을 쓸 수 있을 정도가 되었다. 그리스도교에 관한 공부도 과학 공부만큼이나 커다란 관심을 가졌으며, 수학을 공부하면 생기는 사고의 명료성과 정확성을 가지게 되었다. 구태소는 칸이 셋 있는 서판을 준비했는데, 첫째 칸에는 리치 신부의 종교적, 도덕적 가르침을 기록하였고, 다음 칸에는 그때그때 다른 의견이 있으면 적었으며, 셋째 칸은 비워 두었다가 스승의 설명을 적어 넣었다. 그는 이후에 세례를 받았는데, 그의 개종으로 선교사들은 큰 명성을 얻게 되었다. 구태소가 이름난 선비였으므로 많은 사람에게 상당한 영향력을 끼쳤기 때문이었다. 소주에 있는 선교사들의 거처는 곧 선비들과 성의 고관들의 모임 장소가 되었다.

베이징 행을 준비하는 리치 선교사 일행

그 사이에 알메이다 신부가 세상을 떠났고, 1592년 프란치스코 드 페트리스 Francis de Petris 신부가 그의 자리를 대신할 허락을 받았다. 하지만 겨우 2년 후에 페트리스 신부도 세상을 떠났는데, 리치 신부의 숙련된 지도로 중국어를 빠르게 습득한 뒤 선교 활동을 제대로 시작할 준비가 된 바로 그 순간이었다. 리치 신부는 이런 노고와 시련을 겪은 후에, 선교를 위해서 누구의 도움도 없이 수많은 어려움과 싸워야 하는 외로운 신세가 되었다는 것을 깨달았다. 리치는 보좌주교를 한 명만 보내 달라고 간절히 청하자, 고아에 도착한 지 얼마 되지 않은 카타네오Lazare Cataneo 신부를 보내주었다.[65)]

리치 신부는 황제를 뵙기 위해 베이징으로 가겠다는 계획을 오래전부터 세웠다. 그는 황제의 궁정에서 아주 작은 성공을 거둔다면 이제까지 소주 지방에서 노력해왔던 것보다, 중국에서 그리스도교를 전파하는데 더 유용하고 효과적일 것이라고 믿었다.[66)] 이런 생각을 품고 있던 리치 선교사에게 1595년 4월, 계획을 실현할 기회가 생겼다. 제국의 고관 한 명이 수도인 베이징으로 가는 길에 소주를 지나게 되었는데, 예수회 신부들을 찾아와서 아들의 건강문제를 상의하고 싶어 했다. 리치 신부는 고관이 소주에 머무를 예정인 짧은 시간 내에 아이를 고칠 수는 없지만, 기꺼이 그와 함께 베이징으로 가면서 치료를 해 줄 수 있다고 말했다. 고관이 이 제안을 받아들이자 양측은 떠날 준비를 하게 되었다.

---

65) 카타네오(Lazare Cataneo, 郭居靜, 1560-1640)는 이탈리아 출신의 예수회 선교사로 字는 仰鳳이었다. 1581년 예수회에 입회하였고, 1593년에 마카오를 통해 중국에 입국하여 이듬해 마테오 리치의 베이징 초행길에 동행하였다. 교구장인 마테오 리치 신부의 명으로 남경, 남창, 소주에서 교무를 맡았다. 서광계 이지조와 교분이 깊었으며, 1608-1611년 서광계의 요청으로 상해에 교당을 세웠다. 절강성에서 활동하다가 항주에서 선종하였다. 저서로는,『靈性詣主』와『悔罪要旨』가 있다.

66) 예수회는 국가의 왕이나 도시의 영주에게 먼저 복음을 전하는 이른바 탑-다운Top-down 선교 정책을 선호했다. 이에 대해 김상근, "도시와 문화를 거부하지 말 것!: 예수회 설립자 이냐시오 로욜라(Ignatius Loyola)의 선교 리더십 연구,"『한국기독교신학논총』 35집 (2004년 10월), pp. 335-361 참조.

유학자의 옷으로 바꿔 입고 베이징으로 출발한 리치 선교사

리치 신부는 조주를 떠나서 베이징으로 가기 전에 마카오에 있는 선교 상급자들이 매우 중요하게 생각했던 개혁을 시도했다. 그때까지 예수회 신부들은 중국 승려의 복장을 착용하고 활동했는데 소매가 달린 겉옷을 걸쳤고, 옷깃이 가슴에서 교차 되는 옷이었다. 머리도 밀고 수염도 깎은 상태였다. 따라서 외모가 불교 승려 같았으므로 사람들이 실제로 중이라고 불렀다. 그러나 승려의 복장을 하면서 상당한 불편이 뒤따랐는데, 중국인들이 불승들에게 가졌던 일반적으로 느꼈던 경멸감이 가톨릭 선교사들에게도 그대로 적용되고 있었다. 서양인들과 친해진 사람들은 모두 그들을 선교사들을 인정하게 되었지만, 일반인들은 선교사들을 절에 사는 사람들과 혼동하여 업신여기고 있었다. 따라서 예수회 신부들은 승려의 복장을 버리고 사대부 옷을 입기로 했고, 이전처럼 다시 머리와 수염도 기르기로 했다.

조주에서의 선교는 이제 카타네오 신부의 몫이 되었고, 리치 신부는 마카오에서 온 풋내기 두 청년을 데리고 시랑侍郎을 따라 베이징으로 출발했다. 일행은 남웅南雄까지 뱃길로 왔는데, 그곳에서 조주로 교리를 배우러 왔던 몇 명의 새 신자들이 반갑게 맞이했다. 남웅을 떠나 광동성과 강서성의 경계인 매령梅嶺이라는 가파르고 울퉁불퉁한 산허리를 오르기 시작했다. 우리들[육 신부의 일행]도 종종 이 산을 넘었는데, 다양한 종류의 길을 반드시 지나야만 했으므로 산을 넘는 거의 모든 사람이 겪는 비슷한 어려움을 많이 견뎌야 했다. 사실 이 길은 광동에서 중국 내지에 있는 여러 성과 교역할 수 있는 유일한 통로였기 때문에 많은 여행자와 짐꾼들로 붐볐고 길이 복잡했다. 이 불운한 사람들이 엄청난 짐의 무게로 허리를 구부린 채, 매우 길고 가파른 길을 따라 힘겹게 걸어가는 것을 보는 것은 매우 고통스러운 일이다. 이 짐꾼들은 너무 가난해서 이런 일을 할 수밖에 없고, 수명이 매우 짧다고 했다. 우리가 1852년에 매령을 넘어갈 때, 짐꾼들 가운데는 나이가 많은 사람들도 있었다. 너무 늙어서 고통스러운 짐의 무게 때문에 비틀거릴 수조차 없는 듯했다. 일정한 간격으로 대나무로 지은 오두막들이 눈에 띄었는데, 여행자들이 그늘에서 쉬면서 차를 마시고 담배를 피울 수 있는 곳이었다. 이 산의 정상에는 일종의 돌문 또는 개선문이 있었는데, 광동성이 끝나고 강서성이 시작된다는 이정표였다.

리치 선교사 일행은 매령을 넘어 북강北江을 따라 강서성을 통과했다. 북강은 암초가 많고 물살이 급하기로 이름난 곳이다. 뱃길로 출발한 지 겨우 하루 만에 고관의 부인과 자녀들이 탄 배가 난파되자, 리치 신부는 그의 용기와 헌신을 보여주었다. 그의 활약과 지혜로 인명손실이 한 명도 발생하지 않았다. 그러나 바로 이튿날 강력한 돌풍이 불었고 리치 신부가 탄 정크가 암초에 부딪혀 순식간에 침몰하면서 선원들과 선객들 모두가 물에 빠지게 되었다. 물속에서 허우적거리며 절박한 죽음의 위험에 처해 있던 리치를 하느님께서 구해주셨다. 그는 간신히 굵은 밧줄을 잡을 수 있었고 다시 수면 위로 올라와 기울어진 정크 위로 기어 올라왔다. 젊은 수련 수사 한 명은 불행히도 강바닥에서 다시 올라오지 못한 채 익사하였는데 그의 이름은 요한 바라도스John Barrados였다.

고관은 이 사고로 인해 겁을 집이 먹고 위험한 뱃길로 항해하는 것을 거절했다. 그는 배에서 내려 꼭 필요한 하인들 몇 명만을 데리고 육로로 베이징에 가기로 했다. 이 유럽의 선교사가 함께 해 불운이 닥쳤다고 생각한 이 고관은 리치 신부가 더는 자기 일행과 함께하지 말고 그냥 조주로 돌아가라고 권했다. 그러나 리치 신부의 간청에 설득되어서 남경까지만 여행할 수 있도록 허락했고, 도중에 만날 수도 있는 관리들에게 보여 줄 수 있는 추천서를 써 주었다.

그리하여 이 용감한 중국 선교사는 이제 홀로 남겨졌고, 낯설고 드넓은 제국 한가운데서 아무런 보호도 받을 수 없게 되었음을 깨달았다. 그러나 다행스럽게도 리치 신부는 자신이 통과해야만 하는 고장의 언어와 관습을 잘 알고 있었다. 그는 수로만 이용했고, 강서성의 성도인 남창南昌에 도달하기까지 육지에는 한 발도 들여놓지 않았다. 남창에서는 한 유명한 사찰에서 며칠간 머물렀는데, 그곳에서 승려들은 리치가 우상 앞에서 무릎을 꿇기를 원했다. 리치 신부가 정식으로 이를 거절하자 승려들은 폭도를 선동하여 리치 신부를 찾아다니게 하고 소란을 일으켰으나 리치 신부는 어떤 협박에도 굴하지 않았다. 마침내 관원들이 개입했고, 이 유명한 외국인이 자신이 옳다고 믿는 대로 불상에 절하기를 거절한 것이 합당하다고 보았다. 남창을 떠나면서, 리치 신부는 육지를 다시 보려면 이틀은 걸린다는 파양호鄱陽湖를 향해 다시 출항했다. 엄청난 양의 물이 있는 이 곳을 항해하는 동안에는, 이 호수가 중화제국의 중앙에 있는 호수라는 사실을 상상하기 어렵다. 4개의 큰 강이 합류하는 곳에 형성되어 있는 이 호수는 둘레가 150km나 되며, 바람이 불어 커다란 파도가 부딪치는 곳이었다. 크고 많은 배가 사방에서 항해하고 있었으므로, 호수라기보다는 바다라고 부를 만했다. 때로 호수를 뒤덮는 수많은 배가 매우 아름다운 광경을 연출했다. 배들이 항해하는 모습은 매우 다양해서, 어떤 배들은 커다란 돛을 활짝 펴서 순풍을 받아 위풍당당하게 이동하고, 다른 배들은 바람과 파도를 거스르면서 고통스럽게 나아가거나 반대쪽을 향해 건너려고 해서, 서로 추격하는 듯이 보이기도 하여 마치 바다 괴물들이 먹이를 쫓아 달려드는 것 같았다. 이렇게 떠다니는 배들의 움직임이 매우 빠르고 다채로워서 그 풍경이 매 순간 변했다.[67]

67) (원주) Chinese Empire, vol. ii 참조.

남경에 도착한 리치 선교사를 내쫓은 서대임

리치 신부를 태우고 파양호를 안전하게 건넌 정크는 '바다 자녀의 강'인 양자강揚子江에 들어서면서 마침내 중국 역사서에서 유명한 도시인 남경南京 성벽 밑에 도착했다. 남경은 많은 황제들이 여러 시대에 걸쳐서 아름다운 궁전에 거주했던 곳이었다. 이곳에는 세계적으로 유명한 수많은 궁전과 커다란 사찰들과 불탑들이 있었으며, 성벽이 세 겹으로 에워싸고 있어서 과거의 명성에 어울리는 당당한 모습을 보여주고 있었다. 엄청난 파도를 일으키며 남경의 성벽을 휘감아 도는 양자강에는 수많은 인공운하를 통해서 성안으로 들어가려는 정크들이 가득하고, 중국 각 성에서 온 부유한 중국인들은 이 온화한 기후 속에서 호사스러운 나날을 보내길 원하고 있었다. 왕실이 남경을 떠난 후 정치와 사업의 중심지의 역할은 끝이 났으나, 문인들과 부자들이 선호하는 거주지가 되었다. 리치 신부는 성 밖에 평범한 거처를 구해서 조용히 지내면서, 하느님께서 앞으로 유식한 회의론자[유학자 사대부]들에게 복음을 전할 좋은 기회를 주실 때까지 기다리기로 했다. 리치는 곧 남경의 고관 중 하나가 광동에서 사귀었던 옛 친구인 서대임徐大任이라는 것을 알게 되었다. 리치는 그에게 지구의와 해시계를 만들어 준 적이 있었다. 그래서 리치는 그가 자기 얼굴을 잊지 않았기를 바라면서 이전의 우정을 나타내기 위해 그를 찾아갔다.

서대임은 정중하게 "예법"을 완벽하게 따르면서 리치 신부를 맞이했는데, 그가 어떤 일로 남경을 찾게 되었으며 어떤 중요한 일이 있어서 왔는지 물었다. 리치 신부는, "제가 당신을 기억하고 있었기에 꼭 만나 뵙고 싶어 왔습니다. 여기에 병부시랑兵部侍郎께서 써주신 공문이 있는데, 남경에 오면 당신을 찾아뵈라고 하셨습니다."라고 답했다. 서대임은 이 말을 듣고 서신을 보더니, 매우 놀라면서 불쾌해했다. 그는 소리 지르며 말하길, "어찌 이리 경솔한가! 어리석구나! 당신의 마음이 이성을 잃게 했구나. 광동에 있을 때 당신에게 선행을 베풀었건만 나를 파멸시키려고 남경에 오다니! 남경은 외국인이 거주할 수 있는 곳이 아니오. 당신이 여기 있다는 사실만으로도 소요가 일어날 것이오. 당신 때문에 폭동이라도 나면 그들은 나를 원인을 제공한 자로 고소할 것이오. 나의 적들은 내 상관에게 내가 오랑캐들과 내통하고 오랑캐들을 중화제국으로 끌어들이려 했다고 지적할 것이오. 당신이 내 앞길을 망쳤소. 돌이킬 수 없게 망했으니 모두 당신 탓이오."라고 소리 질렀다. 서대임은 리치 신부를 문밖으로 쫓아내면서 남경을 당장 떠나라고 하였는데, 떠나면 어디로 가는지는 상관하지 않겠다고 말했다. 리치 선교사는 서대임이 이처럼 불친절하게 자신을 맞이한 것에 대해 매우 당황했지만, 집으로 돌아갈 수도 없었다. 오래된 벗이었던 서대임은 자신의 분노를 리치 선교사에게 집을 빌려준 사람에게 대나무로 때리는 태형을 가해 피투성이로 만들었다. 외국인과 내통하였으니 이는 사형에 해당하는 죄이며, 만약에 속죄를 하려면 이 야만인을 집에서 쫓아내야만 하고, 그가 머문다면 확실히 그에게 더 나쁜 불운을 불러올 것이라고 말했다. [따라서 리치는 더 이상 그 집에 거주할 수 없게 된 것이다.]

강서성의 남창으로 이동한 리치 선교사

리치 신부는 몰아닥치는 소란과 폭력에 저항할 수 없었기에 남경에서 물러나기로 했다. 그는 지루하고도 힘든 뱃길로 강서성 성도인 남창南昌에 도착하였다. 트리고 신부는, "그는 뱃머리를 돌려 강서성으로 향했다. 물길을 거슬러 노를 저었는데 그것은 자신의 의도에 반하는 것이었다."라고 리치 선교사가 느꼈던 당시의 소회를 표현했다.[68] 남창은 중화제국에서 가장 번영한 상업 도시

68) (원주) Trigault, De Christiana expeditione apud Sinas, p. 255.

들 가운데 하나로, 특히 사대부들이 많이 살고 그들의 공로가 큰 것으로 유명했다. 리치 신부가 이곳에 도착한 지 251년 후인 1847년에 우리 일행은 관리들의 호위를 받으며 남창에 들어섰는데, 관리들은 황제의 명으로 우리를 광동으로 데려가면서 문예청Palace of Literary Compositions에 묵게 하였다.[69] 리치 신부에게는 우리가 묵었던 그런 좋은 숙소를 주지는 않았을 것이다. 그는 박해를 받는 떠돌이여서 누구에게 도움을 청해야 할지 알지 못했다. 마카오에서 온 젊은 포르투갈인 수련 수사와 그를 한편으로는 우정 때문에 다른 한편으로는 이득을 얻으려고 따라 다니는 몇 명의 중국인 개종자들을 제외하고는 동반자가 없었다. 리치 신부는 의심을 받지 않은 채 피난할 수 있는 피난처를 찾다가 시내에 유명한 의사가 산다는 것을 기억해 냈다. 그 의사는 소주에 있던 신부의 거처를 자주 찾아왔던 사람이었기에 리치 신부는 주저하지 않고 이 의사에게 찾아 가서 자신의 곤란한 처지를 설명했다. 리치 신부는 이번에는 이전 사람[남경의 서대임]과는 전혀 다른 대접을 받았다. 이 중국인 의사는 아주 친절하게 리치를 반겼고 자기 집에 거처를 마련해 주겠다고 했다. 그 의사는 문예와 의술 둘 다에 명성이 높았으므로, 남창의 공직자들은 물론이고 강서성의 총독과도 가까이 지내는 사이였다. 그는 리치 신부를 크게 존경하고 있었으므로 신부를 박해로부터 보호해 주기 위해서 자신의 모든 영향력을 동원했다. 학문이 높고 종교적인 이 의사의 친절한 노력 덕분에 리치 선교사는 곧바로 중국인의 고급 사교계에서 반기는 인사가 되었다. 리치 신부의 뛰어난 학식은 어느 곳에서나 사람들 입에 오르내렸고, 신부가 몇 해 전에 초안을 만들었다가 남창에서 마무리한 『서국기법西國記法』과 키케로의 우정에 대한 책에 비견한 『교우론交友論』 두 권의 책을 출판하여 순식간에 그의 명성이 높아졌다.[70] 중국인들은 지금도 『교우론』을 뛰어난 책의 전형으로 생각하고 있으며, 『서국기법』

69) 원문에는 Palace of Literary Compositions로 되어있는데, 정확한 장소를 확인할 수 없어 '문예청'으로 옮긴다.
70) 『교우론交友論』은 우리말로 번역되었다. 송영배 역주, 『교우론 외 2편』, 2000, 서울대학교 출판부.

은 당시에 많은 사람들의 극찬을 받았다. 리치 신부는 오랫동안 기억술을 잘 익혀왔고 길게 내려쓴 한문을 거꾸로, 또 바로 암기할 수 있었다. 그는 많은 선비 앞에서 기억술을 시연하여서 그들과 사귀게 되었다.[71)]

강서성의 총독은 광동의 관리로 있을 때 마테오 리치에 관한 많은 소문을 들은 적이 있었다. 근자에 남창에 온 학식이 풍부한 이방인이 신기한 물건들을 많이 가지고 있다는 소문을 듣자 그는 이 이방인이 유명한 이마두利瑪竇가 틀림없다고 생각했다. 그는 일찍부터 리치 신부의 명성을 들어 알고 있었다. 어느 날 리치 신부는 친구인 중국인 의사에게 기억술을 가르치고 있을 때 총독의 관저로 들라는 붉은 쪽지에 쓴 공문서를 받게 되었다. 리치 신부는 중국 관리들과의 관계에서 노여움을 산 일이 없었으므로 또 다른 박해가 시작되는 줄로 알았다. 그러나 그의 짐작은 다행히 맞지 않았다. 총독은 광동에서 말했던 사람과 그가 소문으로 들었던 유식한 선교사가 같은 인물이라는 것을 알고서 리치를 매우 정중하게 맞아들였다. 그렇게 빼어난 인물을 자기 관할구역인 강서성에서 보게 되어 큰 영광으로 생각한다고 말하고는, 리치 선교사가 계속해서 그곳에 정착하기를 간청했다. 이 열정적인 선교사는 더 요구할 것이 없었다. 그는 총독에게 그가 쓴 책을 선물했고, 삼각형 유리로 된 프리즘도 선물했다. 이것은 당시 중국에는 알려지지 않았던 놀이도구의 일종이었고, 중국인들은 이 것을 감탄하면서 바라보았다. 그러나 총독은 프리즘을 너무나 갖고 싶긴 했지만, 자신이 아량이 넓다는 자아도취에 빠져서 받기를 거절하며 이렇게 리치 신부에게 말했다.

---

71) 서양 고전에서 기억술은 수사학(修辞学)의 한 부분으로써 다루어졌다. 고대 로마의 원로원 등에서는 변론에 메모를 사용하는 것이 용인되지 않았기 때문에 이러한 기억술이 발달하였다. 고대 그리스의 기억술은 중세 유럽에까지 전수되어, 주로 수도사나 신학자 등이 성경 및 그 밖의 많은 저술들을 기억하기 위해 사용했다. 마테오 리치는 유럽 대학에서 이러한 기억술을 배웠고 중국에 와서 중국의 그림과 문자를 이용하여 기억하는 법을 사대부들에게 알려주면서 동시에 기독교의 개념들을 이미지화하여 중국인들에게 전하는 데 사용하기도 한다. 마테오 리치와 기억술에 관해서는 조너선 D.스펜스『마테오 리치, 기억의 궁전』(이산, 1999)과 김남시, "기억 이미지로서의 중국문자: 마테오 리치의『서국기법』",『인문논총』67권 (2012년 6월), pp. 429-460 참조.

"우리 역사서에 쓰여 있기를, 과거에 한 종교인이 매우 귀한 보석을 소유하고 있었습니다. 어떤 덕이 높은 사람이 이 종교인을 만나러 왔는데, 이 종교인은 그에게 이 귀한 보석을 주었습니다. 덕이 높은 사람은 그것을 받았지만 즉시 다시 돌려주면서 말하기를, '당신은 이 보석을 늘 가지고 있게 될 것입니다. 왜냐면 당신은 덕망이 있는 사람에게만 이 보석을 주실 것인데, 그렇게 덕망 있는 사람이라면 틀림없이 그것을 받지 않을 것입니다. 그러니 보석은 언제나 당신의 것입니다.' 라고 말했다고 합니다. 이 이야기는 당신과 나에게도 적용될 수 있을 것 같습니다. 이마두 선생, 우리 모두 선한 길을 따르는 것이 어떻겠습니까?"

이 훌륭한 총독이 항상 "겸양의 길"로 간 것 같지는 않지만, 그럼에도 불구하고 그는 친절하고 관대한 사람이었다. 비록 그가 리치 신부의 선물을 받지 않았지만, 리치 신부에게 우정을 베풀고 보호해 준 것은 사실이었다. 그의 이러한 본보기는 좋은 결과를 낳았는데, 많은 중국 고관들이 리치 신부와 친해지려고 했기 때문이다. 남창의 백성들과 관리들이 매우 호의적이었기 때문에 리치 신부는 이제 선교에 전념할 때가 왔다는 판단이 섰다. 마카오에 한 명의 보좌주교와 선교비를 보내 달라고 요청했는데, 그곳에 교당을 세울 자금이 필요했기 때문이었다. 1595년 성탄절에 포르투갈인 신부 소에리오가 선교비를 가지고 와서 리치 신부와 합류했다. 비록 큰돈은 아니었으나 집을 한 채 빌려서 미사를 드릴 수 있도록 수선하기에 충분한 돈이었다.[72] 이전에 두 권의 책을 발간해서 문필가로서의 커다란 명성을 얻은 리치 신부는, 이제 한문으로 쓴 교리문답서를 발간했다. 그때부터 남창과 그 인근에 사는 주민들은 이 이방인 선교사들과 그들이 전하러 왔던 새로운 종교적 교리를 이해하게 되었다. 이들은 이제까지 유교, 도교, 불교를 믿고 있었다. 남창에는 황족인 두 왕자가 자신들의

72) 소에리오(Joan Soerio, 蘇如望 또는 蘇如漢 1566-1607)는 포르투갈 출신의 예수회 선교사로 1584년 예수회에 입회하였고, 고아에서 신학수업을 마친 뒤 1591년 중국에 입국하여 1595년부터 남창에서 활동하였다. 저서로는『天主聖教約言』이 있다.

신분에 맞게 화려하게 위세를 누리며 살고 있었는데, 그들도 선교사들에게 애정을 가지게 되어 자신들의 커다란 권세로 선교사들을 보호해 주었다.

조주에서 생긴 폭력 사건과 종명인의 수난

남창에서 이처럼 순조롭게 선교가 진행되고 있을 때 조주지방의 선교에 문제가 발생했다. 조주에서도 중국인들을 개종시키는 일을 평화롭게 수행하면서 선교도 성공적으로 추진되고 있었는데, 선교사들이 인근 마을의 주민들로부터 폭행을 당해는 일이 생겼다. 몇 명의 중국 선비들이 불승의 자극을 받아 선교사들을 질투하면서 바라보니 가톨릭 교당의 높이가 사찰의 탑보다 더 높다는 것을 발견하게 되었다. 또 선교사들의 거처에 많은 방문객이 자주 드나들었는데, 이들은 그리스도교의 교리를 배우거나, 큰 홀에 진열된 유럽의 신기한 물건을 감상하려고 온 사람들이었다. 어느 날 밤 선교사의 거처가 아주 조용할 때, 의심스러운 이 마을 사람들은 떠들썩하게 미신적인 축제를 벌이고 있었다. 사람들이 술을 많이 마시고 취하게 되자 폭도로 변하여 이방인들의 처소를 에워싸더니 괴성을 지르고 욕을 하면서 선교사들의 집에 빗발치듯 돌을 던지기 시작했다.[73] 카타네오 신부의 하인들이 즉시 깨어나, 대나무 몽둥이를 무기 삼아서 들고 밖으로 나갔다. 고아에서 온 용감한 흑인 하인이 그들의 머리를 내리치면서 폭도들 앞으로 나서자, 폭도들은 강둑에 나란히 서 있던 배들 뒤로 몸을 피했다. 이에 마을에서는 싸울 사람들을 보강해서 보냈고, 다시 싸움이 크게 번져 아침까지 계속되었다. 폭도들은 그리 대단한 용기가 있는 자들이 아니었기 때문에 그들 가운데 몇 명은 흑인들로부터 대나무 몽둥이로 많이 얻어맞았

73) 이 마을은 마테오 리치의 후임자인 카타네오 신부가 선교사로 있던 소주(韶州)이다. 마테오 리치, 『마테오 리치의 중국 선교사 I』, 신진호, 전미경 역 (서울: 지만지, 2013), pp. 462-467 참조.

다. 그들은 소리 지르면서 소주 시내를 뛰어다니며 관리들 집의 대문을 두드리며, 양귀자들이 그들을 죽이려고 하므로, 정의를 바로 세워 달라고 요구했다.

조주의 대심판정에서는 폭도들의 불평에 귀를 기울이지 않았으나 폭도들은 마침내 그들의 말에 귀를 기울이는 하급 관료 하나를 찾아냈다. 며칠 전 카타네오 신부가 그에게 해시계를 주는 것을 거절한 일이 있었기 때문에 선교사들에게 앙심을 품고 있던 사람이었다. 그 하급 관료는 신부가 피신해서 복수할 기회를 주지 않으려고, 선교사들의 거처로 병사들을 보내어 하인 둘을 체포해서, 그들에게 곤장 50대를 때리라고 선고했다.

종명인鍾鳴仁이라는 이름의 평수사가 두 하인을 석방을 간청하기 위해 법정으로 갔으나, 홀을 가득 메운 폭도들은 그가 나타나자마자 상대편 무리 중에서도 가장 사악하며, 자기들을 다치게 했던 바로 그 사람이라고 소리를 쳤다. 이에 그 하급관리는 즉시 그에게도 곤장 50대를 때리고, 목에 칼을 씌우는 형벌을 내렸다. 일반적으로 칼이라는 것은 무거운 나무 덩어리에 구멍을 뚫고 그 구멍에 유죄선고를 받은 사람이 머리를 집어넣는 형벌이다. 그러면 엄청난 무게로 죄수의 양어깨를 짓누르게 되어, 사람이 거대한 원형 테이블을 받히는 기둥이 되는 것이다. 불운했던 종명인 수사는 법정 문 앞에서 이런 고문을 당하고 있었는데, 이마에는 붉은 글씨로 "젊은 남자들을 모욕하고 구타하여 유죄판결을 받은 자."라고 쓰여 있었다. 선교사들의 원수들은 자신들이 복수한 것을 자랑스러워하면서, 상처가 난 것도 잊어버리고 크게 기뻐하면서 마을로 돌아갔다.

카타네오 신부는 이러한 폭동의 결과에 놀란 나머지 재발 방지책을 마련하였다. 교당 건물이 너무 높아서 중국인들이 모욕감을 느꼈다는 것을 깨닫고, 위로 솟은 부분을 철거하도록 하였다. 그리고 아무런 장식이 없는 조그만 방 하나만 남겨 놓았는데, 많은 사람이 매우 감탄했던 그림과 신기한 물품들은 그 방에서 모두 치워버렸다. 며칠 뒤에 고관 여럿이 우연히 조주를 지나다가 이 외국인들의 거처에 가보고자 했다. 이에 총독은 서둘러 이 손님들을 가톨릭 선교 본부로 가도록 지시했으나, 그들은 그 곳에서 폐허만 목격했고 그들의 관심을 끌 만한 것은 아무것도 남아있지 않다는 것을 알게 되었다. 고관들은 카타네오 신부에게 크게 파괴된 장면을 본 놀라움과 유감을 표했고, 신부는 최근에 일어났던 일을 알려주었다. 총독은 그러한 무질서를 유발한 하급 관료의 행동을 크게 질책하였고, 그러한 악행을 바로잡기 위하여 같은 날 칙령을 반포했다. 이 칙령에서는 먼저 선교사들을 칭송한 후에, 조주의 선교사들 거처에서 감히 난동을 부리는 자들에게는 매우 무거운 징계를 내릴 거라고 위협했다. 이제 예수회 신부들은 관리들의 이와 같은 우호적인 입장 덕분에, 마카오에서 두 명의 선교사들을 더 보낼 수 있는 혜택을 받았다. 바로 조앙 다 호샤Joannes de Rocha 신부와 니콜라스 람바드 Nicholas Lambard신부였다.[74] 그러나 마카오 신학원의 책임자들은 곤장 50대를 맞고 칼을 씌우는 형벌을 당한 가엾은 종명인 수사는 불러들이는 것이 상책이라고 생각하였다.

중국 선교조직의 개편과 남창에서 중국의 관구장으로 임명된 리치

마카오에서는 여러 해 동안 베이징에 정식으로 사절을 보내려고 계획하고

74) 조앙 다 호샤(Joannes de Rocha, 羅儒望 또는 羅如望, 1566-1623)는 포르투갈 태생의 예수회 선교사로 字는 懷中이다. 1598년 중국에 입국하여 26년 동안 선교활동을 하였다. 리치가 베이징으로 간 뒤, 남경을 중심으로 建昌, 嘉定, 漳州 등지에서 활동하면서 초기 중국선교의 기반을 마련하였으며, 1603년에 徐光啟에게 세례를 주었다. 총포 제조에도 간여하였으며, 저서로는, 『天主聖像略說』, 『天主聖教啓蒙』, 『誦念珠規程』 등이 있다.

있었는데, 이것이 중국선교를 견고한 토대 위에 세우기 위한 가장 효과적인 방법이라고 생각하고 있었기 때문이었다. 루지에리 신부가 일부러 이 원대한 계획에 관해 교황과 스페인과 포르투갈 궁정의 관심을 끌기 위해 유럽을 여행했던 일은 아마도 잊을 수 없을 것이다. 하지만 이 열정적인 선교사는 세상을 떠났고 또 다른 어려운 일들이 생겨서 이 계획은 이루어지지 못했다. 중국과 일본의 선교를 관장하는 순찰사[인 발리냐노]는 남창과 조주에서 선교사들이 커다란 성공을 거두었다는 소식을 듣고, 베이징에 사절단을 파견하는 계획을 포기하는 것이 바람직하다고 생각했다.[75] 이제는 사절을 베이징에 파견하는 것이 중국선교에 결정적인 영향을 미치지 않을 것이라는 판단을 한 것이다. 이제 선교사들은 중화제국의 내지에 자리 잡게 되었다. 그들은 중국의 언어와 관습을 잘 알게 되었으며 많은 시련을 통해서 경험을 쌓았기 때문에 공식 사절의 불확실한 도움은 더 이상 필요치 않게 되었다. 선교사들은 오로지 열정을 가지고 이 수많은 사람에게 그리스도교를 전파하는 일을 지속하면 되는 것이었다. 이것이 순찰사의 의견이었지만 선교 활동의 진전과 성공을 보장하기 위해서 계획을 약간 수정하는 것이 필요하다고 판단했다. 마카오 신학원의 원장이 중국의 관구장을 겸하고 있었고는데 선교사들의 활동 범위가 광동시와 그 인근으로 제한을 받는 한, 이 조직에는 특별한 어려움이 생기지 않았다. 그러나 이제 선교사들이 중국 내지에서 멀리 떨어져 있고, 마카오에서도 먼 곳인 조주와 남창이라는 도시에 그리스도교인들이 생기게 되었으니, 선교 행정의 중심을 더 이상 마카오에 둘 수 없다는 생각이 들었다. 이런 행정구조로는 [멀리 퍼져 있는] 그리스도교의 영향력이 크게 약화 될 수밖에 없었다. 선교 과정에서도 상황이 계속해서 변했기 때문에, 누군가 현장에서 바로 결정을 내려줄 필요가

75) 알레산드로 발리냐노(Alessandro Valignano, 范禮安, 1539-1606)는 이탈리아 나폴리 인근 태생의 예수회 선교사로 파도바 대학을 거쳐 1566년 예수회에 입회한 뒤에, 마테오 리치를 가르쳤다. 1573년 예수회 선교의 아시아 순찰사로서 파견되어 이른바 토착화 선교 지침으로 예수회를 이끌었다. 마테오 리치 신부가 불교가 아닌 유학을 선교 접촉점으로 선택하도록 지도했던 인물이다.

있었다. 현지의 사정을 충분히 이해하지 못하는 사람이라면 신속하고 올바른 결정을 내리기 어려웠다. 그리하여 중국 관구장을 임명해서 순찰사가 해온 일을 모두 맡고, 또 미리 승인을 받지 않아도 문제를 결정할 수 있는 지시 권한을 부여하는 것으로 의견을 모았다. 이 중요한 자리를 리치 신부가 맡게 되었다. 그에게는 선구자적인 열정과 대단한 경험이 있었고 또 유럽의 과학과 중국의 문학을 깊이 있게 알고 있었으므로, 모든 면에서 리치 신부만한 적임자가 없었다. 이 같은 조치와 더불어 교구에서는 선교사들에게 필요한 활동을 지원하고 유럽과 연락을 주고받을 책임자를 마카오에 남겨두기로 했다.

리치 신부는 이제 관구장으로서의 권위와 권한을 갖게 되어 오랫동안 해왔던 선교 활동에 새로운 열정을 가지고 전념할 수 있게 되었다. 여러 중요한 도시에서 다양한 선교 시도를 했지만, 수도인 베이징을 잊어버리지는 않았다. 베이징과 황제의 궁에 가는 것이 그가 항상 희망하는 목표였다. 정점인 수도에서 신앙의 횃불이 타오른다면 제국 전체를 더 크게 비추리라는 희망을 버릴 수 없었던 그는 남창이 그의 소망을 실현하는 수단을 마련해 줄 것이라고 [주위 선교사들을] 설득했다. 그는 앞서 말한 왕자들과의 친분을 쌓아갔는데 그들은 황제와 가까운 관계였다. "천자天子"의 친척이 그에게 용기를 불어넣었지만, 그들은 자신들의 선교사 보호가 오히려 해로운 결과를 불러올 수도 있다고 말했다. 황제의 혈족이기 때문에 오히려 자신들이 궁정에서 의심의 표적이 될 수도 있고, 자신들이 조금만 이상한 행동해도 궁정에서는 황제의 자리를 빼앗으려는 것으로 여겨질 수 있다는 것이었다. 또 황제는 가까운 친척들을 믿지 않아서 그들에게는 중요한 관직을 맡기지 않고, 오히려 수도에서 먼 곳에서 하는 일 없이 머물게 한다고 했다. 리치 신부는 이런 사정을 듣고, 왕자들에게 자신을 궁정에 소개하도록 부탁하려던 생각은 포기하고, 덜 훌륭하더라도 좀 더 유능한 보호자를 찾아야만 한다는 것을 깨닫게 되었다.

리치 신부가 조주의 선교 활동을 감독하는 동안 중화제국의 고관인 왕충명王忠銘과 친교를 맺게 되었는데, 그는 중국 남쪽 해안의 해남도海南島에 관리로 파견되어 있었다. 어느 날 리치 신부가 베이징에서 발행되는 관보를 읽다가 오랜 벗인 왕충명이 이부상서로 임명되어 베이징으로 가야만 한다는 내용을 접하게 되었다. 이부吏部는 황제가 관리를 임명하는 일을 보좌하고 제국 전체에 공문을 발송하는 일을 담당하는 관청이다. 이부에는 관리의 승진과 이동을 관장하는 네 개의 부서가 있다. 관리의 행적에 관한 기록을 보관하고, 녹봉을 정하며, 상喪을 당했을 때 하던 일을 쉬는 기간을 결정하고, 관리의 조상들에게 생전의 관직에 따라 사후에 관직을 내리는 일도 이부가 담당하는 업무이다. 이부상서가 제국의 모든 관원을 관장하고 있으므로 예수회 선교사들에게 이보다 더 중요한 보호자는 없었다.[76] 리치 신부는 왕충명이 이부상서로 임명되었다는 것을 알게 된 후 조주로 통발을 보내 카타네오 신부에게 이 중요한 소식을 전하면서, 조주를 지나가게 될 이 고관을 반드시 만나보라고 지시하였다. 얼마 지나지 않아 왕충명이 정말로 조주에 도착한 후 카타네오 신부에게 오랜 벗인 리치의 근황을 묻고 나서, 리치가 남창에 교당을 세웠다는 것을 알고는 크게 기뻐하였다. 왕충명은 "우리는 남창에서 서로 보게 될 것인데, 나는 그를 남경까지 아마도 베이징까지 데려갈 것이오. 역법을 고치고 흠천감欽天監을 개혁하는 일에 그의 도움을 받고자 하오."라고 말했다. 당연히 카타네오 신부는 이 품위가 넘치는 말을 듣고 반가워하면서, 리치와 함께 새로운 관직에 오른 왕충명의 호의를 살 활용할 수 있는 방법을 찾아보기 위해 곧바로 리치가 있는 남창으로 달려갔다. 왕충명은 약속을 지켜, 1590년 6월 25일, 두 선교사는 그와 함께 파양호를 건넜고, 며칠 뒤에는 함께 남경에 도착하였다.

76) 왕충명(王忠銘, 1542-1615. 본명 弘海, 字 紹傳, 号 忠銘)은 琼州 定安縣 태생으로 1588년 베이징 이부좌시랑을 거쳐, 1589년 남경예부상서로 승진하였다.

임진왜란의 발발로 빚어진 남경의 동요

당시 남경은 매우 불안한 상태에 놓여 있었다. 전쟁에 사용되는 배들이 항구를 메우고 있었고, 병사들이 거리에 가득했으며 관료들이 이 법정에서 저 법정으로 분주하게 오가고 있어서, 매우 들뜬 분위기였다. 리치 신부는 남경을 조용하고 문학적인, 즉 출세가 아니라 한적함, 화려함과 즐거움을 추구하는 사람들이 선택한 은거지로 알고 있었는데, 이런 군사적인 돌발 사태를 보고 어리둥절했으나, 잠시 뒤에 이렇게 변화된 까닭이 무엇인지를 알게 되었다. 일본군이 오랫동안 가공할만한 원정을 비밀리에 준비해 왔는데, 갑자기 조선을 침공하여 점령을 시도하고 있었던 것이다. 이처럼 갑작스러운 조선의 침범 소식에 중국인들은 조공국인 조선 백성을 지키고 자신들에게 위협이 되는 침략군을 물리치려고 무기를 들게 되었다. 명나라 정부는 일본군으로부터 조선을 구하려고 육군과 해군 병력을 모두 동원하고 있었다. 광동 거리마다 방이 나붙었는데, 모든 문관과 군관들, 심지어 일반 백성에게도, 인상이나 행동을 보고 외국인이라고 의심되는 자들은 경계하고 모두 잡아들이라는 내용이었다. 불과 며칠 전에 일본인 첩자들 몇 명이 광동에서 체포된 일도 있었다. 이런 명령이 공표된 것은 선교사들에게 매우 민감한 문제였고, 왕충명 상서도 선교사들에게 바깥으로 돌아다니지 말고, 꼼짝하지 말고 배 안에 있으면서 자신이 베이징으로 출발할 때까지 기다리라고 말했다. 그러나 리치 신부는 일이 어찌 진행되고 있는지 궁금하여, 발각되지 않도록 철저히 조심하면서, 여러 차례 그의 관저로 찾아가는 일을 감행했다. 리치는 언제나 사방을 가린 가마를 타고 갔는데, 누구인지 알아보지 못하게 하려는 것이었다. 그러나 배에서 강가에 있는 가마에 몰래 타려는 순간 한 병사에게 발각되어 감옥에 갇혔다. 리치 신부는 일본인으로 여겨져서 감옥에서 죽임을 당할 뻔했다. 리치 신부는 왕충명 상서를 만나러 가는 길이라고 말하자, 상황에 반전이 일어나 선교사들의 출입이 오히려 자유롭게 되었다. 왕충명의 친구에게 간섭했다가 낭패를 볼 수 있었기 때문에 이런 편리가 주어졌다. 남경에서 이런 방해와 어려움을 겪고 난 후 마침내 베이징으로 가는 여행이 결정되었다. 예수회 신부들은 마침내 세상에서 가장 크고 오래된 제국의 수도인 베이징에 들어갈 기회를 얻게 된 것이다. 리치 신부가 중국에 오면서 스스로 다짐했던 목표를 이루게 될 때가 점차 다가오고 있었다. 그는 궁정에 가서 황제를 만나고, 지금까지 매우 완강하게 그리스도교를 거부하고 종교적 무관심 속에서 죽어갔던 [중국] 백성들에게 복음을 전할 수 있는 허락을 받을 것이다. 왕충명은 엄숙한 제국의 행사를 위한 정해진 날에 베이징에 도착해야 했으므로 육로로 가기로 했다. 하지만 선교사들은 돈이 여유롭지 않아서, 가마를 타고 여행을 할 수는 없었다. 대신 보호자인 왕충명 상서의 짐을 싣는 정크에 선실 두 개를 빌려 양자강과 황하를 잇는 대운하를 따라 베이징으로 가기로 했다.

베이징으로 가는 길에서 본 대운하와 황하의 풍경

리치 신부는 운하의 장엄함을 보고 충격을 받았다. 대형 선박이 오갈 수 있었고 기발하고 단순한 갑문들을 설치해서, 지면의 높낮이의 차이를 해결하고 있었다. 제국을 운하로 연결하는 것이 역대 왕조의 커다란 목표였기 때문에 중국의 역사서를 보면 모든 성공한 왕조는 운하를 건설하는 일에 매우 큰 노력을 기울여왔다. 그 가운데서도 605년 황제의 자리에 오른 수隋나라의 양제煬帝, 604-618는 다른 운하와 비교할 수 없는 거대한 운하를 만들었다.[77] 제위에 오른 첫해에 그는 운하들을 새로 파고 예전에 있던 운하들은 확장하여 배들이

77) 소설 『개하기開河記』에 간의대부(諫議大夫)였던 소회정(蕭懷靜)이 수양제에게 대운하 건설을 조언했다는 내용이 나온다. 이 소설에서는 대운하 건설을 위해 많은 중국 백성들이 희생되었다는 내용이 과장되어 나타난다.

황하에서 양자강 사이를 바로 오가도록 하였으며, 이 큰 강들을 지류들과 연결했다. 소회정蕭懷靜이라는 한 박식한 사람이 양제에게 모든 강을 따라 항해할 수 있도록 운하를 새로 건설하여 연결하는 계획을 제안하였다. 이 계획이 받아들여져서 시행되었는데, 29,000km가 넘는 길이의 운하를 수리하거나 새로 만들었다. 이 큰 규모의 작업에는 수많은 인력이 동원되었는데 병사들과 도시와 농촌에 사는 백성들 사이에 차별을 두어 동원되었다. 각 가정에서 15-50세 사이의 장정 한 명을 징발하여 단지 먹을 것만 주면서 노역을 시켰으나, 가장 어려운 공사를 맡았던 병사들에게는 더 많은 급여를 주었다. 운하의 몇몇 구간은 전부 자르기 쉬운 암석을 깔았는데, 우리가 중국을 여행할 때 이 운하의 아름다운 풍경을 직접 확인하였다. 남북의 수도들 사이를 잇는 운하는 폭이 40보步였고, 운하 양쪽에 느릅나무와 버드나무를 심어놓았다. 동서를 연결하는 운하는 웅장함이 덜했으나, 나무를 두 줄로 심어서 그늘이 들게 만든 것이 보기 좋았다. 중국의 사가들은 양제를 폭군이었다고 비난하는데, 그가 겉치레와 사치를 즐겼고 백성들을 강제로 고되게 일을 하도록 했다는 이유였다. 그러나 그가 운하를 오가면서 장사를 해서 많은 이익을 남겨서 나라를 융성하게 한 공헌을 부인할 수는 없다.

선교사들은 며칠을 여행한 후에 황하黃河에 들어섰는데, 맹렬한 물살이 양자강과는 눈에 띄게 달랐고 물의 색깔도 황토색이었다. 황하는 티베트 산중에서 발원하여 코코노르Kokonor, 青海湖를 지나 감숙성甘肅省에서 중국 땅으로 흘러든다. 계속해서 알타이Altai 산맥 기슭의 황토지대를 지나 오르도스Ordos 지방을 감싸 흐르면서 중국 땅을 적시고 있다. 강의 첫 줄기는 북쪽에서 남쪽으로 흐르고, 이어 서쪽에서 동쪽으로 흘러 황해에 이르게 된다. 발원지 부근의 물은 깨끗하고 아름다우나, 알타이와 오르도스의 황토 때문에 누런색을 띤다. 물은 대부분 강물이 지나는 나라의 평지의 높이와 거의 같으며, 제방이 부족하여 크게 범람하여 막심한 피해가 입히기도 한다. 황하의 하상河床은 지금까지 여러 차례 눈에 띄게 변화했다. 옛날에는 강어귀가 북위 39도인 북직예北直隸의 만에 있었지만, 지금[1850년대]은 그곳에서 600km 떨어진 북위 34도에 있다. 청나라 정부는 하상이 변화하면 생길 수 있는 강의 범람을 막기 위해 해마다 많은 돈을 지출해왔다. 1799년에 제방을 만드는 데만 [당시 돈으로] 4천 2백만 프랑[백 육십 팔만 파운드]을 들였는데, 이런 예방조치를 했음에도 불구하고 강은 수시로 범람하고 있다. 하남성河南省과 강소성江蘇省에도 그 부근보다 강바닥이 높은 지역이 960km나 뻗어 있다. 하상은 유입되는 토사량이 엄청나게 많아서 계속해서 높아지고 있다. 머지않아서 무서운 재해가 발생하여 강 주변 지역을 황폐화하고 파멸을 가져올 수도 있을 것이다. 16세기에 [중국에 온] 이방인들은 제국 전역에서 생활과 활동을 지속하게 만들어 주던 이 커다란 강들과 수없이 많은 운하를 보고 놀랐다. 유럽에서는 이런 장관을 볼 수 없었기 때문이다. 오늘날에도 여전히 수많은 다양한 종류의 정크들이 강과 운하를 쉴 새 없이 오가며 이 성에서 저 성으로 물자를 운송하는 광경은 매우 인상적이다. 대운하[정확히는 경항대운하京杭大運河]는 여러 지방에서 수도로, 대부분 현물로 받은 공물稅收을 운반할 목적으로 건설한 것이다. 베이징 부근의 땅은 불모지이기 때문에 중국의 다른 지역의 농산물로 베이징의 많은 사람에게 식량을 공급해야만 한다. 나라에서 세입을 운반하기 위한 용도로 보유하고 있는 수많은 정크들을 상인들이 매우 싼 가격에 임대할 수 있었다. 따라서 베이징 자체에서 생산되는 곡물은 부족하지만, 비교적 원활하게 공급되고 있었다. 남부에서 생산되는 과일과 야채, 생선, 육류와 거의 모든 생필품과 사치품이 매우 풍부했는데, 베이징으로 가는 길을 따라 있는 얼음 창고에다가 부패하기 쉬운 물건들을 신선하게 보관시켰다.

베이징에 도착했지만 곧 철수해야만 했던 마테오 리치

마카오에 포르투갈 상인들이 정착한 이래, 유럽인들은 바다를 통해 최근에 알려진 이 광대한 중화제국이 유명한 카타이Cathay 제국이라고 믿게 되었다. [카타이는] 중세의 여행자들이 방문했고 동시대인들에게 매우 흥미로운 기록으로 남아 있던 바로 그 제국이었다. 리치 신부는 베이징에 도착하자마자 이 문제에 관한 많은 질문을 했고 곧 베이징이 마르코 폴로가 "거대한 도시인 캄발루크Cambaluc"라고 불렀던 바로 그 도시라고 확신했다. 이 유명한 베네치아인은 몽골제국에서, 그들이 칸발리크Khanbalik라고 부르던 카타이Cathay에 살았다고 기록했다. '칸발리크'란 칸 또는 황제가 있는 장소를 말한다. [명나라가] 몽골인들을 내쫓은 뒤에 이 수도를 베이징이라 불렀는데, "북쪽에 있는 수도北京"라는 뜻이고, 남경은 "남쪽에 있는 수도南京"라는 뜻이다. 선교사들은 베이징에 도착하자마자 왕충명 상서의 관저로 안내되어 그에게 극진한 대접을 받았고, 그의 거처에 머물라는 초대도 받았다. 곧이어 총관 태감이 황제에게 선물을 바치는 일을 의논하러 그들을 찾아왔다. 그는 예수회 신부들이 천자에게 바치겠다는 서양 그림, 시계와 유럽의 신기한 물품들을 유심히 살펴보더니, 흡족한 표정을 지었다. 그러나 태감은 리치 신부가 금속을 금과 은으로 바꾸는 비밀에 관하여 아는 바가 없다고 솔직하게 말하자 실망하는 듯했다. 선교사들이 중국에 들어와 조경에서 살기 시작했을 때부터 그들이 이런 지식[연금술]을 가지고 있다고 믿어왔다. 이런 소문이 베이징과 궁정에까지 퍼져, 중국 정부는 그들의 연금술의 도움으로 조선에 일본군에 대항하는 함대와 군대를 보내는 전쟁 비용을 충당하려고 하고 있었다. 이 관료들은 선교사들이 금과 은을 만드는 방법을 전혀 모르고 있다는 것을 깨닫게 되자, 선교사들을 그저 야만인이나 의심스러운 자, 혹은 일본의 첩자일 것이라고 여기기 시작했다. 왕충명 상서는 이러한 소문에 경악했고 스스로 남경으로 돌아가려고 했으며, 선교사들도 함께 가자고 했다. 그는 또한 선교사들에게, 황제를 알현하여 선교사들이 베이징에 머무르도록 허가해 달라고 말할 더 나은 기회를 기다리자고 제안했다. 하지만 리치 신부는 이러한 충고가 마음에 들지 않았고, 상서가 혼자 돌아가게 하고자 했다. 리치는 그들이 거의 목표에 도달하려는 순간에 겪어야 하는 이 첫 번째 어려움 때문에, 여기까지 오기 위해 희생을 무릅쓴 것을 헛되게 할 수는 없었다고 생각했다. 얼마 되지 않아 선교사들의 보호자였던 왕충명 상서가 베이징을 떠나게 되었다. 그러자 베이징에서 만난 선교사들의 새로운 벗들이 점차 냉담해지기 시작했다. 관료들도 선교사들을 찾아오는 횟수가 점점 줄어들었고, 곧이어 선교사들이 자신들의 처소를 방문하는 것을 문 앞에서 거절하기 시작했다. 리치 신부는 불안하지는 않았지만, 일단 물러나서 남경으로 돌아가는 수단을 마련하는 것이 신중한 행동이 아닐까 고민했다. 중요한 것은 베이징에서 타협하지 않으면서도, 그들이 다시 베이징으로 돌아올 수 있는 허가를 받는 것이었다. 중국인들은 선교사들이 금과 은을 만드는 기술을 잘 알고 있다고 생각했다. 그러나 실제로 선교사들은 돈이 하나도 없었고, 남경으로 돌아가는 비용을 어떻게 지불해야 할지 난처해하고 있었다. 선교사들은 마카오에 있는 그들의 중개인으로부터 광동에 있는 큰 상점에 상당한 돈을 맡겼다는 보고를 받았었다. 그것은 베이징에서 제시되면 지불 가능한 어음으로, 중개인이 선교사들에게 보내준 것이었다. 그러나 선교사들은 광동 상점의 베이징 대리점을 샅샅이 찾아보았으나 그 어음을 찾지 못했다. 마카오의 중개인 또한 매우 괘씸한 사기의 희생자가 된 것이 분명했다. 결국 남경으로 돌아 갈수 있는 유일한 방법은 가장 싼 배를 구하여 떠나는 것이었고, 일용품이 부족한 채로 매우 느린 속도로 남경으로 돌아가는 방법뿐이었다.

뱃길로 임청臨清까지 오는 데 한 달이 걸렸는데 육로로 갔다면 일주일이면 도착할 거리였다. 임청에 겨우 도착하였을 때, 이런 불행한 일이 끝나려는지 배가 멈춰서 버렸다. 이 허름한 배의 속력이 너무 느려서 매서운 겨울이 시작되었고, 제국의 운하가 전부 얼어붙어서 더 이상 항해할 수 없게 되었다. 선교사들은 임청에서 봄이 오기까지 참고 기다려야만 했다. 리치 신부는 지독한 겨울날에 며칠을 정크 위에서 보내다가, 귀한 시간을 허비하지 않고 육로로 갈 수 있는 한 남경까지 걸어서 가리라 결심했다. 카타네오 신부는 임청에서 짐을 지키면서 얼음이 녹을 때까지 기다렸다가 다시 남경에서 합류하기로 했다. 이 열정적인 선교사의 용기와 에너지가 얼마나 컸기에 중국에서 겪어야만 했던 이런 많은 노고와 실망을 모두 견뎌낼 수 있었을까? 리치는 자신의 하나뿐인 동료 카테네오에게 작별을 고하고 곧바로 남경을 향해 길을 떠났다. 그는 언제나 장미로 꾸며진 침대만 놓여 있는 것이 아닌 이 "꽃의 왕국"과 하늘이 언제나 천국처럼 파란색을 띄지는 않는 이 "천자의 제국"을 힘들게 여행하는 것을 늘 영광으로 여겼다. 그가 아니라면 누구도 이해할 수 없는 숱한 어려움들이 그를 항상 둘러싸고 있었다.

남경으로 가던 리치 신부에게 문득 남창에서 그에게 친절하게 대해주었고, 지금은 소주蘇州에 있다는 의사이자 벗, 구태소를 만나러 가야겠다는 생각이 떠올랐다. 리치는 지친 발걸음을 돌려 때로는 걷고 때로는 배를 타는 방랑을 거쳐 얼어붙지 않은 운하들과 강들을 볼 수 있었고, 마침내 구태소가 있는 소주에 도착했다. 사실 구태소는 소주가 아니라 그곳에서 조금 떨어진 작은 마을에 살고 있었다. 리치 신부는 그 곳으로 가서 이 소중한 벗과 재회했는데, 이 벗은 리치에게 커다란 관심을 쏟으며 따뜻하게 맞이했다. 그런데 리치 신부는 기력을 너무 많이 소진하고 또 피로가 겹쳐서 도착하자마자 자리에 눕게 되었다. 다행히 새로운 고난을 당하고 있는 그에게 하느님께서 유능하고 경험이 많은 의사를 축복으로 허락해 주셨다. 이 의사는 거의 한 달 내내 조금도 긴장을 늦추지 않고 중한 병을 앓고 있는 이 환자 곁에서 시중을 들었다. 고비를 넘기고 나자 리치의 건강과 체력은 빨리 회복되었는데, 그 후로 그는 이 친절한 의사인 벗을 데리고 소주로 가서 그곳에서 선교하는 것이 어떨지 알아보았다.

아름다운 도시 소주蘇州를 거쳐 다시 남경으로 돌아온 리치 선교사

소주는 내[육 신부]가 중국에 살면서 상당 기간 머문 적이 있는 곳인데, 아마도 중국에서 가장 부유하고 쾌적한 도시일 것이다. 도시 전체가 말뚝 위에 건설되었는데, 양자강에서 흘러나오는 물이 모이는 커다란 호수 주변을 차지하고 있다. 베네치아처럼 소주의 거리는 장대한 운하를 덮고 있는데, 호수 물 위로는 니스를 칠해 화려한 색채로 반짝이는 무수한 작은 정크들이 스치듯 지나간다. 밤이 되면 이 중국의 곤돌라들이 선수船首와 선미船尾에 색등을 밝혀서 운하의 모습을 더 화려하게 만드는 것 같다. 소주의 운하들에는 수많은 다리가 가로지르고 있다. 이 다리들은 나무, 벽돌, 혹은 돌로 만들어졌는데, 아치 모양을 한 것들이 많고 모두 독특하고도 환상적인 솜씨를 선보이고 있다. 쾌적한 여름밤이면 부유한 소주 사람들이 이런 화려한 정크를 타고 오랜 유람을 즐기는데, 타고 있는 반짝이는 수상마차水上馬車에 온갖 장식을 단다. 이 관능적인 도시에는 중국의 유행하는 스타일이 전반적으로 모여드는 구역이 있는데 파리의 샹젤리제와 같은 곳이다. 중국인들 가운데에 "복을 받은 사람은 하늘에 낙원을 소유하고, 복 받은 남자들은 소주 땅을 소유한다."라는 속담이 전해질 정도이다.

의사 구태소는 정성을 다해 리치 신부가 소주에 교당을 세우는 일을 도왔는데, 무엇보다도 소주가 그의 고향이었고 친척과 친구들이 많이 살고 있기 때문이었다. 소주는 또 문인들과 상인들이 사는 조용하고 평화로운 도시여서, 질투심과 적의에 찬 수많은 문관과 무관들로 가득했던 남경에 비해서 별다른 어려움이 없어 보였다. 당시에 남경에는 6조六曹가 있었으나, 황제와 궁정은 모두 베이징에 있었다. 구태소는 [교당이 남경에 있더라도] 선교사들이 그곳의 수많은 문무백관들로부터 호의를 완전히 얻는 것은 거의 불가능해서, 그들 가운데 하나라도 적대감을 보이면 선교사들이 쫓겨나는 것은 시간문제라고 주장했다. 하지만 그는 최종 결정을 내리기 전에 며칠 동안 두 곳을 놓고 장단점을 따져 보자고 하였다. 마침 춘절春節이 가깝기도 하였는데, 중국인들이 축제 기간에는 심각한 사안을 처리하지 않는 관습이 있다는 것은 잘 알려진 사실이다.

리치 신부는 음력 정월 첫날을 친구인 구태소와 함께 양자강 가에 있는 진강부鎭江府에서 보냈는데, 이 도시는 1842년 전쟁 때 영국군이 점령한 적이 있는 곳이다.[78] 그 후에 리치는 남경으로 가기로 결정 했는데, 이전 보다 한층 평화로워 보였고 [임진왜란] 전쟁 때문에 생긴 소란도 가라앉아 있었기 때문이다. 중국은 일본의 침략에 대한 걱정을 덜게 되었는데, 조선군이 일본군을 크게 무찔러서 일본군은 자기 나라로 퇴각할 수밖에 없었다.[79] 리치 신부는 남경이 평화스러운 모습을 보고 용기를 얻었다. 그는 왕충명 상서의 관저로 찾아갔는데, 상서는 리치를 반갑게 맞아들이며 남경에 자리 잡으라고 권했다. 많은 관리가 성내에 살고 있어서, 교당을 세우기에 분위기가 좋으며 신변도 안전하다고 상서는 판단했다. 상서는 "선생, 우리 가운데서 보호자들과 친구들을 만나게 될 것이오."라고 말했다. 상서는 춘절을 맞이하여 잔치를 준비하라 이르면서, 리치 신부를 관저로 초대하여 사흘 동안 머물게 했다. 이때가 1599년 2월이었다.

다른 나라 사람들과 마찬가지로, 중국인들도 새해를 맞이하면 잔치를 벌여

78) 제 1 차 아편전쟁(1839-1842년)을 말한다.

79) 당시 동아시아에서 활동하던 예수회 선교사들은 임진왜란의 전개 과정에 대해 비교적 상세한 정보를 가지고 있었다. 일본 규슈 지역에서 활동하던 예수회 선교사들이 일본군과 함께 조선에 상륙해서 전쟁의 진척 사항을 일본과 마카오에 보고했기 때문이다.

새해를 축하한다. 사람들은 가장 좋은 옷을 입고 하례를 하러 이곳저곳을 찾아다닌다. 서로 선물을 주고받으며, 손님들에게 술상을 내온다. 또 연극, 약장수들, 마술사들과 사기꾼들을 보면서 휴일을 보내며, 갖가지 모양의 불꽃놀이가 화려하게 펼쳐진다. 중국인들은 화약을 매우 좋아했고, 유럽인들보다 화약의 사용법을 먼저 알고 있었다. 그러나 그들은 화약을 전쟁에 사용하기보다는 불꽃놀이만을 위해 사용하는 것이 좋다고 생각했다. 중국인들은 포병대원들이기보다는 불꽃을 쏘아 올리는 사람들이고, 쥐불놀이를 대포보다 더 좋아한다. 장엄한 의식이 아닌, 생일, 결혼식, 심지어 장례식, 관리의 영접, 벗과의 만남, 또는 연극공연에서까지도 폭죽을 터뜨리고 쏘아대지 않으면 적절한 예를 행하지 않았다고 생각한다. 폭죽과 화전을 낮이나 밤이나 쏘아댔고, 중국 전역이 마치 하나의 커다란 폭죽 제조 공장 같았다.[80] 아무리 가난한 작은 마을에서도 비록 생필품을 살 돈은 없지만 폭죽을 살 돈은 확실히 마련한다.

이부상서 왕충명은 사흘 동안 크고 장엄한 규모로 잔치를 열었는데, 리치 신부는 누구보다도 모임을 빛내주는 사람들 가운데 하나였다. 육조의 고관들이 이 이방인 학자와 기꺼이 사귀게 되었는데, 그들은 리치 신부가 만든 지도를 본 적이 있었고, 또 리치 신부가 쓴 수학과 도덕적 주제에 관한 책을 읽은 적이 있었다. 리치 신부가 [남경으로 돌아와서] 마련한 초라한 거처로 돌아온 바로 그 날, 왕충명 상서가 매우 화려한 중국식 예를 갖추고 리치 신부를 방문하는 명예로운 일이 일어났다. 그날 이후로 이 가난한 수도사의 작은 집에는 육조의 다른 다섯 상서가 계속 방문했는데, 이들은 모두 관리들과 수행원을 대동하고서 피리를 불고 징을 울리며 찾아왔다. 세상의 모든 민족 가운데서 중국인들은 가장 광적으로 "방문"하는데 빠져있는 사람들이라고 알려져 있다. 그들은 "예절"에 관한 책에서, 공적으로나 사적으로 다른 집을 방문할 때 예외 없이

80) (원주) Empire Chinois, vol. I. p. 818.

반복적으로 적용할 수 있는 내용을 매우 상세하게 알려주고 있다. 누군가를 방문하려는 사람은 몇 시간 전에 하인 편에 방문하려는 사람에게, 그가 집에 있을 것인지, 자기를 맞이할 시간적인 여유가 있는지를 묻는 메모를 보내야만 하는데, 이것은 물론 만나려는 사람에 대한 존경의 표시이다. 이런 내용의 메모는 반드시 붉은 종이에 적어야 하고, 만나려는 사람들의 관직과 신분에 따라서, 그리고 그들에게 얼마만큼 존경을 표할지에 따라 종이의 크기가 각기 달라진다. 이 메모는 정해진 횟수만큼 접어야만 하고, 두 번째 면에는 몇 글자만 적어야 했는데, 예를 들자면 "귀하의 제자 혹은 귀하의 동생 등이 당신 앞에 와서 머리를 조아리고 존경을 표하려 합니다." 같은 의례적인 문구이다. 이런 문구는 방문자 자신의 위엄을 드러내려면 큰 글자로 쓰지만, 방문자가 좀 더 겸손하고 상대방을 존경한다는 자세를 보이려면 작은 글자로 써야만 한다. 육조의 고관들의 경우, 리치 신부를 방문할 때 겸손함을 표하는 예를 갖출 필요는 없었다. 고관들은 리치 신부에게 남경에 거처를 구하라고 진정으로 간청했고, 남경에서 리치를 보호하겠다는 그들의 뜻이 진정임을 나타내기 위해 커다란 관저를 거처로 쓰라고 제안하였는데, 이곳은 예부시랑이 쓰다가 최근에 은퇴하여 비어 있는 집이었다. 그러나 리치 신부는 그 제안을 받아들이면 하급관리들의 질투심이 유발될 것을 염려하였고, 또 그러한 관저가 가난하고 소박한 생활을 하는 수도사의 삶과 조화를 이룰 수 없을 것이라고 염려했다. 하지만 그는 소주로 가는 대신에 남경에 남기로 했고, 이렇게 특이한 상황 속에서 이런 결정을 내리면서 하느님의 뜻을 행할 것이라는 소망을 확인하였다.

리치 신부는 이전에 남경에 정착하려는 생각을 가지고 왔을 때, 마을에서 무력시위가 일어나는 상황이었고, 또 첩자로 여겨질까 두려워서 양자강에 떠 있는 정크에 머물 수밖에 없었음을 아마도 잊을 수 없었을 것이다. 그는 당시에 어느 날 밤에 꾼 꿈의 내용이 생각났다. 꿈속에서, 하느님께서 중화제국의 어떤 큰 도시로 리치 신부를 데려가셨는데, 그곳에서는 그는 자유롭게 거리를 걸어 다니고, 주민들과 대화를 나누면서, 복음을 전하는 거룩한 사역에 평화롭게 종사할 수 있었다. 또 꿈속에서 이 유명한 도시의 각 구역을 지나가면서, 하느님께서 그에게 이 도시는 네가 정착하여 그리스도교의 전파를 위해 일할 곳이라고 계시하셨다. 꿈에서 깨어난 리치 신부는 큰 충격을 받았고, 이 꿈의 내용을 오랫동안 생각하였다. 이제 다시 남경으로 돌아와서 허락을 받고 거리를 걸어 다녀 보니, 거리와 궁성과 기념비들이 잠잘 때 꿈에서 본 것과 너무 똑같아서 매우 놀랐다. 이제 하느님께서 당신의 뜻을 그에게 분명하게 보여주셨음에 대해 더 이상 의심하지 않기로 했다. 그 순간부터 모든 어려움이 사라지는 듯했고, 벗인 구태소의 조언으로 살기에 적당한 작은 집을 빌렸다. 이 꿈 이야기에 대해 사람들은 틀림없이 여러 가지 의견이 있을 것이다. 트리고 신부는 리치의 비망록에 있는 꿈 이야기를 기록으로 전했다.[81]

수학, 과학, 천문학을 이용한 선교

카타네오 신부가 남경으로 와서 리치 신부와 합류하였다. 그들은 중국 관리들의 보호를 확실하게 보장받은 후에 복음을 전파하는 일에 헌신하기로 작정하였고, 상당히 간접적으로 방법을 사용하기로 했다. 그들은 우선 자신들이 가진 수학적인 능력을 가지고 중국인들의 신뢰와 영향을 얻어내려고 시도하는 것이 바람직하다고 생각하였다. 트리고 신부는, "하느님께서는 사람들을 하느님의 법으로 이끄시는데 모든 시대에 적용될 수 있는 한 가지 방법을 사용하지 않으신다. 우리[예수회 선교사]들이 그물에 고기를 끌어 모으려고 이 미끼[수학적 재능]를 사용하는 것에 놀랄 필요가 없다. 중국 교회에서 물리학, 수학, 윤

81) (원주) Trigault, de Exped. Christ, vol. iv, p. 804.

리학을 제거하려는 사람이라면 누구든지 중국인의 사고방식을 모르는 사람이다. 이러한 양념을 반드시 준비해서 약에 스며들게 해야만 한다."고 말하였다. 이제 리치 신부에게는 확실한 증거로 뒷받침되는 최신의 유럽 과학 말고는 중국 철학자들의 관심을 크게 불러일으킬 다른 방법이 없었던 것이다.

리치 신부는 중국인들이 천문학, 지리학, 물리학 분야에서 대체로 큰 오류에 빠져있다는 것을 알게 되었다. 그는 거만한 사대부들에게 그들이 거짓 과학에 피해를 입어왔던 총체적인 모순을 보여줌으로써, 그들이 이와 동일하게 그리스도교의 가르침도 필요한 것으로 받아들일 것이라고 희망했다. 이것은 그럴듯하고 쉬운 방법이었다. 중국인들은 하늘은 둥글고 땅은 사각형이라고 말했다. 그들은 월식月蝕 현상을 여러 가지 방법으로 설명했다. 어떤 사람들은 해가 달을 매우 무례하게 바라보았기 때문이라고 말했는데, 달이 당황하고 놀라서 마침내 어둡게 되었다고 설명했다. 다른 사람들은 해의 한 가운데에 커다란 구멍이 있는데 달이 이 이 구멍의 정반대 쪽에 있을 때는 [달이] 전혀 빛을 받지 못한다고 주장했다. 구태소나 유학자들은 이 현상을 간단하게 설명했다. 그들은 하늘에는 거대한 여신이 있어서 오른손을 뻗어 해를 가리고, 왼손을 뻗어 달을 가리는데, 이것이 바로 일식과 월식의 비밀이라고 했다. 그들은 원소에 관하여는, 불, 물, 흙, 금속, 나무의 다섯 가지 원소가 있어서 그것들이 서로를 생기게 한다고 믿었다. 리치 신부는 중국인들에게 이러한 터무니없는 이야기가 아니라 좀 더 상식에 가까운 이론을 설명해 주는 것이 어려운 일은 아니었다. 그러나 그는 안타깝게도 아무 때나 중국인들의 불합리함을 대신하여 명백한 진리를 제시할 수는 없었는 입장이었다. 리치는 5원소설五元素說을 부정한 다음에 4원소설을 대신 말해주었다. 오늘날[19세기]의 선교사들은 중국인들이 리치 신부가 4원소설과 물리학적 이론을 그의 도덕적이고 교리적인 연구와 뒤섞었다는 것을 알게 되면 종종 매우 당황한다. 비록 중화제국에 처음 온 선교사들이 채택하였던 [수학과 과학을 이용한 선교] 방법은 비록 약간의 불편함이 뒤따랐지만, 중국인들로부터 신뢰와 이해를 얻을 수 있도록 잘 고안된 선교 방법이었다. 물론 학식이 있는 자들과 관리들의 질투를 분명히 자극했음이 분명하다. 그러나 남경에 사는 약간의 학식이라도 있는 중국인이라면 서양에서 온 이 위대한 스승들을 만나서 천문학, 지리학과 수학에 관한 이야기를 나누는 것이 당연해졌다. 유클리드 때문에 공자의 권위가 무너지게 되었고, 중국인들은 중국의 고전을 내팽개치고, 지도, 지구의, 해시계를 만드는 일에 몰두하게 되었다. 이 때문에 일부 중국인들이 크게 분노했는데, 그들은 [자신의 전통에 대해] 편집증을 가진 자들이었다.

남경에는 도시 한쪽 끝에 있는 산 위에 천문대가 있었다. 성벽들 너머로 이 산의 내리막에는 커다란 주거지가 있었는데, 이곳에는 중국에서 천문학자로 일하던 흠천감欽天監 관원들이 살았다. 이 흠천감 관원들은 밤새도록 잠을 자지 않고 탑 꼭대기 있는 방에서 별들의 움직임을 관찰하다가 그들의 관심을 끄는 기이한 현상이 발생하면 황제에게 알렸다.[82] 리치 신부가 이 천문대를 찾았을 때, 천문대 안에 거대한 금속제 구체球體, 해시계, 아스트롤라베[고대의 천문 관측기구]와 수학계측기 여러 점이 있는 것을 보고 크게 놀랐다. 비록 기본적인 결함이 있음에도 불구하고 그것을 만든 사람들이 과학에 관한 정확한 지식을 어느 정도는 가지고 있었음이 분명했기 때문이다. 중국인들은 이 신기한 기구들이 몽골족이 세운 원나라 때, 즉 13세기에 만들어진 것으로 추정되며, 아마도 외국인들, 즉 유럽인들이나 아랍인들이 이 대단한 기구를 만든 사람들일 것이라고 알려주었다. 베이징 천문대에도 비슷한 종류와 같은 크기의 기구들이 있었는데, 예수회 신부들은 동일한 시기에 동일한 사람들이 만든 것이라고 확신했다.

82) 흠천감(欽天監)은 중국에서 천문과 역법(曆法)을 담당하는 기구로 명청 시대의 황실에서 직접 관장했다. 월력 반포를 위한 천문 관측의 측면이 없지 않지만, 객성(客星) 즉 혜성과 유성의 존재를 파악하려는 정치적 목적도 있었다. 혜성의 갑작스러운 등장은 당시 중국의 조정에서 역모나 반란의 조짐으로 해석되었다.

리치 신부는 오래지 않아 남경의 상류사회에서 상당한 명성을 얻게 되었고, 그의 지지자와 옹호자가 되는 것이 크게 유행했다. 특히 사대부들은 자신들이 리치 신부에게 호감을 갖고 있다는 것을 밝히는 것을 조금도 주저하지 않았다. 이는 리치 신부가 불교와 도교의 교리를 공격하는데 완벽한 성공을 거두었기 때문이다. 리치가 항상 유교의 가르침을 존중한다고 말한 것도 또 다른 이유였다. 그들이 보기에 이 유럽의 박사는 공자를 따르는 학문적 교양이 있는 사람 중 하나였고, 자신들의 유교 학설의 옹호자였으며, 미신을 섬기는 불교도들과 노자를 따르는 몽상가들 모두의 적이었던 것이다. 어느 날 중국인들이 리치 신부를 공자의 사당에서 열리기로 예정되어 있는 일종의 엄숙한 제사에 초대했는데, 그는 중국의 위대한 철학자에게 경의를 표하는 것은 순수한 민간의 행사라고 여기고 거부하지 않고 참석했다. 하지만 이것은 그가 확실히 잘못 생각한 것이었다. 나중에 교황청에서 [공자의 제사에 참석하는데 대해] 리치와는 상반되는 결정을 내렸고 이러한 선교사들의 관습을 비난하였다.[83]

인간의 본성에 대한 철학 논쟁과 귀신 소동

공자의 사당에서 제례를 거행한 후에 화려한 잔치가 벌어졌는데, 그 자리에는 주요한 사대부들과 학식이 뛰어난 불승들이 참석해 있었다. 그 중에는 특히 웅변가와 시인으로서 큰 명성을 얻고 있는 사람이 있었는데, 그를 사람들이 매우 뛰어난 "대가大家"라고 불렀다. 그는 이미 높은 관직에 있었으나 머리와 수염을 밀고 도교의 수도자가 되었다.[84] 마테오 리치는 그에게 "우리가 어떤 방

83) 18세기 초에 벌어진 중국 전례논쟁(Chinese Rite Controversy)의 단초이다. 전례논쟁은 이 책 제 3 권에서 상세히 다루어진다.

84) 여기 등장하는 인물은 이지(李贄, 자는 卓吾, 1527-1602)로 추정된다. 조상 중에 이슬람으로 개종한 사람이 있었으나 명대의 양명학을 공부했고 불교에 귀의하여 불승처럼 행동했다. 1599년 남경에서 마테오 리치를 두 차례 만나 천주교와 불교의 차이에 대해 논했다. 당대의 으뜸가는 진보적인 사상가로 『焚書』 6권, 『續焚書』 5권,

식으로 지속하기 위해서는, 우리 중 아무도 이의를 제기하지 않을 부분에서 시작할 필요가 있습니다. 천지 만물의 근원[제1 원인]에 관해 말씀해 주실 수 있는지요?" 라고 질문했다. 이에 도사는, "나는 그런 첫 번째 근원이 있다는 것을 인정합니다만, 그 근원에 크게 주의를 기울이지는 않는데, 왜냐하면 그것이 특별한 힘을 가지고 있지 않기 때문입니다. 누구든지, 나든 당신이든, 우리 모두는 그 근원과 동등합니다. 우리가 그보다 못할 것은 전혀 없습니다. 우리의 지능이 그의 지능과 같고, 우리의 능력이 그의 능력과 같습니다."라고 대답하였다. 리치 신부는 청중의 갈채 속에서 이러한 "대가"의 범신론과 싸웠는데, 이 토론은 손님들이 식사할 때가 되어서야 끝이 났다. 사람마다 이 제례 의식의 주관자가 지정해 준 자리에 앉았고, 식사가 한창 진행되고 있을 때, 사대부들 사이에서 중국고전에 있는 매우 토론하기 좋아하는 문제들을 놓고 격론이 벌어졌다. 그 질문은 아래와 같다.

> "인간의 본성이 어떻다고 생각하십니까? 본성 자체가 선하다면, 언제부터 악하게 된 것일까요? 반대로 만일 인간의 본성이 본래 악하다면, 언제부터 선하게 되었을까요? 만약에 선하지도 악하지도 않다면, 어떻게 때로 선하고, 때로는 악한 일이 일어날까요?"

이 논제의 토론에 거의 모든 사람이 참여했고, 많은 사람이 이 논제가 미묘하고 엉뚱하다고 했으나, 리치 신부는 끝까지 입을 열지 않았다. 사대부 가운데 우두머리가 모인 사람들을 대표하여 리치에게 이 중요한 명제에 대한 소견을 말해 달라고 간청했다. 그러자 그는 입을 열어 말하기 시작하였는데, 먼저 사람들이 이 주제를 가지고 방금 논의했던 것을 명료하게 요약한 다음, 인간의 본성에

『藏書』 68권, 『續藏書』 27권을 남겼는데, 『焚書』와 『續焚書』는 우리말로 번역되었다. 리치와의 만남은, 옌리예산, 주지엔구오 저, 홍승직 역, 『이탁오 평전』 (돌베개, 2013), pp. 468-478 참고.

관한 그리스도교 교리를 설명하였다. 그는 “본래 인간의 성품은 선했습니다人之初 性本善. 이는 학교에서 아이들을 가르칠 때 사용하는 교과서에 나오는 첫 문장입니다.[85] 그러나 원래 선했던 인간의 본성이 죄 때문에 오염되었습니다.”라고 대답하였다. 이어서 그는 인간의 자유, 타락과 그 결과로서의 악, 은혜에 따른 구속救贖, 자유의지 등에 관하여 계속 설명하였다. 리치 신부는 가톨릭 신앙의 관점에 서서, 어떻게 자유로운 인간이 자신의 욕망에 빠져 악을 행하게 되었으며, 하느님의 은혜로 선하게 될 수 있었는지를 설명했다. 이 청중을 사로잡는 연설로 리치는 모두의 큰 갈채를 받았으며, 이 철학 경연에서 승자가 되었다. 이 열정적인 신부들은 리치의 명성이 높아져가는 것을 보고 크게 기뻐하였는데, 이를 통해 많은 사람이 그리스도교로 개종하는 일이 일어났기 때문이었다.

한 가지 묘한 상황이 벌어져, 리치 신부의 과학 학식에 대한 신뢰가 더 커지게 되었다. 철학적인 논쟁이 있은 지 며칠 후에 공부상서工部尙書가 선교사들을 찾아왔다. 그는 리치 신부가 많은 사대부들이 참석한 가운데 논쟁에서 승리한 것을 치하하고 나서, 남경 관리들이 진정으로 바라는 바를 말했다. 이 문제는 공부상서가 남경에 있는 한 꼭 해결해야만 하는 일이었다. 리치 신부는 자신도 그들이 바라는 바와 같다고 말했는데, 그는 적당한 거처를 구할 수 있기만을 기다리고 있다고 했다. 그러자 공부상서는 리치에게 자신이 기꺼이 거처를 마련해 주겠는데, 바로 몇 해 전에 지은 관 소유의 저택이라는 것이다. 그러나 이 관저에 귀신이 출몰하는 바람에 현재는 아무도 살고 있지 않다고 했다. 그곳에 불승들과 도사들이 여러 차례 가서 귀신을 쫓아내는 굿을 했고, 여러 사람들이 거기서 살아보려고 하였으나 곧 바로 물러날 수밖에 없었다고 한다.

---

85) 중국의 『삼자경三子經』을 말한다. 이 책은 송나라 시대의 학자 왕응린(王應麟, 1223-1296)이 편찬했다고 추정되며 중국의 대표적인 아동 교육서이다. 아동의 덕성 함양, 기본 상식, 성공한 인물의 사례 등이 순서대로 소개되어 있다. 이 책은 “人之初 性本善 性相近 習相遠 苟不敎 性乃遷 敎之道 貴以專 昔孟母 擇鄰處 子不學 斷機杼 竇燕山 有義方 敎五子 名俱揚”으로 시작된다.

그 저택에서는 괴성과 더불어 구슬픈 신음이 끊이지 않았고 밤이 되면 무서운 유령이 출몰하기 때문이라는 것이었다. 이 마을에서는 모두 이 관저를 귀신들이 좋아해서 자주 가는 곳으로 알고 있었고, 이 관저의 인근 마을은 공포와 경악에 휩싸여 있었다. 리치 신부는 기꺼이 가서 그 흉가를 살펴보겠노라고 말했다. 선교사들에게 적당한 집이라면 사들이는데 어려움은 없을 것인데, 설령 그곳에 귀신이 있더라도 그가 그곳에 참이신 하느님의 형상을 모시게 되면 곧바로 도망칠 거라고 잘 설득하였다.

지은 지 얼마 되지 않은 이 관저는 선교사 열 명이 살 수 있는 규모였고, 게다가 교당을 두기에도 알맞은 규모였다. 집값도 건축비의 절반만 받기로 하였으니, 리치 신부는 매입을 주저할 이유가 없었다. 그는 끔찍한 유령 문제에 대해서는 조금도 염려하지 않았는데, 집값을 엄청나게 깎았기 때문이었다. 공부상서가 직접 판 부동산을 소유한다는 것은 교당의 안전을 위해서 가장 중요한 점이었다. 이것을 구입하였다는 사실만으로도 법적인 인가를 받은 것이었고, 앞으로 있을 지도 모르는 하급관리들이나 질투하는 사대부들의 술책도 막아낼 수 있을 것이었다. 매매계약서에 서명하고 상서가 도장을 찍자, 선교사들은 크게 기뻐하며 관저에 짐을 풀었다. 물론 입주 전에 성수를 뿌리는 일도 잊지 않았다. 선교사들은 [귀신들의 소리와 같은] 불쾌한 소리를 전혀 듣지 못했으며, 귀신이 있다는 어떤 흔적도 발견하지 못했다. 그때부터 모든 남경 사람들은 이 외국인들의 학식뿐 아니라 악령을 물리친 능력에 대해 말하기 시작했다. 또 그들의 종교인 그리스도교가 거룩한 종교임에 틀림없다고 추측했는데, 선교사들이 그곳에 머무르자 매우 고요해졌고, 귀신들도 모두 도망쳐 버렸기 때문이었다. 이 사건을 통해 선교사들은 중국인들에게 좋은 인상을 심어주었고, 중국인들은 유럽의 선교사들에게 큰 호감을 갖게 되었다.

제 4 장

베이징의 마테오 리치와 조주의 롱고바르디가 펼친 선교 활동

제 4 장

베이징의 마테오 리치와 조주의 롱고바르디가 펼친 선교 활동

남경 선교의 성공 이후에 베이징으로 향하는 마테오 리치

중국인들이 선교사들의 학식과 성품에 대해 가졌던 존경심은 서서히 열매를 맺고 있었다. 많은 중국인들은 땅 끝에서부터 수많은 위험을 겪으면서 그들에게 찾아온 이 선교사들이 수학과 과학 지식을 과시하려는 것 외에 어떤 다른 목적을 틀림없이 가지고 있을 것이라고 생각하게 되었다. 회의주의자들과 물질주의자들이 모여서 살아가고 있는 중국인들이었지만, 그 중에도 특별한 사람들이 있었다. 이들은 하느님의 섭리로 그리스도교의 사도로서의 진정한 임무를 이해할 수 있도록 한 사람들이었다. 군대 관료중 한 명이 남경에서 진리에 눈을 뜬 첫 사람이 되는 영예를 갖게 되었다. 그의 세례명은 바오로Paul로, 그의 아들도 개종의 은혜를 입었고, 곧이어 온 가족이 그리스도교를 믿겠다고 공적으로 고백 하였다.[86] 그 지역의 탑을 교당으로 바꾸었고, 성상들을 불상이

86) 마테오 리치, 『마테오 리치의 중국 선교사 II』, 신진호, 전미경 역 (서울: 지만지, 2013), pp. 571-572 참조.

있던 자리에 대신 가져다 놓았다. 리치 신부는 우상에게 향을 피웠던 바로 그 장소에서 위엄 있는 구속의 미사를 올리는 행복을 누렸다. 남경의 성벽에는 이제 하느님을 찬양하는 소리가 가득 울려 퍼졌고, 이 크고 유명한 도시에서 그리스도인들이 열정적으로, 그리스도가 직접 그의 제자들에게 가르쳐 주신 기도인, "나는 전능하신 아버지 하느님을 믿습니다."와 "하늘에 계신 우리 아버지"라는 찬송을 부르게 되었다. 예루살렘에서 사도들이 입으로 내뱉은 첫 마디가, 1600년이 지난 다음 지구의 정반대편에서 다시 반복된 것이다. 리치 신부가 사랑하는 새 신자들이 남경에서 찬송을 부르는 소리를 들었을 때 그의 가슴은 얼마나 벅차올랐을까! 그가 힘든 여행하면서 굶주리고, 온갖 불편을 겪으면서 선교에 헌신했던 세월에 대해 보답을 받은 느낌은 어떠했을까! 그는 이제 새 신자들에 둘러싸여 성령의 신비를 축하할 수 있었고, 믿음과 소망과 사랑을 노래하는 찬송을 들을 수 있게 되었다.

리치 신부는 중국의 새 신자들을 위하여 단순하고 유익하며 또한 청중이 이해하기 쉬운 설교 방식을 택하기로 했다. 그는 새 신자들에게 그리스도교가 서양에서 행하는 예배 의식과 가정과 사회에 대한 그리스도교의 영향력을 설명해 주었다. 그는 서양에 얼마나 많은 성당이 있으며 그 모습이 얼마나 장엄한지, 또 예배의식이 얼마나 엄숙한지, 대미사가 있는 날에 얼마나 많은 신자들이 모이는지, 또 어떻게 부자와 가난한자, 왕자들, 고관들과 최하층의 빈민들이 제단 앞에서 아무런 차별 없이 함께 어울리는지에 대해 말해 주었다. 그는 또 교회의 위계조직과 교구, 주교 관구에 관해서, 또한 수도원에서의 수사들과 수녀들의 생활에 관해서, 또 병원에서 가난한 자들과 병자들을 어떻게 보살피고 있는지에 대해서 말해 주었다. 그는 이 모든 주제를 번갈아가며 말해주어 새 개종자들의 관심을 불러일으켰다. 리치 신부는 청중들의 눈앞에서 그리스도교인 생활의 다양한 측면을 그림책을 넘겨 가면서 설명하였는데, 이것은 신앙을 삶으로 실천하는 그리스도교인의 참모습이었다.

리치 신부가 애정 어린 열의를 가지고 남경 주민들에게 복음을 전하려고 이렇게 힘쓰고 있는 동안, 카타네오 신부는 리치가 성공했다는 기쁜 소식을 가지고 포르투갈의 식민도시인 마카오로 향하고 있었다. 그곳에는 중국에서 활동하는 선교사들에게 관심을 가진 사람들이 많았다. 카타네오 신부는 남경 교당을 건립할 경비를 조달해야 했다. 중국인 새 신자들의 너그러움에 의존할 수 없었던 이유는 그들에게 헌금을 하라고 요구하면 위험할 수도 있기 때문이었다. 카타네오 신부가 전하는 소식을 마카오에서 얼마나 흥분하며 감동적으로 받아들였을지 생각해 보라! 잠시 베이징에 있다가, 황하와 양자강과 대운하를 뱃길로 와서, 남경의 유명한 영곡靈谷탑 밑에 살면서,[87] 제국의 육부상서들과 교유하고 중국을 이 끝에서 저 끝까지 횡단한 이 사람은 포르투갈 사람들에게 매우 흥미로운 인물일 수밖에 없었다.

당시 세계 여러 곳에서 유럽 여러 나라의 식민지가 개척되고 있었는데, 이런 해외 개척은 단지 무역과 돈을 버는 일에 대한 욕구만으로 진행된 것이 아니었다. 이 사람들[해외 식민지 개척자들]에게 종교 문제는 실제적이며 중요한 영향을 끼쳤는데, 우상 숭배자들이 개종했다는 이야기가 전해지면, 쓰러져 눈물을 흘리거나 무릎을 꿇고 하느님께 감사를 드리기도 했다. 이런 감동적인 이야기가 그들의 신앙에 활기를 불어넣어 주었고, 불신자들을 복음화하기 위해 헌신하려는 용기를 불어 넣었다. 이런 면에서 볼 때 카타네오 신부의 마카오 방문은 최상의 결과를 가져온 효과적인 방문이었다. 그의 방문으로 유럽 그리스도인들의 신앙에 다시 불이 붙었고, 중국의 새 신자들을 위해 헌금하는 것에 관심을 갖게 되었다. 카타네오 신부는 선교지로 돌아가면서 상당히 많은 구호

87) 영곡 탑은 앞에서 소개한 '자기 탑'을 말한다.

헌금 외에도 적지 않은 유럽산 물품, 그림, 유리병, 린넨 옷감, 시계, 지도, 모래 시계, 거울 등을 가지고 남경으로 출발하였다. 트리고 신부는 "이런 물건들은 선교 초기에 필요한 것들인데, 마치 윤활유처럼 선교라는 바퀴를 좀 더 부드럽게 돌리도록 하는데 사용한다."고 말했다.[88]

카타네오 신부가 남경으로 돌아갔을 때, 마테오 리치는 그가 가져온 값비싼 물건들을 보았다. 중국인들이 기뻐하고 감탄하며 받아들일 물건들이 많이 있었다. 리치 신부는 그 물건들을 보며 베이징에 다시 한 번 가서 황제에게 유럽의 예술과 산업의 걸작들을 바치고 싶은 생각이 들었다. 바로 그때 중국 황실에서 상당한 영향력을 가진 황제의 수석 검열관 한 명이 남경에 체류하고 있었다.[89] 리치 신부는 그와 친분이 있었기에 찾아가서 자신의 계획에 대해 조언을 구했다. 그는 리치의 생각에 전적으로 찬성했을 뿐 아니라 이것은 필요한 조치라고 말했다. 왜냐하면 리치가 유럽에서 들여온 진귀한 물품을 여러 점을 가지고 있으며, 그것을 황제에게 바치려 한다는 소문이 퍼져 있었기 때문에, 이러한 기대를 저버리면 신중하지 못하다는 것이었다. 여행에 필요한 소개장은 어려움 없이 해결되었다. 그가 관리로서 외국인들을 소개하는 일을 맡고 있었기 때문에, 리치 신부가 이 계획을 진행하는데 필요한 것은 무엇이든지 기꺼이 도와주었다. 이러한 친절은 리치 신부의 기대한 것 이상이었으니, 이런 도움을 즉시 받으리라고는 전혀 생각하지 못했었다. 리치 신부는 마카오에서 가져온 물품 중에서 베이징으로 가져갈 것을 골랐는데, 그 가운데는 황제에게 바치려는 물품도 있었다. 판토하 신부Didaco de Pantoja가 리치를 수행하게 되었고, 카타

88) (원주) Trigault, p. 328.

89) 여기 나오는 수석 검열관은 축석림(祝石林)을 말한다. 그는 남경의 관리로 있었고, 문필가이며 서예가였다. 이름이 世祿, 자는 延之, 호는 石林 또는 無功이었다. 그의 저작으로는 『祝子小言』, 『環碧齋小言』, 『環碧齋詩集』, 『尺牘』 등이 있다. 마테오 리치, 『마테오 리치의 중국 선교사 II』, 신진호, 전미경 역 (서울: 지만지, 2013), pp. 519-520 참조.

네오 신부는 남경에 남아서 선교의 임무를 지속하기로 했다.[90)]

그 수석 검열관은 약속했던 대로 황제에게 보내는 상소문을 작성하여 정한 날짜에 보내왔다. 그는 선교사들이 베이징으로 가는 길에 지나는 도시의 관리들에게 보내는 여러 통의 추천서도 함께 보냈다. 마침 이때 [劉씨 성을 가진] 태감 하나가 황제에게 진상하는 비단을 남쪽에서부터 운반하는 도중에 남경에 머물러 있었다. 여섯 척의 운반선이 항구에 닻을 내리고 그의 명을 기다리고 있었다.[91)] 그는 친절하게도 이 배들 가운데 한 척을 내주어 선교사들의 물품을 싣도록 하였고, 그와 함께 동행 할 것을 제안하였다. 마침내 남경을 떠날 준비가 모두 끝난 것은 1600년 초였다. 여섯 척의 마선(馬船, 조공 운반선)은 닻을 올리고 돛을 펼쳐서 양자강을 따라 신속하게 물살을 가르며 이동하기 시작했다.

당시 중국은 위기를 맞고 있었는데, 조정이 태감太監들의 손에 맡겨져 있었다.[92)] 이는 중국 역사에서 종종 있었던 일이었다. [임진왜란이 일어나] 일본군의 침입을 물리치기 위해 엄청난 양의 군수품을 제국의 여러 요충지로 보내야만 했기 때문에 국고가 바닥나 있었다. 이 때문에 세금을 두 배로 올렸고, 황제는 세금을 더 많이 걷도록 독려하기 위해서 태감들을 전국 각지로 보냈다. 태감들은 총독의 권한으로부터 영향을 받지 않을 정도로 절대적인 권한을 부여받았다. 이 폭군의 무리가 중국 전역을 돌아다니면서 자신들의 끝없는 탐욕을 채우려고 끔찍한 강탈을 일삼고 있었다. 백성들과 관리들은 공포에 떨었지만 [황제

---

90) 판토하(Didaco de Pantoja, 龐迪峨 1571-1618)는 스페인 출신의 예수회 선교사. 1589년 예수회에 입회하였고, 1597년 마카오에 도착하여 신학수련을 받았다. 1600년 마테오 리치의 베이징 행에 동행하여 그를 보좌했고, 리치 사후에 중국의 예수회 선교회 교구장이 되었다. 1611년의 역법개정에 참여하였으며, 남경교안 때 추방되어 마카오에서 소천했다. 저서로 『龐子遺詮』, 『七極大全』을 남겼다. 그가 쓴 『칠극七極』은 우리말로 번역되었다. 빤또하 『칠극七極』 (일조각, 2005).

91) 劉씨 성을 가진 태감의 자세한 내용은 마테오 리치, 『마테오 리치의 중국 선교사 II』, 신진호, 전미경 역 (서울: 지만지, 2013), p. 578 참조.

92) 태감(太監)은 황실에서 일하는 환관의 우두머리를 말한다. 당시 황제 신종(神宗)은 정사를 멀리하고 환관들에게 세금 징수를 포함한 여러 가지 권력을 넘겨주었다. 명대 말기의 재정위기, 세금 징수 태감 등에 대하여, 서인범, "明 萬曆年間의 재정 위기와 捐納 시행," 『歷史學報』 第230輯 (2016년 6월), 157-204 참조.

의 권력을 등에 업고 있던] 태감들의 명령에 이의를 제기하지 못했다. 궁정에서 영향력이 매우 컸으므로, 태감들의 입에서 나오는 말 한마디가 한 관리의 운명을 파멸시킬 수 있었기 때문에 저들의 심기를 상하게 하려는 사람이 없었다.

자신의 당당한 보호를 받는 가톨릭 선교사들과 동행한 태감은 매우 정중하고 예의 바르게 행동하면서 예수회 신부들과 담소를 즐겼다. 대화는 주로 서방 여러 나라에 관해서나 베이징에 사는 중국인들의 관습에 관한 주제였으나, 가끔은 종교, 철학, 유럽의 과학에 관한 토론도 있어서 뱃길이 전혀 지루하지 않았다. 중국인들은 여행할 때 흔히 이렇게 시간을 보내곤 했다. 특히 대운하의 뱃길은 참기 어려울 정도로 느리기 마련인데, 많은 정크가 갑문에 갇혀서 지나갈 차례가 오려면 며칠을 기다려야 할 때가 많았다. 하지만 어느 관리가 감히 이 큰 권력을 지닌 태감과, 황제에게 진상하는 비단과 선물을 운반하는 사람을 지체하게 할 수 있었겠는가? 따라서 뱃길은 기분 좋을 정도로 빨랐고, 그들이 지나가는 길에 있는 도시의 관리들은 서양의 진귀한 물건을 궁정으로 가져가는 유명 인사인 이마두를 만나려고 애썼다. [리치 신부 일행을 태운] 선단은 황하를 가로질러 대운하에 다시 들어섰고, 며칠 만에 산동성山東省 총독이 살고 있는 일류 도시인 천진天津에 가까운 포구에 닿았다. 선교사들이 좋아하는 일이거나 자신들의 성과를 높이는 일이라면 기회를 놓치지 않았던 태감은 천진 총독에게 전령을 말을 태워 보내서 서방에서 온 이 저명한 이방인들의 도착을 미리 알렸다. 이에 배들이 닻을 내림과 동시에 멋진 호위대에 둘러싸인 화려한 가마가 강가에 모습을 드러냈다. 이 가마는 리치 신부에게 총독의 관저로 와서 쉬라는 초청장과 함께 보낸 것이었으므로, 리치는 태감과 함께 가마에 올랐다. 총독은 황제에게 올리는 상소문을 보자고 하더니 그것이 적절하지 않다고 하면서 자신이 다른 상소문을 써주었다. 또 베이징의 요직에 있는 자기 친구들에게 예수회 신부들을 소개하는 편지도 여러 통 써 주었다. 따라서 선교사들은 더 이상 후견인을 찾을 필요가 없을 정도였다. 단순히 인간의 관점에서 본다면 모든 일이 순조롭게 진행되고 있었던 것이다.

일행이 탄 정크가 다시 닻을 올리려 하자, 총독은 위엄을 갖추고 리치 신부의 방문에 대한 감사를 표하러 왔다. 총독은 그에게 크게 번창하기를 기원하였고, 이후 소규모 선단은 다시 수도를 향해 출항하였다. 태감은 총독이 선교사들에게 관심을 보여준 일을 축하하면서, 선교사들을 더 정중하고 친절하게 대했다. 태감은 즐거웠던 여행이 끝나가는 것을 매우 아쉬워하는 것 같았다. 며칠 뒤에 일행은 다른 포구에 닿았는데, 그곳에서 악명 높은 태감인 마당馬堂이라는 복병을 만나게 되었다.[93] 마당은 강탈과 강도질을 일삼아서 산동성 일대에서 공포의 대상이었다. 여섯 척의 정크가 닻을 내리자마자 선교사들의 친절한 벗인 태감이 먼저 강가로 갔다. 그리고 잠시 후에, 리치 신부에게 배에서 내리고, 황제에게 진상하려는 선물은 모두 검사를 해야 하니 진상품을 모두 배에서 내리라는 명령을 내렸다. 그러고 나서 보니 남경을 떠난 후로 그들에게 그토록 친절하게 대해주었던 매력적인 태감이 사실은 순전히 악당이었음이 드러났다. 그는 마당에게 이방인들이 가진 재물에 관해 자랑해서 탐욕을 불러일으킨 후에, 리치 신부가 짐과 동행을 배에서 내리려는 순간에 몸을 감추었고, 선교사들은 이제 악명 높은 강도의 손에 넘겨지게 되었다. 마당은 선교사들이 가져온 선물을 자기 것으로 만들기 위해, 리치 신부에게 자신이 이 선물을 황제에게 직접 전하겠다고 제안했다. 하지만 리치 신부가 이러한 방식을 받아들이기를 정중히 거절하자, 이에 대한 오랜 다툼이 있었다. 태감은 선교사들과 짐을 강제로 다른 배에 실었는데, 이 배의 선원들은 일행을 북호北湖 입구에 있는 베이징에 가까운 천진天津이라는 항구로 데려가라는 명을 받았다. 동시에 태감 마당은 "천자"에게 급보를 보내서 자신이 대운하에서 선물을 가져오는

93) 이 포구는 남북 교통의 요충인 임청(臨淸)으로 이곳에 세금감독관이었던 태감 마당(馬堂)이 주재하고 있었다.

이방인 몇 명을 체포하였다고 보고했다. 이 선물 꾸러미에는 스스로 시간을 알리는 다양한 크기의 시계가 있으며, 마치 살아있는 사람처럼 그린 서양 초상화, 그리고 멀리 서쪽 바다를 건너온 귀한 물건들이 포함되어 있었다. [이 진귀한 물건들이] 바로 마당이 이방인들을 천진으로 가게 해서 황제 폐하의 명을 기다리도록 한 이유였다. 이 불운한 선교사들은 천진항에서 [마당의 조치를] 기다리면서 중국에서 처음 경험하는 이 가혹한 시련을 견뎌야만 했다. 벗들과 보호자들은 멀리 떨어져 있었고, 베이징에서 좋은 소식이 오기만을 덧없이 기다릴 뿐이었다. 마당은 시간이 지나서 급보의 내용이 유야무야되는 것을 원했다. 그렇게 되면 자기 체면이 상할 염려도 없이 이방인들을 위협하여 몰래 바다로 우회하게 하여 마카오로 돌려보내고, 자신이 매우 탐내던 선물을 차지할 수 있을 것을 기대했다. 마당은 자신의 욕심을 달성하기 위해 선교사들을 음해하는 편지를 보냈다. 그 이방인들이 마술을 행해서 황제를 죽이려고 베이징으로 갈 음모를 꾸몄다는 내용이었다. 또 십자가 형틀 위에 손과 발에 못 박힌 사람이 그려진 무서운 그림을 가슴에 품고 다녀 수상하다고 말했는데, 황제가 그 그림을 쳐다보는 순간 죽게 될 수도 있다고 하였다. 마당은 같은 편지에 덧붙이기를 공공의 안전을 위하여 이 악인들을 붙잡아 사슬로 묶어 광동으로 돌려보내는 것이 좋겠다고 했다. 이 편지는 많은 사람들에게 전달되면서 수많은 내용이 덧붙여졌다. 마침내 이 내용이 무시무시하게 구체화 되자, 선교사들에게 호의적인 사람들조차 그들에게 도망치라 권했고, 그들의 소유물을 잃더라도 목숨을 건질 수만 있다면 큰 다행으로 생각하라고 말했다. 그러나 하느님을 전적으로 신뢰하던 신부들은 선하신 하느님께서 사람들의 악의에 의해 그들이 당하고 있는 고통스런 상황으로부터 벗어날 길을 보여주실 때까지 천진에서 기다리기로 했다. 선교사들은 이런 괴로운 곤경 가운데서 여섯 달을 보내고 있었다. 어느 날 조신들에게 둘러싸여있던 황제가 갑자기, "서방에서 온 어떤 이방인이 짐에게 가져온 매 시간마다 종을 친다는 굉장한 시계는 어디 있는가?"라고 말했다. 조신들이 서로 쳐다보자 황제는 질문을 다시 반복했다. "마당이 짐에게 말했던 시계가 어디 있느냐?" 이에 그 일에 대해 알고 있던 조신들 가운데 하나가 어전에 나가 엎드려 이마를 세 차례 바닥에 조아리고는, "그 이방인에 관한 기록을 용상 앞에 놓아드렸으나, 그 위에 황실의 허가가 아직 나지 않았습니다. 천자의 명이 없이 누가 감히 이방인을 수도에 들어오게 하겠습니까? 그 이방인은 여전히 천진에 있나이다."라고 말하였다.[94] 이에 황제는 그 기록을 직접 보겠다고 하고, 별감을 천진으로 보내서 이방인들을 베이징으로 데려오라고 명했다. 겨울철이어서 일행은 수로로 올수 없었고, 따라서 말 여덟 필과 일꾼 30명이 동원되어 선교사들과 그들의 짐을 육로로 옮겼다.

베이징에서 펼쳐진 예수회의 두 번째 선교

리치 신부와 판토하 신부가 황제의 긴급한 명에 따라 베이징으로 들어온 때는 1601년 1월이었다. 앞서 말했듯이 태감[환관]들이 조정의 일에 큰 영향력을 갖고 있었고, 또 궁정을 거의 장악하고 있었기 때문에 황제와 가까이할 수 있는 특권은 그들만이 가지고 있었다. 제국의 정승들, 대신들, 상서들도 태감을 끼지 않고는 아무 일도 할 수 없었다. 동아시아에서 쾌락을 탐하는 이 군주는 태감 외에는 아무도 만나주지 않았고, 여인들과 비열한 시종들에 둘러싸여 있었다. 리치 신부의 선물이 궁정에 전해지자 큰 찬탄을 불러 일으켰다. 커다란 그림들은 사람들을 놀라게 했는데, 얼굴의 표정이 매우 자연스럽고 그림 속 두 눈에는 생기가 돌았다. 하지만 자명종이 황제와 궁정의 호기심을 가장 크게 자극했다. 불행하게도 조금 고장 난 곳이 있어서 규칙적으로 움직이지는 않았으

94) 당시 신종(神宗)은 정사(政事)를 멀리하고 전국에서 올라온 상소문에 답하거나 행정 명령에 서명하는 것을 게을리 했다. 당시 명대 황실의 상황에 대해서는 레이 황 저, 박상이 역 『1587년, 아무 일도 없었던 해』(가지않은길, 1997) 참조.

나, 세 명의 태감을 지목해 태엽 감는 법을 배우도록 했고, 특별한 관청을 만들어서 이 중대한 임무를 담당하도록 했다. 선교사들의 숙소는 궁성과 가까운 곳에 배정해 주었고, 비록 천자를 직접 뵐 수는 없었으나 황제는 그들과의 [간접적인] 대화를 즐겼고, 그들에게 유럽인들의 관습에 대해 물었다. 이러한 대화는 태감들이 둘 사이를 계속 오가며 말을 전달하는 특이한 방법으로 진행되었다.

황제와 궁정에서 서양의 관습에 관하여 말로 설명하는 것보다, 상세한 내용을 더욱 명확하게 이해할 수 있도록 유럽 군주들과 사회계급에 따른 복식이 재현된 소장품과 함께, 가장 웅장한 공공건축물의 전경이 그려진 책을 보내주었다. 말을 통하면 종종 서양의 관습에 대해서 잘못 보고 되었기 때문이다. 리치 신부가 보낸 책에는 스페인에 있는 엘 에스코리알El Escorial 수도원과 베네치아에 있는 성 마르코 대성당의 전경이 포함되어 있었다.[95] 태감들 중 한 명이 선교사들에게 황제께서 이 높이 솟은 건축물을 보면서, 그 건축물을 거주하고 있는 불행한 군주들의 우울한 상황에 대해 측은히 여기는 마음이 생겼다고 했다. 그 군주들은 틀림없이 그 큰 집으로 들어가기 위해서 사다리를 타고 올라야만 할 것인데, 황제의 생각에 이는 즐거운 일이 아닐뿐더러, 매우 위험한 일로 여겨졌기 때문이다. [참고로] 중국인들은 우리가 집을 지을 때 여러 층으로 높이 올리는 방식을 매우 싫어했다. 중국인들은 서양에 있는 나라들이 매우 가난하고 작아서 백성들이 겹쳐지게 쌓아놓은 집에서 살 수밖에 없는 것이라고 확신하며 그렇게 행동한 것이다. 황제에게 진상한 선물 가운데 한 대의 [건반악기인] 스피넷Spinet이 있었는데 연주를 어떻게 하는지 알려주는 설명서가 없어서 선교사들이 태감들에게 연주법을 가르쳐주어야만 했다.[96] 선교사들은 심지어 중국인들의 취향에 맞게 작곡을 하고 여기에 중국어로 가사를 붙이도

95) 마드리드 인근에 있는 엘 에스코리알 왕립 수도원(Monasterio del Escorial) 및 성당은 스페인 신성로마제국의 황제 펠리페 2세가 16세기 중엽에 건축했다.

96) 스피넷(Spinet)은 16-18세기에 사용하던 소형 쳄발로인데 당시 중국에서는 "西琴"이라 불렀다.

록 하였는데, 이 가사집이 『서금곡의팔장西琴曲意八章』이라는 이름으로 베이징에서 크게 유행했다. 이 지칠 줄 모르는 복음의 전달자들은 태감들에게 쉬지 않고 많은 것을 가르쳤는데, 어떤 때는 지리학을, 때로는 음악을, 또 어떤 때는 시계제조법을 가르치기도 했다. 모든 민족들의 위대한 사도들답게, 그들은 오직 예수 그리스도를 위해, "모든 사람에게 모든 것"을 가르쳤다.

제국의 행정기구인 육부六部 가운데 공적인 의식과 절차를 관장하는 예부禮部가 있는데, 중국인들에게는 매우 중요한 정부 관청이다. 예부에는 네 개의 부서가 있으며, 예전禮典, 종무宗務, 그리고 궁정의 비상사非常事를 다룬다. 즉 종묘사직과 성인들에 대한 제사, 공적인 행사의 규제, 관리들의 복제服制와 관제冠制를 등을 다루는 곳이다. 예부에서는 또 공공 교육기관을 감독하고, 과거시험, 사대부들에 대한 특권 부여, 또 외교까지도 관장하고 있으며, 조공을 바치는 나라의 왕자王者들과 관련된 예법을 규정하고, 외교 사절들과 관련된 일도 다룬다. [예부 산하에] 주객사主客司라는 특별 관청이 있어, 제국 밖에서 온 "오랑캐들", 즉 몽골의 왕자들, 티베트의 라마들, 투르키스탄의 무슬림 왕자들과 페르시아와 접경한 나라들의 족장 등을 감시하는 일을 맡고 있다.

베이징의 고관들은 태감들이 자기네들의 권한을 침해할 정도로 과도한 영향력을 행사하는 것을 크게 염려하여, 그럴 틈을 주지 않고 태감들의 월권을 견제하려고 애쓰고 있었다. 예부상서는 태감들이 독차지하고 있던 리치 신부 문제가 저들에게 본때를 보일 좋은 기회라고 여겼다. 하루는 주객사에서 보낸 관원이나 병사로 보이는 한 무리가 선교사들의 거처에 난입하여 그들을 잡아가려 하였다. 선교사들이 이에 불복하자 포승으로 목을 묶더니 강제로 관아의 숙소로 끌고 갔다. 선교사들에게는 이튿날 상서를 만나게 될 것이라고 말해 주었다. 상서가 자기가 선교사들을 보고 싶을 때 아무 때나 만날 수 있도록, 관저의 방에 그들을 가두어 둔다는 뜻이었다. 이 소식을 듣고 선교사들에게 폭력을 행사한 것이 실제로는 자신들을 겨냥한 것이었다는 사실을 깨닫게 된 태감들은 폭력으로 주객사의 문을 열고 체포된 선교사들을 다시 데려갔다. 하지만 오랫동안 이 태감들의 굴욕적이고도 위험한 보호에서 벗어나고 싶었던 리치 신부는 태감들을 따라가지 않고 고관들의 손에 자신의 명운을 맡기기로 했다.

다음날 주객사 급사중給事中이 리치 신부와 판토하 신부를 데리고 예부 상서에게로 갔는데, 그는 선교사들을 매우 단호한 태도로 맞았다. 상서는 "내가 예부 상서이니 외국인들과 관련된 업무를 맡고 있네. 자네들은 중국의 법을 어기고 황제에게 진상하는 조공을 태감들을 통해 전달했네. 그런 다음에 자네들은 베이징에 있으면서 태감들 말고는 아무도 만나지 않았으니 이는 나의 권위를 무시한 것일세. 그러한 행위는 예법을 파괴하는 것이니, 엄하게 다스려야 마땅하네."라고 말하였다. 이 말에 리치 신부는 다음과 같이 답하였다. "저희는 예부의 권위에 복종하며 존중하고 있습니다만, 태감들이 저희의 뜻을 무시하고 저희가 예부의 명에 따르는 것을 방해하고 있습니다. 그들이 중국의 고관들을 압박하여 저희를 통제하고, 지금까지도 저희들이 그 통제에서 벗어나지 못하고 있는 것이 놀랍지 않으십니까? 저희는 베이징에 와서부터 황제의 명으로 궁성에 계속하여 잡혀있는 몸입니다. 저희는 예부를 찾을 마음이 있었지만 태감이 이를 막고 있습니다. 저희도 중국 여러 곳에서 여러 해 동안 중국의 법도를 지키고, 중국의 복장을 착용하고, 중국말을 쓰면서 살았기 때문에, 저희를 이방인으로 취급하지 말아 주십시오." 상서는 이 대답에 수긍하면서, 앞으로 어떤 해도 입히지 않을 것이고, 자신이 선교사들에 관하여 황제에게 탄원할 것이며, 이에 관한 자신의 답을 기다리는 동안 예법을 지키고 사이관四夷館에 가서 머무르는 것이 좋겠다고 말했다.

사이관은 큰 기관인데, 황제에게 조공이나 선물을 바친다는 구실로 조공국에서 온 모든 사절들이 좋든 싫든 머무는 곳이다. 조공 사절단의 우두머리들에게는 상당히 훌륭하게 대접 하고 숙소도 제공하지만, 그들을 따르는 이들에게는 대부분 가구도 없는 누추한 방에서 끼니마다 겨우 밥 한 그릇을 주는 게 전부였다. 사절단을 따라온 이들에게는 썩 훌륭한 대접을 베푼 것은 물론 아니었으나, 그들이 자신들의 나라에서 받는 대접 정도는 되었을 것이다.[97] 리치 신부와 판토하 신부가 사이관에서 머무는 동안 티베트, 라다크Ladak와 카슈미르Cashmere에서 수많은 무슬림 사절들이 엄청난 양의 청금석靑金石, 사향, 대황大黃, 옥을 가지고 도착하였다. 옥은 가장 단단한 보석의 일종으로 중국인들이 담뱃대 머리, 팔찌, 자그마한 장신구와 우상을 만들 때 사용한다. 리치 신부는 이 사람들한테서 얻은 정보를 통하여 자신이 지금 마르코 폴로가 말한 카타이와 캄발루크에 와 있다는 확신이 점점 더 들었다. 그는 유럽에 있는 예수회 형제들에게 지도를 수정하라고 적어 보냈는데, 여러 해 동안 그 형제들은 습관적으로 중국과 카타이를 별개의 나라로, 즉 카타이를 만리장성 너머 몽골 타타르 땅에 있는 것으로 지도에 표시하고 있었다.[98]

비어있던 황제의 용상과 자명종에 얽힌 사연

선교사들은 사흘 동안 사이관에 갇혀 있다가, 외국 사신들이 알현할 때의 예법에 따라 황제를 배알하는 것을 허락한다는 통지를 받았다. 중국인들의 말에 따르면 이 예식은 3만 명을 수용할 수 있는 커다란 공간에서 거행되었다고

---

97) 중국이 사이관에서 사절을 홀대한 것은 중화주의를 과시하기 위해서이다. 오랑캐 국가의 사절을 거칠게 대하면서 중국 황제의 권위를 드높이려는 심산이었다.

98) 육 신부는 기록하지 않았으나, 리치 신부는 이 장소에서 조선 사신을 만났을 것이다. 리치 신부는 조선 사신과의 필담을 통해 조선이 섬나라가 아니라 반도 국가라는 사실을 유럽인 최초로 알게 된다. 향후 유럽에서 그려진 세계지도에는 조선이 긴 반도국가 모양(오이 모양)으로 표현된다.

한다. 색동 겉옷에 창과 대검, 헤아릴 수 없이 강력한 무기로 무장한 수많은 병사가 도열하고, 화려한 장식을 한 몰이꾼들이 올라탄 태국 산 코끼리들이 4대 문을 지키고 있다. 거대한 공간인 태화전太和殿 끝에는 화려한 용상이 놓여 있는데, 그 위에 중국의 황제가 황자들, 정승들, 6부 상서들과 다른 문무백관들에 둘러싸이는 영광 중에 좌정하게 된다. 최고급 비단에 금은으로 수놓은 사신들의 예복은 매우 화려하다. 태화전에는 환희의 음악이 크게, 조금은 모호한 가락으로 울려 퍼지면서, 황제를 배알 하려는 사신들이 어전으로 나와 단정히 무릎을 꿇고 세 차례 이마를 바닥에 대고 나면, 신호에 따라 일어서서는 다시 엎드린다. 이와 같이 정형화된 의식은 세 차례나 반복된다. 모두 세 차례 무릎을 꿇고 아홉 차례 황궁 바닥에 이마를 대면 천자는 조아린 사람들에게 이루 말할 수 없는 위엄을 보인 것이 된다. 무릎을 꿇고 이마를 바닥에 댈 때마다, 집례관이 주는 신호에 따라 엄숙하고도 절도 있게 천천히 행해야 하는데, 만일 그런 중대사에서 일말의 실수라도 있게 되면 그 집례관은 엄한 벌을 받게 된다. 집례관이 외국 사신을 감히 [어전에서] 소개하기 전에 사신들에게 행동지침을 자세하게 일러주면서 수없이 예행연습을 하여 완벽을 기하는데, 혹시라도 온 세상에 군림하는 황제 앞에서 야만인들이 조금이라도 불경스러운 행동을 하지 않도록 하기 위해서이다. 예수회 신부들은 자기네들이 할 바를 숙지하여 몸에 익힌 다음, 알현 장소인 태화전 안으로 들어가 신호에 따라 문무백관들 앞에서 세 차례 엎드리고 아홉 차례 이마를 부딪쳐 예를 올렸다. 그러나 이런 예식을 끝내기 위해서 마지막으로 필요한 것은 황제의 존재였다. 앞서 말했듯이, 당시에 중국을 다스리던 황제[신종]는 태감들이 완전히 독점하고 있었고, 황제는 자금성 안에서 여인들에 둘러싸여서 나날을 보내고 있어서, 대신들조차도 황제의 얼굴을 본 적이 없었다. 하지만 그해[1601년]에는 몇 개의 중요한 사건들이 발생해서, 특별한 경우에 예전에 따라 황제를 직접 배알하며 충성을 표시할 기회가 있었다. 이에 태감들은 머리를 맞대고, 용상을 비워놓은 채 예전을 거행하기로 결정해 버렸다. 작은 상자만 있다면 보석이 안에 있다는 의미가 되는 것처럼 용상을 비워도 결국은 용상에 황제가 있는 것과 마찬가지라고 결정한 것이다. 이에 선교사들은 [비록 비어 있었지만] 용상에 예를 표한 뒤, 예법에 맞추어 예부시랑[당시 상서는 공석이었다]을 만나게 되었다. 그들은 예부시랑을 만나기 전에 이런 경우에 맞는 절차를 따라 사전에 방문을 알렸고, 자신들이 유럽에서 식자층에 속한다고 말했다. 예수회 신부들은 자신의 신분에 적절한 복장을 하고 예부시랑을 만날 계획이었다.

시랑은 선교사들을 정중히 맞이하고, 무슨 목적이 있어 고국을 떠나 중국에 오게 되었는지 물었다. 선교사들은 "저희의 상관들이 저희를 보내어 천지를 창조하신 유일하신 참 하느님의 법을 전하게 하셨습니다. 그것이 저희가 중화제국에 도착한 이후로 해오고 있는 일입니다. 저희는 황제께 소박한 진상품을 바치기를 원했을 뿐, 아무런 보상이나 공직을 원하지 않습니다. 한 가지 원하는 것은 저희에게 베이징에서 체류하는 것을 허락해 주시어 저희의 거룩한 종교를 자유롭게 전파하도록 해주십시오." 시랑은 선교사들이 이 새로운 종교를 자신에게 알려줄 수 있는지 물었고, 리치 신부는 그리스도교에 관하여 자신이 가지고 있던 인쇄물 모두를 그에게 주었다. 시랑은 그리하여 탄원서를 황제에게 올렸는데, 탄원서에서 그는 이방인들에 관해 격찬을 한 후에 그들에게 진상품에 대하여 대가를 후하게 해주고, 그런 뒤에 영예스럽게 광동으로 돌려보내어, 거기에서 기회가 닿는 대로 유럽으로 귀국시켜 달라고 청하였다.

황제가 이 탄원에 대하여 아무런 답을 내리지 않자, 조정의 정치가들은 황제의 생각은 시랑의 탄원과는 다르다고 추측하였다. 시랑은 한 달이 지난 후에 거의 같은 내용의 탄원서를 다시 올렸으나 여기에 대해서도 답이 없었다. 이에 따라 황제가 시랑이 제안한 방법을 승인하지 않는다는 것이 분명해졌다. 황제가 그 공식요청을 받지 않는 한, 중국의 법규를 지키기 위해서라도 신부들의 베이징 체류를 허락할 수 없다고 판단했다. 그러나 선교사들이 수도에 남는 것이 바람직하다고 여기는 사람들이 있었으니, 바로 시계태엽을 감으라고 임명된 태감들이었다. 만일 선교사들이 떠난 뒤에 이 놀라운 기계가 행여 잘못되기라도 한다면, 그들에게 어떤 화가 미칠 것인가? 사실 황제는 이러한 신기한 발명품에 매료되었다. 그런데 어느 태감이 신부들에게 한 가지 사정을 알렸다. 서양의 신기한 발명품에 대한 소식을 많이 들었던 태후가 아들인 황제에게 그것을 한번 보고자 보내라고 했을 때, 황제가 무척 당황했다는 것이다. 만일 태후가 자명종이 울리는 소리를 듣기를 좋아하게 되면 그것을 태후 곁에 놓아두겠다고 할 것이 걱정되었기 때문이다. 황제가 태후의 요청을 거절할 수 없게 되고 또 자명종들 가운데 하나를 태후에게 드려야 한다는 염려를 떨쳐버릴 수 없게 되자, 교활한 천자는 노모에게 꾀를 쓰기로 마음먹었다. 이에 따라 태후에게 자명종을 여러 개 보내기는 하였으나 미리 대책을 마련하여 종을 치는 기계장치를 멈추게 했다. 따라서 태후는, 이 자명종을 받았으나 조금은 실망하게 되었고, 곧 싫증이 나서 아들에게 그것을 돌려보냈다.

한편 리치 신부는 시랑이 황제에게 올린 두 차례의 탄원서에 대한 답이 내려오지 않자, 여러 벗들의 충고에 따라, 스스로 결정을 내릴 것이라고 결심했다. 그런데 며칠 후에 수석 태감이 와서 그에게 황제의 공식적인 의견을 전달했는데, 리치 신부가 베이징에 남아있도록 허가한다는 것과 그가 고국으로 돌아가거나 베이징을 벗어난다면 황제가 매우 유감스러워할 것이고, 황제가 그에게 명예롭게 시계를 작동시키기에 충분한 정기급여를 지급하도록 명했다는 내용이었다. 이런 좋은 소식을 듣고 선교사들의 얼마나 기뻐했을지 상상이 된다. 고단한 여행과 수많은 피로와 시련을 겪고 난 후에, 이제 베이징의 선교는 마침내 탄탄한 기반 위에 서게 되었고, 리치 신부와 그 동료들의 용기와 인내는 찬란한 성공의 면류관을 쓰게 되었다. 황제의 후원과 권세에 힘입어 선교사들은 이제 이 거대한 중국 땅에서 평화롭게 선교 활동을 할 수 있게 되었다.

리치 신부의 베이징 선교

서양에서 온 이 이방인들이 황실의 주목할 만한 은혜를 입었다는 소문이 해외에까지 퍼졌다. 중국 전역은 물론 대부분의 나라에 [예수회 신부들이 베이징에 정착하는 것에] 성공하였다는 소식이 퍼졌기 때문에 이들과 벗하려는 사람들의 수가 증가하는 놀라운 결과가 생겼다. 벗들이 사방에서 모여들었고, 대신들과 고관들, 대소 관원들이 이 가난한 선교사들에게 축하의 말을 건넸으며, 선교사들의 화려한 등장으로 나라가 크게 영화롭게 되었다고 단언했다. 며칠 동안 잔치와 온갖 찬사가 계속되었다. 그러나 리치 신부는 이런 하객들로부터 벗어나려고 애썼는데, 복음전파에 헌신해야 하는 귀중한 시간을 그런 사람들에게 빼앗기고 있었기 때문이었다. 리치 신부는 거처에서 정기적으로 집회를 개최했는데, 이 집회에는 베이징에서 유명한 사대부들이 리치가 그리스도교의 진리를 펼치는 것을 들으러 왔다. 리치는 비록 높은 지위와 명성을 얻었지만 자신이 "모든 사람에게 빚진 자"와 같다는 사실을 잊지 않았으며, 비록 자신보다 더 고귀한 신분의 방문자들을 예를 갖추어 반갑게 맞이했지만, 사회의 낮은 계층 사람들과 가까이하고, 그들과 오랜 대화를 나누는 일도 소홀히 하지 않았다.

리치는 날마다 강론을 펼치면서도 영향력 있는 서적이 얼마나 독서를 좋아하는 사람들에게 영향을 끼치는지, 그중에서도 문학이 언제나 가장 사랑 받고 있다는 사실을 잊지 않았다. 가까워지게 된 몇몇 사대부들의 도움을 받아, 리치는 몇 권의 책을 썼는데 그 책들은 지금까지도 중국인들의 사랑을 받고 있다. 그는 교리문답서를 집필하는데 많은 관심을 기울여왔고, 그 개정판을 출판하고자 했다. 가끔 리치와 함께 일했던 한림원 학사 중 하나가 이 중요한 책을 빨리 발간하라고 압력을 가하였으나, 리치 신부는 각주와 함께 문체를 정교하고 우아하게 가다듬어 조심스럽게 개정하기를 원했다. 어느 날 그 한림원 학사가 리치에게, "선생님, 저희 나라에서 어떤 사람이 무서운 병에 걸려서 목숨이 위태로울 지경에 이르렀습니다. 길을 지나던 유능한 의원이 이 환자를 보고, 눈물을 흘리고 있던 친척들과 친구들에게 말하기를, '이 불행한 사람의 임종이 임박했으나, 내게 고칠 수 있는 묘방이 있으니 이 사람을 치료해 주겠다고 약속하겠소.' 라고 하니, 그들은 '오 명민하신 의원님, 그 처방을 내려주세요!'라고 외쳤습니다. 이에 의사는, '안 되오. 집에 가서 훌륭한 언어로, 장식 문자를 사용하여 처방을 써야만 하오.'라고 답하였습니다. 환자의 친구들이, '이 상황에 언어나 문자가 무슨 상관이 있소? 우리가 원하는 것은 약이고, 그것도 바로 지금 필요하오.'라고 외쳤다고 합니다."라고 말했다. 한림원 학사는 이어서 "이 환자는 중국이고, 그 건강이 나빠진 이유는 불교와 도교라는 [잘못된] 약 때문입니다. 선생께서는 우리를 치료할 약을 갖고 계시니, 즉시 그 약을 우리에게 처방해 주십시오. 당신네 교리를 적은 언어 때문에 스스로를 괴롭히지 마십시오."라고 말했다. 리치 신부는 이 교훈적인 우화에 감동하여 교리문답서 발간을 서둘렀는데, 이 책의 첫 줄은 중요한 질문에 대한 대답으로 시작된다. "당신은 왜 종교를 믿게 되었는가? 하느님을 기쁘시게 하고 나의 영혼을 구하기 위해서." 이 구절처럼 항상 진리는 공자와 고대의 철인들이 꿈꾸었던 것보다 단순하면서도 숭고한 것이다.

중국의 황제는 3억 명이 넘는 사람을 지배했던 강력한 군주로서, 그에게 조공을 바치는 나라는 엄청나게 많았다. 그런데 그는 여전히 자신의 기이한 시계인 자명종自鳴鐘에 온통 매료되어 있었다. 그는 궁정 문을 닫고, 끊임없이 자성판 위에 있는 시침과 분침의 움직임을 보거나, 매 시간을 알리는 종소리를 즐겁게 듣는 일에 빠져 있는, 아마도 세상에서 가장 행복한 통치자였을 것이다. 그러나 인간은 죽고, 사물은 사라진다人有死, 物有壞! 어느 날 자명종이 멈추게 되자 그 움직임을 지켜보고 있던 태감들이 크게 당황했고, 천자는 슬픔에 빠졌다. 태감들은 리치 신부에게 가서, 그가 고장 난 자명종을 작동하게 만들어 천자를 다시 행복하게 해 달라고 부탁했다. 리치 신부는 궁정으로 가서 시계의 움직이는 부분을 청소하니, 시침과 분침이 다시 작동하게 되었고 황제와 시녀들, 태감들과 자금성에 사는 모든 사람들이 다시 자명종이 울리는 소리를 듣고 크게 만족해했다. 그이후로 다시는 이와 비슷한 불상사가 다시 일어나지 않도록 선교사들이 자유롭게 자금성에 들어와서 자명종이 잘 작동하고 있는지를 살펴보면서 도우라는 어명이 내려졌다. 이 소식이 베이징에 널리 퍼졌는데, 예수회 신부들의 명성이 최고조에 달했다.

조주에서 롱고바르디 선교사가 펼친 하층민 중심의 선교 활동

베이징에서의 선교가 이렇게 번창해가는 동안에, 남경, 남창, 조주의 선교는 중국인들의 무관심이나 반감 때문에 몇 해 동안 침체에 빠져 있었다. 그러나 베이징에서 온 기쁜 소식 덕분에 갑자기 새로운 활력을 얻은 것 같았다. 베이징에서 서방에서 온 이방인들이 그들이 믿는 종교를 자유롭게 전하고 있으며, 황제와 대신들의 커다란 총애를 받게 되었다는 말을 관리들이 듣고는, 선교사들에 대한 호감이 커졌다. 조주의 관리들은 롱고바르디Nicolo Longobardi 신부에게 관심을 가지고 세심하게 배려했고, 전에는 리치 신부에게 적대적이었던 관리들도 이제는 기회만 있으면 선교사들에게 더 친절하게 대했다.[99] 이에 많은 가정들이 개종했고 세례를 받았다. 하지만 이런 도시들에 사는 사람들의 열정적인 마음은 잠시 후에 식어버렸고, 영혼의 구원과 영원에 속한 일에 관해서 큰 관심이 없어지면서, 장사하는 일과 물질적인 이익을 추구하는 일에 빠져들게 되었다. 롱고바르디 신부는 시골 사람들이 하느님의 말씀을 더 잘 받아들일 것이라고 생각해서, 조주 근교를 복음화해 보기로 결심했다. 그리고 그는 이 순박한 촌사람들이 관리들, 부유한 상인들, 도회지의 선비들보다 천국에 더 가까이 있다는 것을 알게 되었다. 그는 어떤 마을에 복음을 전하려 할 때에는, 며칠 전에 열성적인 새 신자 한 명을 미리 보내어 선교사의 도착을 미리 알리고 복음의 씨앗을 뿌릴 바탕을 마련하게 했다. 그런 뒤에 신부는 그곳에 가서 모인 사람들을 권면하고 그들에게 십계명과 그리스도교 신앙의 요점을 간략하게 설명해 주었다. 그 말을 듣고 마음이 움직인 사람들에게 이름을 적어내라고 했고, 제단을 준비하여 그 위에 구세주의 상을 올려놓고 촛불을 밝힌 다음, 함께 기도를 올렸다. 선교사는 이어서 초심자들에게 교리문답서를 나누어주었고 그들에게서 우상과 미신을 버리겠다는 약속을 얻어냈다. 세례식이 있을 때까지 정성을 들여서 교리를 배우고 하느님의 계명과 교회의 계율을 지키라고 했다. 이것은 그들이 받아들이기로 했던 그리스도인의 삶을 훈련하는, 즉 일종의 신앙적인 견고함을 단련하는 것이었다. 세례를 베풀 날을 정했고, 세례의식은 화려하고도 엄숙하게 진행되었다. 근처 마을에서 새 신자들을 초청하였고, 세례를 축하하는 마지막 순서로 이제 막 세례를 받은 사람들을 음악과 함께 집까지 바래다주신 의식을 치렀다. 이것은 마치 관리를 수행하는 행렬과 비슷해 보였다. 언제나 축제와 의례를 좋아하는 중국인들은 이런 작은 의식을 행하는 것

99) 니콜로 롱고바르디(Nicolo Longobardi, 龍華民, 1565-1655)는 이탈리아 시칠리아 출신의 예수회 선교사. 1597년 중국에 입국하여 소주에서 활동하다가 1609년 베이징으로 가서 마테오 리치에게서 후계자 훈련을 받았다. 리치 사후에 하느님의 이름을 놓고 다른 견해를 보이며 오랜 내부논쟁을 이끌었다. 서양도서의 도입에 노력하였고, 남경교안 때도 베이징에 머물면서 활동을 계속하였다. 1631년에 조선 사신 정두원(鄭斗源)과 접촉한 일이 있으며, 산동지방 선교에도 심혈을 기울였다. 저서로는, 『聖若瑟法行實』, 『地震解』 등이 있다.

을 좋아했다. 인류의 종교가 될 운명인 가톨릭은 편협하고 배타적인 종교가 아니라 여러 민족의 독특한 관습 가운데서 해가 되지 않고 허용될 수 있는 관습은 어느 것이든지 기꺼이 수용하는 종교이다. 참다운 종교는 개인의 특성은 물론이고 민족의 특성을 파괴하지 않는다.

롱고바르디 신부가 시골 농부들에게 복음을 전하는 데 성공하자, 그 파장이 도시에까지 미쳤고 이에 시민들은 크게 열광했다. 이제는 조주에 복음을 전하여 교리문답 수강자들과 새 신자들이 크게 늘었고, 일찍이 중국에서는 듣지도 보지도 못한 광경이 벌어졌는데, 때로는 도시에서, 때로는 시골에서, 부자와 가난한 자, 배운 자와 무식한 자, 농부들과 관리들이 함께 어울려 식사하고 하루 동안 즐거운 마음으로 친교를 나누며 세례를 축하하는 장면이었다. 이런 일이 일어난 것은 오로지 그들이 만인의 아버지이신 하느님께 기도하면서 함께 무릎을 꿇었다는 이유 때문이었다. 평등은 진심으로 "하늘에 계신 우리 아버지"라고 말할 수 있는 사람들에게만 실제로 존재할 수 있다. 따라서 새롭게 그리스도인이 된 사람들 사이에는 친밀감이 더욱 커져서, 거의 모든 중국인의 영혼을 시들게 했던 냉철한 이기주의와는 큰 대조를 이루었다. 중국 사회의 여러 계층이 하나 될 수 있었던 것은 선교사들의 가르침이 유익을 끼친 중요한 일 가운데 하나였을 것이다. 어떤 마을에서는 이웃들의 강력한 반대에 반대에도 불구하고 유력한 가문의 온 가족이 그리스도교를 믿게 되었다. 마을 사람들은 여러 가지 방법으로 이 가족에게 겁을 주어서 신앙을 버리게 만들려고 하였다. 그들은 그 가족이 외국 종교를 받아들인 것을 비난했으며, 또 중국의 신들이 노한다며 이 가정을 위협하는 일을 멈추지 않았다. 어느 날 이 새 그리스도인의 집에 불이 났는데 이웃들은 도움을 주기는커녕, 서서 불구경을 하면서 그것이 배교자에게 내리는 형벌이라고 크게 흡족해하는 것 같았다. 순식간에 집은 잿더미로 변했다. 하지만 이웃에 사는 그리스도인들이 화재 소식을 듣고서 자발적으로 기부금을 모아 불행을 당한 형제의 집을 새로 지어 주었다. 그들은 필요한 건축자재를 가져와 자기들이 직접 집 짓는 일을 도왔는데, 마치 폐허에 마술을 부린 것처럼, 얼마 지나지 않아 전보다 더 아름다운 집이 들어서게 되었다. 새 신자들은 그들이 자발적으로 모은 금품을 가지고 새로 지은 집에 가재도구를 들여다 놓았다. 이교도들은 그리스도교가 말하는 사랑의 순정한 불꽃이 화마로 인한 재해를 어떻게 복구하지를 존경하는 마음으로 바라볼 뿐이었다.

조주와 인근 마을의 주민들은 점차로 그리스도교에 대해 알게 되었다. 새 신자들이 헌신하는 아름다운 모습을 바라보면서 그 근원이 그리스도교에 있다는 것을 점점 깨달았다. 날마다 새로운 신자들이 생겨났으나 주민들 대부분은 무감각한 상태였다. 다수 대중의 관심이나 열정은 보이지 않았다. 사실 중국인들은 무관심과 미신 때문에 열정을 가질 수 없는 듯하다. 무관심과 미신 두 가지는 서로 양립할 수 없는 것이지만 [중국에서는] 종종 하나가 되는 듯이 보여진다. 이 사람들은 극도로 회의적인 사람들이었지만[따라서 무관심했지만], 동시에 그들은 매우 불합리하고도 사치스러운 관행에 여전히 빠져 있었다[미신적이었다]. 그들이 이런 관행에 여전히 매달린 이유는 조상 대대로 이어온 관습을 바꾸지 않기 위해서였다. 조주 교당에 소속된 중국인들도 그리스도교의 신을 기꺼이 받아들였으나, 그들이 섬기던 우상들, 특히 집안의 조그만 벽감에 촛불을 켜고 향을 피우며 모시고 있는 우상들을 여전히 섬기고 있었다. 그 이유는 그런 우상들을 좋아해서가 아니라, 우상을 없앨 경우에 생길 공허감 때문이었다. 그들은 우상을 없앨 경우 결과적으로 성가신 일이 생길지도 모른다고 생각했다. 가정의 수호신[터주]은 쫓아내면 안 되었기 때문이다. 만일 그들이 가정의 수호신을 없앤다면 조상들은 이에 대해 어떻게 생각할까? 많은 중국인들은 그리스도교를 받아들이면서도 여전히 이런 미신을 몰래 감추었다. 이런 미신들은 새로운 개종자들에게는 계속해서 골칫거리였고 괴로움과 핍박의 원인이 되었다. 주위 사람들은 새 신자들에게도 여전히 [불교] 사찰을 세우거나, [미신적인 내용의] 연극을 준비하거나, 비가 오기를 빌거나 청명한 날씨를 기원하면서, 함께 행진하자고 졸라댔다. 진정한 그리스도인에게는 그러한 관습을 따르는 것이 허용되지 않았으므로, 온갖 다툼과 원통함이 이에서 비롯되었다. 강인한 성격을 가진 사람들이라면 이를 쉽게 극복할 수 있었지만, 소심하고 아둔한 성격을 가진 사람들에게는 결단을 내리기가 쉽지 않은 일이었다.

하루는 롱고바르디 신부가 조주 근처의 꽤 큰 마을에 있었는데, 그곳에는 새 신자들의 도움으로 마련한 조그만 숙소가 있었다. 그곳 시골 사람들이 소란한 소리와 과장된 행동으로, 새로 세우는 절에 안치할 불상을 옮기고 있었다. 중국 신화에 따르면, 불상에 점안點眼하는 것은 매우 특별한 일로, 부처상의 이마 한가운데 큰 안구 하나를 덧붙이는 일이었다. 이 행진의 목적은 그 구역에 사는 집에 찾아가 절을 세우는 비용을 충당하기 위한 보시를 받기 위함이었다. 이 행렬이 롱고바르디 신부의 숙소 앞으로 와서는 북을 두들기며 집안으로 들어와 앞마당을 가득 메우게 되었다. 신부가 서둘러 나가서 자기 숙소에 의기양양한 여덟 명의 불교 승려들에 둘러싸인 중국판 키클롭스 동상이 서 있는 것을 보고 매우 놀랐다.[100] 신부는 즉시 행렬을 주관하는 사람에게 무슨 일로 왔느냐고 물었는데, 거기에 있던 모든 사람은 이 신부가 자신들의 '눈을 치료해 주는 신'에게 경의를 표하지 않는 것을 보고 매우 놀랐다. 행렬이 들어갔던 다른 집에서는 모두 이 불상 앞에 엎드려 초와 향에 불을 붙였기 때문이다. 이 행렬의 책임자는 "호광湖廣에 세우는 절을 위해 시주를 받으러 왔소."라고 말하였다. 롱고바르디 신부는 "당신들의 종교적 열정에 크게 감동했소만, 당신들이

100) 키클롭스(Cyclops)는 호메로스의 『오디세이아』와 그리스 신화에 나오는 시칠리아 섬에 살았던 애꾸눈을 가진 거인이다.

인간들의 공경을 받아 마땅하신 유일한 하느님을 모르는 것을 보니, 내 마음이 아프오. 나는 이 유일하고 참되신 하느님을 공경하오. 우상들은 내게 아무런 의미도 없으니 그들에게 예배를 드릴 수 없소."라고 말하였다. 이 말에 많은 사람들이 웅성거리기 시작하더니, 곧 큰 소리를 지르며 정해진 보시를 하라고 요구했다. 롱고바르디 신부와 친분이 있었던 사대부 하나가 신부를 이런 난처한 상황에서 벗어나게 하려고 그에게 다가와, "선생, 당신은 이 고장에서는 나그네가 아니오. 이 고장에서 환대를 받았는데 사람들의 요청을 거절하시는 이유가 뭐요?"라고 물었다. 선교사는 "유용하게 쓰면서 내 양심에 거스르지 않는 용도에 사용할 보시를 하라고 한다면, 이를테면, 가난한 사람들을 돕겠다든지, 길을 고치겠다든지, 다리를 놓겠다든지, 그런 것이라면, 아량이 없지 않았을 것이오. 그러나 당신들이 섬기는 우상을 위해 보시한다는 것은 내가 믿는 하느님을 모욕하는 보시가 될 것이오."라고 답하였다. 그 선비는 롱고바르디 신부의 거절이 인색함에서 나온 것이 아니라는 점을 잘 알고 있었으므로 "선생이 망설이는 것은 이해가 되오. 그러나 이를 극복하는 방법이 있소. 보시를 할 때 그 우상은 생각하지 말고, 사람들을 위하는 것이라고 여기고 하시오."라고 말하였다. 그렇지만 롱고바르디 신부는 이 중국인 궤변가의 이해하기 어려운 구분법을 받아들일 마음이 없었고, 결국 그 행렬은 양귀자들에게 욕설과 저주를 퍼부으며 떠나갔다.

중국의 그리스도인들은 이런 종류의 괴로움에 언제나 노출되어 있었다. 특히 관리들이 그들에게 적대적일 경우 그것은 사소한 괴로움이 아니라 강탈, 투옥, 형틀 같은 극심한 고통을 초래했다. 가장 못마땅한 종류이면서 때로는 선교의 진척을 크게 방해하는 핍박은, 미묘하고도 전혀 예기치 않은 방식으로 생겨났다. 한번은 조주에서 박람회가 열렸는데, 중국에서는 어느 곳에서건 박람회라고 하면 어마어마하게 많은 사람이 모여든다. 물건을 사고파는 사람들 뿐 아니라 기분 전환 겸 오는 사람들도 엄청나게 많다. 그래서 중국의 박람회는 무척 시끄럽고도 활력이 넘치는데, 도처에서 수많은 협잡꾼과 사기꾼들을 만나게 된다. 이 조주의 박람회에 유랑극단이 하나 들어왔는데, 그들이 공연을 하면 관중석에서 참을 수 없는 웃음이 터져 나왔다. 이 극단은 마카오에서 방금 도착하였는데, 공연을 보면 주로 포르투갈인들, 아니 유럽인들을 양귀자라고 조롱하는 내용이었다. 중국인들이 그린 커다란 걸개그림들이 무대를 두르고 있었는데, 마카오에 사는 이방인들의 거동과 관습을 만화로 그린 것들이었다. 그림에 붙은 설명을 보니 관중에게 익숙하고 익살맞은 내용으로 가득 차 있었고, 사회자가 입을 열 때마다 흥겨움에 겨운 고함소리가 말을 가로막았다. 중국인들은 꽉 조인 옷, 붉은 칠을 한 얼굴, 커다랗고 둥근 두 눈과 길 다란 코를 가진 등장인물들을 보고 즐기면서 싫증을 내는 법이 없었다. 그림들을 보여주고 난 뒤에는 배우들이 천박한 장면을 보여주는데, 포르투갈인으로 변장하고서 온갖 터무니없고도 저질스러운 장면을 연출하면서, 관중들의 즐거움을 사기 위해 그리스도교의 의전을 흉내 냈다. 이러한 섬뜩한 느낌을 주는 풍자극은 관중들에게서 뜨거운 반응을 얻고 있었으므로 선교사들의 선교에 심각한 장애가 되었다. 그러나 나쁜 인상은 점차 사라지게 되었는데, 조주에 사는 중국인들이 그곳에 사는 유럽인들에게서 그들이 과연 언제나 사악하거나 어리석은 사람들인지를 스스로 판단하는 방법을 알아냈기 때문이었다.

이 이방인들은 어릿광대들이 서민들의 경멸과 조롱을 불러일으키려고 하는 대상이었지만 열정과 인내를 가지고 중화제국에서 접한 거센 반대를 극복하고 승리했다. 이제 유럽과 그리스도교는 자신들 외에는 지구상의 어느 누구도 인정하지 않았던 민족에게 어느 정도 알려지게 되었다. 조주, 남창, 남경과 베이징의 선교가 마치 네 개의 커다란 등대처럼 복음의 빛을 남쪽과 북쪽의 여러 성에 비추고 있었다. 선교사들은 교리문답서, 그리스도교에 대한 변증서, 과학과 지리학에 관한 책들을 저술하는 일을 적극적으로 진행했는데, 이 책들은 중국 전역에 널리 유포되었다. 사대부들과 하층 계급이 모두 동일한 호기심을 가지고 이 책들을 읽었으며, 최고의 문명국이라는 자부심과 자만심에 가득 차 있던 중국인들은 서쪽 바다 너머에도 커다란 나라들이 있다는 것을 알게 되었다. 그들의 예술, 문학과 과학이 상당한 수준이었고, 하느님과 인간 영혼의 불멸에 관한 그들의 교리가 중국의 고대 철학자들의 학설을 훨씬 능가한다는 것을 알고 중국인들은 매우 놀랐다. 대부분의 중국인들은 이런 신기한 사실을 확인하면서 크게 만족했다. 그러나 비록 그리스도교가 분명히 훌륭하고 탁월한 종교일지라도 결국은 이방인들이 들여온 것이고, 그들의 선조들은 알지 못했던 종교이므로 중국인들에게는 맞지 않는다고 여기고 자기네들이 섬기는 우상들에게로 돌아가는 일이 많았다. 그럼에도 불구하고 하느님의 은혜로 택함을 받은 영혼들은 이러한 터무니없는 민족적인 편견을 극복할 수 있었고, 구원의 교리를 진지하게 탐구하여 경건한 성실함으로 그리스도교에 속했다. 그들은 이전에 가지고 있던 미신을 포기할 수 있었다. 교당이 세워진 모든 곳에서 신자들의 수가 점점 늘어났고, 이러한 새 그리스도인들은 종종 단순하고 감동적인 열정으로 활동을 하여, 한 마음과 한 영혼을 이루었던 초대교회 신자들을 떠올리게 했다. 인류의 구원자에게 처음으로 경배한 사람들은 목자들이었던 것처럼 중국에서도 그리스도교를 처음 받아들인 사람들은, 비록 나중에는 새 신자들이 중국 사회의 모든 계층에서 생겨났지만, 단순하면서도 순진한 사람들이었다. 고위관리들과 저명한 사대부들이 십자가 앞에 무릎을 꿇은 가난하고 무식한 사람들과 함께 어울렸고, 십자가 밑에 자신들의 재산, 체면, 지식을 내려놓았다.

베이징 선비 이응시의 신앙고백과 리치의 현지인 양성

도시와 시골에 많은 교당이 세워졌고, 수 세기 동안의 침묵 끝에 중국 땅에서 진정한 하느님을 찬양하는 소리가 다시 울려 퍼졌다. 어디서나 가톨릭교회의 미사가 장엄하게 거행되었고, 특히 성인들에 대한 세례 미사가 더욱 장엄하게 진행되었다. 첫 성례를 받기 전에 입문자는 과거에 지은 죄를 회중들 앞에서 고해하는 관례도 만들어졌다. 자신의 감정을 적절하게 표현할 수 없는 무식자들을 위해 고해 문구도 만들었는데, 그 문구들 가운데는 매우 흥미로운 신앙고백도 들어있다. 트리고 신부는 베이징의 유명한 선비인 이응시李應試의 신앙고백문을 간직하고 있었는데, 우리는 중국인들의 사도가 된 이 열정적인 그리스도인에 관해 언급하려고 한다.[101] 그의 신앙고백은 다음과 같았다.

> "죄인인 저 이 바오로[이응시]는 온 마음 성실함으로 예수 그리스도의 거룩한 법을 받아들입니다. 이에 저는 될수 있는 한 천주를 향해 저의 영혼을 올려드리니, 천주께서 제 기도를 버리지 마시고 기쁘게 받아 주시기를 간청합니다. 이 죄인은, 황제의 도시인 베이징에서 태어난 후 지금까지 참 하느님의 법도를 들어본 적이 없었고, 또 이 거룩한 교리를 전하는 사람을 한 번도 만난 적이 없었습니다. 그러므로 저의 모든 행동을 보면, 밤낮으로 매시간 어둠 속에서 방황하는 장님이며, 어리석은 사람과 같았습니다. 그러나 기쁘게도 얼마 전에 저명하고 탁월한 분들을 알게 되었는데, 그분들은 서양에 있는 나라에서 태어나셨고, 마테오 리치와 디타쿠스 판토하라는 분들이었습니다. 저는 그분들로부터 예수 그리스도의 지극히 거룩한 법도를 받아들였고, 그분들은 제게 그리스도의 성상을 감상하고 예배할 기회를 허락해 주셨습니다. 그런 후에 저로 하여금 천부와 세상을 구원하시려고 주신 법도를 알게 하셨습니다. 제가 온 정성을 기울여 거룩한 법도를 받아들이고 그것을 배우며 따르는데 어찌 어려움이 있을 수 있겠습니까? 하지만, 저는 젊었을 때부터 마흔 셋이 되기까지 무지와 흑암에 빠져서 실수와 죄악의

101) 이응시(李應試)는 무관이며 수학자, 점성가로 베이징에서 최초로 개종한 사인들 가운데 한 명이었다. 임진왜란에 참전했다. 마테오 리치, 『마테오 리치의 중국 선교사 II』, 신진호, 전미경 역 (서울: 지만지, 2013), pp. 735-737 참조.

아득히 먼 곳에 빠져있었습니다. 이제 자비하신 성부께서 연민과 관용으로 저를 살피시고, 저의 부정직한 행위, 거짓된 행동, 더러운 짓, 욕설, 무분별하고도 뻔뻔스러운 말, 못된 욕망, 제가 알면서도 혹은 모르는 가운데 지은 크고 작은 모든 죄를 용서하여 주시기를 기도합니다. 저는 앞으로, 거룩해져서 저의 죄과를 고치고 벗어나기를 기도합니다. 저는 성령과 진리 안에서 천주를 공경할 것이며, 전심으로 십계명을 지키겠습니다. 그리고 저는 과거의 타락한 생활에서 벗어나, 이 시대의 그릇된 생각을 버리고, 하느님의 법도에 어긋나는 모든 것을 버리겠습니다. 아직은 새롭게 거듭나 배우고 있는 단계이므로 교리의 숭고하고도 심오한 이치를 다 깨닫지 못하였습니다. 선하신 성부, 전능하신 창조주, 천지의 자비로운 보호자이신 당신께 간구하오니, 사람의 마음에 품을 수 있는 이 모든 것들을 이해할 수 있는 능력을 제게 주시고, 제게 은혜를 베푸셔서 제가 배운 모든 것들을 실행에 옮기게 하시고, 사나 죽으나 제게서 죄와 허물을 없애주시고, 천국에서 하느님과 동행하는 즐거움을 허락하소서. 제가 당신의 법도를 받았사오니 그 법도를 당신의 종들이 온 세상에 전한 것처럼, 만방에 전하여 사람들이 그 법도를 받아들이도록 설득하는데 저를 사용해 주십시오. 하느님께서 제 마음에 생긴 이 소원을 들어주시기를 간구합니다. 대명 만력 13년(1585년) 8월 6일에 고백합니다."

리치 신부가 제국의 수도에 교당을 세우는 데 성공한 이후로 그리스도인들이 크게 늘어나자, 선교사들의 숫자도 이에 따라 늘어나게 되었다. 인도에 있던 순찰사는 꽤 많은 사도들을 보내어 선교사를 증원히였고, 중국인 교역자를 양성하기 위해 마카오 신학원에서 많은 노력을 기울였다. 성직자가 되려는 중국 청년 여러 명이 한적한 곳에서 교육을 받았고, 교회의 명을 받은 청년들이 선교사의 삶을 훈련하기 위해, 선교사들과 함께 중국 내지로 들어갔다. 예수회는 선교사역에서 현지인 성직자를 양성하는데 소홀했다고 크게 비난받아 왔는데, 사람들은 선교사들이 선교지에 계속 필요하도록 하고, 또 그들 마음대로 아무런 통제도 받지 않고 이 신생 교회들을 통제하기 위해서였다고 말했다. 이런 해석은 영혼의 구원을 위해 목숨을 바친 사람들을 설명하기에 매우 부적절하고, 우리에게 남겨준 중국선교 초기의 자료를 보더라도 이러한 비난은 매우 잘못된 것이다. 리치 신부는 안정된 생활을 보장 받은 후에 교당을 세우자마자, 마카오에 중국인 교역자 양성을 위한 신학원Seminary at Macao을 세우려고 서둘렀다. 유럽 선교사의 도움을 받지 않기 위해 중국인 성직자에게 자격을 주는 것에 대한 문제는 다음에 다시 다루어야 할 주제이기는 하지만, 예수회는 [현지인 성직자 양성에] 의지가 부족한 것이 아니었다.

한림원 학사 서광계의 개종

리치 신부가 베이징에서 발간했던 과학과 종교에 관한 주목할 만한 저서들은 선교사들에게 호의적인 여론을 형성해 왔으며 특히 관료들과 사대부 계층에게 큰 영향을 주었다. 중앙정부의 고관들과 심지어 한림원에서도 많은 개종자가 생겼다. 잘 알다시피 유명한 한림원은 최상급의 선비들로 구성되어 있다. 이곳은 과거시험을 관장하는 시험관들과 공적인 행사를 위한 문장가들이 있는 곳으로, 보통은 학문연구를 격려하고 모든 지적인 진보를 장려하는 곳이다. 학사들로 구성된 한 위원회는 공문을 작성하는 일을 맡았고, 다른 위원회는 한문, 몽골어, 티베트어로 된 서적들을 개정하는 일을 맡았는데, 그 출판비용은 나라의 재정으로 충당하였다. 한림원 학사 둘이 황제의 궁정에 머물면서 다른 학자들의 연구와 활동을 감독했다. 사관史官들과 연대기 기록자들도 한림원 소속이었는데, 사관들은 지난 역대歷代의 역사를 집필하는 임무를 맡았고, 모두 22명의 연대기 기록자들은 당대當代의 역사를 날마다 기록하였는데, 이 기록은 새로운 왕조가 들어서기까지는 절대로 공개되는 일이 없었다. 사관들은 한꺼번에 네 명씩 번갈아 가며, 황제의 모든 행차를 따라다니며 황제의 언행을 현장에서 기록한다. 그러므로 사람들은 한림원이 아주 영향력 있는 기관이라고 믿고 있었고, 한림원 학사들은 제국의 전역에서 현인이며 대가라는 칭송을 받았다. 한림원 학사들 가운데 둘이 세례를 받았다는 소문에 널리 퍼지자, 그리스도인들을 대하는 태도와 생각에 큰 변화가 생겼다. 아무도 전시殿試에서 장원을 한 유명한 학사 서광계가 고백한 교리에 의문을 제기하지 못했다.[102)]

중국 왕실의 개종

1605년 베이징 교당에 소속된 새 교인들의 숫자는 200명이 넘었고, 같은 해에 리치 신부에게 중국 전역에 그리스도교를 전파하는데 큰 희망을 안겨준 개종자들이 생겨 [중국의 그리스도교 역사에] 두드러진 기록을 남겼다. 황자皇子들 가운데 한 명이 요셉이라는 세례명으로 세례를 받았고, 그의 간절한 권유로 황족 여러 명이 뒤이어 세례를 받았기 때문이다. 그의 형은 그리스도교 서적을 열심히 공부하여 입문 단계에 들어갔고, 두 사촌 형제들도 그의 뒤를 따랐으며, 이 세 황자 모두가 공현대축일에 엄숙한 분위기에서 함께 세례를 받았다. 탄생한 아기 구세주를 경배하러 왔던 동방박사 세 사람을 기념하여, 이들에게 각기 멜키오르Melchior, 가스파르Gaspard, 발타자르Balthasar라는 세례명이 주어졌다.

102) 서광계(徐光啟, 1562-1633)는 명나라 松江府 上海縣 사람으로, 字는 子先, 號는 玄扈이다. 상해의 첫 그리스도교인으로 알려진 그의 세례명은 바오로(Paul)였다. 1596년 소주에서 카타네오 신부를 처음 만났고, 1600년에 마테오 리치를 만났다. 1603년 남경에서 로챠 신부에게서 세례를 받았고, 이듬해 진사가 되어 한림원 학사로 일했다. 禮部尙書, 文淵閣大學士를 역임하였다. 천문과 曆算에 능해서 우르시스 신부와 함께 觀象器具를 제작하였고, 롱고바르디. 슈레크, 로 신부 등과 함께 역법을 수정하였다. 서양선교사들의 중국선교를 적극적으로 도우면서 선교사들과 함께 서양서적을 한문으로 번역하였다. 李之藻, 楊廷筠과 함께 중국 그리스도교 초기의 三柱石柱으로 불린다.

요셉 황자의 어머니는 불교라는 미신에 크게 중독되어 있어서, 10년 넘게 금욕파에 속해 있었다. 모후가 이 종파에 속하였으므로 육류와 생선, 계란이나 또 생명이 있는 어떤 것이라도 절대로 먹지 않겠다고 맹세했으므로, 오직 채소만 먹고 살았다. 불교 신자들이 그러한 서약을 충실히 지킨다면 죽은 후에 그 영혼이 이동하여 다시 인간으로 태어날 것이라고 믿었다. 이들은 이런 커다란 보상을 받으리라는 희망을 가지고 지속되는 고행을 견뎠으며, 이 생에서 인간에게 가해지는 온갖 고난과 원통함을 참아낼 수 있었다. 그들은 확실히 커다란 보상을 받으리라 믿었고, 때로는 그들의 남편이 여자로 변했을 때 하게 될 복수를 미리 약간 맛보면서 즐기는 것을 상상하기도 한다. 매년 절기에 따라 이 금욕파에 속한 사람들은 평판이 좋은 특정한 사찰을 향해 행진하기도 한다. 가난한 여인들이 비틀거리며 지팡이를 짚고 염소처럼 작은 발로, 언젠가 남자들의 학대에 앙갚음할거라는 희망을 가지고 고통스럽게 순례 하는 모습을 보게 된다.[103] 명나라의 연로한 모후는 헌신적으로 이 금욕파의 가장 굴욕적인 관례를 지켜왔다. 그러나 그녀의 아들들이 그리스도인이 되고 나서 큰 변화가 생겼다. 아들들은 모후의 눈이 열려 잘못한 일을 깨닫게 되는 기쁜 순간을 경험했는데, 모후는 아무리 수많은 고행을 하더라도 그녀가 꿈꾸던 복을 받을 수 없다는 것을 깨닫게 된 것이었다. 그리하여 모후는 마침내 오랫동안 해 왔던 금식을 그치고 그리스도교의 가르침을 받아들이기로 하였다. 판토하 신부가 교당의 일을 맡고 있었으나, 중국 여인들, 특히 최상위 계층의 여인들은 이방인들 앞에 모습을 드러낼 수 없었으므로 모후는 휘장을 친 채로 선교사의 가르침을 받아들였다. 모후가 세례를 받기로 한 날이 되자, 모후 외에도 판토하 신부에게 교리문답서에 관한 설명을 함께 들었던 그녀의 벗들과 시녀들도 모두 모여들었고, 그들도 기꺼이 그리스도인이 되었다.

---

103) (원주) Chinese Empire.

마카오에서 발생한 중국인 폭동과 그 여파

이처럼 중국 내지에서 그리스도교가 황족들의 가슴까지 파고 들어가고 있을 때, 포르투갈 식민지와 가톨릭 선교회를 모두 파괴하려고 위협했던 검은 구름이 마카오 지평선 위로 몰려오고 있었다.[104] 네덜란드 상인들은 포르투갈 상인들이 인도 원정에 나서 성공을 거둔 것을 질시했고, 특히 그곳에서 부를 축적한 것이 탐나서 많은 선박을 무장시켜 동쪽 바다로 보내 해적질을 일삼았다. 이 대담한 악당들은 몰루카Moluccas제도를 휩쓸고 순다Sunda해협의 여러 섬들을 황폐하게 했다. 이렇게 얻은 노획물만 가지고는 성이 차지 않자 그들은 소함대를 조직하여 대만臺灣을 점령하려고 했다. 하지만 중국인들에게 여지없이 격퇴 당하자, 눈길을 마카오라는 작은 식민지로 돌렸다. 그러나 포르투갈인들은 그들의 이런 계획에 관한 정보를 미리 듣고 마카오를 요새화하기로 했다. 네덜란드 해적들의 출몰에 대비하여 포르투갈인들은 바다에 면한 깎아지른 절벽 위에 튼튼한 성벽을 순식간에 쌓아올렸다.

외국인들에 대하여 언제나 반감을 품고 있던 중국인들이 이를 기회로 삼아 포르투갈인들에 반대하는 민란을 일으켰다. 중국인들은 포르투갈인들이 중화제국을 점령하려고 이미 여러 개의 성채를 세웠다고 주장하면서, 최근에 세운 여러 지역의 교당들이 이런 성채에 해당한다고 생각했다. 그런데 포르투갈인들이 이제 바다에 면한 요새를 세우고 있지 않은가! 중국인들은 심지어 카타네오 신부가 중국 황제로 내정되었으며, 이 선교사가 최근에 마카오로 돌아와서도 중국식 복장을 여전히 입고 있는 것이 그 좋은 증거라도 말하였다. 소문에 의하면 그가 거느리고 있는 선장들과 일당들이 이미 내지에 숨어들어, 앞서 말한 네 군데의 교당을 중요한 전략적 거점으로 확보하였다고도 하였다. 이런 터

104) 마테오 리치, 『마테오 리치의 중국 선교사 II』, 신진호, 전미경 역 (서울: 지만지, 2013), pp. 831-845 참조.

무니없는 소문이 중국인들 사이에 악의적으로 유포되었고, 마침내 원주민 봉기로 이어졌다. 중국 군중들은 포르투갈 교당을 요새라고 계속 주장하면서, 이 가운데 하나에 난입하여 약탈하고 불을 질렀다. 포르투갈인 한 명이 성모의 그림을 찢어버리려는 중국인에게서 그것을 낚아채자, 이를 계기로 그 중국인은 온 시내를 헤집고 다니면서 동포들에게 복수하자고 선동하였다. 포르투갈인들의 노예인 아프리카인들이 찢겨진 성모의 그림을 보고는 자발적으로 부대를 만들었는데, 그들의 용기와 힘은 종교적 열정으로 크게 고양되어 있었다. 그들이 이교도들 가운데로 뛰어들자, 모두 도망쳤다. 그런 뒤에 직접 복수를 하겠다고 관아로 가서 약탈하고는, 난동의 주동자를 찾아내어 대나무 몽치로 심하게 매질을 한 뒤에 신학원에 가두었다. 이런 일이 있고 나서 이웃 마을인 향산香山의 관리들이 포르투갈 당국과 합의한 끝에 질서가 회복되었다.

그럼에도 불구하고 폭동의 불이 완전히 꺼지지 않고 있었는데, 중국인 선비 하나가 큰불을 다시 불붙이는 방법을 찾아냈다. 그는 '다가오는 외국인의 침입'이라는 소책자를 하나 발간했는데, 악의와 냉소로 가득한 허구였다. 이 책자에서 그는 카타네오 신부를 황제의 자리를 노리는 자로 묘사하였다. 신부는 마카오에서 베이징 사이에 있는 중요한 도시 모두를 방문했고, 육로와 수로 모두를 완벽하게 꿰뚫고 있으며, 중국의 예절과 관습은 물론 중국어에도 능통하다고 적었다. 신부에게는 이미 많은 병사가 있으며, 단지 결정적인 때가 오기를 기다리며 서방에서 큰 함대가 오기만을 기다리고 있다는 것이었다. 순다에 있는 왜구들과 말레이인들 모두가 신부와 동맹을 맺었고, 이 막강한 군대가 곧 모습을 드러내게 되면 마카오에 사는 불쌍한 중국인들은 끝이라고 주장했다. 중국의 신민들은 노예로 전락하게 될 것이고, 중화제국은 야만인들의 손아귀에 들어간다고 했다. 이 소책자는 널리 유포되어 수많은 사람이 이를 탐욕스럽게 읽었고, 마카오의 중국인들은 극심한 공포를 느꼈다. 사람들은 서둘러 자기 짐을 챙겨, 남녀노소 온 가족이 도망치듯이 광동으로 피난을 갔다. 바다는 중국인들의 짐을 싣고 도망치는 정크들로 뒤덮였고 해변에는 가재도구들이 수북이 쌓였다. 마치 무시무시한 함대가 실제로 눈앞으로 다가와 사람들이 피할 시간이 거의 없는 것처럼 보였다. 며칠 만에 마카오에는 포르투갈인들과 흑인 노예들만 남게 되었다.

한 무리의 난민들이 광동에 닿자, 그들은 마카오 시내에 불어 닥쳤던 공포의 분위기를 그대로 전해주었다. 광동에 거주하는 판관들, 관리들, 서민들, 총독에서 짐꾼들에 이르기까지 모든 이들이 이제 곧 양귀자의 희생제물이 될 거라고 믿게 되었다. 민병대가 소집되었고, 전투 선박들이 무장태세를 갖추었으며, 경비대가 강화되었고, 성벽에는 밤낮으로 보초가 배치되었다. 또 도시의 방어태세를 정비하려고 성벽과 주강珠江 사이에 있는 모든 집을 헐게 하였다. 소문에 의하면, 이 때문에 천 채가 넘는 가옥들이 파괴되었으며, 보안을 더 강화하려고 강 쪽으로 면한 성문들은 돌덩이와 회반죽을 덧발랐다고 한다. 또 시민이라면 누구라도 마카오의 주민을 집안으로 들이는 것을 엄금한다는 방이 나붙었는데 그 내용에는 "[마카오의] 주민들 가운데 한 명이 바로 중국을 집어삼키려는 '카타네오'라는 자"라는 구절이 있었다. 총독은 이러한 철저한 사전 준비에도 만족하지 못하고 베이징으로 파발을 띄어 황제에게 다가오는 위험을 알렸다.

이러한 놀랄만한 사건 때문에 베이징에 있는 선교사들이 큰 고난을 받게 되리라는 것은 상상이 되는 일이었다. 실제로 이 일로 중국의 모든 교당이 거의 소멸 될 지경에 이르게 되었다. 마카오에 남아있는 포르투갈인들 역시 아주 위태로운 지경에 놓이게 되었다. 중국인들과의 교류가 모두 중단되었을 뿐 아니라 실제로 기근이 닥쳐 굶어 죽게 되는 상황을 맞게 되었다. 마카오 자체는 거친 바위 덩이에 지나지 않았기 때문에 이 식민지의 주민들에게는 향산과 광동에서 중국인들이 반입해 주는 식품 말고는 다른 먹을 수 있는 양식이 없었다. 따라서 포르투갈 당국에서는 총독에게 매우 초라한 행색의 사절을 보내어 [중국인들의] 엉뚱한 상상과는 자신들이 얼마나 다른지, 또 얼마 되지 않는 상인들로는 중화제국을 점령하는 것이 불가능하다는 말을 전하게 하였다. 그리하여 일종의 소통이 재개되었고, 몇몇 중국인들이 마카오에 와서 현장의 상황을 살펴보게 되었다. 그러나 화해를 위한 접촉이 시작되었다는 소식이 광동에 전해지자마자 사람들이 다시 소요를 일으켰고, 그들은 해도海道의 잘못된 판단 때문에 자신들의 집이 무너졌다고 불평을 늘어놓았다. 주민들은 큰 소리로 보상을 요구했고, 심지어 해도를 착고着錮에 채워 베이징으로 보내 처벌하라는 말까지 했다. 해도는 이런 곤경에서 벗어나기 위해, 자신은 [이방인들이 쳐들어오는 것을] 두려워하지는 않지만, 이방인들이 제국과 왕조를 전복하려는 계획을 실제로 가지고 있다는 입장을 계속 유지했다.

중국인 신학생 황명사 수사의 순교와 되찾은 평정

이런 일이 벌어지고 있는 동안에 마르티네즈(Martinez, 黃明沙)라는 중국인 수사 한 명이 광동에 왔는데, 이 청년은 마카오 태생의 중국인 개종자로, 성직자가 되기 위해 마카오 신학원에서 공부하던 학생이었다.[105] 그는 첫 번째 파견 명령을 받았는데 그것은 선교사들 가운데에서 성직 생활을 몸에 익히기 위해 내지로 가는 것이었다. 그는 무시무시한 혼란이 초래되고 있던 와중에 광동에 있었다. 그때 마카오 신학원의 교장이 그를 다시 소환해 광동을 떠나야만 했는데, 마

105) 프란치스코 마르티네즈(Francisco Martinez, 1569-1606)는 마카오 태생으로 중국이름은 黃明沙였다. 鍾鳴仁과 함께 예수회에 입회하여 1595년부터 南昌과 베이징에서 마테오 리치를 도왔다.

침 열병을 앓고 있어서 마카오로 가는 대신에 광동에 있는 한 그리스도인 가정에 잠시 머물러 건강을 회복하면서 사태가 진정되기를 기다리려고 했다.

[광동에] 원래 새 신자로 개종했지만 이내 그리스도교를 버리고 결국은 그리스도인들의 사나운 적이 되어버린 사람이 있었는데, 그가 수사 황명사가 왔다는 말을 듣고 해도에게 그를 고발했다. 황명사 수사가 용상을 노리는 카타네오 신부의 부관이고 첩자로 반란을 준비하고 있으며, 곧 들이닥칠 외국군대의 진격 예정로를 따라 일부러 내지에 가 있었다고 말했다. 교외의 주택들을 헐어버린 일에 대한 자신의 무죄를 입증하기위해 골몰하던 해도는 이런 고발을 반기면서, 부하들을 보내어 밤중에 불운한 황명사 수사를 체포하였다. 반란의 가담자가 되어버린 황명사 수사는 몸이 불편 했지만 침대에서 일어날 수밖에 없었고, 집에 있던 다른 모든 그리스도인도 마찬가지였다. 그런 뒤에 모두를 손을 뒤로하여 포승줄로 묶은 다음, 횃불을 밝히고 고함을 지르면서 그들을 모두 해도의 관아로 끌고 갔다. 그들은 관아에 도착한 즉시 고문을 받았는데, 발을 두 기둥 사이에 넣고 짓눌렀다. 질문을 던질 때마다 형리는 커다란 두 개의 나무 망치를 가지고 두 기둥을 조였다. 그러나 황명사 수사는 영웅적인 모습으로 고통을 참으면서 계속해서 자신의 결백을 주장했다. 판관은 황명사 수사에게 무죄를 선고하려고 하였지만 배교자인 예전의 새 신자 고발인이 다시 나타나 추가 사실을 증언했다. 황명사가 광동에 도착하자마자 서둘러 화약을 샀고, 그가 묵었던 집의 아이 하나가 이 사실을 입증할 수 있다고 말하면서 그가 앞서 고발한 내용을 다시 확인했다. 이 새로운 고발에 판관은 다시 분노하였고 그 아이를 불러서 심문하기에 이르렀다. 중국어에서 약藥이라는 글자는 화약과 치료용 가루약이라는 두 가지 뜻으로 사용되는데, 억양의 미세한 차이로 둘을 구분한다. 판관은 아이에게 황명사가 광동에 와서 직접 사들인 것이 무엇이냐고 물었다. 아이는 솔직하게 가루약을 뜻하는 약을 샀다고 대답했다. 그러자 고발

자는 "네가 그가 화약을 샀다고 하지 않았느냐"며 소리쳤다. 황명사는 자신의 열병을 치료하려고 필요한 가루약을 샀을 뿐이라고 해명했다. 증인인 아이는 다시 질문을 받고 자기의 증언을 확인했으나, 판관은 증인인 아이의 손가락을 두 조각의 대나무 사이에 끼워 잔혹하게 짓누르면서, 아이에게 더 심한 고문을 가할 것이라고 위협하였고, 결국 황명사가 화약을 샀다고 증언하기에 이르렀다. 따라서 죄인이 된 황명사는 심하게 채찍질을 당했고 사형을 언도 받았으나, 고통에서 벗어나기도 전에 총독이 그를 다시 심문하고 고문하려고 했다. 이 불운한 희생자는 몸이 이미 짓이겨져서 상처가 나지 않은 곳이 하나도 없었는데, 총독의 관아로 끌려가던 중 거리에서 숨이 멎었다. 그때가 1606년 3월 31일이었다. 바로 같은 날 같은 시각에 인류의 구세주께서도 세상을 구원하시려고 십자가 위에서 돌아가셨다.

아직 외국인의 침략에 대한 두려움이 사라진 것은 아니었으므로, 총독은 성군省軍의 총사령관에게 마카오를 포위할 준비를 하라는 명을 내렸다. 그럼에도 불구하고 총사령관은 진군하기 전에 신중하게 그곳의 상태가 정말로 어떤지를 알아보려고 부관 하나를 보내어 포르투갈의 식민지를 공식적으로 둘러보게 하였다. 부장은 합리적이고 온건한 사람이었으므로, 자신의 임무를 사려깊게 수행했다. 부관은 마카오에 도착하자 예수회 신학원으로 가서 용상을 차지하겠다고 하는 카타네오 신부를 보자고 요청했다. 편안하고 쾌활한 태도를 가진 카타네오 신부는 부관을 초대하여 자기 거처를 사찰하도록 했고, 화약이 가득 한 무기고가 아니라는 점을 확인시켜 주었다. 신부는 자신의 서가를 가리키며 "여기를 보세요. 이것들이 제가 제국을 정복하려는 무기입니다."라고 말하였다. 부관은 웃음을 지었고 전혀 놀라는 것 같지 않았다. 그런 후에 카테네오 신부는 부관을 신학생 여러 명이 조용히 읽고 쓰고 있는 큰 방으로 데려갔다. 카타네오 신부는 "여기 있는 이 사람들이 내 휘하에서 나를 도와 용상에 오르도록 싸울 저의 군대입니다."라고 말했다. 부관은 크게 안심했다고 말했다. 이어서 마카오에 있는 교당과, 수도원과 여러 시설들을 둘러본 후에 부관은 어마어마한 외국의 침공이 있을 것이라는 이야기는 한낱 꾸며낸 이야기라고 확신하면서 광동으로 되돌아갔다. 그 뒤에 부장은 자신의 임무에 관한 보고서를 상관과 광동성 관계 당국에 제출하였다. 더 이상 전쟁을 준비하지 않았고, 중국인들과 포르투갈인들 사이의 상거래가 재개되었으며, 만사는 일상으로 되돌아갔다. 카타네오 신부는 여행허가증을 발급 받아 남경에 있는 선교부로 안전하게 돌아왔다.

제 5 장

고에스 수사의 중앙아시아와 몽골의 탐험과 리치의 선종

제 5 장

고에스 수사의 중앙아시아와 몽골의 탐험과 리치의 선종

카타이를 찾아 나선 벤토 데 고에스 수사의 모험

그리스도교를 전파하는데 수많은 장애물이 나타났음에도 불구하고, 그리스도교는 중국 사회의 각계각층에 널리 전파되고 있었다. 스페인과 포르투갈의 탐험가들이 역사상 매우 중요한 발견을 하고 있던 이 시기에, 열정과 경건으로 무장한 수많은 선교사들이 십자가를 손에 들고 최근에 발견한 나라들을 구석구석 돌아다니며, 우상과 믿음이 없는 곳에 열정적인 그리스도인 공동체를 세우고 있었다. 각기 다른 나라에서 활동하고 있던 선교사들은 활동하면서 경험했던 기쁜 일들과 슬픈 일들을 서로 이야기했고, 이러한 소중한 소통이 있었기에 시련을 당해도 용기를 잃지 않고, 열정이 줄어들지 않았다. 이렇게 하여 선교사들은 개종이라는 위대한 사역을 추진하면서도 서로를 효과적으로 도울 수 있었다.

중국선교가 큰 성공을 거두었다는 이야기가 인도까지 전해졌다. 갠지스 강가에 흩어져서 활동하던 선교사들은 중국에서 사역하는 형제들의 활동에 큰 관심을 가지고 있었다. 중국의 예수회 형제들은 이미 황하 강변을 따라, 심지어 제국의 수도에까지 이미 수많은 교당들을 세웠다고 전해졌다. [인도에서 활동하고 있는 선교사들에게는] 중국 그중에서도 특히 베이징에서 진행되고 있는 일들을 전하는 마카오에서 온 편지들 외에도, 중앙아시아를 여행하였던 무슬림 상인들이 전해주는 이야기도 있었다. 선교사들은 그들에게서 '카타이'라고 부르는 거대한 왕국의 부요함과 장엄함에 관한 이야기를 자주 들었다. 무슬림 상인들이 들려주는 카타이 사람들의 예절과 관습에 관한 이야기를 듣고, 그들이 목격하였던 어떤 종교의 예전에 관한 이야기를 자세히 듣고는, 그 나라에 많은 그리스도인이 살고 있음에 틀림없다고 생각했다. 선교사들은 13세기에 마르코 폴로가 그 존재에 대해 자주 말했고, 또 무슬림 상인들로 하여금 매우 흥미로운 이야기를 하게 만든 이 카타이 왕국이 실제 어디에 있고, 또 어떤 나라인지를 정확하게 알고 싶었다. 리치 신부가 많은 편지를 써서 중국과 베이징이, 중세의 여행자들이 말했던 카타이와 캄발루크라는 것을 보여주려 했지만, 그 둘이 동일하다는 사실은 아직 입증되지 않고 있었다. 이런 상황에서 인도에서 선교 활동을 하고 있던 수도사들이, 아시아의 중심부를 가로질러 카타이를 직접 방문해서 이 논쟁을 끝내기로 의견을 모았다. 그들은 마카오를 경유해서 리치 신부에게 편지를 보냈다. 몇몇 선교사들이 인도 외교사절들이 장사를 하기 위해 카타이로 여행하던 길을 따라 육로로 베이징에 가기로 결정했다고 알렸다.

이 흥미진진한 원정의 임무를 벤토 데 고에스Bento de Góis 예수회 수사가 맡게 되었는데, 이 수사는 대단한 용기와 정력을 가진 사람으로 인도의 여러 언어를 완벽하게 구사하고 있었다.[106] 그는 여행을 좀 더 편하게 하고 또 토착민들의 의심을 사지 않으려고, 아르메니아인 복장을 하기로 했고, 이름도 마스터 크리스천Master Christian이라는 뜻인 압둘라 이사이Abdula Isai로 바꾸었다. 또 레온Leon이라는 그리스인 사제, 데메트리우스Demetrius라는 상인, 그리고 아르메니아인으로 오랫동안 라호르Lahore 왕국에 살았던 이삭Isaac이라는 사람과 동행했다. 고에스 수사는 인도 왕자들에게 보내는 몇 통의 편지를 가지고, 1603년 2월 6일, 개종한 무슬림들의 호위를 받으며 긴 여행길에 올랐다. 이 중요한 원정에 드는 비용은 포르투갈 국왕의 지시를 받은 인도 총독이 부담하였다

캐러밴은 별다른 어려움 없이 라호르에 도착하였으나 그곳에서 쉬면서 일행이 들어가려고 하는 나라들에서 만날 수도 있는 강도에 대비하기 위해 호송인원을 보강해야만 했다. 예수회 신부들의 벗이었던 라호르 왕은 고에스 수사에게 500명을 배치해 주었는데, 이들은 완전무장을 했고, 일행이 일단 출발하고 난 뒤에 마주칠지도 모르는 산적들을 모두 몰살시키기로 했다. 얼마 후에 이 병사들이 용맹한 모습을 보여줄 기회가 찾아왔다. 일행이 계곡을 따라 평화롭게 길을 가고 있었는데, 정체불명의 기병들 몇 명이 갑자기 크게 소리치며 긴 군도를 휘두르며 계곡으로부터 뛰어나오기 시작했다. [산적] 기병들은 갑자기 대열을 흩뜨린 병사들에게 맹렬히 돌진하며 인근 숲을 향해 질주하기 시작했다. 고에스 수사 일행 곁에는 아무도 남아 있지 않게 되었다. 선교사 일행도 호송대처럼 덤불 속으로 몸을 피할 수밖에 없었다. 며칠 후 산적들이 물러나자 캐러밴은 다시 원래대로 모였다. 라호르 왕의 병사 500명은 온 힘을 다해 숲으

106) 육 신부는 벤토 데 고에스 수사를 신부(Father)로 소개하고 있지만 예수회 소속 수사(Brother)였다. 번역과 주해에서는 모두 수사(Brother)로 옮겼다. 벤토 데 고에스(Bento de Góis, 1562-1607)은 포르투갈 태생의 예수회 수사, 선교사, 탐험가였다. 영어권에서는 Benedict Goës로 표기한다. 마르코 폴로가 언급했던 카타이와 중국이 같은 나라라는 것을 입증하기 위해 인도에서 아프가니스탄과 파미르를 거쳐 중국 甘肅省까지 와서 사망하였다. 그의 목숨을 건 답사 이후 카타이라는 명칭은 사라지고, 중국이라는 명칭으로 통일되었다.

로 도망쳤고, 대다수가 돌아오지 않았으므로 캐러밴은 그대로 출발할 수밖에 없었다.

이런 첫 번째 돌발적인 사건을 경험한 후, 고에스 수사는 숫자는 많지만 용맹스럽지 않은 라호르 호위대를 전혀 신뢰할 수 없다는 것을 알게 되었다. 그나마 운 좋게도 그 고장의 산적들은 다시 나타나지 않았다. 캐러밴은 다른 교전을 하지 않고 카불Kabul에 도착했으나 피곤하여 크게 지쳐있었다. 혹한이 찾아와 오랫동안 그곳에 머물러 있을 수밖에 없었다. 라호르 왕이 제공했던 호위대가 고에스 수사 곁을 떠났으나 그는 크게 아쉽지 않았다. 첫 번째 위급상황에서 보여준 그들의 행동은 그들이 전혀 쓸모가 없다는 사실을 분명히 보여주었기 때문이었다. 그리스인 사제 레온은 이 여행이 그의 취향에 맞지 않음을 깨닫고 호위대와 함께 돌아갔다. 상인 데메트리우스도 장사일로 오랫동안 카불에 더 남아있어야만 했기 때문에, 이제 고에스 수사 곁에는 아르메니아인 이삭이라는 길동무만이 남게 되었다. 하지만 이 새 신자는 고에스 수사를 사랑하여 자식처럼 정성껏 수사를 모셨고, 그의 헌신에는 끝이 없었다. 이 사람도 커다란 용기를 가지고 있었다.

사막에서 만난 강도들의 공격

카불에서 7개월을 지체한 뒤에 마침내 상인들의 캐러밴이 꾸려져서, 고에스 수사는 다시 길을 나섰고, 충직한 이삭이 그와 함께했다. 초기에는 여행하는 길에서 발생한 어려움은 없었으나, 이들이 앞으로 진행할수록 어려움이 커졌다. 험준한 산들, 큰 강들과 급류를 만나게 되어 목숨을 걸고 전진해야만 했다. 강도를 만날 두려움도 여행에서 만날 또 다른 위험에 더해졌다. 캐러밴이 사마르칸트Samarkand에서 약간 떨어져 있는 곳에서 야영을 하려하자, 이 도시의 총독이 병사들을 보내 경호해주고 적의 공격으로부터 지켜주겠다고 약속했다. 또 타타르 몽골족 한 무리가 반란을 일으켜 온 나라에서 약탈과 파괴를 일삼고 있으니, 도시로 들어와 안전하게 있기를 바란다고 귀띔해 주었다.[107] 몽골 반란군에게는 말馬이 없었으므로 총독은 반란군이 캐러밴을 공격할지도 모른다고 염려한 것인데, 타타르 반란군은 그 고장에서 여전히 무서운 존재였다. 그리하여 상인들은 즉시 출발하여 이 반란군에게서 멀어지고자 했고, 총독은 몽골 반란군이 말들을 빼앗아 가는 것에 대한 염려가 컸기에, 즉시 많은 수의 호위대를 보내 상인들을 경호해 주었다. 일행이 도시의 성벽을 간신히 빠져나오자마자 멀리서 강력한 몽골족 무리가 험악한 모습으로 달려드는 것이 보였다. 이것을 보자 사마르칸트 총독은 도시를 방어하기 위해 군사를 되돌렸다. 그러나 상인들은 엄청난 양의 짐을 가지고 있었기 때문에 인도 군대의 전술을 사용해 스스로 보호하고 적과 용감하게 싸우기로 했다. 상인들은 교역하려던 상품들을 한데 모아 그것으로 방어벽을 쌓은 다음 그 뒤에 몸을 단단히 사리면서, 화살통의 화살이 다 떨어지면 포탄으로 대용할 수 있는 상당량의 부싯돌을 준비하고 있었다. 몽골군은 이런 즉흥적인 요새가 만들어지는 것을 보면서, 사자를 보내 여행객들을 안심시켰다. 그들은 상인들에게 전혀 적의가 없으며, 공격으로부터 상인들을 보호하러 온 것인데, 이 자비를 베풀려고 너무 과격하게 다가온 것이 상인들에게 오해를 불러 일으켰다고 말했다.

몽골군의 사자가 자신의 진영으로 돌아가는 동안 상인들은 회의를 하여 과감한 결정을 내렸다. 사실 그들이 할 수 있는 최선책은 이런 휴전상태를 이용하여 가능한 한 빨리 도망치는 것이었다. 그렇게 하기로 결정하자마자 바로 행동에 옮겼고, 모든 사람이 앞 다투어 이 결정에 따랐다. 상인들은 모두 가장 가

107) 우즈베키스탄의 도시인 사마르칸트(Samarkand)는 부하라(Buhara) 동쪽에 있다. 티무르 제국의 수도였다.

까운 숲으로 몸을 피했지만 교역 물건들은 강도들 손에 남게 되어, 강도들이 조심스럽게 필요한 것들을 챙겨 가져갔다. 상인들이 남아있는 물건을 살펴보려고 돌아오니 족장이 나타나서 강도들이 가져간 물건을 다시 돌려주었다. 상인들이 상단을 다시 꾸리는 일을 도와주게 되어 캐러밴이 출발할 채비를 갖추었다. 강도들은 이 용맹스러운 족장의 출현에 겁먹은 나머지 감히 여행객들에게 대놓고 다시 공격하지 않았으나, 캐러밴 뒤를 계속 따라다니며 낙오자들과 후방경호원들을 괴롭히고 약탈했다. 어느 날 고에스 수사가 대열에서 잠시 벗어나 있을 때 도둑 넷이 매복해 있다가 갑자기 달려 나와 수사를 덮치고는 약탈하려 했다. 고에스 수사는 기발하고도 참신한 방법으로 도망쳤는데, 화려한 페르시아 식 두건을 벗어 그들에게 던졌던 것이다. 강도들이 이 엄청난 노획물에 달려들어 서로 가지려고 싸움을 벌이는 동안 수사는 말을 타고 박차를 가하여 대열에 다시 합류하는 데 성공했다.

캐러밴의 중앙아시아 행군은 언제나 강도들, 홍수, 산악, 눈과의 끊임없는 싸움이었다. 카슈가르Kashgar 왕국에 도착하기 전 이 가련한 여행자들은 또다시 엿새를 꼬박 높은 산 위에서 지냈는데, 추위와 눈의 어려움 때문에 거의 죽게 될 지경이었다.[108] 많은 사람이 실제로 얼어 죽었고 눈사태로 깔려 죽은 사람들도 있었다. 급류를 따라 낭떠러지 길을 가면서 고에스 수사의 충직한 동료인 아르메니아인 이삭이 발을 잘못 디뎌 거꾸로 구덩이에 처박히는 일이 벌어졌다. 다행히도 동료들이 그를 꺼내는 데 성공하였으나, 떨어질 때 심하게 다쳤고 동상을 입어 여섯 시간 동안 혼수상태에 있었다. 이삭은 고에스 수사의 정

108) 카슈가르(Kashgar, 喀什市)는 현재 중국 신강성에 있는, 아프가니스탄, 키르기스스탄, 파키스탄, 타지키스탄과의 접경도시로 2,000년이 넘는 고도이다. 중국과 중동을 잇는 실크로드의 전략거점으로 중국, 투르크, 몽골, 티베트 등 여러 제국의 지배를 받았고, 다양한 문화적 접촉을 가졌다. 서요(西遼)의 지배를 받던 1219년, 칭기즈칸 군대에게 정복당하였고, 1273-4년 차가타이 칸국에 소속되었을 때 마르코 폴로가 이 지역을 여행하면서, 동방교회의 모습을 목격하였다. 티무르에게 정복당한 뒤 이슬람을 믿게 되었고, 1572년 차가타이 칸국 멸망 후 분열상태를 거쳐 중가르 칸국에 편입되었다가, 1759년 만청에게 정복당하였다.

성 어린 간호 덕분에 마침내 생기를 되찾게 되었다. 산악지대를 지났지만 길이 나아지기는커녕 더 험해졌다. 모난 바위들이 앞길을 막았고, 얼음과 눈으로 뒤덮여 있어서 앞으로 나아가는 것이 거의 불가능했다. 고에스 수사의 말 가운데 6필이 죽었다. 크게 낙담한 여행자들의 눈에는 피할 수 없는 죽음이 다가오고 있는 것이 보였고, 기근과 혹한에 대한 두려움이 모두를 억누르고 있었다. 그러나 오직 고에스 수사만은 결코 낙담하지 않았다. 그는 언제나 하느님은 자비하시다는 것을 믿고 초인적인 용기로 무장하고 나타나 동료들 앞에서 앞장서서 길을 개척했다. 엄청난 노력을 한 끝에 그는 마침내 투르케스탄Turkestan의 수도 야르칸드Yarkand에 도착하여, 그곳에서 [구호를 위해 필요한] 말들과 물자를 낙오되어 있던 캐러밴에게 즉시 돌려보냈다. 캐러밴이 이 예상치 않은 도움으로 활력을 되찾아 행군을 계속하여, 용감무쌍한 선교사가 기다리고 있던 도시인 야르칸드에 도착한 때는 1603년 11월 말이 다되어서였다. 고에스 수사가 라호르 왕국을 떠난 지 10 개월만이었다.

야르칸드의 옥을 얻게 된 고에스 수사와 무슬림의 방해

투르케스탄의 수도 야르칸드는 당시에 크고 번영한 도시로서, 교역이 활발한 곳이었다. 도로 사정이 매우 열악한데도 불구하고 아시아 각지에서 상인들이 이 도시로 모여들었다.[109] 카타이까지로 여정을 잡은 상인들은 이곳에서 한동안 머물러서 새로 상단을 조직해야만 했다. 이 나라의 왕은 이러한 상단을 만드는데 일종의 독점권을 행사하면서, 상단의 대장이라는 벼슬, 아니 외교사절이라는 벼슬을 아주 비싼 값에 팔았다. 이런 벼슬을 사들인 사람은 누구라도

109) 야르칸드(Yarkand, 莎車)는 16세기 말에 카슈가르 칸국에 편입되어 수도가 되었다. 현재 중국의 신장 위구르 자치구 카슈가르 지구 안에 있는 현이다. 타림 분지의 남쪽에 있어 실크로드의 중요 거점 도시였다.

다른 여행자들에게 명령할 권리뿐 아니라 상단의 행군을 지휘할 권리도 가졌으므로 카타이에서 사업상 유리한 지위를 갖게 되고 또 영예로운 대접도 받을 수 있었다.

이 나라에서는 보석의 일종인 옥玉이 생산되었는데, 중국에서는 값을 많이 쳐주었다. 옥은 자그마한 장신구를 만들 때 빼놓을 수 없는 보석이다. 중국인들은 매우 신중하고도 놀라운 인내심을 가지고 이 돌을 가공하는데, 매우 단단했기 때문이다. 옥을 가지고 꽃병, 팔찌, 허리띠 버클, 담뱃대와 그 밖의 값진 장신구, 또 예술품을 만드는데, 중국 부자들이 아주 비싼 값으로 사들인다. 최고 품질의 옥은 강에서 얻었는데, 큰 돌덩어리 안에서 찾아내는 것이고, 다음 등급의 옥은 도시[야르칸드]에서 이십일 정도 거리만큼 떨어져 있는 어떤 산에서 캐낸다. 이 사막의 광산에서 일하는 사람들은 1년 치 양식을 챙겨가지고 가서 일해야만 했는데, 이렇게 건조하고 외진 곳에서 아무 것도 먹을 것을 구할 수 없기 때문이다. 산에서 나는 옥은 큰 판 모양으로 잘라서 카타이로 옮겨진다. 인도에서 온 상인들이 새로운 캐러밴을 꾸리기 위해 애쓰고 있는 동안, 고에스 수사는 옥 광산이 있는 쪽으로 갔다. 호기심 때문이 아니라 이 지역에 살고 있는 어떤 귀부인이 그에게 진 큰 빚을 받아내려는 것이었다. 이 일의 내용은 다음과 같다.

고에스 수사가 라호르 왕국을 지나면서 메카를 향해 순례하는 어떤 무슬림 귀부인과 마주치게 되었다. 그녀는 도중에 강도를 만나 수행원을 모두를 잃고 어려움을 당해 본국으로 돌아갈 생각도 포기한 상태였다. 고에스 수사는 동정심이 생겨서 필요한 물건을 사용할 수 있게 해 주자, 이 무슬림 귀부인은 가톨릭 선교사의 경건함과 자비에 크게 감사하고 그를 신뢰하게 되었다. 고에스 수사는 야트칸드에 도착하고 나서 며칠 뒤에 [투르케스탄 지방에 있는] 호탄

Khotan 왕의 모후인 이 귀부인을 찾아 나서게 되었다. 그런데 호탄으로 간지 한 달이 이미 지났지만 고에스의 행방을 아는 사람이 없었다. 그가 호탄에 갔을 때 마호메트에게 존경을 표하지 않자 광신적인 무슬림들이 그를 찢어 죽였다는 소문이 퍼졌다. 이 소식을 듣자 주인의 죽음에 슬픔을 가눌 수 없었던 가련한 이삭은 큰 고민에 빠져 며칠을 눈물로 지새웠다. 이와는 대조적으로, 야르칸드의 불승들은 도시의 성곽 안에서 아무런 잘못도 없이 죽은 여행자들의 상품과 짐은 그들이 물려받을 수 있다는 관습이 있었기 때문에 고에스의 행방불명을 크게 기뻐했다. 하지만 고에스가 갑자기 모습을 다시 드러내자 이삭의 눈물은 그쳐진 반면, 유산을 받게 되었다고 들떠 있었던 승려들의 기쁨은 이내 사라졌다. 그의 여행은 다소 길었지만 크게 성공한 것이었는데, 그는 왕후에게 빌려주었던 돈 말고도 그 나라에서 나는 옥이라는 엄청난 선물을 받아서 돌아왔던 것이었다. 카타이에서 이 옥은 장차 그에게 커다란 행운을 안겨줄 것이다.

고에스 수사는 야르칸드에서 오래 머무는 동안, 광적인 무슬림들 때문에 여러 번 목숨을 잃을 뻔했다. 하루는 화가 난 사람 하나가 숙소로 갑자기 들이닥쳐 언월도를 수사의 가슴에 들이대고, 즉시 예언자 마호메트에게 공경을 표하지 않는다면 찔러버리겠다고 위협하였다. 고에스 수사는 태연하게 그를 쳐다보고는 언월도를 치우게 한 다음, “그만 나가라. 나는 마호메트가 누구인지 모르노라.”라고 말했다. 하루는 고에스 수사가 어쩔 수 없이 종교토론에 참석하게 되었는데, 그 자리에서 그가 그리스도인으로서 자신의 신앙을 고백하자 무슬림들의 비난이 빗발치면서 군중이 그를 죽여 버리려고 위협한 적이 있었다. 하지만 차분한 태도와 침착하고도 위엄 있는 몇 마디 말로 이러한 폭풍을 가라앉혔다.

다시 이동을 시작한 고에스 수사 일행

마침내 대규모 상단이 확실하게 꾸려졌다. 야르칸드의 부자 상인 하나가 그 우두머리가 되었는데, 그는 왕에게 돈을 지불하고 대장이라는 호칭을 얻었다. 고에스 수사는 신중하게도 이 대열에 합류한다는 의사를 밝히지 않았다. 이 캐러밴 대장은 그렇게 용맹하고도 성스러운 사람이 길동무가 되기를 크게 바랐으므로, 고에스 수사를 일부러 찾아서 여행에 함께 하자고 제안했다. 이보다 더 좋은 제안을 받을 수는 없었으나, 고에스 수사는 대장에게 혜택을 받은 것이 아니라 도움을 주는 것이라는 태도를 내보이며 함께 가는 것을 주저하는 것처럼 행동했다. 대장은 왕에게 부탁해서 고에스가 여행을 결정하도록 할 수밖에 없었다. 마침내 고에스 수사는 대열에 합류하기로 하였는데, 왕의 영토를 지나는 동안 보호를 약속하는 문서를 받는다는 조건이었다. 고에스 수사가 야르칸드에서 오래 머무르는 동안 사귀게 된 친구들은 매우 위험한 여행을 단념시키기 위해 애쓰면서, 그가 처할 위험을 자세히 묘사해 주기까지 했다. 그들이 한 말을 보면, 수천가지의 위험, 즉 추위, 굶주림, 강도의 칼 또는 그리스도인과 함께 오랫동안 여행하는 것을 잘 참지 못하는 광적인 무슬림 때문에 도상에서 죽을 수도 있다는 것이었다. 그러나 이런 모든 경고들도 고에스 수사의 마음을 바꾸지는 못했다. 그는 베이징에 있는 예수회 형제들을 직접 만나서 마르코 폴로가 말한 카타이와 포르투갈인들이 말한 중국이 같은 나라를 말한 것인지를 밝히기로 결심했다. 만약에 그가 살아있다면 그는 끝까지 그 임무를 수행할 것이다. 캐러밴은 마침내 짐을 싣고 광대한 몽골초원으로 이동을 시작했다. 그곳은 칭기즈칸이 일으켰던 여러 차례의 전쟁으로 깊은 고요와 고독이 소란스러움으로 바뀌었던 곳이었다. 나는 이 여행에서 겪었던 어려움과 우여곡절에 관해 계속해서 이야기하도록 하겠다.[110)]

110) 이 책의 저자인 육 신부 본인이 중국 중원에서 몽골 초원을 거쳐 티베트까지 이동을 해 본 경험이 있기 때문에 이런 특별한 관심을 보이고 있는 것이다.

앞서 이 황폐한 지역에서 여행자들이 당하는 시련과 고통에 관해 이야기를 하려고 애쓴 적이 있다. 어느 날 캐러밴이 큰 계곡을 지나고 있을 때 지평선에 한 무리의 사람과 말이 보였는데, 언덕의 측면으로 이동해서 그들을 향해 다가오고 있었다. 몽골초원에서는 다른 사람들과 마주치게 되면 여행자들은 안도하기 보다는, 서로가 새로운 두려움의 원인이 되었다. 서로가 상대방이 적일 것이라는 두려움을 가졌기 때문이다. 그래서 두 상단은 멈춰 서서 상대의 움직임을 탐색했다. 양측 모두가 서로를 두려워하는 것 같아서, 두 무리는 상대방이 강도가 아닌 선량한 사람들이라는 생각이 들었다. 양측은 동시에 앞으로 나아갔고, 두 상단 중 하나는 카타이로 가고 있었고, 하나는 카타이로부터 돌아오는 중이었기 때문에 함께 어우러졌는데 서로 많은 질문과 대답을 주고받았다. 계곡은 넓고 또 풀이 많아서 두 상단은 함께 야영을 했는데, 아마도 편안한 마음으로 동서의 소식을 주고받았을 것이다.

우연히 만난 캐러번에 듣게 된 베이징 교당의 소식

고에스 수사는 카타이에서 오는 캐러밴의 우두머리와 오랫동안 이야기를 나누었다. 상인은 수사에게 캄발루크에 머무는 동안 한 외교사절의 저택에서 이마두라는 서양에서 온 박식한 수도사와 함께 지냈었다고 말했다. 리치 신부가 베이징에 도착해 인도와 투르키스탄에서 온 이방인들과 한동안 함께 지냈다는 것은 알고 있었으므로, 고에스 수사는 중국과 카타이, 캄발루크와 베이징이 각각 같은 곳이라는 점을 확신했다. 상단의 우두머리는 고에스에게 선교사들이 궁정에서 끼치고 있는 영향력에 관하여 여러 가지를 매우 자세히 말해주었고, 또 리치가 황제에게 자명종, 스피넷과 그 밖에 서양에서 가져온 물건들을 어떻게 선물했는지를 말해 주었다. 또한 왕자들, 관리들과 일반 백성들이 선교사들에게 커다란 존경심을 가지고 있어서 많은 개종자가 생겼다는 말도 전해주었다. 마지막으로 그는 고에스에게 편지 한 장을 보여주었는데, 가방에 넣어 소중하게 보관하고 있던 것으로, 리치 신부의 거처 근처의 종이 쓰레기 더미에서 주은 종이라고 말했다. 그 종이에는 카타이에 사는 이방인들이 사용하는 필체를 자기 친구들에게 보여주기 위한 견본이라고 말했다. 그 편지는 포르투갈어로 쓴 것이었다. 고에스와 그의 충직한 벗 이삭은 이러한 이야기를 듣고 크게 기뻐했고, 큰 용기를 얻게 되었다. 이 모든 것은 그들이 베이징에 닿으면 [예수회] 형제들을 보게 될 것이고, 피로에 지친 심신을 가톨릭 교당에서 쉬게 되리라는 희망을 가지게 했다. 거의 밤새도록 잡담을 나누었으나 날이 밝자 천막은 해체되었으며, 짐을 묶어서 여러 짐승들의 등위에 올렸다. 두 상단은 헤어져 각기 제 길을 갔다. 하나는 인도로, 다른 하나는 중국으로.

투르판에서 용감하게 신앙을 고백했던 고에스 수사

베이징을 향해 이동을 하던 캐러밴은 중앙아시아의 유명한 도시 투르판 Tourphan에서 며칠 머물게 되었다. 새로운 일용품을 보충하고 몽골의 여행 허가도 받기 위해서였다.[111] 이 곳의 군주는 화려한 의복을 입고, 자기 궁전에 도시의 고관들을 모아놓고는 상인들에게 여행허가증을 나누어주었다. 그는 서기관에게 여행자들의 성명을 받아 석게 하였는데, 고에스 수사가 채용한 '그리스도인 스승'이라는 뜻의 아르메니아 이름인 압두크-차이(Abduk-Tsai, 압둘라 이사이) 순서가 되자 그 앞에 멈추어 섰다. 그곳에 모인 사람들은 모두가 마호메트 추종자들이었는데, 모두 얼굴에 노기를 띠었고 고에스 수사를 마치 원수처

111) 투르판(Turfan, Turpan, 吐鲁番)은 실크로드의 주요 연결 도시로 15세기말 명나라의 조공국이 되었고, 나중에 하미(哈密)에 병합되었다. 지금은 중국의 신장 위구르 자치구역에 속한다.

럼 노려보았다. 군주는 평정을 유지한 채 선교사를 응시하면서 고에스가 지나가려고 하는 나라에는 무슬림들이 살고 있으니 이름에서 '크리스천'이라는 호칭을 빼는 것이 분별 있는 행동일 것이라 말했다. 그는 "내가 자네 이름을 [여행 허가증에] 쓰려고 하는데, 크리스천이라는 말은 빼도 좋겠는가?"라고 말하였다. 그러나 고에스는 단호하게 "제가 크리스천이라고 써 주십시오. 그 호칭은 제가 좋아해서 언제나 지니고 다니는 것입니다. 어떤 위험이나 심지어 죽음의 위협이 닥친다고 해도, 저는 그 이름을 포기하지 않을 것입니다."라고 외쳤다. 이 말에 덕망 있는 노인 하나가 일어서더니, 모자를 벗고는 "신실한 신앙인이여, 자신의 신앙을 감히 공언한 이 용감한 이에게 영광이 있으리라."라고 외쳤다. 그리고는 고에스 수사에게로 돌아서더니 그 앞에서 깊이 머리를 숙였고, 그 자리에 있던 다른 사람들도 이에 공감하였다. 신실한 믿음을 용감하게 인정할 때 언제나 동정이 아닌 존경심을 불러일으키게 될 것이다. 그러나 인간적인 생각으로 싸움을 피하려고 불안해한다면 불신자들조차도 분개할 것이고, 그런 일을 감당할 수 없는 나약한 사람들에게서조차 하찮은 취급을 받게 될 것이다.

초원을 가로지르는 여행에서 경험했던 시련들

투르판을 떠난 상단은 하미Hami로 계속 이동하다가 중앙아시아 고원지대를 벗어나면서, 중국 국경을 향해 남쪽으로 방향을 돌렸다. 몽골대초원을 지나면서 이런 고장에 있는 수많은 강도들에 의해 살해된 여행자들의 시신이 자주 눈에 띄었다. 여행자들이 이 지역을 지나려면 많은 사람이 함께 이동해야만 했고, 강도들의 기습공격을 피하기 위한 철저한 예방조치도 필요했다. 캐러밴의 본대가 계곡을 따라 행군하고 있을 때는 경계를 늦추지 않으려고 마부들을 고지대로 보내, 조금이라도 위험한 징후가 보이면 미리 알리도록 했다. 낮에 이동하는 것이 위험한 것은 어제오늘의 일이 아니었다. 상단은 밤이 오기를 기다려, 어둠의 보호를 받으면서 몰래 야영장을 떠났다. 어느 날 밤, 이런 식으로 이동하고 있을 때 고에스 수사가 말에서 떨어져 일행에서 멀어지게 되었지만 아무도 이것을 알아채지 못했다. 말에서 떨어진 충격이 매우 심해서 감각을 잃게 되었고, 몸을 움직일 수 없게 되었지만 상단은 이동을 계속했다. 오래지 않아 아르메니아인 이삭이 말 위에 탔던 고에스 수사가 없어진 것을 알아챘다. 걱정이 된 그는 오던 길을 되짚어갔는데, 이런 드넓은 황야에는 길도 따로 없어서 어디에서 찾아야 할지 알 수 없었고, 오히려 길을 찾던 사람이 왔던 길을 잃어버리기 십상이었다. 하지만 이삭은 구세주의 이름을 부르는 소리를 멀리서 듣게 되었고, 소리 나는 방향으로 열심히 따라간 결과, 가련한 선교사를 찾아냈다. 그는 비틀거리며 혼자서 느릿느릿 걷고 있었고, 열정을 회복하려는 희망을 이미 버린 것 같았다. 이삭은 그를 자기 말위에 태우고, 한 동안을 헤매다가 동틀 무렵이 되어서야 상단의 흔적을 찾아내어 야영장에 도착했다. 이동은 계속되었다. 얼마 지나지 않아 상단은 고비사막으로 들어섰다. 끝도 없는 모래밭이 펼쳐졌든데 그곳에는 한 포기의 풀도, 한 방울의 물도 만나기 어려웠다. 우리도 변화무쌍한 모래 바다를 건넌 적이 있는데, 그 모래를 손에 대면 그 열기가 물처럼 손가락을 통해 흐른다. 매우 황량한 사막의 단조로움을 깨는 것은 작은 곤충들이 모래 위를 지나간 흔적뿐이었다. 곤충들은 흰 모래바닥 위에 매우 아름다운 수천 가지의 덩굴무늬를 그려 놓았는데 곤충들이 지나간 길이었다.

만리장성을 넘어 가욕관에 도착한 고에스 수사

여러 날을 사막의 갈증으로 인해 크게 고생한 끝에, 고에스 수사는 중국 감숙성甘肅省 북단에 있는 국경도시 가욕관嘉峪關에 도착했다. 이곳은 만리장성이 끝나는 지점에 있다. 장성을 만드는 거대한 사업은 사람들의 많이 입에 오르내리기는 하지만 별로 알려지지 않았으므로, 여기서 몇 마디하고 넘어가는 것이 좋겠다. 외적의 침입을 막기 위해 성벽을 쌓는다는 생각은 비단 중국에만 국한된 것은 아니며, 이와 유사한 일들이 고대사에서 자주 언급되고 있다. 메데인, 시리아인, 이집트인들이 쌓은 성벽 말고도, 브리튼 섬 북쪽 전선을 따라 장성을 쌓았는데, 로마 황제 셉티무스 세베루스Septimus Severus, 193-211의 명에 따른 것이었다.[112] 그러나 어느 나라도 서기 214년 후한의 헌제獻帝, 190-219가 쌓은 것처럼 그렇게 대규모로 성벽을 쌓고자 한 적은 없었다. 이 방어벽을 만리장성萬里長城이라 불렀는데, 수많은 사람이 동원되었으며 성벽을 쌓는 데만 10년이 걸렸다. 장성은 서쪽 감숙성에서 동쪽 황해까지 뻗어 있었는데, 중국에 관한 글은 썼던 여러 작가는 그 중요성을 아주 다양한 관점에서 언급하고 있다. 어떤 사람은 그것을 경이롭다고 하면서 크게 칭찬하고 있는 반면에, 반대로 어처구니없다고 말하는 사람들도 있다. 의견이 이렇게 크게 갈리는 것은 작가들이 자기 눈에 들어오는 단편적인 것들만 보고 판단했기 때문이다. 중국 주재 영국 대사관에 소속된 역사가의 자격으로, 1793년 매카트니Macartney경과 함께 중국을 찾았던 바로우Barrow 경은 만리장성의 규모를 다음과 같이 계산해 내었다.[113] 영국과

112) 영국 북부에 성을 쌓은 로마 황제는 하드리아누스 황제가 먼저였다. 이후에 셉티무스 세베루스 황제가 성벽을 쌓았다. 여기서는 비슷한 시기에 쌓여진 영국과 중국의 성벽을 비교하기 위해 세베루스 황제의 성벽만 언급한 것이다.

113) 매카트니(Sir George Macartney, 1737-1806)은 영국의 정치가, 식민지 행정가, 외교관이었다. 1792년, 중국과의 교역을 열기 위해 영국 사절단을 이끌고 베이징을 방문했다. 건륭 황제 앞에서 절하는 것을 거절했던 인물이다. 바로우(Sir John Barrow, 1764-1848) 역시 영국의 정치가이자 지리학자였다. 1792-1794년간 이어졌던 매카트니의 사절단 일원으로 중국을 방문했다.

스코틀랜드에 있는 집의 총수를 1,800,000채로 보고, 한 채당 2,000입방 피트의 벽돌을 사용했다고 가정하면, 그 모든 벽돌을 가지고도 중국의 만리장성을 쌓는데 부족했을 것이라고 본 것이다. 그의 계산에 따르면, 장성을 쌓을 때 사용된 벽돌을 가지면 지구를 두 바퀴 돌 수 있을 만큼의 성벽을 쌓을 수 있다고 하였다. 그러나 바로우 경은 실제로 정말로 아름다운 위엄을 뽐내고 있는 베이징의 부근의 성벽을 근거로 계산했지만, 몽골족의 침입에 대비해 세운 장벽의 모든 구간이 베이징의 성벽처럼 웅장하고 단단하게 지어진 것은 아니다. 우리[육 신부 일행]는 중앙아시아를 여행하면서 15곳이 넘는 곳에서 직접 장성을 넘었는데, 그 모습을 며칠이고 놓치지 않고 따라간 적이 한두 번이 아니었다. 베이징 근처에는 두 겹으로 전투태세를 완벽하게 갖춘 장성을 가끔 볼 수 있으나, 벽돌을 한 겹으로 쌓은 단순한 성벽들도 보았고, 심지어 진흙을 적당히 쌓아 엉성하게 만들어진 구간도 보았다. 어떤 곳에서는 그냥 돌무더기로 이 유명한 장성을 대체하고 있는 것을 본 적도 있었다. 바로우 경이 말하는, 돌덩어리를 회반죽하여 만들었다는 성벽기초에 관해서는, 우리는 아무데서도 그런 흔적을 전혀 발견하지 못했다고 말할 수밖에 없다. 헌제는 몽골족의 주공격 목표가 될 수밖에 없는 제국의 수도를 요새화하는데 특별한 관심을 기울였을 것이라고 쉽게 상상해 볼 수 있다. 또한 이 요새를 건설하는 일을 맡아 기획했던 관리들도 황제의 눈에 보이는 지역의 장성만을 공들여 쌓고, 몽골족의 위협이 적고, 또 멀리 떨어진 곳, 예를 들면 오르도스의 국경선과 감숙성의 장성은 황하와 고비사막이 충분한 보호벽 역할을 하고 있으므로 모양만 갖추는 정도로 만족했을 것이라고 여겨진다.[114)]

고에스 수사는 일단 가욕관에 이르자 투르케스탄과 몽골에서 출몰하던 강도의 위협으로부터 벗어나게 되었다. 추위, 굶주림, 기근과 이 기나긴 여행 내

114) (원주) Travels in Thibet, vol. ii. p. 58.

내 따라다니던 괴로움도 사라져버렸다. 그는 이제 세련되고 예의 바른 사람들, 예술, 산업과 농업이 번창하고 있는 인심이 후한 도시 한복판에 있게 되었고, 그곳은 사막의 미개하고도 위험했던 삶을 문명국이 제공하는 안락함이 가득한 삶으로 바꾸어 놓았다. 하지만 이런 충격적인 변화에도 불구하고 아직은 휴식과 평온을 즐길 때는 아니었다. 고에스 수사는 이제 산과 강 때문에 또는 산적들의 공격과 약탈 때문에 여행을 멈추어야 하는 염려는 적어졌다. 그러나 길을 가면서 작지만 수많은 방해공작으로 여정을 지체하게 만드는, 좀 더 교활한 날강도들의 자비에 여전히 의존해야만 했다. 가욕관은 육로로 중국 땅을 밟는 이방인들의 집결지로, 지금[19세기]의 시베리아 캬흐타처럼 두 구역으로 나뉘어 있었는데, 한 구역은 중국인 거주 구역이었고, 다른 구역은 외국인 구역이었다.[115] 상거래는 낮 동안 두 구역의 중간지대에서 이루어지고, 날이 저물면 각기 제 구역으로 돌아갔다. 외국 상인들에게는 제국을 가로질러 그들이 가져온 상품을 베이징에서 팔고, 중국 상품을 가지고 돌아가는 것이 가욕관으로 오는 목적이었다. 하지만 이런 여행을 할 수 있는 권리는 오로지 사신들에게만 제한되어 있었다. 이 사신들은 여행경비를 지불하지 않았고, 베이징에서도 무료로 체류하였을 뿐만 아니라 관세도 면제를 받았는데, 이는 그들이 황제에게 조공을 바치러 왔기 때문이었다. 이 때문에 가욕관으로 가려는 모든 상인은 사신들을 구해서 온갖 특혜와 면제를 받으려고 노력했다. 중국 관리들에게는 그런 상인들을 도와주는 것보다 더 좋은 이익이 없었다. 그런 식으로 거래를 해서 중국 관리들이 정당한 수익을 낸다면, 이런 계략을 실행함으로써 나오는 이익을 중국 관리와 상인이 나누어 가졌기 때문이다. 중국 관리들은 상인들과 짜고는 세상에는 있지도 않은 나라와 왕국에서 왔다고 하면서 신분증을 위조하곤 했다. 그리고 모든 것을 중국의 예법에 맞게 마련하고 나서, 황제에게 외국에서

115) 캬흐타(Kyakhta)는 몽골과 접경한 부랴트 공화국의 도시로 1689년 청과 러시아 사이에 네르친스크 조약이 체결된 뒤에 생긴 러시아 마을이다. 1727년 캬흐타 조약이 체결된 장소로 유명하다. 그 뒤 중국과 러시아 간의 무역도시로 19세기 말까지 크게 번창하였다.

온 사신이 조공을 바치러 베이징으로 간다는 전갈을 보냈다. 자신을 항상 지상의 모든 왕들의 종주宗主라고 여겼던 황제는, 이렇게 자신에게 경의를 표하는 것에 자긍심을 느끼면서 가짜 사절들을 반갑게 맞이했다. 그들에게는 특별한 대접을 하고, 떠날 때가 되면 푸짐한 선물을 주었으며, 상인들은 이에 대한 대가로 가져왔던 위장 조공을 바쳤다. 이런 식으로 베이징의 궁정에서는 여러 외국 나라들에게 실제로 하사품을 내린다. 이러한 관행은 황제의 자만심을 크게 부추기는 동시에 상인들과 관리들의 탐욕을 크게 충족시켰다.

고에스 수사가 가욕관에서 베이징의 예수회 형제들의 근황과 그들의 지도를 받으며 번창하고 있는 교당에 관한 정보를 얻게 되었다. 수사는 길고 고된 여정 끝에 베이징에서 예수회 형제들을 만나면 조용한 거처에서 당분간 쉬게 될 것이라는 기대에 부풀었다. 그러나 중국 관리들은 돈을 내지 않는다면 그가 여행을 계속할 수 있는 허가를 내주지 않겠다고 냉정하게 말했다. 수사는 겨우 감숙성의 중요 도시인 숙주肅州까지 가는 허가를 받아 내는 데에는 성공했으나, 베이징에 도착하려면 석 달이나 더 가야만 했다.

숙주에서도 새로운 어려움을 만난 고에스 수사는 리치 신부에게 자신이 있는 곳을 알리고 자신이 제국의 수도에 갈 수 있도록 영향력을 행사해 달라고 간청하는 편지를 쓰기로 결심했다. 이 여러 통의 편지들은 불행히도 리치에게 전달되지 못했고, 고에스 수사는 숙주에서 또다시 길고도 지루한 세월을 하는 일 없이 지내야만 하였다. 한편 베이징에 있는 선교사들은 큰 근심에 싸여 있었다. 그들은 인도교구장의 편지를 받고 고에스 수사가 1603년 2월 출발하였음을 알고 있었으나, 1606년이 되도록 그에 관해 아무런 소식도 듣지 못하고 있었기 때문이었다. 1606년 11월에야 고에스 수사가 보낸 편지 한 통이 마침내 베이징에 있는 선교사들의 숙소로 전달되었다. 이 용감한 형제가 죽은 줄로만 알고 슬퍼하고 있었는데 감숙성에서 체류하고 있고 또 머지않아 직접 그에게서 길고도 위험했던 여행에 관한 재미있는 이야기를 자세하게 들을 수 있게 될 것이라는 소식을 듣게 되었을 때, 그들이 얼마나 기뻐했을지는 쉽게 상상해 볼 수 있다. 리치 신부는 잠시도 시간을 허비하지 않고 베이징에서 방금 수련을 마친 후 예수회에 입회한 젊은 중국인 페르난데스 수사Giovanni Fernandes, 鍾鳴禮를 고에스 수사에게로 보냈다.[116] 종명례 수사는 베이징에 있는 선교사들을 수행하는 새 신자들의 일종의 호위대와 함께했는데, 리치 신부는 이 중국인 수사가 어떤 유럽인보다 훨씬 더 고에스 수사를 안전하게 안내할 것이라고 여겼다.

종명례 수사와의 만남과 고에스 수사의 최후

종명례 수사는 감숙성을 향해 출발하여, 산서성山西省의 성도인 서안부西安府까지 전속력으로 달렸다. 그곳에서 함께 갔던 새 신자 하나가 일행에서 떠나버린 일이 생겼는데 아무도 그 사람의 흔적을 찾을 수 없었다. 그는 그리스도인이라기보다는 중국인이었으므로 일행의 돈주머니를 훔쳐 달아났다. [여행자에 대한] 자비라고는 전혀 찾아볼 수 없는 중국에서 돈 없이 여행한다는 것은 쉽지 않은 일이다. 그러나 종명례 수사는 지혜를 발휘해 온갖 곤란함을 참아내면서도 전혀 요령을 부리지 않고 최선을 다했다. 마침내 1607년 3월 말이 다 되어, 베이징을 떠난 지 거의 4개월 만에 종명례 수사의 일행은 숙주에 닿게 되었다.

116) 페르난데스(鍾鳴禮, 1581-?)는 Giovanni Fernandes라고 하며, 廣東 新會縣 태생의 예수회 수사였다. 형 鍾鳴仁과 함께 마카오 신학원에서 수학하였고, 1608년 南昌에서 예수회에 입회하였다. 南雄과 杭州에서 활동하였고, 南京教案 때 체포되어 3년 동안 수감되었다.

하지만 고에스 수사는 그동안 겪은 고생과 시련으로 몸져누워 있었다. 종명례 수사는 돗자리에 누워 지독한 병마에 시달리면서 거의 숨이 멎을 것 같은 수사를 찾아냈다. 언제나 고에스 수사에게 헌신적이었던 아르메니아인 이삭이 신부 곁에서 크나큰 슬픔에 젖어있었다. 그럼에도 불구하고 이 죽어가는 수사는 베이징에 있는 형제들에 관한 소식을 누군가가 전하러 와서 포르투갈어로 말을 걸자, 무기력한 상태를 벗어나 일어나서 생기를 되찾았다. 모국어가 그의 영혼에 햇살처럼 스며들었고, 그의 영혼에 다시 생명의 불을 붙였다. 종명례 수사가 그에게 리치 선교사의 편지를 전하자 고에스 수사는 그것을 다 읽더니 감동의 눈물을 흘렸다. 이는 기쁨과 위안의 눈물이었다. 고에스 수사는 편지에서 동료 선교사 형제들이 [베이징 선교에] 성공하였다는 자세한 이야기를 읽고는 고통이 가라앉았고, 이제 평온한 마음으로 죽음을 맞을 수 있게 되었다. [고에스 수사의 마지막 모습은] 노인 시므온의 외침처럼 [들렸다.] "주님, 이제 주님께서 주의 말씀을 따라, 이 종을 세상에서 평안히 떠나가게 해주십니다. 내 눈이 주님의 구원을 보았습니다."[117] 고에스 수사는 중국인의 사도인 리치 선교사의 편지에서 마침내 복음의 빛이 땅 끝까지 전파된 것을 목격했다. 그가 인도 땅 먼 곳에서부터 그토록 찾아 해 맸던 카타이의 백성들에게 복음의 빛이 비추고 있는 것을 보았다. 얼마동안 지속되는 이런 강렬한 느낌은 점차 사라지고, 종명례 수사의 말도 더 이상 알아들을 수 없을 만큼 기력이 쇠잔해 졌다. 수사는 더 이상 리치 신부가 보낸 편지를 읽을 수 없게 되자, 리치의 편지를 가슴에 꼭 껴안았다. 수사는 하느님의 영광과 영혼들의 구원을 위해 열정적으로 활동하는 마테오 리치에 대한 남다른 애정을 간직하고 이 세상을 떠났다. 고에스 수사는 불굴의 인내와 용기를 가지고 그에게 맡긴 임무를 완수하였다. 그의 여행을 통하여, 카타이와 중국, 캄발루크와 베이징이 같은 곳이라는 것을 밝혀졌다. 지금 우리가 살고 있는 시대[19세기]에도 많은 동방학자들이 이 문제를 긴 논문의 주제로 삼고 있으나, 아무도 고에스 수사가

117) 『누가복음』 2:29-30.

제시한 증거만큼 가치 있는 학설을 제시한 사람은 없다.

이 용감한 선교사가 병환으로 누워있는 동안 소주의 많은 주민이 그에게 매우 큰 관심을 보였다. 이들 중 어떤 이는 상당히 많은 배려를 하는 것처럼 보였으나 그들의 자선은 순수하지 않았고, 사심도 있었다. 주민들은 그의 병세가 악화 되는 것을 보자 뻔뻔스럽게도 그의 물건을 도둑질했는데, 가장 질 좋은 옥석들이 자취를 감추었다. 더욱 유감스러운 것은 그의 일기책이 도난당한 것이었다. 그 안에는 틀림없이 그가 방문했던 여러 고장에 관한 매우 가치 있고 흥미로운 많은 이야기들이 담겨있었을 것이다. 지금 우리가 여러분에게 들려줄 수 있었던 몇 가지 자세한 이야기는 리치 신부가 종명례 수사와 베이징까지 함께 동행 했던 아르메니아인 이삭과 나눈 대화를 수집한 것이다. 고에스 수사의 지칠 줄 모르는 이 동료[아르메니아인 이삭]는 리치 신부 거처에서 한 달을 쉬고 나서 다시 여행을 계속하여, 이번에는 중국 대륙을 북쪽에서 남쪽으로 관통해 마카오까지 갔다. 그는 마카오에서 인도로 가는 배를 타고 가던 중 네덜란드의 해적들에게 붙잡혔으나 말라카의 포르투갈인들이 그의 몸값을 대신 지불해 주었다. 그들은 수많은 우여곡절을 겪은 후에 원래 고에스 수사의 동행인으로 그를 선택했던 [인도의] 선교사들에게 돌아갈 배편을 마련해 주었다. 오늘날에도 이국땅을 여행하면서 수많은 어려움을 극복한 사람들에게 큰 경의를 표하지만, 예전의 여행자들을 이들과 비교한다면 어찌 죽음을 무릅쓴 옛사람들의 꿋꿋함과 불굴의 의지를 능가할 수 있겠는가!

소에리오 신부의 임종

중화제국의 변경에서 고에스 수사가 그 고된 인생여정을 마감했을 때, 또 다른 한명의 선교사도 10년 넘게 살아온 남창에서 하느님께 자신의 영혼을 맡겼다. 그는 조아오 소에리오Joao Soeiro 신부로 선교적 열정으로 참 하느님을 아는 지식을 수많은 중국인에게 전하는 데 성공한 인물이었다.[118] 그의 시신은 마카오로 운구 되어 마카오 신학원에 있는 예수회 신부묘역에 안치될 예정이었다. 그러나 운구를 맡았던 사람들이 도중에 여러 가지 어려운 일을 당하면서 핍박을 받았다. 흥미로운 사실은, 선교사들이 중국의 여러 곳에 가시적인 성공을 거두고 관리들과 일반 백성들이 모두 선교사들의 존재를 알고 있었음에도 불구하고 선교사들은 결코 완전한 평화를 누린 적이 없었다는 것이다. 비록 주요 관리들이 공공연히 그들을 보호하였음에도 불구하고 전혀 예상치 못한 순간에 갑자기 모습을 드러내는 원수들과의 영원한 싸움은 계속되었다. [특별히] 가난하고 궁핍한 문인계층은 언제나 선교사들에게 적대적이었다.

선교사들에게 적대적이었던 일부 문인 세력들

중국에는 1차 관리등용 관문인 초시初試에 합격한 생원들의 숫자가 상당히 많으나, 돈이 부족하거나 지식이 부족하여 2차와 3차 관문을 끝까지 통과해서 공직에 오르는 숫자는 매우 적었다. 여유 있는 환경에서 태어난 사람들은 모자에 금 구슬을 달고 백성들과는 크게 다른 수많은 복을 누리게 된다. 그런 사람들은 사교모임, 공석 행사와 잔치를 자주 가지면서 자신을 뽐내는 기회로 삼았다. 때로는 자신들의 문장력을 자랑하기 위해서 간단한 산문을 짓거나 시 한편을 지어 지인들에게 읽어주었는데 이에 대해 찬사를 받으면, 이번에는 다른 이의 시나 산문을 들었다가 받은 찬사를 되돌려주는 것이 그들의 일상이었다. 중

118) 포르투갈 코임브라 지역에서 태어난 조아오 소에리오 신부는 리치 신부를 보좌하기 위해 1595년에 남창으로 파견되었다.

국에서는 마땅한 일자리가 없었기 때문에 가난한 선비들이 별도의 계층을 형성하고 매우 불안정한 생활을 이어가고 있다. 무엇보다도 모든 힘든 노동은 그들의 취향이나 습관과는 전혀 어울리지 않는다. 공업, 상업, 농업에 일상적으로 종사하는 것은 그들의 체면을 손상 시키는 일이 될 것이므로, 정말로 생업에 종사하기를 원하는 사대부들은 학교 선생이나 의원이 되거나, 법을 관장하는 관청의 하급직을 얻으려고 한다. 또 다른 종류의 선비들은 불규칙적인 생활을 이어가는데, 수많은 방법으로 대중들을 우려먹으면서 살아간다. 커다란 도시에 사는 선비들은 퇴락한 신사들과 매우 닮았는데, 그들의 유일한 방책은 서로에게 찾아가서 굶주림을 면할 수 있는 가장 좋은 방법을 의논하는 것이었다. 그들은 종종 부유한 관리들에게서 돈을 빼낼 궁리를 했는데, 그런 고위 관리들은 종종 관직에 있을 때 양심에 어긋나는 죄를 많이 지었기 때문에, 항상 올가미를 놓고 감시하거나 음모를 꾸미는 이 가난하고 직업도 없는 선비들을 절대로 원수로 삼으려 하지는 않았다. 또한 교묘하게 잘 처리하기만 하면 고소를 하는 것도 이 선비들의 수입에 적지 않은 보탬이 되었다. 선비들은 [이해 당사자들 사이에서] 늘 싸움을 일으킬 준비가 되어 있으며, 이 경우 상대방을 서로 원망하게 만들었다. 그런 후에 절충과 배려를 하는 척 하면서 양쪽을 화해시키기 위해 노력하는 것처럼 보이게 만든다. 이 때 법적인 절차나 논지를 펴서 양쪽을 서로 합의하게 만들고 자신의 이익을 챙기는 수법을 쓴다. 이런 생계유지 수단이 없는 선비들은 글을 써서 돈을 번다. 물론 대단한 글재주가 있어야만 돈을 벌 수 있다. 그들은 줄을 그은 색이 있는 종이에 아주 아름다운 필체로 명언을 써내려 가는데, 중국인들은 이런 종이를 집의 대문과 내부를 장식할 때 많이 사용한다. 이러한 재능을 세상에 알리려고 하지 않았던 유식한 선비들도 있는데, 이들은 비밀결사의 활동적인 관리자들이고, 혁명이 있을 때는 백성들의 선동자가 되는 부류였다.[119] 성명서, 소책자, 그리고 현수막은 이들이 사용하는 무기인데, 서양에서도

119) 원대의 백련교도, 청대의 의화단 등이 이런 부류의 비밀 결사 조직이었다.

그들과 같은 비밀결사 조직에서 매우 비슷한 무기를 사용한다.[120]

이러한 선비들이 바로 선교사들을 완강히 반대하는 세력이었다. 이 선비들은 선교사들을 교묘하게 비방하는 글을 써서 그리스도교와 외국인인 선교사들을 공격하였다. 이 선비들은 군중들의 질시와 의심을 자극했으며, 결과적으로 선교사들에게 수많은 어려움과 곤혹스러운 일을 만들어냈고, 개종시키려는 사역을 방해했다. 이들의 반대 때문에 겁이 많고 소심한 입문자들은 자기의 체면이 손상되는 것이 두려워 개종을 포기했고, 새 신자들은 가까스로 한 신앙고백을 다시 버리곤 했다.

카타네오 신부를 상해로 초청했던 서광계

그러나 이런 수많은 장애물에도 불구하고 예수 그리스도의 교회는 중국에서 날마다 그 기초를 다지고 확장해 나갔다. 물론 복음의 씨앗은 100배의 열매까지는 맺지는 못했다. 그러나 희망이 있었으니, 모두 황무지에 떨어진 것은 아니었으므로, 노력과 인내를 통하여 언젠가는 기쁨의 큰 추수를 할 때가 결국은 다가올 것이었다. 처음 경작했던 밭들이 더 넓어지고 더 비옥해졌다. 기회가 찾아오면 새로운 작은 땅들이 복음의 경작지가 되었다. 서광계의 도움으로 상해에서 활동하고 있던 카타네오 신부가 바로 이러한 방식의 선교를 하고 있었다. 앞에서 말했듯이 이 저명하고 열정적인 새 신자[서광계]는 부친상을 당해 한림원 학사로 있던 베이징에서 물러나 가족들과 함께 3년 상을 치루고 있었다. 당시 중국의 관습으로는 상중에 있는 사람은 관직을 맡을 수 없었다. 관리였다면 그 직에서 물러나야 했고, 시랑이라면 관무官務를 포기하고 애곡하면서 고인

120) (원주) Empire Chinois, vol. ii.

을 추모해야만 한다. 상주는 누구를 찾아가거나 외부 사람들과 공식적으로 만나는 것을 완전히 중단했다. 그러나 명나라 때에는 정부의 모든 관리에게 27개월이 지나면 상복을 벗도록, 그 기간을 단축시켰다.

서광계는 상해上海에서 태어났는데, 이 도시는 해안가에 위치한 3급 도시로, 일본과 마주하고 있었다. 따라서 언제나 국제 무역의 중요거점이었다. 중세 때에는 수많은 아랍 상선들이 이 항구에 자주 드나들었고, 지금[19세기]도 이 도시는 서방에 문호를 개방하고 있다. 이 오래된 중국 도시의 한편에는 유럽인 거주지가 형성되어 있어서 그 중요성이 더욱 커졌다. 서광계는 카타네오 신부에게 자기 고향에 와서 복음에 관한 지식을 널리 전해달라고 간청했다. 그리고 서광계의 일가는 빠르게 그리스도교를 받아들였다. 이 중요인사의 궁궐 같은 거처는 상해 교외에, 양자강과 연결되는 인공 운하의 작은 언덕 위에 있었는데, 이 저택의 입구가 바로 상해였다. 그는 이 웅장한 집에 예배당을 지어서 엄숙하게 예배를 드렸는데, 상해에 사는 수많은 저명한 중국인들의 관심을 끌게 되었다. 서광계는 신분이 높고 과학적 지식이 많고 덕망이 높아서 시민들 모두에게 크나큰 영향을 끼쳤으며, 그의 집은 번창하는 상해 그리스도인 공동체의 중심이 되었다. 그 뒤 250년이 지난 1850년에 우리는 이 유명한 가문의 후손들을 방문할 기회가 있었는데, 우리가 마주친 진실은 매우 서글펐다. 그 후손들은 완강한 배교자가 되어버렸고, 극도로 비참한 가난에 빠져 있었다. 그 후손들에 관해서는 앞으로 이야기를 해나가면서 언급하도록 하겠다.

리치 신부의 선종과 황제가 내린 영묘

선교사들은 중국 전역에 고루 흩어져 맡겨진 임무를 열정적이고 헌신적으로 수행하고 있었으나, 신앙을 전파하는 일은 리치 신부의 손에 달려 있다고 말하는 편이 나을 것이다. 그가 궁정과 제국의 고관들과 맺고 있던 관계가 상해, 남경, 남창, 소주와 베이징에 있는 예수회 형제들이 성공적인 선교 활동을 하는 데 큰 도움이 되었다. 선교사들이 관리들과 논쟁하다가도 이마두라는 이름만 언급하면, 모든 어려움을 해결할 수 있었다. 베이징에서 막강한 권세를 지닌 보호자를 가지고 있는 사람의 반대편에 서려는 사람은 아무도 없었다. 리치 신부가 가지고 있는 권세도 중요했지만, 중국 선교사들이 선교에 성공을 거두게 된 이유는 무엇보다 리치 신부가 지칠 줄 모르고 활동적인 선교를 이끄는 인물이었기 때문이었다. 리치 신부는 신앙의 입문자들을 문답식으로 가르치고, 새 신자들을 훈계하고, 불신자들에게 깨우치는 것을 그의 일상적인 일과로 삼았다. 그는 또한 여러 권의 훌륭한 저술을 남겼고, 자신이 손수 감독하여 커다란 성당을 지었다. 또한 예수회 형제들과 활발한 교신을 이어갔고, 궁정에 맡은 일을 성실히 수행했다.

이러한 잡다한 일과를 신경 쓰느라 리치 신부의 기력은 급속하게 소진되었다. 1610년 5월 3일, 리치 신부는 몸져눕게 되었다. 형제들은 그가 두통을 앓는다고 생각했으나, 리치 신부는 형제들에게 자신의 병은 대단히 심각하다고 차분히 말해주었다. 그의 병세가 급속히 악화되더니 엿새 만에 종부성사를 받을 준비를 했다. 그는 비록 매우 쇠약해졌고 고통이 극심했지만, 성체聖體가 자기 방으로 들어오자마자 기어서 침대를 벗어나 종부성사를 받을 준비를 했다. 그를 따르는 자들은 그 장면을 보고 모두 눈물을 흘렸다. 그는 경건하게 임종 전의 성체를 받은 뒤에 무아지경에 빠져서 하루 종일 사랑하는 새 신자들에게 중국인들의 개종과 중국의 황제를 예수 그리스도의 종교로 개종시키겠다는 희망을 가지고 있었다는 이야기를 들려주었다. 그 이튿날 그는 침상 앞에 무릎을 꿇은 네 명의 예수회 수사들에게 축복을 내리고, 선교활동에 관해 몇 가지 충고를 하였다. 그들 가운데 한 명이 "신부님, 저희들을 놓아두고 어디로 떠나려고 하시는지 아십니까?"라고 물었더니, 리치 신부는 "나는 큰 가치가 있는 곳을 향해 열려 있는 문 앞에 자네들을 놓아두었으나, 여전히 커다란 수고와 위험이 도사리고 있다네."라고 답하였다. 1610년 5월 11일, 리치 신부는 조용히 자신의 영혼을 하느님에게 맡겼으니, 당시 나이가 58 세였다.

리치 신부의 선종善終은 중국에 있는 모든 선교사 공동체에 큰 슬픔을 안겨주었다. 베이징의 새 신자들은 크게 애통해 했다. 그들은 자신들에게 그리스도교 신앙을 가져다주었고 진심으로 자신들을 사랑했던 한 신부를 잃었다는 것을 알았기 때문이었다. 온 베이징이 이 슬픔을 함께 나누는 것 같았고, 거리에는 "서방의 성인이 세상을 구했다," "위대한 성인이 세상을 떠나셨다."라는 말 외에는 아무 소리도 들리지 않았다. 문관들과 군관들, 선비들, 한림원 학사들, 관아의 주요 판관들 모두가 그의 과학적 업적과 덕행에 경의를 표하려고, 이 유명한 선교사의 장례식에 참석했다. 그의 시신은 한 부유한 새 신자가 비용을 부담하여 만든 호화로운 관에 넣어져서, 중국의 관습에 따라 매장할 때까지 선교사들의 거처에 있는 한 방에 안치되었다.

중국 남부에서 선종한 선교사들의 시신은 일반적으로 마카오로 운구하여 예수회 신부들이 사는 곳에 매장했다. 베이징은 마카오에서 너무 멀리 떨어져 있기도 했지만, 중국 선교의 개척자인 이 용감한 신부의 유해를 중국 땅 안에다가 보존하겠다는 욕심도 있었다. 따라서 이런 생각을 가지고 어떤 이들은 우선 수도 인근에 묘지로 사용할 땅을 사들여 그를 추모하는 묘를 만들자고 제안했다. 그러나 나중에 어떤 이가, 크게 감사를 표해야 할 서양의 수도사들을 위한 묘지를 만들기 위해, 황제에게 땅을 하사해 달라는 상소를 올리자고 제안했다. 이에 판토하 신부가 몇몇 중국 그리스도인 선비들의 도움을 받아 탄원서를 올렸는데, 그 원본이 현재 남아 있다. 이를 번역하면 다음과 같다.

"미천한 소인 판토하는 서양에 있는 커다란 왕국의 백성으로서 최근 세상을 떠난 또 다른 외국에서 온 백성 중 한 사람을 위해 삼가 이 상소를 올립니다. 신이 폐하께 감히 장지 한 곳을 하사해 주시길 간구하는 것은, 황제의 후의를 멀리 떨어져 있는 나라들까지 포함하여 전 세계로 확장하기 위함입니다. 신은 고귀한 천자의 나라인 중화제국의 명성을 소문으로 듣고, 3년 동안 험한 파도를 헤치고 7만 리가 넘는 길을 엄청난 위험과 어려움을 극복하면서 마침내 만력 28년(1600년) 섣달에 마테오 리치와 함께 폐하의 궁에 도착하여 저의 나라 스페인에서 가져온 약소한 선물을 진상하였습니다. 그때부터 황제의 은총을 입어 연급을 받았으니 그 감사함은 저희의 가슴에 다 담을 수 없을 만큼 큽니다. 비록 신들의 피를 다 쏟아낸다 해도 신들에게 베푸신 황제의 엄청난 은덕에 큰 감사가 넘칩니다. 만력 29년에 신들이 상소를 올려 황제가 은총을 베푸시는 것을 만천하가 알도록 이방인들에게 거처를 마련해 달라는 청을 드렸습니다. 신들은 지금까지 몇 해 동안 폐하의 뜻을 명백히 알고자 기다리고 있습니다. 그 동안 폐하께서는 신들에게 연급을 늘 내려주셨으나 신들이 이에 아무것도 보답하지 못했습니다. 만력 38년 3월 18일에, 마테오 리치가 나이가 들어 병으로 세상을 떠나니, 신이 이제 외톨이가 되어 사람들은 저희들의 슬픔을 공감하고, 저희들의 고통에 연민을 보여주고 있습니다. 고국으로 돌아가는 길은 멀고, 뱃사람들은 자신들의 배로 시신을 옮기는 것을 꺼립니다.[121] 이러한 이유로 신이 리치의 관을 가지고 고국으로 돌아가는 것이 불가능하게 되었습니다. 하지만 지난 여러 해 동안 폐하의 그늘아래 살게 해주신 것을 기억하니, 폐하께서는 신들을 폐하의 백성으로 삼으신 것이 분명합니다. 이에 폐하의 자비가, 요제堯帝의 자비처럼, 중화제국에서 뿐 아니라 모

121) 중국에는 객사한 사람의 시신을 고향으로 옮겨 가족묘에 매장하는 관습이 있다.

든 외국에까지 널리 알려지게 될 것입니다.[122] 신들이 이 땅에서 사는 동안 황은皇恩을 입고 살았으므로, 신들이 죽어서도 신들의 시신을 덮을 조그만 땅 조각을 허락하여 주시기를 바라나이다. 신들이 이처럼 소원하는 것은, 마테오 리치가 천자의 나라에 도착한 이래 학문을 연마하고 중국의 서책들이 가르치는 모든 덕을 실천하는 일에 헌신하였기 때문입니다. 리치는 밤낮으로 천주의 제단 앞에 향을 피우고 기도를 올려 폐하의 건강과 번영을 빌었습니다. 저 판토하와 신의 동료들은 외국인들입니다. 그러니 어찌 감히 미천한 사람이 아니기를 바랄 수 있겠습니까! 신들은 신들의 죽은 형제를 묻을 땅 한 조각도 없는 가련한 신세를 한탄합니다. 이런 연유로, 눈물을 쏟으면서 폐하께 이방인 하나의 시신이 누울 수 있는 봉분 자리를 신들에게 내려주시기를 간청하옵니다. 살아 있는 저희들은 먼저 세상을 떠난 형제가 걸었던 길을 언제나 충직하게 따르며, 천주께서 폐하와 모후에게 천수를 누리게 하시기를 기도할 것입니다. 이는 신들이 일개 개미처럼 평화와 위안과 휴식을 누리며 폐하의 위대한 제국에서 살고자 함입니다. 신들이 감히 폐하의 답을 듣고자 하옵니다."

이 상소는 가장 먼저 호부상서戶部尙書의 보증을 받아야만 했다. 그래야만 황제에게 전달되고, 다시 예부로 전달되어 거기에서 이에 대해 검토하여 황제께 보고를 올리게 된다. 이 보고서는 지금도 남아 있는데, 여기에 이 번역문을 덧붙이도록 하겠다. 중국 공문서 양식을 볼 수 있는 좋은 예이기 때문이다. 이 공문은 먼저 우리가 올린 상소 전문全文을 앞에다 인용하고 나서, 예부 상서의 의견을 다음과 같이 이어가는 형식으로 되어 있다.

"이 일을 판단하라는 폐하의 명에 따라, 이 임무를 맡은 예부에서는 중국의

---

122) 帝堯陶唐氏는 중국 신화 속의 군주인 三皇五帝 가운데 하나이다. 흔히 태평성대를 일컬어 "堯舜時代"라고 한다.

법과 관습을 검토하여, 다음과 같은 내용을 찾아냈습니다. '이 나라를 자주 드나드는 외국인들 가운데 하나가 궁정에 도착하기 전에 길에서 죽는 경우, 그가 사망한 성의 예부에서는 매장지를 내어주고, 분묘에는 이름과 여행목적을 새긴 비석을 세워 주도록 한다.'고 하였습니다. 또 다른 조문이 있는데, '만약 외국인이 이미 조정에 알현하고 난 이후에 죽었고, 중국의 관례에 따라 하사품을 아직 받지 못했다면, 베이징의 부윤이 장례비용을 부담할 것이나, 죽은 사람이 이미 하사품을 받았다면, 장례비용은 본인이 부담하라.'고 하였습니다. 따라서 비록 마테오 리치가 자신의 나라의 왕이 보낸 신하는 아니지만, 중화제국의 명성과 경이로움에 이끌려 아주 먼 나라에서 왔고, 또 폐하께서 여러 해 동안 그에게 은급을 내리신 바 있습니다. 이제 그가 나이가 들어 죽었습니다. 그의 고국은 이곳에서 아주 멀리 떨어져 있어서, 그의 관을 그곳까지 옮겨갈 수 없습니다. 아직 묻힐 곳을 찾지 못한 이 사람의 시신에 폐하께서 과연 연민을 베푸실 수 있으신지요? 그러시다면 판토하의 상소에 대한 답을 주시어, 소신이 이에 해당하는 법을 해석한 대로, 그에게 무엇이든 하사해 주셔야 옳지 않겠습니까? 폐하께서 그동안 베푸신 은총에 새로운 은총을 하나 더 보태는 일인데, 탄원하고 있는 땅 한 조각을 더 내주지 못할 까닭이 어디 있겠습니까? 이 상소가 제 수중에 들어왔을 때, 저는 이를 보고, 천자와 그 조정의 덕망에 대한 명성이 머나먼 나라에서 온 사람들을 매료시켰다고 생각했습니다. 과거에는 사람들이 중국에 올 수 없었으나, 이제는 사람들이 중국의 법과 관습에 이끌리어 사방에서 무리지어 모여드는 것을 보십시오. 마테오 리치와 그 동료들이 그 예입니다. 그들은 아주 먼 거리를 여행한 끝에, 폐하의 궁정에 도착하여 폐하께 예물을 바쳤습니다. 그들은 여러 해 동안 폐하께서 내려주시는 은급을 받았으며, 마테오 리치는 주의 깊게 많은 것들을 조금씩 스스로 배웠습니다. 그는 몇 권의 유명한 책을 저술하였으며 마침내 명을 다했습니다. 과연 누가 그렇게 멀리서 온 이방인의 시신을 긍휼히 여겨서 돕겠습니까? 판토하와 그 동료들이 이제 리치의 시신을 매장할 조그마한 땅을 요청하고 있사온데, 누가 장례식도 치루지 않은 채 땅 위에 시신을 방치하기를 원하겠습니까? 판토하와 그 동료들은 리치가 살아있는 동안 폐하께서 그에게 베푸신 은덕이, 그가 죽은 후에도 그치지 않기를 간구하고 있습니다. 이에 소신도 폐하께 간원하오니, 부디 베이징 부윤에게 사람이 살지 않는 폐찰 하나와 몇 마지기의 땅을 알아보아, 마테오 리치의 매장할 장소로 삼고 또 판토하와 그 동료들이 살 수 있도록 명을 내려주시옵소서. 그리해 주시면 그들은 그곳에서 그들의 방식대로, 천주를 경배하고 폐하의 왕권을 위해 기도하면서, 종교 생활을 영위 할 수 있게 될 것입니다. 이는 폐하의 은덕이 마른 나무[시신]에까지 미치고, 이방인들을 은혜와 자비로 다스리시는 것으로, 결국 폐하의 위엄이 만천하에 드러날 것입니다. 따라서 이방인들이 점점 더 천자의 나라의 명성을 널리 전하게 될 것입니다. 그러므로 저는 그들의 탄원을 들어주시는 것이 옳은 줄로 여깁니다. 소신에게 내려주신 작은 권한으로는 이 일을 감히 행할 수 없기에, 폐하께서 가장 바람직한 방향으로 결정하시어 명을 내려 주시기를 간청합니다. 만력 38년[1610년] 4월23일 삼가 올림."[123]

이러한 보고를 받은 황제는 일반적인 관례에 따라 이 문제에 관한 의견을 들으려고 재상에게 이 공문을 다시 보냈다. 재상은 전달된 이 공문에 동의한다고 표시하여 황제에게 돌려보냈고, 황제는 여기에 붓을 들어 붉은색으로 재가를 내렸는데, 이는 그대로 시행하라는 말이었다.

리치 신부의 선종으로 선교사들이 큰 슬픔에 잠겨 있는 가운데, 이 좋은 소식은 그리스도인들에게 큰 위로가 되었다. 그들은 이 소식으로 인한 기쁨을 적극적으로 표현했다. 그것은 기쁨과 슬픔, 행복과 비탄이 기묘하게 뒤섞인 낯선 감정이었다. 이제 이 위대한 복음 전파자 리치 신부는 중국에서 세상을 떠났으

123) (원주) Trigault, pp. 641, 643.

나, 이러한 황제의 명은 그의 선교가 불멸의 기반을 마련하게 되었음을 의미하는 것이었다. 관리들은 황제가 재가한 대로, 판토하 신부에게 주기로 한 부지를 알아보는 일에 곧 착수했는데, 마침내 그 부지를 아름다운 담장으로 둘러싸인 사찰로 결정했다. 이 사찰은 사형선고를 받고 수감 중이던 태감의 소유였다. 이 사찰은 태감의 소유일 뿐 아니라 당시에 불승들이 살고 있었기 때문에 이의가 제기되었다. 하지만 베이징 부윤이 붓을 들어 다음과 같이 적어 내려갔다. "선도사善導寺는 황제께서 그 소유주에게 사형을 언도 하셨기 때문에 이제는 누구의 소유도 아니다. 그곳에 살고 있는 불승들을 쫓아내고, 모든 시설을 즉시 판토하와 그 동료들에게 인도하라."

그리하여 선교사들은 이제 공식적으로 선도사라는 사찰에 자리를 잡게 되었다. 그로부터 며칠 뒤에 불승들 몇 명이 판토하 신부가 자리를 비운 틈을 타서 사찰을 공격하고 가구를 훔쳐 갔다. 이는 사찰 건물만 그리스도인들에게 내어준 것이고 그 안에 있는 가구와 집기들은 내어줄 수 없다는 입장에서 저질러진 행동이었다. 사찰을 약탈한 이후에도 이를 방해하는 사람이 없자, 승려들 몇 명이 다시 절에 자리를 잡고 교당에서 가사를 돌보던 한 새 신자에게 말을 걸기 시작하였다. 승려 하나가 "네 주인의 능력이 대단하구나. 그가 고관들의 마음을 홀리고 그 의지를 통제하는 묘약을 가진 것이 분명하구나."라고 하였다. 이에 그 새 신자가 "우리 주인께서 대인들의 호의를 얻을 때 사용하는 유일한 약은 덕행과 시적과 천주의 도입니다."라고 답하였다. 이에 승려가 다시 "네가 그의 제자이니, 그에게 권하여 고관들이 네 주인에게 이 절보다 더 크고 이름다운 절을 주게 하도록 하라. 그렇게 하는 것이 네 주인에게 좋으리라."라고 말하였다. 이 말에 그 새 신자는 다음과 같이 답했다. "내 주인께서는 온순하신 분이시고, 더 좋은 것은 탐하지 않으십니다." 그러자 승려는 일어나서 제단 위에 좌정한 커다란 불상에게 절을 올리고 나서 약간 빈정대는 어투로 말을 던졌다.

"마지막으로 잘 있으시오, 부디 잘 있으시오. 나는 이 사찰에 다시는 발을 들여 놓지 못할 것이니. 잘 있으시오!"라고 했다. 그러나 몇몇 승려들은 불상들을 향하여 무례하게, "너희들은 이방인들에게 붙잡히고 지배당하였으니 겁쟁이구나. 너희들은 그저 거북이의 알에 불과하니, 너희를 저주하노라."라고 욕설과 악담을 퍼부었다.

이런 약간의 어려움이 있었으나 언제나 관리들이 서둘러 이를 수습해 주었으므로, 선교사들은 새 거처에서 평화롭게 지낼 수 있게 되었다. 선교사들은 사찰에서 찾아낸 수많은 목제 불상들을 한데 모아서 쌓아놓고 모두 불태웠다. 최근에 개종한 중국인들은 불상이 불타는 모습을 보며 즐거워하면서 그 비용에 대해서 농담을 했다. 교당의 담장 안쪽으로 리치 신부의 유해를 모시기로 한 묘소가 조성되자 장례식이 거행되었는데, 베이징의 주요 고관들이 참석하였다. 남경, 남창, 조주와 상해에서도 조문단을 보냈는데, 결과적으로 수많은 그리스도인 군중이 모이게 되자 판토하 신부는 이 기회를 이용하여 가톨릭 미사의 장엄한 모습을 보여주기로 했다. 이 장례미사는 큰 슬픔에 잠긴 의식이라기보다는, 중화제국의 수도에서 그리스도교의 승리를 축하하는 화려한 축제의 자리였다.

리치 신부는 선교사로서의 삶을 마감하기 며칠 전에, 동료들에게 다음과 같은 말을 남겼다. "신부님들이시여, 중국인들에게 그리스도에 대해 가장 관심을 가지도록 할 수 있는 방법이 무엇일지 생각해보니, 나의 죽음보다 더 좋고 효과적인 방법은 없는 것 같소." 이 위대한 선교사는 확실히 인내와 용기가 이룰 수 있는 것에 대해 표현한 것이 틀림없다. 그는 황무지에 복음의 씨앗을 싹틔우는 데 성공하였고, 흑암의 한 가운데에 빛을 비치게 하였으며, 많은 이들에게 참 하느님을 아는 지식을 전해주었다. 그러므로 그의 선교는 성공의 정상에 이르렀다고 말할 수 있는데, 이는 그가 수많은 열성적인 새 신자들을 많은 지역에서 찾아냈기 때문이다. 그럼에도 불구하고 그의 선종으로 그가 이루었던 모든 일이 확실해졌고, 장례식을 통해서 그리스도교가 중국에서 합법화되었다. 황제가 직접 6부 상서들, 시랑들과 판관들의 찬성을 받고 내어준 땅은, 사람들이 볼 때 황제께서 그리스도교에 호의를 베푼 놀라운 증거로 여겨졌다. 마침내 그리스도교의 기반이 확고히 다져졌고, 선교사들은 이제 프란치스코 하비에르의 열정적인 사랑과 마테오 리치의 불굴의 열정에 의해 다져진 기초 위에 교회의 체계를 세우는 작업에 전심전력하게 되었다.

중국 선교는 이렇게 확고해졌다. 지금까지 우리 이야기를 계속 읽어온 독자라면 이 영광스러운 사역의 책임자였던 마테오 리치 신부가 겪으며 인내해야만 했던 노고와 슬픔과 고난이 얼마나 컸는지 잘 알 것이다. 모든 것을 그에게 의지해야만 했다. 그는 모든 그리스도교인 공동체를 보살피고, 시작한 일들을 계속 이어갈 초보자들을 훈계하고, 교리문답을 가르치고, 설교하고, 고해성사를 받고, 환자들을 찾아다니고, 학문을 연마하고, 수학과 지리학을 가르치고, 중국각처의 선비들이 그에게 던지는 의혹과 반론에 답하고, 거물들의 보호를 얻어내고, 선교사들과 가난한 사람들에게 생계를 마련해주면서, 자기 자신은 전혀 돌보지 않고, 모든 사람을 위해 수많은 일을 하면서, 오로지 하느님의 일에만 시간을 쏟았던 사람이었다. 이 같은 모든 일들이 리치 신부가 중국에 살면서 해야만 했던 일이었다. 우리가 지금까지 살펴본 것처럼 그는 맡겨진 모든 일을 제 때에 해냈을 뿐더러, 도덕과 종교에 관한 뛰어난 책들을 한문으로 저술하는 여유까지 가지고 있었다. 바로 『천주실의天主實義』라는 책으로, 중국인들까지도 그 저술을 그 간결하고도 우아한 문체의 표본으로 우러러보고 있을 정도다.[124] 이 책

124) 프란치스코 마르티네즈(Francisco Martinez, 1569-1606)는 마카오 태생으로 중국이름은 黃明沙였다. 鍾鳴仁과 함께 예수회에 입회하여 1595년부터 南昌과 베이징에서 마테오 리치를 도왔다.

에는 중국에 만연하고 있는 주요한 종교의 잘못을 논박하는 내용이 실려 있는데, 일종의 그리스도교 입문서다. 이 책은 많은 중국 지식인들이 읽어서 엄청난 성공을 거두었는데, 중국인들이 매우 절묘하고 복잡한 추론을 따라갈 수 있도록 잘 구성되어 있었다. 이 책에서 저자는 하느님의 존재, 영혼의 불멸과 인간이 가진 자유의지에 관하여 본인의 생각을 충분히 전개하고 있으며, 중국인들이 알고 있는 이교도적이고 비종교적인 사고체계를 허물어뜨리면서, 독자들의 마음속에 창조주이시며 구세주이신 하느님에 대한 개념을 심어주었다.

오를레앙d'Orleans 신부는 용감하고도 지칠 줄 모르는 열정과 함께, 효과적인 면에서 볼 때 현명하고, 인내하고, 신중하며 침착한 성격, 또 더 대담하다고도 할 수 있는 조심성이야말로 중국인의 사도가 되도록 하느님의 부르심을 받은 사람이 갖추어야 할 기본적인 성품이라고 말한다.[125] 왜냐하면 중국인들은 천성적으로 새롭고 이질적인 것을 적대시하고 까다로우며 또 의심 많은 민족이기 때문이다. 진정으로 용감한 사람은 반복되는 실패에도 포기하지 않고 다시 일어서는 사람이며, 비록 작은 재능일지라도 이를 큰 장점으로 만드는 방법을 아는 사람이다. 또 매우 깊이 성찰하는 사람이면서 동시에 보통 사람의 수준을 뛰어넘는 천재여서, 스스로를 제외하고는 그 누구도 존경해보지 않던 사람들 가운데서 존경심을 불러일으키는 사람이다. 이런 사람은 지금까지 어떤 사람으로부터도 배울 것이 없다고 생각하던 사람들에게 새로운 교리를 가르치는 사람이다. 리치 신부가 그런 사람이었다. 그러나 이와 동시에 리치 신부가 가졌던 겸손이야말로 이 거만한 민족에게 복음을 전할 때 반드시 필요한 성품이었다. 중국인들은 뛰어난 지성을 자랑하며 누구에게도 자발적으로 복종하지 않는 민족이기 때문이다. 마지막으로 선교사가 그 고되고 위험한 생활에서 오는 어려움을 견뎌낼 수 있으려면 덕망이 있어야 하고, 하느님과의 지속적인 연

125) (원주) Guillaume d'Orléans

합이 있어야만 한다. 그러한 리치 신부의 성품들이 그를 중국으로 이끌었고, 또 우리가 알고 있는 많은 고통과 수난에도 불구하고 그가 감당치 못할 고통을 겪지 않았던 이유이다.

제 6 장

전례 논쟁의 시작, 남경 교난,
안드라다 신부의 티베트 선교

제 6 장

전례 논쟁의 시작, 남경 교난, 안드라다 신부의 티베트 선교

유교와 전례에 관한 리치와 롱고바르디의 다른 해석

마테오 리치는 생전에 니콜라스 롱고바르디Nicolas Longobirdi 신부를 [자신이 맡았던] 예수회 중국 관구장의 후임으로 정하였다.[127] 시칠리아의 지방 귀족 가문에서 태어난 이 선교사가 중국에 온 때는 1597년이었다. 그는 처음에 강서성江西省에서 여러 해 동안 일했는데, 동료라고는 생계를 책임지는 수사 한 명이 전부였고, 본인은 도시들과 인근의 농촌을 돌아다니며 복음을 전했다. 그가 많은 사람을 개종시켰기 때문에 불승들의 시기심을 자극하여 극심한 박해를 받았다. 사방에서 매우 모욕적인 비난과 중상을 하면서 공격하고 있음을 깨닫고, 그는 재판관에게 간청하여 거짓말을 한 적들이 유죄선고를 받게 한 후에

127) 니콜라스 롱고바르디(Nicolas Longobirdi, 龍華民, 1559-1654)는 시칠리아 출신의 예수회 선교사로 1597년에 중국에 도착했고, 소주로 가서 리치의 뒤를 이어서 중국 선교회의 2대 교구장으로 사역했다. 마테오 리치의 '위로부터의 선교'에 대해 이견을 품었고, 리치의 하느님의 이름 번역인 상제(上帝)에 대해서도 사용을 반대하여 전례 논쟁을 시작한 인물이기도 하다.

이들을 너그럽게 용서했다. 그가 선교 활동을 하면서 보여준 현명하고 참을성 많고 강인한 모습이 리치 신부의 심금을 울렸으므로, 리치는 조금도 주저하지 않고 그를 자신의 후임으로 지명하였다.

롱고바르디 신부는 중국에서 선교회를 설립한 리치 신부를 깊이 존경하고 칭찬했지만, 중국의 종교와 철학에 관한 리치 신부의 생각에 전적으로 동의하지 않았다. 리치 신부는 중국 선교 초기부터 선교의 대상인 중국인들의 성격과 특징을 연구한 후에, 그들에게 참 진리를 깨닫도록 하는 가장 좋은 방법은 중국 백성과 지도층 모두가 숭배하는 공자의 가르침에 부분적으로 동의하고, 그를 뛰어난 현인이자 모든 학문의 스승으로, 또 제국의 입법자로서 인정하는 것이라고 판단했다. 리치 신부는 하느님의 본성에 관해 공자가 발전시킨 교리를 살펴본 후, 그의 가르침이 그리스도교의 교리와 상당히 유사하다고 생각했다. 중국의 식자층은 "하늘天"이 물질적이거나 가시적인 것이 아니라, 아무런 흠이 없는 불가시적이고 영적인 참 하느님, 천주, 초월자, 또 만물의 창조자, 보호자, 즉 유일신이라는 뜻을 가지고 있다고 보았다. 공자는 제자들에게 하늘을 공경하고 예배하라고 가르쳤기 때문이다.

리치 신부는 중국인들이 그들의 조상들에게 보이는 존경심에 관해서도 동일한 관점으로 바라보았다. 그 자신이 그 관점에 설득되어 다른 선교사들도 설득하려고 애썼다. 즉 조상에게 바치는 제물은 순수하게 예를 표하기 위한 것이고, 공자가 그 진정한 뜻을 말한 바에 따르면, 종교적이거나 우상 숭배적인 의미는 전혀 없고 단지 존경심과 자식으로서의 효심과 사랑에서 나온 것일 따름이었다. 이러한 효심이 있었기에 중국인들은 예나 지금이나 자신들의 본성을 이야기했던 옛 저자들과 중국 전체에 과학과 문명의 혜택을 확산시켰던 현인들에게서 영감을 받아왔던 것이었다. 리치는 중국 철학의 원류를 따라가야 한다고 했다. 중국 전역에서 펼쳐지고 있는 조상에게 제물을 바치는 행사는 미신이나 우상숭배가 아니라, 단지 예를 따르고, 정치적인 의미를 갖는 것이라고 보았다. 결국 중국의 그리스도인들도 공자의 관점에 따라 그들의 조상에 대한 예를 지키는 것에 문제가 없다는 결론을 내렸다. 이것은 리치는 물론이고 대다수의 예수회 신부들이 갖고 있던 의견이었다. 이러한 사고체계는 선교사들에게 온갖 편의를 제공하고, 중국에서 그리스도교를 전파할 때 선교사들에게 큰 도움을 주었다. 중국 고대의 유일한 종교에서는 하늘天과, 성인들과 조상들을 숭배하는 것이 전부였다. 중국인들은 여러 시대동안 도교의 환상과 불교의 미신에 사로잡혀서 제대로 신앙을 뿌리내리지 못했고, 이것을 하나의 종교로 만들지 못했다. 선교사들은 하늘을 섬기는 것과 참 하느님을 섬기는 것이 같으며, 조상과 공자에게 존경을 표하는 것이 가문에 영향을 끼치는 이들과 민족의 보호자들에게 후손과 백성으로서의 효심을 나타내는 것이라고 말해서, 중국 사상에 매우 호의적으로 접근했다. 이 때문에 중국인들과의 충돌을 피할 수 있었고, 또 특히 스스로 불교와 도교를 버린 지식인들 사이에서, 그리스도교가 인기를 얻을 수 있었다.

롱고바르디 신부는 이런 중국의 모든 관습을 전혀 다른 관점으로 보았다. 롱고바르디 신부는 재능과 덕망을 갖추었던 리치 신부를 존경하였으므로 이에 대한 판단을 유보하고 있었고, 리치가 따랐던 질서체계의 정확성에 관한 판단을 미루고 있었다. 그러나 중국관구장으로서 발생 가능한 모든 실수에 대해 책임을 지는 자리에 앉게 되자, 그는 이 중요한 문제에 대해 보다 큰 관심을 기울이는 것이 자신에게 맡겨진 의무라는 생각이 들었다. 그리하여 그는 공자의 저술과 가장 저명한 주석가들을 깊이 연구하게 되었고, 이 문제를 가지고 설명해 줄 수 있는 믿을 만한 사대부들의 자문을 받았다. 다른 많은 예수회 선교사들이 이 논쟁에 참여했고, 의견은 둘로 갈라졌다. 롱고바르디 신부는 이 문제를 깊이 논의한 진중한 책을 썼는데, 결론은 공자와 그 제자들이 주장했던 교리는 물질주의와 무신론에 오염되었다고 주장했다. 중국인들은 하늘天을 제외한 다른 신과 하늘이 우주의 삼라만상에 미치는 일반적인 영향에 대해서 무지하다고 결론지었다. 그들이 말하는 영혼이라는 것은 감지하기 힘든 공기 같은 실체이고, 마지막으로 영원불멸에 관한 그들의 견해는 인도 철학자들에게서 비롯된 윤회설과 매우 유사하다고 보았다. 이런 관점에서 볼 때, 롱고바르디와 그의 의견에 동의하는 선교사들에게는, 중국의 관습은 그리스도교의 신성함과는 절대 비교될 수 없는 우상숭배, 즉 범죄행위가 되었기 때문에, 중국의 관습은 불경건한 것으로 판단되었다. 따라서 이런 내용을 복음의 빛을 받은 모든 중국의 그리스도인에게 반드시 알려야만 했다. 그들은 심지어 하느님을 지칭하는 천天과 상제上帝라는 단어를 사용하는 것도 금지시켰다. 롱고바르디 신부의 엄격한 정통적 신념이 리치 신부의 지나친 관용과 얼마나 다른 지 앞으로 전개될 논의에서 다시 보게 될 것이다.

이렇게 유교 경전의 해석에 대한 불일치가 시작되었고, 이는 중국의 관리들이 일으켰던 폭력적인 박해보다 더 심각한 중국 선교의 큰 불행과 난관을 초래하게 된다. 이러한 심각한 갈등은 다른 수도회들이 중국에 [선교하러] 오기 전에 예수회의 내부에서 먼저 일어났으며, 우리가 앞으로 보게 되겠지만, 이 논쟁은 유감스럽게도 격렬한 분쟁과 분열의 양상으로 발전했다. 중국의 전례典禮, 즉 조상과 공자에 대한 제사에 관한 논쟁이 단지 중화제국 안에서 그치지 않고 유럽으로까지 번졌으며, 특히 아시아에서 이 논쟁은 격렬한 양상으로 전개되었다. 이를 주제로 쓴 수없이 많은 논문과 소책자가 중국 전역에 유포되었지만, 진실을 분명하게 나타내기보다는 모호함 속에서 진실을 감추는 역할을 할 뿐이었다. 마침내 교회의 통치권과 절대적 권위를 가진 교회[바티칸]가 개입하여 이 오랜 논쟁에 종지부를 찍고, 평온을 되찾게 되었다. 감히 고백하거니와, 이제는 이단적인 생각들이 [거룩한 교리들을] 파괴할 수 없게 되었다.

중국 천주교회의 큰 기둥들

리치 신부가 선종한 후 몇 년 동안 중국 선교는 크게 융성하였고, 롱고바르디 신부는 만족스러운 상황 속에서 중국교회를 이끌게 되었다. 선교사들의 새로운 거처의 입구에는 "황제의 관대한 은총皇恩"이라는 글자가 새겨져 있었다. 이 거처는 불교 사찰에서 가톨릭 교당으로 바뀐 건물로, 리치의 장례식을 엄숙하게 거행했던 장소였다. 불상들이 있던 곳을 어느 정도 재활용하여 크게 만든 리치의 무덤이 있는 장소였으므로, 자연스럽게 이 곳은 베이징과 모든 성省에서 큰 화제가 되었다. 사람들은 제국의 수도에 전에는 존재하지도 않았던 이방인이 어떻게 이런 종교적 명성을 얻고 있는지 놀랐고, 그들이 과연 누구인지를 서로에게 물었다. 그들은 이 이방인들이 출판한 서적들을 열심히 읽었고, 그 안에 담긴 교리에 찬사를 보냈는데, 이 모든 일이 그리스도교를 위해서는 매우 바람직한 방향으로 가고 있었다. 많은 사람이 개종했는데 그 가운데는 고관들이 많았다. 특히 유명한 관리인 양정균楊廷筠이 개종했다.[128] 그는 남경에서 오랫동안 관직에 있었고 당대의 유명한 학자들 가운데 하나였다.

리치 신부는 앞서 살펴본 바와 같이 한림원에서 가장 유명한 학사들과의 친분을 맺는데 크게 성공했다. 그 중 서광계徐光啓와 이지조李之藻가 선교사들

128) 양정균(楊廷筠, 1577-1627)은 명나라 말기의 문신으로 천주교인이 되어 徐光啓, 李之藻와 함께 중국 천주교의 3대 석주(기둥)로 존경받았던 인물이다. 세례명은 미카엘이고 자는 仲堅이다. 杭州 仁和 태생으로 1592년, 進士가 되었고, 1598년에 監察御使, 1602년에 湖廣道御使, 1604년에 四川導掌道事 등을 거쳐 1609년에 江蘇의 南直督學을 끝으로 관직에서 은퇴하였다. 1601년부터 마테오 리치와 친교를 맺고 그리스도교와 서구 과학문명에 대한 가르침을 받았다. 1611년 이지조, 트리고, 카타네오에 의해 항주에 교당이 세워진 뒤에 입교하였다. 저서로 『代疑編』, 『代疑續編』, 『聖水紀言』, 『天釋明辨』, 『鶏鶩不竝鳴說』 등이 있고, 『七克』, 『西學凡』, 『職方外紀』 등의 序文을 남겼다. 이 가운데 『칠극』과 『직방외기』는 우리말로 번역, 출간되었다.

의 활동을 지원하면서 보여준 열정에 관해서는 이미 언급한 바 있다.[129] 특히 이지조는 부친상을 당하여, 중국의 관습에 따라, 고향으로 돌아가 애도 기간을 가지게 되었는데 [그 기회에] 친척들을 개종시키겠다는 소망을 가지고 선교사 한 명을 데리고 항주로 갔다. 절강성 성도인 그의 고향 항주에서 이지조는 자신에게 맡겨진 임무를 발견했다. 우리는 아랍 여행가들을 통해 8세기에 그리스도인들에 대한 무차별적 학살이 이 도시에서 일어났다는 이야기를 들었다. 또 13세기에 몬테코르비노의 요한의 교구 가운데 하나였던 이곳에 프란체스코회 수도사들이 교당을 세워서 크게 번창했지만, 17세기 초에는 이곳에서 그리스도교의 흔적을 찾을 수 없었다는 이야기를 들은 적이 있다. 이지조는 하느님의 섭리로 자기 고향에서 진정한 종교인 그리스도교의 불꽃을 다시 일으키도록 예정된 사도였다. 이지조는 고향 땅을 밟고 나서, 가까운 친척인 상해의 부자들 가운데 하나였던 양정균과 자주 연락을 했다. 양정균은 그때 관직을 사임하고 은퇴하여 문학과 철학 연구에 빠져있었다. 독실한 불교 신자였던 양정균은 자기 집안에 웅장한 불당을 세우고 자기 돈을 들여 승려 몇 명을 그곳에 살게 하면서 전적으로 불가에 헌신했다. 그는 특히 자신의 뛰어난 지성을 사로잡고 있는 종교적인 질문 때문에, 자신의 친척인 이지조와 함께 불교와 그리스도교에 관한 토론을 하게 되었다. 양쪽 모두 진지한 태도로 임한 이 토론은 여러 날 이어졌다. 마침내 진심으로 진리를 찾아 헤맸던 이 붓다의 제자[양정균]는 논쟁이 되는 두 [종교의] 사고체계 사이에서 커다란 차이를 발견하고 큰 충격을 받았다. 그는 한편[불교]에는 헤아릴 수 없이 많은 미신과 수많은 신과, 지방에 따라 제각기 다르고 또 승려에 따라 가르침이 다른 매우 비논리적인 교리가

129) 이지조(李之藻, 1571-1630)는 浙江省 仁和 출신이다. 자는 振之, 我存, 호는 凉庵. 그의 호는 세례명 레온(Leon)에서 유래한 것이다. 徐光啓와 함께 마테오 리치에게 사사하고, 『天主實義』 간행에도 관여하였다. 과학, 천문학, 수학, 병법과 천주학에 박식하였다. 1610년 마테오 리치가 죽기 직전 무렵에 신앙생활을 시작하였다. 마테오 리치를 비롯한 다른 선교사들의 口演을 필사하는 방식으로 많은 서양의 학술저작을 번역하였다. 『乾坤體義』, 『渾蓋通憲圖說』, 『圜容較義』, 『同文算指』, 『名理探』 등을 지었고, 마테오 리치의 『坤輿萬國全圖』 간행에도 관계하였다. 초기의 천주교 관계서적을 모은 叢書 『天學初函』도 편집하였고, 『崇禎曆書』 사업에도 관여하였다. 1623년에 탄핵을 받고 은퇴하였다.

있다는 것을 알게 되었다. 반면에 다른 한편[그리스도교]에는, 오직 한 분이신 하느님, 하나의 교리, 하나의 성직제도와 하나의 예배만이 있다는 것을 알게 되었다. 이 감탄할만한 단일성 때문에, 그는 마침내 모든 의심을 떨쳐버리고 망설임 없이 자신은 그리스도인이라고 선언해 버렸다. 그는 그리스도교의 신비에 관한 가르침을 충분히 받은 후에, 미카엘이란 이름으로 세례를 받았고, 그가 공양하던 승려들을 내보냈으며, 불당을 가톨릭 교당으로 바꾸었다.

이 중요한 개종이 있고난 후부터 중국의 그리스도인들은 사대부 가운데 가장 유명한 세 사람의 그리스도인을 서광계, 이지조, 양정균로 보았다.[130] 이들은 열정적으로 그리스도교를 전파하고 헌신적으로 선교사들을 섬기면서 여생을 보냈다. 중국 전체의 지식인 사회가 이 세 사대부의 지식과 경륜에 대해 잘 알고 있었으므로, 그들이 받아들인 새 종교는 물론 그 성직자들까지 크게 존경을 받았는데, 이는 지금까지 없었던 일이었다. 여러 도시에 사는 생원들이 자발적으로 모임을 만들어, 남경과 베이징의 주교들에게 구원을 받는 진정한 방법을 깨우쳐줄 선교사를 보내 달라는 청원서를 보냈다. 이들의 개종은 새로운 활기를 중국의 한쪽 끝에서 다른 끝까지 불러일으키는 듯했다. 새로운 교당들이 세워졌고, 전부터 있던 교당들은 확장되었다. 남경 교당에는 선교사들이 이미 8명이나 있어서, 새 신자들의 숫자와 열성이 베이징교당에 못지않았다. 당시 남경교당 소속이었던 세메도 신부는 이 풍성한 구원의 열매의 증인으로서,[131]

130) 중국에서 활동하던 예수회 신부들은 이 세 사람을 중국 선교의 3대 석주(石柱, 기둥)이라고 불렀다.

131) 세메도(Alvarez Semedo, 謝務祿 또는 曾德昭, 1585-1658)는 포르투갈 출신의 예수회 선교사이다. 1602년, 예수회에 입회하여 1608년 고아를 거쳐 1610년 마카오에 도착하였고, 1613년부터 남경에서 謝務祿이라는 이름으로 활동하였다. 1616년 남경교안 때 추방되어, 1621년까지 마카오에 머물다가 曾德昭라는 이름으로 개명 후 중국에 다시 들어와 江蘇省 일대에서 활동하였다. 1625년 西安에서 "大秦景敎流行中國碑"를 유럽선교사로서는 처음으로 확인하였다. 1636년, 로마 방문이후 중국으로 돌아와 廣州에 정착하여 생을 마쳤다. 청나라가 들어선 뒤 체포되었으나 아담 샬 신부의 도움으로 풀려난 적이 있다. 저서로는 한자-포르투갈어 사전인 『字考』와 포르투갈어로 쓴 중국역사서 『中國通史Histoire Universelle du grand Royaume de la Chine』(1601년)가 있다.

자신의 소망과 열정을 다음과 같은 말로 표현했다. "폭풍과 박해가 있었던 겨울이 지나가고, 하느님의 낙원과 같이 꽃이 활짝 핀 봄이 왔네. 아니 오히려 곡식이 무르익어 낫질을 기다리고 있는 것처럼 보이네."[132] 그렇지만 세메도 신부는 이와는 정반대의 큰 시련과 고난이 시작되었다는 것을 곧 알게 된다. 사실 곡식이 무르익었지만, 낟알이 일렁이는 들판을 지나가는 것은 박해라는 큰 낫이었다. 이 폭풍은 다음과 같은 방식으로 일어났다.

예부시랑 심각의 그리스도교 공격

1615년, 명나라 정부는 심각沈㴶을 예부시랑禮部侍郎에 임명했는데, 예부는 예법에 관련된 사항과 중국에 입국할 수 있는 외국인의 부류를 심사하는 임무를 맡고 있었다.[133] 이 인물은 그리스도교와 선교사들에게 전혀 호의적이지 않았는데, 그가 선교사들에게 악감정을 품게 된 나름의 특별한 사연이 있었다. 그와 가까이 지내는 벗들 가운데 글 쓰는 재능이 있는 학승이 있었는데, 매우 거만한 이 승려가 그리스도교를 비판하는 책을 출간했고, 그는 이 비판에 대하여 [그리스도교 측에서] 응대할 수 없을 것이라고 말했다. 하지만 서광계가 이에 대한 답변을 보냈는데, 너무 하대하는 것 같은 문체여서 이 가련한 승려는 그 참담한 패배를 견디지 못하고 화병으로 죽고 말았다. 심각은 이 일로 크게 상심하였는데, 더욱이 그 자신도 개인적으로 서광계, 양정균과 종교문제에 관해 토론하다가 모욕을 당한 적이 있었기 때문이었다. 그래서 그는 그리스도인들

132) (원주) Alvarez Semedo, Histoire Universelle du grand Royaume de la Chine, p. 208.

133) 심각(沈㴶, 1565-1624, 자는 銘縝)은 浙江省 烏程 태생이다. 1592년 진사가 되었고, 한림원 庶吉士에서 檢討史官으로 일했다. 1616년 南京 禮部侍郎으로 있으면서 세 차례나 「參遠夷疏」를 올려 조정에 그리스도교를 금지시킬 것을 요구하면서 南京教案을 주도한 인물이다. 1620년 禮部尙書 兼 東閣大學士로 임명되었으나 나아가지 않았고, 16121년 太子太保 文淵閣大學士, 少保 武英殿大學士로 승진되었다. 한때 內書堂에 있으면서 환관 魏忠顯의 스승 노릇을 하는 등 환관 세력을 가까이 했다.

에 복수를 해야겠다고 결심했는데, 이 계획을 실행하기 전에 이 두 고관이 황제에게 보낸 상소의 내용을 알게 되었다. 선교사들이 한문으로 옮긴 유럽의 양서良書들 모두가 중국 문학을 더욱 풍성하게 한다는 내용이었다. 그 또한 정승이 되기를 바라고 있었으므로, 전래 신앙인 정통 유교의 열렬한 수호자이며 외국의 새 문물에 대한 반대자라는 면모를 공개적으로 드러내는 것이 자신의 야심을 이루는 데 도움이 될 것이라고 여겼다. 이것은 예부 시랑이 그리스도교에 대하여 공적으로 전쟁을 선포할만한 충분한 구실이 될 수 있었다. 선교사들에게 불행이 더해졌다. 남경의 불승들은 불교의 사찰이 점점 더 쇠락해가는 것을 보다 못해 자발적으로 기부금을 모았고, 독실한 불교 신자들에게 선교사들을 추방하기 위해 상서에게 뇌물로 은자 일만 냥도 마련했다. 그리스도인에 대한 증오와 분노가 하늘을 찔렀고, 그것이 많은 돈에 대한 유혹과 더불어 그리스도교인들에 대한 공격으로 이어졌다.

시랑은 그리스도교를 공격할 계획을 교묘하게 세웠다. 그는 선교사들을 어전에 공식적으로 고발하기에 앞서, 남경의 생원들을 부추겨서 상소문을 쓰게 하였다. 이 글에서 생원들은 중국으로 몰래 숨어들어와 변혁을 도모하는 이 위험한 외국인들을 추방하는데 예부가 나서 달라고 간청하였다. 그들의 주장은 이랬다.

> “정직하고 덕행이 높다는 자들이라면 과연 가족과 재물을 버리고 자기 땅을 떠나 멀리 있는 다른 나라에서 살려고 하겠습니까? 선교사들 거처 가까이에 사는 사람 하나가 말하기를, 한 해에도 몇 차례나 그 거처에서 종교행사를 하면서 많은 남녀가 모여 동틀 무렵에야 자기 집으로 돌아가는 일이 벌어지고 있다고 합니다. 또 그리스도교로 개종하는 새 신자에게는 은자 5냥을 주며, 그들 이름을 바꾸어[영세명] 전혀 다른 사람의 이름으로 그들의 명부에 적는다고 합니다. 또

이마에 특정한 글자를 쓰는 일이 반복되고 있는데, 이는 반란의 때가 오면 결집하려는 암호가 분명합니다. 마지막으로 그들이 전한 것은 선교사들의 거처 무기와 군수품이 가득하다고 합니다."

심각은 이런 암시하는 상소문들을 조심스럽게 모아, 1616년 5월 예부시랑의 자격으로, 황제에게 맹렬하고도 기만적인 고발을 하였다. 그는 선교사들이 조상들과 고대의 성인들이 믿던 종교와는 상반되는 종교를 중국인들에게 부정한 방법으로 소개하였다고 강력하게 주장하였다. 그는 선교사들과 그 추종자들이 더 위험스러운 세력으로 커지는 것을 막기 위해 그들 모두를 사형에 처하는 것이 바람직하다고 결론을 내렸다. 은밀하게 올려진 이 상소의 내용이 그리스도인들에게 알려지게 되었다. 예부시랑과 양정균 두 사람의 벗이었던 한 관리가 이 사실을 양정균에게 알렸고, 양정균은 이 사실을 즉각적으로 선교사들에게 알렸던 것이다. 양정균은 선교사들과 함께 그리스도교를 위협하는 폭풍을 피할 가장 좋은 방법을 찾고자 했다. 비록 황제에게 전달된 상소의 내용을 정확하게 알지는 못했지만 우선 양정균은 몇몇 영향력 있는 관리와 시랑에게, 그리스도인들과 그리스도교가 받고 있는 특정한 의혹을 반박하는 내용의 편지를 보냈다. 양정균은 선교사들의 처지가 염려되어 그들 모두를 만약에 있을지도 모르는 위험에 대비하여 항주에 있는 자기 집으로 옮기도록 하여 폭풍이 가라앉을 때까지 보호하면서 머무르게 하였다. 남경에서 이틀거리에 있던 이지조가 이 소문을 듣고는, 서둘러 그리스도교와 그 성식자들에 내한 해명서를 인쇄하여 남경 전역에 뿌렸다. 동시에 그는 그리스도인들에게 수난의 때에 용기를 잃지 말라고 강하게 권면하였다. 선교사들에게 위험이 다가오고 있다는 소식 때문에 새 신자들은 긴장된 감정 상태를 보였다. 그들은 희망과 염려가 뒤섞인 가운데 이리저리 뛰어다니며 소식을 전했고, 더욱 열심히 기도하고 예배드렸으며, 다가올지도 모르는 살벌한 투쟁에 대비하여 성체를 받을 준비를 했다.

박해의 시작과 그리스도인 선비들이 쓴 해명서

새 신자들 가운데 용감하고 정열이 넘치는 신자 한 명이 깃발 네 개를 준비하여, 큰 글자로 자신의 원래 이름漢子姓名과 세례명을 함께 써서 자기 집 문 앞에 내걸었는데, 이는 믿음의 형제들에게 교인으로서 떳떳하게 이름을 밝히는 것을 주저하지 말라고 격려하고, 또 스스로 소심해지는 것을 경계하기 위함이었다. 심각은 상소를 올린 지 3개월이 지난 뒤에도 회답이 내려오지 않았지만 낙담 하지 않고 처음보다 더 지독한 계획을 세웠다. 예부에서 일하던 그의 형제 하나를 꾀어서 세 번째 상소를 작성하게 하여 황제에게 동시에 올리려고 한 것이다.[134] 평소 선교사들과 우호적인 관계를 맺고 있던 흠천감 관원 한 명이 이런 음모가 있다는 말을 듣고, 상소문 두 건 모두를 구하여 서광계에게 보냈다. 뛰어난 정치가이며 당대의 문장가이기도 했던 이 열렬한 그리스도인은 밤새 이러한 혐의내용을 반박하는 글을 지어 놓고, 때를 기다려 황제에게 올릴 준비를 했다. 그는 또 예부에서 일하고 있는 영민한 자기 수하에 있는 사람 한 명을 예부 상서에게 보내서 이러한 음모가 있다는 것을 미리 알렸다. 예부 관원들이 이에 대비할 준비를 하되, 예부 시랑의 악의적인 행동에 동조하지 않도록 조치를 취했다.

예부 상서는 서광계에게 그가 바라는 대로 되도록 전적으로 신경을 쓰겠다고 다짐했고, 이와 동시에 예부시랑보다 덜 열성적으로 보이는 것을 염려하면서 본인도 서둘러 상소를 올렸다. 이 상소에서 그는 심각이 말하는 불평이 올바르고 국가의 이익에 정합整合하는 것이며, 시랑이 칭찬 받아 마땅한 행동을 하고 있으며, 그의 직분에 맞는 의무를 다하고 있다고 생각한다고 평가했다. 심지어 황명이 떨어지기 전이라도 자신이 이 이방인들을 중국영토에서 쫓아내

134) 세 번째 상소를 올린 사람은 친척 아우 陳懿典이다. 『파사집』 「남궁서독」 서문 2018, pp. 34-41 참조.

는 일을 해내겠다고 자청하였다. 선교사들이 베이징에 거주하는 것만 보더라도 그들이 "너무 과도한 보호를 받고 있는 것"이라고 이의를 제기하기도 하였다. 이 마지막 말로 보아 예부 상서는 선교사들에게 호의적인 고관들과, 심지어 그런 조치를 내렸던 황제에게까지 불만을 토로한 것이 분명하였다. 예부 상서와 시랑의 탄원서는 같은 날인, 1616년 8월 15일 황제에게 올려졌다. 그리고 같은 달 20일, 선교사들을 체포하여 투옥하라는 황제의 명을 가진 파발이 베이징에서 말을 달려 사방으로 흩어졌다. 세메도 신부는 "누가 이 변덕스러운 중국인들의 변화에 놀라지 않을 수 있겠으며, 누가 온 나라에서 칭송을 받고 있는 선교사들을 고작 세 명의 대신이 파멸시킬 음모를 계획할 수 있다고 상상이나 할 수 있겠는가? 그렇게 많은 진사들이 찾아다니고 추천하면서 칭송을 아끼지 않았고, 게다가 그들을 겨냥한 고발이 순전히 중상모략이라는 것을 다들 알고 있는데도 말이다."라고 하였다.[135)]

8월 20일에 베이징을 출발한 차부는 30일 밤에 남경에 전달되었고, 선교사들은 제단 앞에 무릎 꿇고 하느님을 위해 목숨을 바치겠다고 다짐했다.[136)] 그런 뒤에 그들은 성상과 성찬 기구들을 챙겨서 그리스도인 가정에 감추었다. 새벽녘에 중국 관구장 롱고바르디 신부는 줄리오 알레니 신부를 데리고 베이징을 향해 떠났는데, 이 재난을 수습할 방도를 찾아낼 생각이었다.[137)] 알폰소 바그노니 신부와 알바로 데 세메도 신부 두 사람은 어명을 집행하는 관리들이 올 때

---

135) (원주) Alvarez Semedo, p. 807.

136) 차부(箚付)는 상급관부에서 하급관부로 보내는 공문서를 말한다.

137) 줄리오 알레니(Giulio Aleni, 艾儒略, 1582-1649)는 이탈리아 출신의 예수회 신부이다. 1610년 중국에 와서 베이징, 上海, 楊洲, 陝西, 杭州, 常熟, 福州, 泉州, 興化 등에서 활동하면서 여덟 곳에 교당을 세웠다. 1649년 延平에서 죽었고 복주 십자산에 묻혔다. 저서로는 『利瑪竇行實又名西大利先生行跡』, 『萬物眞原』, 『性學撝述』, 『職方外紀』, 『三山論學記』, 『彌撒祭儀』, 『幾何要法』, 『天主降生言行紀略』, 『山象經解』, 『口鐸日抄』, 『聖體四字經文』, 『聖體要理』, 『五十餘言』 등이 있으며, 『職方外紀』는 우리말로 번역되었다.

까지 거처에서 기다렸다.[138] 잠시 뒤에 관원 셋이 도착하여 선교사들에게 자신들은 선교사들을 중국 국경 밖으로 쫓아내라는 어명을 받았다고 알려주었다. 곧이어 병사들이 와서 선교사들의 거처를 모두 장악하고, 출입문 앞에서 경비를 섰다. 가구에 대한 재물조사가 뒤따랐고, 그 문서 위에 도장을 찍었다. 세메도 신부는 병들어 누워 있었으므로 그 자리에 그대로 있게 하였으나, 문 앞에 보초를 세워 출입을 통제했다. 바그노니 신부는 가마에 태워, 함성과 욕설이 뒤섞인 수많은 군중을 뚫고, 예부시랑의 관아로 데려갔다. 인파가 너무 밀집해 있어서 시종들은 그 무리를 뚫고 가려고 대나무와 등나무 막대기를 휘둘러야만 했다.

남경의 그리스도인들은 이런 시련의 시기에도 열정을 아끼지 않고 헌신했다. 그들은 바그노니 신부가 투옥되었다는 말을 듣자마자 선교사의 거처로 달려가서 그리스도교를 억압한 것에 대해서 공적으로 항의하면서 영적인 아버지인 신부들에게 연민을 보였다. 요한 야오John Yao라는 사람의 용기가 특히 돋보였는데, 그는 한 손에는 자기 이름을 쓴 깃발을 들고, 다른 손에는 큰 글자로 하느님과 교회가 가르치는 계명을 쓴 다른 큰 현수막을 들고, 행진하는 대열의 선두에 서서 자신이 그리스도인이라고 당당히 외쳤다. 종자들은 이런 신기한 광경을 보고 놀라면서, 그에게 도대체 무슨 짓을 하려느냐고 물었다. 그는 차분하지만 위엄 있게 "나는 내 영적인 아버지들과 함께 피를 흘리며 죽으러 왔소!"라고 답했다. 시종들은 즉시 그의 말을 받아들여, 그의 손을 등 뒤로 묶고, 목에는 사슬을 채워 법정으로 끌고 갔다. 관리들이 그의 신분을 묻자, 여전

138) 알폰소 바그노니(Alfonso Vagnoni, 高一志, 1566-1640)는 이탈리아 출신의 예수회 신부이다. 처음 중국명은 王豊肅이었는데 1624년 재입국 때 이름을 高一志로 바꿨다. 1604년부터 남경에서 주로 활동하다가 南京教案의 주동자로 몰려 마카오로 추방된 적이 있다. 재입국 후 山西省 絳州, 蒲州에서 활동하였다. 저서로 『教要解略』, 『聖母行實』, 『天主聖教聖人行實』, 『四末論』, 『則聖十篇』, 『勵學古言』, 『西學修身』, 『西學治平』, 『西學齋家』, 『童幼教育』, 『寰宇始末』, 『斐錄彙答』, 『譬學警語』, 『神鬼正紀』, 『空際格致』, 『達道紀言』, 『推驗定道論』 등이 있다.

히 침착한 어조로 자신은 그리스도인이고 그들이 듣고자 한다면 본인이 믿게 된 이유를 알려줄 준비가 되어 있다고 대답했다. 그가 관리들 앞에서 보여준 이러한 용감한 태도는 중국에서는 흔치 않은 일이어서, 관리들을 놀라게 했다. 관리는 야오에게서 쇠사슬을 벗기라 명한 뒤에 앉으라고 자리를 내어주었다. 예부 시랑 심각이 선교사들 가운데 하나가 거처에 남아 있다는 것을 알고는 아전들에게 크게 화를 냈다. 그 이튿날 세메도 신부와, 신부들과 함께 기거하던 종명인 수사를 비롯한 다른 그리스도인들을 바그노니 신부를 가둔 곳에 가두었는데, 감옥에서도 서로 멀리 떨어져 있게 하였다.

롱고바르디 신부는 베이징에 도착한 후 판토하 신부와 서광계와 함께 황제에게 올리는 상소문을 쓰려고 애쓰고 있는 동안, 남경에서의 박해는 점점 더 심해져 갔다. 세메도 신부는 "한 감방에서 다른 감방으로 옮기면서 우리가 당한 모욕, 상처와 잔혹한 행위를 모두 말하지는 않겠소. 어떤 간수는 우리에게 주먹을 휘둘렀고, 더러는 발길질을 했으며, 밀어붙이기도 했고, 뺨을 때리거나 침을 뱉기도 하였고, 또 얼굴에 진흙을 바르거나 수염을 뽑기까지 하였소. 그 밖에도 천 가지도 넘는 다른 잔학한 행동을 했는데, 이 나라에서 범법자들에게 흔히 하듯이, 저들의 주머니가 가득 채우지 못해서 이렇게 마음껏 짜증을 부렸지만 우리 그리스도인들은 돈이 없어서 어쩔 수 없었소."라고 당시의 상황을 전했다.[139] 그리스도인이라고 자백한 사람들은 이 감방, 저 감방으로 돌림을 당하고 또 혹사를 당한 뒤에, 드디어 바로 이 길고 고통스러운 교안敎案의 원인 제공자인 예부 시랑 앞으로 끌려 나왔다.[140] 그는 수갑을 채운 그리스도인들에게 가장 고통스러운 자세를 취하게 하고, 6시간 꼬박 무릎을 꿇린 상태에서, 쉬지도 않고 심문을 이어 갔다. 형리들이 피의자들에게 채찍질과 고문을 할 구실

139) (원주) Alvarez Semedo, p. 814.

140) 교안(敎案)은 중국에서 일어난 반(反)그리스도교 운동을 일컫는 말하는데, 조선에서도 같은 의미로 사용되었다.

을 찾아내려고 혈안이 되어 있었다. 형리들은 공포심을 자아내는 고문 기구로 만반의 준비를 갖추고, 시랑이 이 불운한 희생자들을 향해 어떤 조치를 내리기만을 기다리면서 현장에 대기하고 있었다. 판관은 피의자들에게 어떤 교리를 고백하였으며 그것들을 백성들에게 어떻게 가르쳤는지를 심문했다. 또 어떤 수단을 써서 중국에 들어올 수 있었는지를, 또 중국에서 어떤 방식으로 생활하였는지를, 또 생계수단은 무엇이었는지를, 또 피의자들과 마카오에 있는 선교사들 사이에 무슨 관계가 있는지 등등의 많은 질문을 하였다. 피의자들은 이 질문에 대하여 매우 지혜롭고 진실하게 답변하여서 판관조차 그들의 말 속에서 그들에게 곤장을 치거나 고문할 구실을 전혀 찾아낼 수 없었다.

그러자 예부시랑은 곤장을 맞았던 종명인 수사에게로 방향을 돌려, 그가 어떻게 법적으로 사형에 해당하는 범죄인 하느님을 숭배하는 파렴치하고 무모한 죄를 짓게 되었는지 물었다. 이 용감한 교인은 이미 당했던 형벌로 거의 소진되었던 기력을 모아, 십자가 위에서 돌아가신 그리스도로 인한 구원의 신비를 밝혔다. 구세주의 수난과 무지하고 흉포한 박해자들을 그린 그림을 만지자, 이 포악한 관리는 의미심장한 모습이 되었다. 그 자리에 함께 있었던 세메도의 증언이다.

> "예부 시랑은 아름답기는 하지만 애절한 광경을 보고 참을 수 없었던지, 죄수에게 곤장 20대를 더 치라고 명하고는 자리를 떴다. 이에 형리들이 상처가 아직 아물지도 않은 종명인에게 다시 고통스러운 고문을 가했다. 그러자 상처에서 피가 흘렀는데 그것은 마치 수도관에서 나오는 물처럼 솟구쳐서 판관의 발까지 적셨다."

세메도 신부는 몸이 몹시 쇠약해져 있었기 때문에 기이하게도 그 고문에서 예외로 취급되었다. 다른 모든 고결한 그리스도인들은 무서운 고문을 받고 나서, 목과 발에 쇠고랑을 찬 채 끔찍한 감옥에서 석 달을 갇혀 지냈다. 그동안 이들의 친구나 친척 그 누구에게도 이런 참담한 상태에 있는 사람들과의 면회를 허락하지 않았다. 끼니라고는 형편없는 죽과 약간의 야채가 전부였다. 세메도 신부와 종명인 수사는 병 때문에 예외로 취급되어, 야채 대신에 딱딱하게 절인 달걀 반쪽을 받아먹었다. 남경의 그리스도인들이 사식을 가져오면, 간수들은 "벌통 주위로 날아오는 말벌들처럼 몰려와, 그 음식의 대부분을 자신들의 몫으로 챙겼다."고 세메도 신부는 말했다. 이 불쌍한 죄수들 가운데 몸이 매우 쇠약해진 두 사람이 이러한 형벌을 이겨내지 못하고 결국 지하 감옥에서 굶어 죽었다. 그들은 각기 혼자서 쓸쓸히 사망했는데, 그리스도인으로서 주어진 임무를 용감하게 수행했다는 자각만이 유일한 위안이었다.

베이징에 있는 선교사들의 적들이 모든 유럽인을 중국에서 추방하라는 황제의 명을 받아내기 위해 크게 노력하고 있는 동안에, 롱고바르디 신부와 서광계는 변학장소辨學章疏, 즉 그리스도교를 옹호하는 상소를 황제에게 올리려고 여러 차례 시도하였으나 실패하였다. 상소를 올릴 수 있는 모든 통로가 태감들의 방해로 완전히 차단되는 바람에, 황제는 변론도 없는 고소장만을 보고 다음과 같이 선고했다.

> "예부의 심의관들이 먼 나라 오랑캐 왕풍숙[바그노니] 등이 교당을 세워 백성을 미혹해 왔음에 대해 보고하였다. 바그노니, 판토하 그리고 그들의 동료들이 잘 알려지지 않은 법도를 가르쳐 왔고, 종교를 구실로 우리 민족의 평온함을 해쳐왔다. 또한 수백 가정에 혁명을 일으키려고 그들을 선동했고 이런 현상은 중국 전역으로 널리 확산되었다. 이에 예부가 남경의 임무를 맡도록 명하고, 모든 관리들은 전 제국의 해당 관아에 공문을 보내서, 아래와 같은 잘못을 행한 외국인들이 발견되면 어디서든지, 속히 관원을 파견하여 광동 무안으로 잘 호위하여

압송한 후에, 서방으로 돌려보냄으로써 제국을 안정시키도록 하라. 방적아[판토하] 등은 지난해에 너희 예부가 역법을 잘 안다고 공언하기에 불러와 각 관료 계급과 함께 칠정七政을 추론, 연역하도록 한 바 있다. 그러나 이러한 관계에도 불구하고, 이제 이들을 제 나라로 돌려보내도록 하라. 짐이 앞서 말한 명을 받들어 시행하라."[141]

이러한 선고는 중국 모든 곳에서 효력을 발휘하였으나, 남경에서 가장 엄격하게 시행되었다. 1616년 3월 6일, 남경에서는 선교사들을 체포하여 예부 시랑 앞에서 그들 목에 밧줄을 감았다.[142] 세메도 신부는 잘 걷지 못해서 널판 위에 눕혀진 채 호송되었다. 그들은 선교사들에게, 그들이 중국인들에게 생소한 종교를 전파하여 사형에 해당하는 죄를 지었으나, 자비하신 황제가 그들의 목숨을 살려주고, 각 사람에게 10대의 장형을 가한 뒤에 고국으로 돌려보내라 하였다고 일러주었다. 세메도는 자신은 건강이 악화되어 장형을 면제 받았으나, 형리들이 바그노니 신부에게는 장형을 심하게 가하여 상처가 덧나 한 달 넘게 고생하였다고 말하였다. 세메도의 기록이다.

"형리들은 우리 소유의 가옥, 가구, 특히 서책을 파손하였으며, 우리가 사대부라고 불릴 자격이 없다고 소리쳤다. 그런 뒤에 우리를 작은 나무로 된 우리에 한 사람씩 가두었는데, 이 우리는 사형수를 다른 곳으로 옮길 때 쓰는 것이었다. 손과 목에 사슬을 두르고, 머리는 산발하여 아래로 내려뜨렸으며, 의복은 엉망으로, 마치 야수들을 가둔 것과 같았으니, 이는 우리가 이방인이며 야만인이라는 증표였다. 그들은 우리를 4월 13일에 감옥에서 재판정으로 호송하였는데, 우리에 관인을 찍고 문을 잠갔다. 나는 쇠사슬끼리 부딪히는 소리와 더불어 우리

141) 『파사집』, p. 87. 지은이는 이 부분을 조금 풀어썼으나, 여기에서는 1616년 12월 28일자 聖旨를 그대로 실었다.
142) 1617년 3월 6일의 오기이다.

를 호송하는 병사들과 관리들이 내는 잡음에 관하여 할 말이 없다. 그러나 그들이 우리들의 죄목과, 중국인들에게 우리와의 어떤 접촉도 금한다는 내용을 크게 글자로 쓴 커다란 현수막 세 개를 우리 앞쪽에 내걸었다는 사실은 언급해야겠다. 이런 식으로 우리는 남경을 떠나, 감옥에 갇힌 채로 30일을 지냈다. 우리가 광동성의 첫 도시에 닿자 총독에게 인계되었고, 총독은 감히 새로운 종교를 중국에 전하려 했다고 우리를 날카롭게 꾸짖은 뒤에, 관원들의 손에 넘겼다. 엄청난 사람들이 운집한 가운데, 관원들은 우리를 모든 관아로 끌고 다니다가, 도시 밖으로 내동댕이치고는 마카오로 보냈는데, 마카오까지 도달하는데 며칠이 더 걸렸다. 우리가 떠난 뒤에도 감옥에 남아 있던 [중국인] 그리스도인들은 각기 70대의 장형을 선고받았다. 두 중국인 수사가 심한 매질을 당하고 나서, 한 명은 만리장성의 벽돌공으로, 또 다른 한 명은 소나 말처럼, 황실의 배를 밧줄로 끄는 노동자로 일하게 했다. 많은 그리스도인은 믿음의 절개를 보여주었는데, 특히 시골 사람들이 의연하게 예수 그리스도를 위해 고난을 받는 중에도 영적으로 느낀 기쁨을 보여준 것은 크게 놀라운 일이었다."[143]

하지만 이렇게 가혹하게 박해를 하고 또 선교사들을 추방하도록 조치하라는 명을 얻어냈지만 그리스도교의 원수들은 남경과 베이징 두 직예直隸를 제외하고는 완전한 승리를 거두지 못했다. 두 직할구역 밖의 지역에서 예수회 신부들은 그리스도교로 개종한 사람들 속에서 도피처를 찾을 수 있었다. 심지어 베이징에서도 두 중국인 수사는 추방 대상에 포함되지 않았고, 리치 신부의 유해를 모시도록 황제가 하사한 선교사 묘역에서 계속해서 거주하였다. 비록 이 묘역의 전 소유주였던 태감들과 불승들이 이 땅을 되찾으려 애쓰고, 수사들을 폭력으로 제압하려 했지만, 서광계가 베이징에서 그들을 보호해 주었고, 황제가 하사한 땅, 특히 묘역은 불가침이라고 역설하였다. 이런 성스러운 일에 사용

143) (원주) Alvares Semedo, pp. 325-6.

된 가옥과 정원을 두고 불승들과 태감들이 온갖 시도를 했으나 결국 실패했다.

예수회 신부들이 가장 최근에 세운 교당은 항주 교당으로, 이곳이 이 폭풍이 몰아치던 시기에 다소나마 피난처가 되었다. 우리는 앞서 양정균이 자기 집을 용감하게 도피처로 제공했다고 말했다. 이에 따라 많은 그리스도인들이 그곳으로 도피해 갔고, 추방령이 내려지자 그리스도인들은 중요한 인물들을 대동하고서, 마치 황제의 명을 따르는 것처럼 대낮에 이곳으로 모여들었다. 그러나 이 그리스도인들은 나중에 몰래 다른 너그러운 새 신자의 집으로 이동하여, 그곳을 피난처 겸 종교의식을 거행하는 교당으로 삼았다.

상해 인근에서는 서광계가 선교사들을 이와 비슷하게 환대하였다. 흔히 목자들을 때리면 양 떼가 더 쉽게 흩어질 것이라고 생각하지만, 마치 그리스도교 초기처럼 사도들과 신자들이 열정으로 박해자들의 악행을 이겨냈다. 신자들은 개인 집에서, 때로는 혹은 여기저기에서 비밀리에 조용히 모여, 원수들의 의심을 사지 않도록 노력하였다. 그들은 관리들과 그 부하들의 경계를 피하려고 여러 가지 기발한 방법을 동원하였다. 그리하여 그리스도인들은 신중하면서도 용감하게 성례를 드릴 수 있었고, 신자로서의 의무를 일상적으로 행했다. 이러한 장면은 그리스도교 초기시대에 카타콤에서 생겼던 감동적인 장면을 연상시킨다. 때로는 악을 선으로 바꾸시는 전능하신 하느님께서 이 시련과 고통의 시간을 중국 선교의 발전 기회로 삼으셨다. 핍박을 피하려고 몸을 숨길 수밖에 없었던 선교사들과 그리스도교 개종자들이 전국으로 널리 퍼져서 그때까지 알지 못하던 곳까지 복음이 전해지게 되었다. 폭풍이 지나가고 잠잠해지자 그들은 새로운 고장에서 주변에 선한 모범을 보여 유익한 영향을 끼치게 되었다.

선교사들은 심지어 조용히 남경 근처에 학교를 세워, 그곳에서 여러 명의 중국 청년에게 종교와 문학을 가르치면서 앞으로 중국인들에게 복음을 전파하는 사람으로 키우려고 했다. 3년이 지난 후 마카오로 피신하였던 선교사들이 전에 그들이 있었던 교당으로 몰래 돌아와 선교 활동을 재개하려고 하였다. 이 모험에 처음으로 나선 선교사는 세메도 신부였다. 그의 시도가 성공을 거두자 바그노니 신부도 바로 세메도의 뒤를 따랐고, 얼마 지니지 않아 기존의 선교사들 말고도 새로 온 선교사들 여럿이, 오랫동안 고독하게 지냈던 그리스도인 공동체들에게 풍성한 위로를 주려고 길을 재촉하였다. 이것이 지상에서 하느님의 일을 하는 종들에게 예정된 운명이다. 평온한 날은 적고, 암울하고 폭풍이 치는 날은 많다. 시련이 오래 지속 되다가 잠깐이나마 평화와 기쁨의 시간이 찾아왔다. 산다는 것은 전쟁이니, 그리스도인 공동체를 십자군이라고 부르는 데에는 합당한 이유가 있다.

티베트를 찾아 나선 안드라다 신부의 모험

중국 선교가 잠시 동안 큰 시련과 고통을 겪고 나서 새로운 열정으로 다시 시작하려고 할 때, 불교의 핵심지역인 티베트의 수도에 영웅적인 신앙의 검투사가 한 명이 있었다. 그는 그리스도교 진리의 불을 밝히기 위해, 인간의 악과 거센 폭풍우에 대항하여 용기와 인내로 싸우는 사람이었다. 앞서 살펴본 것처럼, 중세의 선교시들은 아시아 내륙 산악지대에 있는 여러 나라를 돌아다녔고, 심지어 그리스도교의 진리와 문명을 전하려고 접근이 불가능한 지역에 있는 나라들까지 들어갔었다. 이 선교사들은 중국, 몽골과 티베트에서 활동하면서 유럽인들에게 오랫동안 알려지지 않았던 나라들에 많은 교당을 세웠다. 당시에 멀리 떨어져있던 극동 지역까지도 용감한 수도사의 발길이 닿지 않았던 곳은 없었다. 이들 복음의 전파자들은 사막에 사는 몽골인들처럼 유목민이 되어 티베트의 눈 덮인 산을 넘어 난공불락의 불교 요새로 보이는 곳까지 이르렀다. 예를 들어, 우리는 13세기에 오도릭 수사가 홀로 이 외진 고장에 와서 선교 활동을 하면서 구원의 도를 전하기 위한 씨앗을 뿌리고, 그리스도의 깃발 아래 언어와 인종이 다른 사람들을 끌어 모았다는 사실을 알고 있다.

16세기 말과 17세기 초에 새로운 선교사들이 이런 나라들에 돌아 와보니 중세 그리스도인의 모습은 이미 사라지고 없었다. 예전에 풍성한 수확을 기약했던 교당들은 폭풍으로 자취도 남아 있지 않았고, 영양부족으로 말라버렸으며, 밭에는 가시나무와 산딸기나무만 무성하였다. 리치 신부가 베이징에 도착해 보니, 몬테코르비노의 요한이 세워 번성했던 교회는 완전히 사라져 그 흔적을 찾아볼 수 없었고, 그 기억을 되살릴만한 것이 하나도 남아 있지 않았다. 몽골지역을 횡단했던 고에스 수사도 비슷한 것을 목격했다. 그는 오랜 여행을 하면서 무슬림들과 불교 신자들만 마주쳤을 뿐이었다. 그러나 불교 신자들의 종교적 관행을 보면서, 이미 말했던 것처럼, 가톨릭의 예전을 차용하고 있었으므로, 인도의 캐러밴들이 이를 잘못 판단해서 카타이로 가는 길에서 많은 '그리스도인들'을 만났다는 소문이 퍼지게 되었다. 이 같은 잘못된 정보 때문에 인도에서 활동하던 선교사들은 티베트에 그리스도인들이 있다고 생각하게 되었다. 그런 생각을 한 포르투갈인 선교사 안토니오 데 안드라다[안드라데]António de Andrade 신부는 티베트에 복음을 전하려는 대담한 계획을 세웠다.[144] 이 계획에 따라 그는 1624년 3월 30일, 마르키즈Marquez 신부[수사]와 함께 아그라Agra를 떠나 무굴제국의 전례를 따라 카슈미르까지 이동했다. 당시 예수회 신부들은 인도에서 매우 평판이 좋아서 인도의 무굴 궁정에서 상당한 영향력을 끼치고 있었음을 우리는 알고 있다.

144) 안토니오 데 안드라데(António de Andrade, 1580-1634)는 포르투갈 출신 예수회 선교사(1596년 입회)로 인도에서 활동하다가 최초로 히말라야 산맥을 넘어 티베트에 선교한 인물이다. 육 신부는 그를 안드라다로 부르고 있다.

안드라다 신부 일행은 델리Delhi에 도착하자, 독실한 불교 신자들로 꾸려진 캐러밴 하나가 아그라에서 6주쯤 걸리는 먼 곳에 있는 한 유명한 사찰로 순례하러 간다는 것을 알게 되었다. 안드라다는 이런 기록을 남겼다.

> "지난 20년 동안 우리 신부님들이 그 지역에 그리스도교 국가들이 있다고 몇 번이나 되풀이하였기에, 이제 그곳에 함께 갈 일행이 생겼으므로, 나는 스스로 이런 나라들을 찾아낼 것을 다짐했다. 내가 이 일을 보다 더 쉽게 할 수 있었던 것은 우리 둘 가운데 하나가 무굴제국의 영토인 카슈미르까지 충분히 갈 수 있으리라 생각했기 때문이었다. 그리하여 나는 수사 하나와 하인 둘과 함께 티베트를 향하여 출발하였다."

안드라다는 이른 새벽에 델리에서 출발했는데, 평소에 입던 인도식 튜닉을 입은 채였다. 하지만 그는 튜닉 안에다 티베트 복장을 걸치는 것을 잊지 않았는데, 델리를 벗어나는 즉시 튜닉을 벗어 던지기만 하면 완벽하게 변장할 수 있기 때문이었다. 실제로 그는 몇몇 그리스도인들과 그들을 수행하던 무굴제국의 종자들을 만났지만, 그들은 안드라다의 신원을 알아채지 못했다. 그리하여 그는 간선도로를 벗어나 여러 차례 길을 교차한 끝에 불교 성지 순례자들과 합류하게 되었고, 힌두스탄 국경 근처에서 함께 야영하게 되었다. 캐러밴은 행군을 개시하였으나 카슈미스주의 주도州都인 스리나가르Srinagar 에서 안드라다 일행은 무굴제국의 영토를 벗어나려는 도망자라는 혐의로 체포되었다. 두 나라 사이에 맺어진 국제조약에 따라 안드라다 일행은 사슬에 묶여 인도로 돌려보내지게 되었다. 그러나 선교사 일행이 솔직하게 사정을 설명하고 여행의 목적을 밝히자, 국경통과가 허용되어 곧 히말라야 산기슭에 도착하였다.[145)]

145) 스리나가르(Srinagar)는 인도 잠부-카슈미스주의 여름 수도이다. 1586년 무굴제국의 영토가 되었고 현재 인도 최북단 도시이다.

안드라다의 말이다.

> "그런 뒤에 우리는 이 험한 산을 오르기 시작했는데, 지구 표면에 이런 곳이 있나 싶을 정도였다. 산 하나를 넘는 데 이틀이나 걸렸다. 어떤 곳에서는 협곡이 너무 좁아서 다른 사람이 남긴 발자국을 다시 디디며 걸어야 했고, 긴 협곡을 지날 때는 처음에는 한쪽으로 가다가 다시 다른 쪽으로 가면서 손으로 바위를 잡고 기어올라야만 했는데, 발자국 하나만 헛디뎌도 떨어져 몸이 바스라질 지경이었다. 이곳에는 솟구쳐 오른 바위들도 있어서 마치 수직선을 연상케 했다. 갠지스 강이 발밑으로 마치 깊은 바다처럼 흐르는데, 수량이 엄청나게 많아서 절벽들 사이로 굽이치면서 벼랑을 때리면 끔찍한 성난 소리가 울려 퍼졌고, 그것이 다시 메아리가 되어 돌아왔으므로, 이 좁은 길을 가로지르는 여행자가 느끼는 공포감은 더욱 커지기 마련이었다. 오르막이 힘들기는 했지만, 내리막은 매달릴 곳을 찾지 못해 더 위험했다. 우리는 여러 차례 돌아가기도 하고, 뒷걸음질 치기도 했는데, 마치 사다리를 타고 내려가는 것처럼 발을 옮길 때마다 정신을 바짝 차려야만 했다. 그러나 우리는 이교도들, 심지어 혼자서는 몸을 지탱하기조차 힘든 많은 노인들이 자신들의 신을 섬기려고, 이 길을 따라서 걷기 위해서 수많은 난관을 극복하고 있음을 두 눈으로 보았는데, 확실히 우리에게는 그런 이교도들보다도 이런 모든 난관을 극복해야만 하는 더 훌륭한 동기가 있었다."[146]

이 용감한 순례자들은 한 줄로 서서 앞으로 나아갔는데, 길이 협착해서 둘이 나란히 가기가 쉽지 않았기 때문이었다. 선두에 선 사람이 어떤 위험을 감지하면 큰 목소리로 그들이 가려고 하는 사찰의 이름을 불러서 이를 알렸고, 이 말을 모든 순례자들이 연이어 따라 불렀다. 이 산악지대에는 사람이 거의 살지 않았고, 골짜기에서는 도망칠 때 지독한 냄새를 내뿜는 야생 야크와 사

146) (원주) Relation, p. 4.

향노루 떼 말고는 살아있는 것과 마주치는 일이 없었다. 하지만 때때로 협곡을 지나면서 그림 같은 풍경이 펼쳐지는 곳에 위치한 사찰에 오르기도 했는데, 안드라다 신부는 그 사찰이 매우 화려해서 놀랐다. 이런 불교 사찰에 소속된 라마들이 그의 눈길을 끌었지만, 그가 사찰을 보고서 경탄한 것만큼 그들을 경탄하며 본 것은 결코 아니었다. 안드라다 신부는 그가 본 라마에 대한 인상을 이렇게 남겼다.

> "라마들의 모습만 보면 영락없이 사탄의 사자라고 할 수밖에 없었는데, 특히 머리, 수염과 손톱이 흉측하게 긴 노인의 모습이 그러했다. 이런 괴물이 마치 석상처럼 꼼짝하지 않고 앉아서, 입도 벙긋하지도 않은 채 순례자들의 존경을 받고 있었는데, 순례자들은 그 앞에 엎드려 매우 공경하면서 그의 발에 입을 맞추었다."

캐러밴은 히말라야의 여러 산을 넘고 나서, 엄청나게 숲이 우거진 산들을 지난 다음 한 마을에 도착했다. 그곳의 관리들은 안드라다 신부의 모습을 보고 충격을 받았다. 그의 태도나 외양이 보통의 상인과 다르다는 생각이 들었기 때문에 그들은 신부를 상대로 철저한 조사를 벌였다. 안드라다는 자신은 포르투갈인이며, 몇 해 전에 설산 히말라야 너머로 사라진 자신의 형제 하나를 찾아서 티베트로 가는 길이라고 밝혔다. 관리들은 그의 짐을 조사하다가 검은 사제복을 찾아내고는 크게 놀랐다. 왜냐면 티베트인들은 그런 색깔의 옷을 걸친 적이 없었기 때문이었다. 하지만 그들은 곧 의심을 가라앉히게 되었다. 안드라다가 그 옷은 자기 나라의 관습에 따른 상복이고, 자신의 형제가 불행한 일을 당했을 때를 대비한 것이라고 말했기 때문이었다."[147]

---

147) (원주) Relation, p. 9.

여행자들이 앞으로 점점 전진할수록 지대는 더욱 높아졌고, 날씨는 더욱 더 사나워졌다. 일행은 밧줄로 엮은 다리들을 이용하여 여러 개의 갠지스 강 줄기를 건넜는데, 그 줄기를 따라가면서 발밑으로 넘실거리는 급류 속으로 미끄러져 목숨을 잃을 지도 모르는 위험에 여러 번 처했다. 이후 일행은 깊은 눈으로 덮인 산들을 만났는데, 그 골짜기로는 급류가 성난 파도처럼 흘러내리고 있었다. 안드라다의 말이다.

> "이 엄청난 힘을 가진 급류에 눈이 쓸려 내려가지 않는 것이 믿어지지 않았다. 그러나 때로는 가까운 산들에서 눈덩이들이 눈사태를 일으키며 그 급류 속으로 내리꽂혔는데, 이는 산에 조그만 구멍을 하나 내는 것에 지나지 않았다. 떨어져 내린 눈덩이 속으로 급류가 굉음을 내며 달려들면, 여행자들은 간이 오그라든 경험을 했다. 여행자들은 그가 밟고 서 있는 눈이 과연 단단한지 결코 확신이 서지 않았지만, 언제나 무저갱의 어딘가에 빨려 들어가 생매장 될지도 모른다는 위험을 안고 전진할 수밖에 없었다. 우리는 스리나가르를 떠난 지 6주 만에 유명한 바디드 사원에 도착했다. 이 사원은 아시아 여러 나라에서 독실한 불자들이 종종 순례하는 곳이었다. 사원 근처에 이 지역의 많은 수도사들이 집단적으로 거주하는 거대한 수도원이 하나 있었고, 사원 자체는 산기슭에 자리 잡고 있는데, 그곳에서 온천수가 솟아나와 셋으로 갈라져 세 군데의 찬물이 있는 연못으로 흘러내렸다. 온도가 차이가 나는 물들이 한데 뒤섞여 미지근한 목욕탕이 만들어지고, 순례자들은 이 물이 그들의 몸뿐만 아니라 모든 일에 찌들어 있는 영혼도 정화시킨다고 믿으며 그 속으로 뛰어든다. 그들은 이 영험한 목욕을 통해서 죄를 면하려고 이 멀고도 위험한 길을 오는 것이다."

바디드 사원의 라마승들과 나눈 대화

이 수도원의 수도사들이 온천의 유래를 안드라다 신부에게 들려주었다. 옛날에 '불'이라는 원소가, 많은 집과 도시들과 산림을 태우고 많은 고장을 황량하게 만들었던 죄를 뉘우치기 위해서 강력한 힘을 가진 바디드 신에게 용서를 빌기 위해 왔다고 한다. 바디드 신은 이 죄인에게 지은 죄를 용서받으려면 자신의 발밑에서 무릎을 꿇으라고 명하였다. 불은 이 자비로운 신의 발밑에 있는 자신을 보고 행복에 겨운 나머지, 그곳을 자신의 영원한 거처로 삼기로 하였다고 한다. 이에 불이 거처로 삼은 그 자리에서 따뜻한 샘이 솟구쳐 올랐다는 것이다.

안드라다 신부는 이러한 설명에 답하면서 조심스럽게 한마디 하였다. 불이 자신이 저지른 잘못을 분명히 깨닫고서 이를 뉘우쳤는데도, 여전히 같은 잘못을 자주 저지르고 있는 것을 볼 수 있으니 어찌 그것이 가능한가라고 물었다. "만약에 불이 바디드 신의 발밑에 엎드려 솔직하게 뉘우쳤다면, 왜 지금도 그 많은 큰불이 일어나고 있는 것일까?"라는 뜻이었다. 이에 라마들은 조금도 주저하지 않고 한목소리로 답했다. 불이 세상에서 여전히 잘못을 저지르는 이유는 불이 가진 15번째 요소 때문이라는 것이었다. 다른 14개의 요소들은 바디드 신의 지배하에 있는 것이 분명하므로, 만약에 그들이 도망친다면, 이 세상에서 불로 인한 다른 결과를 볼 수 있을 거라고 답했다.

라마들은 또 이 사찰에는 이곳으로 가져오는 모든 금속을 금으로 바꾸는 영력이 있으나, 지금 신이 이런 기적을 행하지 않는 이유는 어떤 자물쇠 장사꾼의 탐욕에 신이 분노했기 때문이라고 말했다. 그 자물쇠 장사꾼이 쇠로 된 거대한 이끼를 물속으로 던져 그것이 그 발밑에서 거품을 일으키고 있다고 믿고 있었다. 이에 대해 안드라다 신부는, "라마들이 그런 이야기를 들려주고 나서도, 많은 터무니없는 사기꾼 같은 이야기를 내게 하였는데, 이는 이들이 엄청난 양의 금과 보석을 헌금으로 받고 있다는 분명한 증거였다."라고 말했다. 안드라다 신부는 계속 말했다.

> "바디드 사원과 수도원은 일 년 중에 9개월이나 눈 속에 파묻혀 있으므로, 인근 마을에는 인적이 사라져 버렸다. 이는 이곳 주민들과 수도사들이 날씨도 덜 춥고 눈도 덜 오는, 사흘이나 나흘 길 떨어진 깊은 계곡으로 물러나 있기 때문이었다. 이 고장 사람들은 양고기를 날로 먹거나, 밖에 내놓아 조금 말려서 먹었다. 양의 지방과 다리 살이 가장 적지만 맛있는 부분이다. 그들은 또 양의 내장을 대충 씻고 나서 찢어서 게걸스럽게 먹어댄다. 어떤 때에는 고기를 약간 불에 익히기도 하지만, 푹 익히면 고기의 향미가 아주 없어져 버린다고 말한다."

사막을 횡단하는 안드라다 일행

캐러밴은 어떤 계곡에 있는 마을에 머물 수밖에 없었는데, 티베트로 가는 길로 통하는 사막을 횡단하기 위해서는, 일 년에 겨우 두 달 뿐인 적당한 때를 기다려야했기 때문이었다. 이 두 달을 제외한 나머지 열 달 동안은 통로가 완전히 막혀서 [사막 길로] 들어갈 수도 없었다. 이 사막으로는 커다란 산맥이 교차하고 있으며, 이를 건너는데 최소한 20일이 걸린다. 이 사막에는 사람은 물론이고 나무나 풀도 살지 못한다. 실제로 눈 덮인 바위뿐이다. 두 달 동안만 길이 열리는 것은, 눈이 오지 않아서가 아니라, 눈 바닥이 대리석처럼 단단해져서 말들조차도 그 위에서 한 발자국도 떼어놓을 수 없기 때문이다. 이 냉혹한 땅에서는 나무나 다른 땔감을 구할 수 없어서 여행자들은 볶은 곡물과 가져간 눈을 녹여 살아갈 수밖에 없었으며, 튼튼한 몸을 가진 사람들만이 이런 여행을 견디어낼 수 있었다.

캐러밴이 이런 험난한 길이 열리기를 기다리는 동안에, 스리나가르 왕이 보낸 사절이 안드라다 신부 일행을 체포하여 손과 발을 묶어 되돌려 보내라는 명을 가지고 계곡에 도착했다. 이런 위급한 첩보를 알게 된 안드라다는 서둘러서 도망가기 위해 일행보다 먼저 사막을 가로지르기로 했다. 그러나 어디로 가야 할지 몰라 밤을 지새웠고, 새벽이 되어서야 두 그리스도인 하인들, 또 안내인 역할을 하는 주민 한 명을 만나 함께 출발하게 되었다. 네 명의 여행자들은 손에는 쇠꼬챙이 하나와 등에는 볶은 보리가 가득한 주머니를 짊어 진 채, 길을 재촉했다. 처음 이틀 동안 그들은 추격을 따돌리려고 가능한 한 서둘렀으나, 폭설이 내려 행군을 늦출 수밖에 없었다. 그 이튿날 아침에는 세 사람이 그들을 뒤쫓아 오는 것을 보았는데, 곧 따라잡히고 말았다. 세 사람은 안드라다에게 돌아서라고 명하면서 만약에 복종하지 않으면 엄벌에 처하겠다고 위협하였다. 그리고는 안내인에게 그의 처자들도 이미 투옥되었고 재산은 부족장이 몰수하였다고 말했다. 이러한 말에 마음이 흔들려서 안내인은 돌아섰으나, 안드라다 신부는 사절들의 위협에도 불구하고 두 명의 하인들과 함께 계속해서 길을 갔고, 아무도 막아서는 사람이 없었다. 안드라다의 말이다.

> "그 이후에 우리는 사막으로 들어섰는데, 온갖 어려움이 닥쳤다. 어떤 때는 눈이 가슴까지 차올랐고, 어떤 때는 어깨까지도 차올랐는데, 쌓인 눈의 높이가 무릎보다 낮은 적은 없었다. 때로는 눈이 마치 수영을 할 때처럼 사람 키를 완전히 덮을 정도로 높았던 적도 있었다. 낮에는 이런 고생을 하였고, 밤이 되어서야 조금이나마 쉴 수 있었다. 우리는 외투를 눈 위에 펴고, 다른 사람들과 함께 포개어 누었지만, 너무나 자주 눈이 많이 내려서, 파묻혀 죽지 않으려면 일어나 눈

을 털어내야만 했다. 또 엄청난 추위 때문에 신체의 모든 부분, 특히 손발과 얼굴이 감각을 잃을 정도였다. 한 번은 내가 무엇을 움켜쥐려고 하자 뼈 하나가 내 손가락 하나에서 삐져나왔는데, 내 손에 묻은 피를 보기 전까지 그것이 내 손가락 뼈라는 것을 자각하지 못했다. 또 발이 붓고 감각이 사라져서, 뜨거운 다리미를 가져다가 대었어도 아무런 느낌이 없을 지경이었다. 우리는 이 험준한 산맥의 정상까지 이런 식으로 여행을 계속하였고, 정상에 올라 갠지스 강과 티베트 지방을 흐르는 또 다른 거대한 강의 발원지를 보게 되었다.[148] 우리는 시력을 거의 잃어서 52일 동안 성무 기도서의 글자를 읽을 수 없을 정도였으나, 나는 좀 더 주의를 기울인 까닭에 나의 두 하인들보다 고생을 덜한 편이었다."

독자들은 이 이야기가 좀 과장되었을 수 있다고 생각할 것이다. 하지만 우리가 몸소 이 지역들을 횡단하면서 비슷한 여행길에서 고생해 보니, 안드라다 신부의 이야기가 실제보다 오히려 축소해서 표현되었다는 것을 알게 되었다. 겪어야만 할 고통과 고생이 많았지만 이것을 제대로 묘사할 수는 없고, 이런 것들은 모두 직접 경험해야만 알 수 있는 것들이다. 집안에서 따뜻하게 불을 쬐면서 쉽고도 안락한 생활을 즐기는 사람들은 이처럼 사막 한 가운데서 경험하는 추위와 굶주림과 목마름으로 인한 공포가 무엇인지를 제대로 이해할 수 없다.

마나 계곡에 겪었던 난관들

이 세 명의 여행자가 산줄기의 정상에 올라보니, 눈앞에는 지평선까지 뻗은 광대한 설원이 펼쳐져 있었다. 그러나 불행하게도 그들의 시력이 흐려지고 약해져서 캐러밴에게 길을 안내하려고 설원에 일정 간격으로 세워져 있던 검은

148) 야로우잠보(Yarou-Dzambo) 강의 발원지였을 것으로 추정된다.

장대를 알아보지 못했다. 측량이 불가능할 정도의 광대한 설원이 온통 하얗고, 경계도 없고, 길도 없는 눈의 바다로만 보일 뿐이었다. 이들이 어떻게 여행을 계속할 수 있었겠는가? 그들의 기력은 소진되었고, 얼마 안 되는 식량도 거의 바닥이 났다. 상황은 매우 끔찍했다. 안드라다는 어떤 상황에서도 두 하인들의 생명을 구할 생각에 캐러밴과 헤어졌던 마나에 있는 마을로 돌아가라고 권유했다. 내려가는 길이기에 엿새만 걸으면 도달할 수 있을 것이고, 왔던 길을 되돌아가는 것이므로 길을 잃을 염려도 없었다. 신부 자신은 바위 틈새에서 피할 곳을 찾아서, 바람과 눈을 피하면서 캐러밴이 오기를 기다릴 생각이었다. 그에게는 아직도 여드레나 열흘 정도 버텨낼 볶은 보리가 있었으므로, 하느님께 자신을 맡길 작정이었다. 이런 계획에 하인들이 동의하자 그들은 겉옷을 펴고 누어서 잠시 휴식을 취하기로 하였다.

안드라다는 다음 날 동이 트자마자 두 하인에게 떠나기를 재촉하였는데, 지니고 있는 식량이 너무 적어서 두 사람이 잠시라도 지체하면 안 되었기 때문이었다. 하지만 두려움 때문인지 아니면 헤어지기 싫어서인지 모르겠으나, 두 하인은 눈물을 쏟으면서 신부가 함께 가지 않으면 자기네들도 가지 않겠다고 고집을 부렸다. 안드라다는 그들에게 용기를 불어넣을 수 있는 모든 행동을 했지만 두 사람의 고집을 꺾을 수 없었다. 결국 죄수로 체포하겠다고 위협하는 사람들이 기다리고 있는 마을로 되돌아가는 것이 두렵기는 했지만, 결국에는 그 마을로 두 하인과 함께 떠날 수밖에 없었다. 일행은 그 많은 고생을 겪었던 곳을 다시 한 번 지났는데 안드라다 신부는 그 때의 상황을 이렇게 전하고 있다.

> "내 앞으로 나타나는 길이 계속해서 내리막이어서 훨씬 쉬웠으나, 내 하인들은 발에 생긴 물집 때문에 걸음을 걷기가 힘들어서 큰 고생을 하였다. 우리는 사흘 하고도 반나절을 쉬지도 못한 채 느릿느릿 걸었다. 마지막 날이 다 저물 무렵

> 우리에게, 사막에서 외치는 사람의 목소리 비슷한 것이 들었으나 모습은 보이지 않았다. 우리는 소리가 난 곳으로 발길을 돌렸고, 농사꾼 하나를 만나게 되었는데, 그가 우리에게 좋은 소식을 전해주었다."

우선 건강상태가 나빠져서 마나에 남아 있던 안드라다의 동료인 수사가 건강을 회복하고 캐러밴을 따라 떠날 준비가 되었다는 것이었다. 두 번째로 그 지역의 관리들이 안드라다에 대하여 좀 더 호의적인 생각을 가지게 되어, 그를 죄인 취급하는 대신에 보리, 밀, 꿀 같은 식량과 추위에서 몸을 보호할 수 있는 모피를 보내주었다는 것이었다. 또 그가 이런 계절에 그 광대한 설원을 가로지르는 것이 불가능하므로 자신을 보내 선교사들을 캐러밴이 올 때까지 있을 안전한 곳으로 안내하라고 했다는 것이었다. 안드라다 신부는 이런 기쁜 소식을 듣자 크게 안도하고 그 안내인에게 모든 것을 맡긴 채 사흘 길을 더 걸어서 목자들이 살고 있는 협곡에 닿았다. 목자들은 일행을 솔직하고도 정중하게 맞이하여 천막으로 안내했다. 오래지 않아 캐러밴이 그들이 있는 곳까지 왔으며, 안드라다는 병이 깊어져서 남겨두고 왔으나 이제는 건강을 완전히 회복한 수사를 만나는 기쁨을 누렸다. 이 수사는 며칠 동안 쉬면서 신선한 야크 젖을 충분히 마신 덕분에 기력을 되찾았던 것이었다. 수사는 "저는 그 어느 때보다 상태가 좋습니다. 아직도 남아 있는 불편함은 극도로 약해진 시력입니다. 저는 빛을 전혀 견뎌낼 수 없습니다."라고 말했다.

티베트 궁정에 도착한 안드라다 선교사 일행과 왕의 환대

도착한 캐러밴은 이 야영지에서 6주 동안 멈추어 설 수밖에 없었고, 눈이 녹아내리자 안드라다 신부가 실패했던 바로 그 길이지만, 이제는 상황이 좀 나아진 길을 따라 다시 행군을 시작하였다. 관습에 따라 파발꾼이 캐러밴보다 앞서 가서 티베트 군주에게 자신들의 도착 사실을 알렸고, 또 여행자들의 신상에 관한 정보도 미리 전달했다. 안드라다 신부는 당연히 일행 가운데서 가장 중요한 인물로 지목되어서, 군주는 말 세 필을 보내어 그를 맞이하였다. 이것은 그의 입성이 제법 위엄을 갖추었다는 것을 보여주는 것이었다. 안드라다 신부는 당시의 상황을 이렇게 전하고 있다.

> "우리가 도착하기 사흘 전에 말 세 필을 보내주었는데, 나와 내 동료 수사, 또 하인 한 사람이 탈 말이었다. 사람들이 미리 와서 성문에서 우리를 에워쌌고, 여인들은 우리가 마치 놀라운 귀한 물건이나 되는 것처럼 우리를 훔쳐보려고 창가로 달려갔다. 왕은 모습을 보이지 않았으나 왕비는 우리가 지나는 길목에 있는 궁전의 발코니 같은 곳 위에 있었으므로, 우리는 왕비에게 머리를 깊이 숙여 절했고, 이어서 우리를 맞으려고 준비한 집으로 안내되었다. 왕은 우리가 상인이라고 판단했는데, 우리가 아주 값진 보석을 가져갔기 때문이었고, 또 그렇게 고생스러운 여행을 하게 된 것은 이익을 얻으려는 욕심 말고는 다른 어떤 동기를 가지고 있으리라고는 상상할 수 없었기 때문이었다. 왕은 이러한 자신의 생각이 잘못되었다는 것을 깨닫게 되자 우리의 도착에 대한 만족감이 사라져 버린 듯 했다. 그래서인지 사나흘 동안 우리에게 알현을 허락하지 않았다. 이후에 왕은 우리의 진정한 여행 동기가 무엇이냐고 물었고, 나는 우리가 상인이 아니므로 물건을 사고팔려고 티베트에 온 것이 아니며, 베풀어준 호의에 크게 감사한다고 답했다. 이어서 솔직하게 한 시간 동안 만나 달라고 부탁을 했고, 그 시간 동안에 내가 그의 영지로 온 이유를 설명하고 나면 왕이 크게 만족하게 될 것이라고 설득할 작정이었다."

왕은 곧바로 안드라다 신부를 불러 그를 정중하게 맞이했다. 왕은 카슈미르의 무슬림을 통역관으로 사이에 두고 신부와 담소를 나누었다. 선교사는 자신이 이렇게 길고도 고생스러운 여행을 하게 된 것은 티베트에 지금도 그리스도인이 있는지를 알기 위해서라고 말했다. 또 예전에 그리스도교 선교사들이 이 고장으로 들어왔었으나 지금 그들이 심어놓은 그리스도교가 크게 약화되거나 변질되지나 않았는지 걱정스럽다고 말했다. 그래서 그는 참된 그리스도교의 원리를 다시 한 번 설명해 주고, 그들 안에서 뿌리내려 자라난 미신을 파괴하러 왔다고 말했다. 왕은 이 말을 거의 이해하지 못한 것 같아 보였는데, 이는 아마도 통역인이 무슬림이어서 그리스도교를 위해 애쓸 마음이 없었기 때문일지도 모른다. 안드라다 신부는 이런 생각이 들어, 통역을 좀 더 정확하게 하지 않으면 벌을 주고 그 자리에 이교도를 고용하겠다고 이 무슬림 통역사에게 겁을 주었다.

왕은 대화를 느리게 진행했는데 커튼 뒤에 몸을 숨기고 두 사람의 대화를 듣고 있던 왕비를 위한 배려였다. 시간이 지나자 호기심을 억누르지 못한 왕비가 왕에게 사람을 보내어 이 사람들을 꼭 만나보고 싶다했고, 잠시 뒤에 왕비가 모습을 드러내다. 왕비는 신부에게 많은 질문을 퍼부었고, 그 뒤로는 신부 일행에게 허락된 왕과의 알현이 있을 때마다 자리를 함께했다.

안드라다 신부가 티베트의 왕과 왕비와 나눈 대화를 기록으로 남기지 못한 것은 크게 유감스런 일이다. 왕 내외가 흥미를 전혀 보이지 않았다고 할 수는 없을 것이다. 우리가 알고 있는 것은 안드라다가 왕자와 그 도시의 주요 인사들에게서 공감과 호의를 얻어내는 데 성공했고, 그가 원하면 언제라도 궁정에 들어갈 수 있는 허락을 얻었다는 것이다. 그는 또 날마다 양식을 넉넉하게 받았는데, 쌀, 양고기, 밀가루, 버터, 포도와 포도주 같은 것들이었다. 포도에는 두 종류가 있었는데, 하나는 알이 작고 검은색이지만 무척 단 것이었고, 다른 하나는 알이 크고 흰색이지만 맛은 신 것이었다. 이런 포도는 티베트의 수도에서 열흘이나 열이틀 정도 떨어진 곳에서 온 것이었다. 이런 내용으로 보아 안드라다 신부가 카파란구아Caparangua라고 부른 이 도시가 어디인지 대충 짐작이 가지만, 어떤 지도를 보아도 이런 이름을 가진 도시를 찾아낼 수 없었다. 실제로 내[육 신부]가 티베트에 머무는 동안 이런 도시 이름이 언급되는 것을 들은 적이 없다. 우리는 안드라다가 말한 포도의 종류가 무엇인지 알고 있으며, 그런 포도는 라사에서 많이 나고, 또 포도가 라다크와 하밀에서 왔다고 하였다. 그러므로 카파란구아는 슈미스와 라다크의 중간, 즉 히말라야 산맥의 북단 쪽에 있는 도시일 것이다.

안드라다 신부는 왕에게 이 여행을 시작하였던 무굴제국으로 다시 돌아간다고 약속하였으므로 그 도시에 오래 머물 수는 없었다. 그는 또 여행하기에 좋은 계절을 놓친다면 길이 눈으로 막혀 버리기 때문에 왕에게 지금 떠나는 것을 허락해 달라고 간청하였다. 그러나 왕은 남으라고 압력을 가했고, 가더라도 신부가 이듬해에 다시 오기로 맹세한다는 조건을 붙여야 허락한다고 하였다. 안드라다 신부는 왕실과 백성 모두가 복음의 빛을 호의적으로 받아들이게 되었다는 것을 알고 기꺼이 다시 오겠다는 약속을 하였다. 안드라다 신부는 왕에게 문서로 작성한 다섯 가지 약속을 받아내었는데, 왕도 여기에 찬성하였다. 이 문서의 내용은 다음과 같다.

> "짐은 티베트 대왕국의 왕으로서, 포르투갈인 신부 안토니 안드라다가 짐의 나라에 거룩한 하느님의 법을 가르치려고 온 것을 크게 기뻐하면서, 그를 우리의 스승으로 삼아, 그에게 앞서 말한 법을 자유롭게 선교하고 백성들을 교화할 수 있는 완벽한 권한을 주며, 누구든지 그가 사역을 할 때 방해하는 것을 금한다. 또한 짐은 그에게 땅을 내어주어 그 자리에 교당을 지을 것을 명한다. 짐은 짐의 나

라에 어느 외국 상인들이 오게 되더라도, 앞서 말한 종교인과 그 수행원들은 상인들이 오가는 것을 상관하지 말 것이니, 이는 종교인 일행은 그들이 하는 일에서 위신이 깎이는 어떤 것도 하지 않도록 하려는 것이다. 짐은 또 종교인 일행과 관련하여 무슬림들이 퍼뜨릴지도 모르는 어떤 소문도 믿지 않을 것을 약속한다. 잘못이 가득한 법을 따르는 그 자들이 참 신앙을 고백하는 사람들을 귀찮게 하는 일로 달콤한 만족을 얻을 것은 보나마나한 일이기 때문이다. 나아가서 짐은 인도 관구장이 앞서 말한 안드라다 신부를 다시 보내줄 것을 매우 정중하게 간청하는 바, 그가 와서 짐의 백성들을 가르칠 것이다. 카파란구아에서 옥쇄를 들어 찍노라."[149]

이것이 안드라다 신부가 보여준 문서 내용이었다. 그는 또 티베트 왕이 카슈미르, 아그라, 그리고 라호르의 왕자들에게 보내는 여러 통의 추천서도 내주면서, 안드라다가 "사람들을 짓누르는 세금과 부과금을 부담하지 않고" 티베트를 여행할 수 있도록 하라고 명했다고 말했다. 이런 혜택에 대한 보답으로 안드라다 신부는 왕에게 성모와 아기 예수를 동판에 그린 그림을 선물하였다. 안드라다 신부의 말이다.

"왕과 궁정의 모든 사람들이 우리가 떠나는 것에 섭섭한 마음을 드러내는 것이 눈에 들어왔다. 왕은 우리에게 작별인사를 하면서 가능한 한 빨리 다시 오라는 말을 상기시켜 주었는데, '그의 마음이 우리와 함께 떠났기 때문'이었다. 그는 우리 일행을 국경은 물론 그 너머 사막 건너까지 호위해 주었고, 은밀히 명을 내려 우리가 가는 곳마다 고기, 쌀과 버터를 원하는 만큼 공급해 주라고 하였다. [카파란구아를] 출발한 지 사흘이 지났는데 세 사람이 우리를 쫓아오더니 왕이 우리에게 보낸 천 개도 넘는 복숭아가 담긴 바구니 몇 개를 전달해주었다. 그 복

149) (원주) Relation, p, 26.

숭아들은 비록 크기가 작기는 했으나 향이 좋았다. 그 사람들은 이 복숭아는 열닷새 길이나 멀리 있는 마을에서 왕에게 바친 진상품이라고 말해 주었다."

이 복숭아는 상당히 멀리 떨어진 라사에서만 나는 것으로, 라다크에서 나는 포도처럼 그 맛이 절묘했다. 이런 모든 상황은 카파란구아에서 만들어진 기적적인 티베트 왕과의 인연을 되새기게 만들었다. 안드라다 신부가 돌아가는 길은 그 반대의 길에 비하여 피로와 고생이 훨씬 적은 편이었다. 그는 무굴제국 황제에게 경의를 표한 뒤에, 형제 수사들이 애타게 기다리고 있는 아그라로 갔다. 그는 수사들에게 모험 가득한 여행에서 겪었던 여러 가지 일들, 그가 만났던 티베트인들에게서 받았던 후한 대접, 티베트인들의 깊은 종교심, 또한 그들이 그리스도교를 받아들일 준비가 되어있다는 점을 말해 주었다. 아그라의 선교사들은 티베트 왕이 내린 명령을 보고 안드라다 신부가 왕에게 돌아가기로 약속한 사실을 알게 되었다. 그들은 안드라다 신부를 따라가서 이 선교를 위하여 자신들의 열정을 다 바치고 싶은 열망으로 가득했다. 이에 인도 관구장은 오랜 세월을 불교 미신에 희생되어왔던 땅에서 움트고 있는 구원의 싹을 소중히 다루고 싶어 안드라다 신부를 서둘러 돌려보내면서, 그에게 다른 네 명의 선교사들을 협력자로 데려가도록 하였다. 이 새로운 선교사들 무리는 1625년 6월에 [아그라를] 출발하였다. 안드라다의 말이다.

"우리의 첫 번째 여행 때와는 비교할 수 없었지만, 그래도 두 번째 선교단도 극복해야 할 장애물이 너무 많았다. 아무튼 우리는 8월이 되어서야 티베트에 도착할 수 있었다. 우리가 돌아온다고 하자 왕은 크게 기뻐하면서 나흘 길을 앞서서 우리를 마중할 사람들에게 말과 선물을 주어서 보냈다. 또 우리가 지나는 모든 곳에서는 우리를 훌륭하게 대접하라는 명이 내려졌다. 카파란구아에 도착하자 왕은 우리에게 동궁 옆에 있는 숙소를 배정해 주었다. 며칠 뒤에 왕은 직접 중요한 전쟁에 나가기로 되어있어서, 우리에게 사람을 보내 자신에게 복을 빌어달라고 하였다. 6주간의 원정을 마치고 돌아온 왕은 자신이 그리스도교의 주요 교리에서 큰 가르침을 얻었다고 선언하면서, 우리가 티베트어를 습득할 때까지 기다리는 일만 남았다고 하였다."

안드라다 신부가 전하는 2차 티베트 선교 보고

안드라다 신부는 1626년 8월 15일에 쓴 편지에서, 티베트인들의 예절과 관습에 관해 특이한 내용을 우리에게 전하고 있다. 그 내용은 200년도 더 지난 뒤에 내가 직접 보고, 또 내가 『티베트 여행』 등에서 언급한 내용과 거의 일치한다. 나 또한 그가 관찰한 바에 동의하는데, 티베트인들은 종교심이 매우 강해서 다른 모든 것들을 거의 빨아들일 정도이다. 이들에게 공업, 농업과 상업에 종사하는 것은 단지 물질생활에 필수적인 요구를 충족시키려는 것 뿐이다. 이들은 이 세상에 산다는 것이 더 나은 세상을 향하여 지겹지만 짧게 순례하는 과정에 불과하다고 생각한다. 이러한 생각이 그들의 마음속에 깊이 새겨져 있어서, 그들의 언어에서 일반적으로 사람을 가리키는 단어로 "과객過客"이라는 표현을 쓴다. 지구라는 것도 그들이 생각하기에 너무 작은 공간이어서, "어느 나라에서 오셨습니까?"라는 표현이 아니라, "어느 하늘 아래서 걷고 계십니까?"라는 표현을 쓴다. 우리는 티베트에 엄청나게 많은 라마가 있는 것을 보고 아마도 그들의 종교심이 강할 거라고 생각한다. 가족들 가운데 라마 몇 명 정도가 없는 가정이 없는데, 삼 형제가 있다면, 그 가운데 둘은 보통 종교와 관련된 일을 하고 있다.[150]

150) (원주) Travels in Tartary and Thibet. 제 2 권 참조.

카파란구아의 왕은 안드라다 신부를 만나기 전에는 라마들과 매우 가깝게 지냈으나, 점점 그들과 거리를 두면서 그리스도교 선교사들과 가까워지게 되었다. 왕은 선교사들이 그리스도교 교리의 핵심을 설명해 주는 것을 듣기 좋아했으며, 가톨릭 기도문을 익힌 다음에는 아주 경건한 마음으로 이를 반복하였다. 안드라다가 남긴 기록이다.

> "왕이라면 개인 집에 가는 법이 없었지만, 그는 우리가 사는 곳을 자주 방문했고, 올 때마다 기도를 올리려고 예배당으로 들어갔으며, 우리에게 되풀이해서, 자신이 가르침을 충분히 받게 되면 곧 세례를 받아 그리스도교를 품겠다고 말했다."

실제로 왕은 그가 새 종교에 기울어 있고 선교사들의 말에 동의한다고 공개적으로 표명했다. 선교사들이 교당을 짓기 시작하면서 이를 위해 성대한 기공식을 거행하게 되었을 때, 왕이 직접 주춧돌을 놓았고, 또 티베트인들에게는 너무 생소한 [그리스도교] 의식을 직접 주관하기도 했다. 왕의 이러한 공개적인 행보 때문에 라마들은 크게 겁을 먹고서, 공개회의를 가졌다. 여기서 위 서열에 있는 두 사람, 즉 왕의 동생과 삼촌이 붓다의 이름으로 고발하면서 왕이 그리스도교에서 돌아서도록 온갖 압력을 가하고, 세례를 받겠다는 왕의 결심을 철회하도록 유도했다. 두 사람은 겨우 몇 달 전에 온 이방인들이 왕을 설득하여 조상들이 섬기던 종교를 버리고 새로운 종교를 수용하도록 한다는 것이 얼마나 부끄러운 일이냐고 말했다. 그들은 또 그러한 일련의 행동이 왕의 권위를 위험에 처하게 할 수 있다는 점도 지적하였다. 왜냐면 당시 왕이 이웃한 몇몇 소왕국들과 전쟁 중이어서 그를 반대하는 백성들을 자극하거나 많은 라마가 그를 멸시할 우려가 있다는 이유였다. 티베트 모든 계층의 마음을 사로잡고 있는 라마들의 세력을 억누를 수는 없기 때문이었다.

그러나 반란이 일어날 것이라는 온갖 위협도 왕의 결심을 바꿀 수 없었다. 라마들은 왕이 아무것도 두려워하지 않는 것을 보고 이번에는 그를 설득하기로 했다. 라마들은 왕을 수도원으로 불러 그곳에 잠시 머물도록 하였는데, 은거와 명상과 기도가 그의 마음에 변화를 일으킬 것이라는 기대감 때문이었다. 왕은 티베트에서 가장 유명한 사찰의 주지인 자신의 동생과 함께 두 달 동안 수도원에 가서 머무르는데 동의하였다. 이들은 왕이 이교의 유혹을 충분히 견뎌낼 수 있으리라는 생각이 들자, 안드라다 신부에게 불교와 그리스도교가 각기 어떤 장점을 갖고 있는지 공개적으로 토론하자고 제안 했다.

티베트에서 벌어진 불교 라마들과의 종교토론

이 토론에서는 많은 주제가 다루어졌으나, 주된 관심은 신의 본성과 윤회에 관한 것이었다. 안드라다 신부의 말에 따르면, 라마들은 삼위일체를 수용하였으나, 이를 각기 법신法身, 응신應身, 보신報身이라 불렀으며, 성육신의 교리는 불교 교리에서도 중요한 자리를 차지하고 있다고 주장했다. 라마들은 윤회輪廻에 관해서 신이 태초에 만물을 창조하였으나, 그 뒤로는 아무 것도 창조하지 않았으며, 지금은 오직 재생과 변용[즉 윤회]만이 있다는 입장을 가지고 있었다. 세상에는 일정하게 정해진 수의 영혼만이 있는데, 그들이 행한 선행과 악행에 따라서 더욱 완전 하거나 덜 완전한 존재로 변하게[윤회하게] 된다. 안드라다 신부는 이런 견해에 반론을 제기했는데, 그 경우에는 이성과 자유의지가 열등한 동물들에게도 있다는 것이 전제되어야만 했기 때문이다. 한 라마가 이에 대해, 동물들에게도 지성이라는 것이 부여되어 있고, 따라서 선행과 악행을 구분할 능력이 있다고 답하였다. 늑대가 양을 죽이고, 고양이가 쥐를 잡아먹고, 또 거미가 날것을 거미줄로 감아 죽이면 죄를 짓는 것이라는 말이었다. 그는

"호랑이가 풀보다는 고기를 좋아하는데, 양은 동물의 시신을 곁에 두고도 굶어 죽는다는 것을 아시지 않습니까? 누가 동물들에게 인간이라는 피조물로부터 도망치라고 가르치고, 누가 그 동물을 잡거나 죽일 것입니까?"라는 말을 덧붙였다. 안드라다 신부는 유감스럽게도 이 흥미로운 논쟁에 관해서 보다 정확한 정보를 남겨놓지 않았다. 참 신앙으로 무장한 사람만이 라마와의 논쟁에서 논박하기 쉬웠다고 간단히 말했다. 이 논쟁에 관한 그의 결론은 다음과 같다.

> "티베트인들은 유순하고도 경건한 기질을 가지고 있다. 그들과 함께 여러 달을 보내면서 어떤 논쟁이 벌어지는 것을 본 것이 없다. 그들은 언제나 염주를 손에 쥐고 내세의 일에 대해 이야기하는 것을 좋아한다. 그들을 매우 예절 바르며, 나그네들을 아주 친절하게 대한다. 티베트의 여인들은 실을 잣거나 옷감을 짜는 일에 쉬지 않고 매달려 있으며, 심지어 밭일도 한다. 왕비도 기도와 일을 하는 데 시간을 할애하고, 실잣기를 가장 좋아한다. 남자들은 육체노동을 많이 하지 않으며, 여름철에는 주로 전쟁에 나가거나 활쏘기와 각종 무기를 다루는 법을 익히거나 씨름을 하는데, 그들은 씨름을 아주 잘 한다."

선교사들이 이 나라에서 찾아낸 유일한 문제점은 인구가 매우 조밀한 힌두스탄 지역에 비해, 인구가 너무 희박하다는 것이다. 도시에 사람이 많지 않고 또 장사꾼들이 별로 많지 않기 때문에, 그들은 종교적인 일에 더 관심을 기울일 수 있었고 부패와 증오로부터도 멀어질 수 있다. 안드라다 신부는 "이 왕국은 또 이 지역의 다른 많은 나라로 들어가는 관문이었고, 그들은 거의 동일한 언어를 사용하고 있다."고 하였다. 불행하게도 안드라다의 말은 여기에서 끝나 버렸고, 우리에게는 이 새로운 선교 사업에 관한 추가적인 정보를 남겨두지 않았다.

몽골 역사가들이 전하는 티베트 왕에 대한 정보

같은 시기를 기록한 몽골 역사가들은 그리스도교의 선교가 [티베트에서] 비록 초기에 크게 성공을 거두었으나, 초기의 성공이 사실상 라마들의 질투심을 자극해 결국은 쇠퇴하는 원인이 되었다는 추정을 가능케 한다. 선교사들을 보호했던 이 군주는 자신이 그리스도교를 지지했기 때문에 일어난 반란으로 목숨을 잃었다. 왕이 실제로 그리스도인이 되었다거나, 적어도 그가 불교를 완전히 포기하고 세례를 받겠다는 결정을 했다는 것을 믿을 수 있는 합리적인 근거들이 많이 남아 있다. 몽골 역사가들에 따르면, 이 왕의 이름은 찬파한Tsan-Pa-Han이었는데 "카파란구아"로 잘못 기록했고, 그가 살던 도시를 가리키는 말이 되었을 가능성을 전혀 배제할 수 없다. 지도에서는 카파란구아라는 도시를 찾아낼 수 없기 때문이다. 이 찬파한의 영토는 라사 서쪽에서 갠지스 강의 발원지까지 뻗어 있어서 티베트 영토의 대부분을 차지하고 있었다. 몽골 역사가들은 이 왕이 라마들의 불교를 없애버리고 이를 외국 종교로 대체하고 싶어 했다고 전한다. 이런 목적을 위해 티파Typa라는 호칭의 수석 대신을 불교의 교황이며 라사를 다스리는 텔레 라마Telé-Lama에게 보내어, 이해를 구하였다고 전한다. 텔레 라마가 이를 반대하자 코코노르에 있는 몽골 왕의 도움을 얻으려고 찾았으나, 그 또한 독실한 불교 신자였다고 한다. 이에 상당한 병력을 동원한 코코노르의 왕은 티베트로 진격하여, 그곳에서 치열한 전투가 벌어졌다. 찬파한은 패전하여 살해되었고, 몽골의 왕이 티베트 전역을 차지한 후에, 아시아 내륙 산악 지대의 불교 신자들에게 막강한 권력을 행사하던 텔레 라마에게서 "칸"군주이라는 호칭을 받게 되었다.[151] 이러한 정치적 변혁의 결과로 선교사들은 그 많은 수고와 난관을 뚫고 침투하였던 티베트 지역을 포기할 수밖에 없

151) (원주) Lettres edifiantes et curieuses, ecrites des missions etrangeres, par quelques missionnaires de la Compagnie de Jésus : recueil, vol. xxiv. p. 11.

게 되었고, 우리가 아는 바에 따르면, 안드라다 신부는 고아로 귀환하여, 1634년 3월 6일 독에 감염되어 세상을 떠났다.

제 7 장

명나라 말기의 중국선교와 예수회 선교의 3대 기둥

제 7 장

명나라 말기의 중국선교와 예수회 선교의 3대 기둥

17세기 초 동북아 정세와 백련교도의 난

1626년 티베트에서 일어났던 혁명은 찬파한의 몰락과 죽음을 가져왔는데, 이것이 하나의 분리된 사건이 아니었던 듯하다. 이 사건은 틀림없이 같은 시대에 중화제국을 뒤흔들었던 무서운 내란과 밀접한 연관이 있었고, 이 때문에 명 왕조가 멸망하고, 만주의 청 왕조가 등장하게 되었다. 유럽인들은 이른바 아시아의 여러 나라들에서 "[정치적인] 변화가 없는 현상"을 설명하려는 이상한 시도를 목격하게 된다.[152] 유럽의 유능한 작가들이 중국의 왕조가 4,000년 동안 어떻게 교체되지도 않고 지속할 수 있었는지에 대하여 대단히 공을 들여 연구하고 있다. 이 문제를 놓고 매우 해박하고도 독창적인 해석이 제시되었으나, 사실을 자세히 들여다보면 이들의 증명이 잘못되었다는 것을 알게 된다. 중국인들도 자신들의

152) 당시 유럽에서는 플라톤의 정치사상의 영향으로 유럽의 국가들에서는 군주제, 참주제, 민주제 등의 정치체제가 순환하는데 중국에서는 이런 현상이 일어나지 않고 군주제만 지속되는 것에 관심이 있었다.

주의 주장을 바꿔왔고, 그들의 제도를 개혁해왔으며, 여러 가지 정치적 결합을 시도하였다. 그들이 아직 시도해보지 않은 것들이 있을 수 있겠지만, 중국 역사를 보면 다른 [유럽] 나라의 왕조들과 크게 다르지 않은 모습을 보여주고 있다.

중국이라는 나라는 혁명과 내전과 왕조의 비극적인 멸망을 전혀 부러워할 필요가 없는 나라이다. 중국은 오히려 그런 면에서 자신들이 가지고 있는 수법을 우리에게 알려주어, 선망의 대상이 되는 나라이다. 혁명을 이야기하는 유럽의 비전문가들이, 만약 그들이 말하는 사회를 전복시키는 방법이, 중국에 비교하면 그저 어린아이에 불과하다고 한다면 어떻게 답하겠는가? 확실히 그렇다. 중국의 역사를 보면 길고도 연속적인 전복에 관한 이야기 말고는 다른 이야기가 없는데, 이는 제국을 상층부에서 하층부까지 전부 혼란케 하고 해체하는 움직임이었다.

중국인의 성격 가운데 상당히 주목할 만한 특징인 동시에, 중국에서 다양한 혁명이 일어났던 것을 완벽하게 설명해 주는 것은, 중국인들이 비밀결사를 대단히 좋아한다는 사실이다. 순수한 열정으로 가득 찼던 선교사들이 교당을 짓고 중국 전역에 예수 그리스도의 왕국을 세우려고 각지를 돌아다니고 있을 때, 아주 다른 생각을 가진 "선교사들"이 있었다. 그들은 명 왕조를 전복시키기 위해 만들어진 비밀결사로, 중국 전역에서 야심에 찬 불평분자들로 이루어진 군대를 모집하고 있었다. 중국의 모든 도시마다 백련교白蓮教 혹은 '하얀 백합의 종파'라고 불리는 거대한 비밀결사 조직이 만들어져 있었는데, 그 분파는 시골까지 뻗어 있었다.[153] 이 조직에는 우두머리들과 [자기네들 사이에서만 쓰는]

153) 백련교(白蓮教)는 南宋의 白蓮宗에 뿌리를 두고 茅子元이 창시한, 원·명·청 때에 유행한 민간종교이다. 教義는 淨土宗에서 淵源하였고, 五戒를 지키며, 아미타불을 염송하고, 출가를 강조하지 않아서 기성 불교의 반발을 샀다. 원나라를 지나면서 미륵사상과 결합되었고, 명나라 正德 1506-1521 이후에는 羅教의 영향으로 無生老母를 창세주로 받들었다. 원·명·청 때에 이 종교는 언제나 농민봉기를 일으킬 때 이용되었는데, 원말 劉福通, 徐壽揮 등이 이끈 홍건 봉기, 명말 徐鴻儒의 봉기, 청나라 嘉慶 때의 泗川·湖北·陝西의 백련교 대봉기(1796-1805) 등이 대표적인 것들이다. 朱元璋도 이러한 시대적인 반란의 기운을 타고 왕조를 이루었으므로, 이의 폐해를 알고, 탄압하였다. 명나라 때 민간에 크게 확산되었다.

암호가 있었고, 밤에 비밀리에 모임을 가졌으며, 정부와 관리들을 비방하는 글을 인쇄하고 보급했다. 백련교도들은 오랫동안 준비해오던 반란이 대대적으로 일어나기를 기다리고 있었고, 한편 관리들은 이 음모에 가담한 사람들의 움직임을 관찰하면서 이들을 무력화시키려고 애쓰고 있었다.

1622년, 백련교에서 가장 악명이 높았던 우두머리 가운데 하나가 산동성山東省에서 체포되자, 백련교도들이 큰 시위를 벌였다. 나라에서는 산동성 관리들에게 명하여 이 두령에게 가장 잔혹한 고문을 함으로써, 반란을 함께 주도한 자들을 배신하도록 강요했기 때문이었다. 그는 공범자들에 관해 굳게 입을 다물었으나, 백련교도들은 그의 의지가 잔혹한 고문을 이겨낼 것이라는 확신이 들지 않았으므로 그를 구해내는 것이 백련교를 파멸에서 구해내는 길이라고 생각했다. 그래서 백련교도들은 그를 가두어둔 형부를 급습하여 점령하고는 관청을 샅샅이 뒤져서 관리들 여럿을 죽이고, 두령인 이자성李自成을 구해냈다. 이자성은 동료들의 환호 가운데 행진하며 그들의 위세를 만방에 알렸다.[154)]

이런 시위를 펼쳤기 때문에 이제 그들은 뒤로 물러날 수 없었다. 이자성 일당은 자신들이 나라에 대한 반란을 일으켰다고 선언하면서, 전국의 불평과 불만을 가진 자들에게 호소하였다. 부랑자들과 도적들이 합세하여 군대를 만들어 마을 여럿을 약탈했지만 아무런 저항이 없었다. 그들은 현 두 곳을 점령하여 그곳을 그들의 요새로 만들었다. 이제 이러한 위급함이 그리 멀지않은 베이징에 전해졌고, 나라에서는 사태가 악화되기 전에 서둘러서 상당한 규모의 진압할 군사들을 보내게 되었다. 여러 차례 전투가 벌어졌고 그 결과는 다양했다. 반란군은 용감하였으나 사방에서 몰려드는 수많은 정규군을 상대하기에는 힘

154) 이자성(李自成, 1606-1645)의 본명은 鴻基이다. 陝西省 延安 출신으로 명 말기의 농민 반란 지도자였다. 1644년 大順을 세우고 베이징을 점령하여 명나라를 멸망시켰으나 吳三桂와 淸의 연합군에 패하였다.

이 벅찼으므로, 점령지를 포기하고 남경으로 퇴각하였다. 이 퇴각로에서 난폭한 무리들이 더 몰려와서 반란군에 가담하고자 하였고, 그들은 대운하를 따라가면서 지방에서 베이징으로 조공을 나르던 여러 척의 커다란 정크를 점령하여 약탈하였다.

다시 밀어닥친 선교사들과 개종자들의 시련

명나라 정부는 제국 전역에서 나타나고 있는 흥분한 군중들의 모습에 매우 놀라서, 모든 관리에게 백련교 무리를 찾아내는 일에 힘쓰라고 명하고, 백련교 무리를 발견하는 경우 절대 자비를 베풀지 말라고 지시하였다. 그리스도인들의 적들은 이 기회를 최대한 이용하여 선교사들과 새 신자들을 다시 고소하고 고발하기 시작했다. 이 고소인들은 그리스도인들이 은밀하게 모이는 습관이 있다고 주장했으므로, 그리스도인들과 백련교도 반란군들을 혼동하게 만드는 결과를 가져왔고, 그때부터 그리스도인들은 고소인들의 증오와 악의를 피할 수 없게 되었다.

남경 예부의 시랑 자리에 있던 심각은, 이전의 박해[남경 교안] 때 그리스도인들에 대해 가장 큰 반감을 보인 사람이었다. 안타깝게도 그는 이 당시에 중앙정부의 높은 자리에 있었다. 그는 다시 제국의 모든 성에서 이 사교의 무리를 척결하자는 선언문을 작성하여 유포하고 있었다.[155] 그는 이 사교의 무리가 목적하는 바는 모든 권위를 전복시키는 것이고, 그 수단은 관리들과 황제에 대해 불복종하도록 하는 것이라고 말했다. 이어서 그는 이러한 사교 집단이 나라와 백성들에게 끼치게 될 끔찍한 재앙을 묘사한 후에, 모든 정직한 사람들에게

155) 沈㴶은 1621년부터 太子太保 겸 文淵閣大學士, 少保武英殿大學士가 되어 영향력을 행사하고 있었다.

백련교와 그리스도인들을 동시에 배척하라고 하였다. 그는 이 두 집단에 속한 사람들이 동일하게 가증스러운 의도를 가지고 있으며, 또 황제의 명령에 대해 저항하도록 부추기려는 것이 그 증거라고 말했다. 또한 중국 땅에 천주교라는 사교를 전파하려고 온 이 이방인들은, 황제의 명으로 추방되었으나, 황제의 명령을 완전히 무시하고 이전에 살던 거처에 계속해서 살면서, 여전히 뻔뻔하게도 그들의 해악한 교리의 폐해를 사방에 확산시키고 있다고 했다. 심각은 다음과 같은 말로 선언문을 결론지었다.

> "천주교는 사교다. 이들은 사람들을 속이고, 사람들에게 비밀 집회를 조장한다. 예전에 관리들이 이 사교를 따르는 무리에 대한 상소를 올려 이들의 전파를 엄히 금한 적이 있는데, 이제 이 사교를 따르는 무리가 황제의 뜻을 거스르는 죄를 범했다. 제국의 법에 따라, 이런 자들을 철저하게 찾아내어 중한 벌을 내려야 할 것이다. 그러나 무지한 사람들이나 적게 연루된 이들이 있다면, 그들에게는 법을 융통성 있게 적용해야 할 것이다. 외국인들은 제국 밖으로 추방할 것이며, [사교를 따르는] 중국인들은 한 달 동안 칼을 채운 채 감옥에 가두고, 그 후에 각기 법정에 세워 황제의 명에 복종하고 사교를 피하라고 훈계하도록 하라."

관리들은 자신들이 그리스도인들을 최대한 핍박하면 중앙 정부의 이 높은 관리의 의견에 기꺼이 동조하는 것임을 알고 있었다. 따라서 궁정에서 성공하는 가장 좋은 방법은 천주의 숭배자들을 원수로 여긴다고 분명히 말하는 것이었다. 이에 많은 관리들이 심각의 선동에 동조했다. 관청에서 보낸 밀정들이 교당에 침입하여 예배당과 심지어 개인기도실까지 뒤져서 서책, 성상, 십자가와 각종 성물을 노략질하여 고발하는 증거물로 삼았다. 체포된 모든 그리스도인은 사슬에 묶여 감옥에 가두었는데, 가장 가혹하게 당했던 사람들은 교리문답을 담당한 전도자들이었다. 그들은 입문자들이 [교리의 내용을 숙지하고 있는

지] 검토하고, 선교사들이 없을 때 기도와 종교행사를 주관하는 일을 담당하고 있었다. 남경 교당에서는 이 때문에 40명이 넘는 사람들이 관리들이나 그들의 시종들에 의해 희생되었다. 관리들은 그들을 모욕하고 또 매우 수치스럽게 다루었는데, 저지르지도 않은 죄를 자백하라고 위협했다. 또 그리스도인들에게 그들이 백련교 교도이고 반란의 가담자라는 것을 인정하라고 강요하였다. 안드레라는 노인은 등나무 막대기로 잔혹하게 맞아서 판관이나 형리들이 입회하고 있던 법정에서 사망하였다. 이러한 새로운 박해가 있었을 때 선교사들은 다시 중국을 떠나거나, 아주 격리된 곳이나, 깊은 숲속, 또는 산속의 동굴에 몸을 피할 수밖에 없었고, 그런 피난처를 구하지 못한 경우에는 공동묘지로 피하여 무덤 속에서 죽은 자들의 보호를 받으며 목숨을 이어가야만 했다.

비록 이러한 협박을 당했음에도 불구하고, 그리스도인들은 박해자들의 자비에만 의존하지는 않았다. 이지조는 흠천감에서 직임을 맡고 있으면서, 체통과 용기 있는 태도를 유지하였다. 그는 교당 주임 신부인 로차가 떠나는 것을 반대하고, 신부를 자기 집에 머물게 하면서 신부가 사제로서 자유롭게 임무를 수행하기를 바랐다. 이지조는 서광계와 양정균을 불러, 로차 신부와 더불어 백련교 무리와 천주교 신자들 사이에 크나큰 차이가 있다는 상소문을 만들었다. 그는 심각이 쓴 선언문에 대하여 조목조목 비판하였고, 이 선언문에 있는 그리스도인들에 대한 고발 내용은 완전히 거짓이며, 오로지 증오와 원한 때문에 만들어진 것이라고 주장했다. 서광계는 이 상소문을 만들자마자 자신이 몸소 그것을 가지고 베이징으로 가서, 대신들에게 자신의 영향력을 최대한 발휘하여 상소문을 황제에게 바칠 수 있도록 온 힘을 다했다. 심각은 서광계가 수도에 왔다는 소식을 듣고, 그가 온 목적을 어렵지 않게 짐작할 수 있었다. 그는 첩자들을 동원하여 황제에게 바칠 상소문의 내용을 알아낸 후에, 지체할 시간이 없다고 판단하여 즉시 고발절차를 밟았다. 그는 서광계, 양정균, 이지조를 지목하며, 그들이 왕조를 전복하고 제국을 파멸시키려는 목적을 가진 사교 무리의 두목이라고 고발했다.

이 사건은 엄청난 재앙을 가져왔고, 중국 선교가 완전히 몰락할 뻔 했으나, 하느님께서는 그렇게 되도록 허락하지 않으셨다. 심각이 자신의 권력이 매우 안전하다고 생각했던 바로 그 순간에, 명나라 관리들이 공격을 받게 되는 끔찍하고 전혀 예상치 않았던 타격을 입게 된다. 갑자기 심각의 체면이 손상되는 일을 계기로, 중국선교는 더욱 밝은 아침을 맞이하게 되었고, 곧이어 서광계가 예부 상서로 승진하게 되어, 더 큰 희망을 품게 되었다.

여진족의 왕국 후금의 탄생과 명나라의 멸망

하지만 고관들에게 파괴적인 위협을 가할 수 있었던 황제의 권력이 점점 약화 되고 있었다. 환관들의 독단적인 행정과 관리들의 가혹한 세금징수로 중국인들이 몹시 격분해 있었다. 환관과 관리들의 권위가 무너지면서 사교 무리들이 선동한 변혁의 기운이 제국의 한쪽 끝에서 다른 쪽 끝까지 나타나고 있었다. 12세기 초, 칭기즈칸이 세운 몽골 세력을 쫓아내고 등장했던 명나라는 이제 정해진 명을 다하고 있었다. 명 왕조는 이제 더 이상 나라 안의 적들과 싸울 힘도 없었고, 국경에서 호전적이고 진취적인 민족들의 침략을 물리칠 힘도 없었다.

만청滿淸[여진족]은 흑룡강黑龍江과 송화강松花江 유역에서 가축의 무리를 따라 유목하던, 역사가 오래된 작은 부족의 하나였다. 그들은 은둔에서 벗어난 지 얼마 되지 않아, 역사에서 보다 중요한 자리를 차지하게 되었다. 그들이 주도하던 팔기군八旗軍의 우두머리들이 서로 치열한 싸움을 벌인 끝에 최강자에게 굴복하여 마침내 통일을 이루고 여진족의 왕국을 건설하였다.[156] 명 왕조는 언제나 이웃 나라에게 절대적인 왕권을 행사하는데 익숙했다. 따라서 여진족의 세력이 커지는 것을 못마땅하게 여겼지만, 적절한 방법으로 세력을 키워가는 여진 세력 연합을 막지도 못했다. 그저 여진족이 왕으로 추대한 족장을 붙잡아서 죽였을 뿐이었다.

하지만 여진족에게 다행스러웠던 것은, 이 족장이 자신을 계승하여 역량을 보여 줄 수 있는 나이가 찬 아들을 남겨 놓았던 것이다. 이 아들이 부왕의 원수를 갚은 후, 나라를 다스리기 시작했다. 팔기군의 전사들로부터 왕으로 인정을 받자 그는 군대를 만들어 요동성遼東省으로 쳐들어가 성경盛京을 점령하고, 전국을 공포에 몰아넣었다. 그는 그리 멀리 떨어지지 않은 베이징으로 진격할 수도 있었고, 황제에게 자기 부왕의 암살에 대한 진상을 밝힐 것을 요구할 수도 있었다. 그러나 그는 자신의 감정을 통제할 수 있었기 때문에, 사신을 통해 정중한 서신을 보내는 것으로 만족했다. 그는 서신에서 황제에게 자신이 중국 영토에 침입한 것이 오로지 분노와 슬픔 때문이었다며 정중하게 양해를 구했다. 또 부왕의 죽음을 [명나라] 황제의 대신들 탓으로 돌리면서, 자신은 만약에 황제가 그 대신들에게 죄를 묻는다면, 점령지에서 철수할 의사가 있다고 밝혔다. 그러나 천자는 이 서신을 누구의 실수였든, 아니면 계략에 의해서든, 직접 보지 못했고, 오직 대신들만이 그 내용을 알고 있었다. 대신들은 이 화가 난 군주를 만족시켜 줄 생각이나 여신족 수령의 불만을 자신들의 주인인 황제에게 알려줄 생각이 전혀 없었다.

156) 팔기군은 청나라 때의 특유한 제도로, 만주족이 주도한 군사·행정 조직이었다. 後金의 시조 누르하치가 17세기 초에 세웠으며 주로 행정적 편의에 따라 나누었다. 몽골족과 漢族의 군대도 별도의 팔기에 포함시켜, 모두 24기의 군사 조직이 확립된 때는 1642년이었다. 정예군이었던 팔기군은 점차 관료적인 기관으로 변모했으나 19세기 난국을 거치면서 그 세력이 크게 약화 되었고, 1924년까지 명목상으로만 존재하였다.

[여진족의 왕국인] 후금의 왕은 자기를 대하는 [황제의] 태도에 화를 낼 이유가 충분하였으므로, 황제와 그의 대신들을 없애버리겠다고 맹세하였다. 그는 베이징의 궁정으로 불만을 담은 항의문을 보냈는데, 다음과 같이 과묵한 표현으로 끝을 맺었다. “짐은 이러한 일곱 번의 피해를 입은 데 대해 복수하기 위해, 명 왕조를 멸망시키고 예속시키겠다.” 그는 자신의 이러한 위협을 즉각적으로 실행에 옮기려고 즉시 요동성遼東城을 포위하여 함락시켰다. 그는 지방 전체를 약탈한 다음, 북직예北直隸[베이징 직할구역]를 영토로 삼은 후, 진격로를 따라 방화와 살인을 일삼으면서 베이징 성문 앞까지 진출하였다. 그러나 이처럼 커다란 성공을 거두었음에도 그는 중국인들에게 후금의 능력을 보여주는 것으로 만족하였다. 그는 두 부유한 지방의 전리품들을 가지고 수도인 성경으로 돌아오면서, 감히 중국 황제의 이름으로 자신을 칭하면서, 자신이 천명天命을 받았다고 선언했다.

명나라 조정은 양과 소를 평화롭게 치고 있던 여진족들을 무시한 것이 잘못이었다는 것을 깨닫고, 그 세력이 더 커지는 것을 막기 위해 대군을 보냈다. 이는 내부와 외부의 적과 동시에 싸우는 위험을 피하려는 것이기도 했다. 60만의 명나라 군대가 만주로 진격하였으나 첫 전투에서 완전히 패하였고, 살아남은 군사는 5만을 넘지 못했다. 명나라 보병은 긴 행군에 지쳐서, 노도처럼 밀려오는 여진족의 기병들을 대항할 수 없었고, 여진족은 베이징 성문까지 이 도망병들을 추격했다. 그러나 명나라의 수도를 포위하여 베이징을 점령할 수 있었던 이 절호의 기회에, 다시 ‘천명’이 위협하듯이 내려와서 두 번째로 성경으로의 회군이 이어졌다. 그가 이 엄청난 [명나라] 정벌을 성공하기 위해서는, 그 전에 자신의 백성들을 조직화할 필요가 있고, 특히 만주족의 팔기군을 완전히 장악할 시간이 필요하다고 판단한 모양이었다.

그즈음에 만력제[神宗]가 47년의 치세를 마치고 세상을 떠났다. 그의 등극 초기에는 지혜와 능력으로 나라를 다스렸고, 리치 신부와 다른 선교사들이 특별히 이 만력제에게 은총을 입어 그리스도교 역사에 그의 이름이 남기도 했다. 우리가 이미 살펴본 것처럼, 황제는 선교사들을 궁정으로 불러들여, 그곳에서 생활할 수 있도록 은급을 오랫동안 하사했고, 수도와 지방에서 복음을 자유롭게 전하도록 허용하였으며, 또 묘지로 사용할 훌륭하고 넓은 베이징 근교의 땅을 선교사들에게 내주었다. 중국 역사에서는 만력제가 태감들에게 둘러싸여 정사를 제대로 돌보지 못하였고, 심지어 노년에는 권력을 태관에게 모두 내주었다고 비판한다. 그리고 그의 치세 말기에 우리가 이미 설명했던 그리스도교 박해사건이 일어났고, 그 과정에서 많은 선교사가 제국 밖으로 추방된 일이 일어났다. 만력제는 이러한 끔찍한 [후금의] 혁명을 살아서 보지는 못했다. 이 혁명은 어느 정도 만력제의 지나친 나약함 때문에 시작되었고, 이 혁명으로 결국은 왕조가 완전히 멸망했으며, 중화제국은 다른 나라가 지운 멍에에 매이게 되었다.

만력神宗의 뒤를 태창泰昌이 [1620년에] 권력을 계승하였으나, 그는 겨우 4개월을 통치하였고, 황제의 권한은 다시 황자인 천계天啓에게로 넘어갔다. 천계는 오랫동안 황위에 있으면서 중국에 질서가 다시 회복되도록 하였고, 신하들의 저하된 사기를 북돋아서, 반란군을 진압하고 여진족을 물리친다는 희망을 가지게 하였다.

천계[熹宗, 1621-1627년 재위]는 군대를 개혁하여 적군인 후금에 대등하게 맞설 수 있도록 해야 한다는 제안을 호의적으로 받아들였다. 이를 계기로 마카오로 피신하였던 선교사들이 다시 들어왔고, 지방에 은신하고 있던 선교사들도 자유를 회복할 수 있게 되었다. 선교사들이 황제의 명으로 추방되었으므로 다시 황제의 명으로 그들을 다시 불러들일 수 있는 것이었고, 그런 황제의 명은 결코 쉽게 시행될 수 없는 것이었다. 그래서 절박한 희망 속에서 한 가지 시도를 하게 되었다. 개종자들 가운데 영리한 사람이 모여 함께 토론을 벌이다가, 마침내 풍부한 상상력을 발휘하여 다음과 같은 계획을 생각해냈다. 여진족과의 전쟁을 주제로 청원서를 올리자는 계획이었다. 그리스도인 학사들이 작품을 만들되, 전쟁으로 인해 생겨나는 무서운 재앙, 즉 농토가 황무지가 되고, 사람들이 도륙당하고, 도시가 파괴되고, 상거래와 예술과 산업이 파괴되는 모습을 한 편의 감동적인 그림처럼 보이도록 하자는 것이었다. 이런 재앙들이 앞으로 여러 해 동안 다가올 일들이고, 제궁의 수많은 인력과 재원을 희생하더라도 이러한 재앙을 막을 방법은 없다는 것을 알리는 상소문이었다. 이러한 암울한 청원서에서, 그들은 중국 조정이 행한 실수를 암시할 계획이었다. 즉 덕망과 학식이 높고, 중요한 일을 성공적으로 수행할 능력이 있으며, 뛰어난 수학적 지식을 지니고 있고, 국가에 유용하게 사용될 수 있는 뛰어난 발명을 많이 한 사람들, 즉 유럽에서 온 이방인들을 추방하였기 때문이라는 상소문을 끝맺을 계획이었다. 만일 이 사람들이 이전처럼 중국에 살고 있다면 [이 난국을 헤쳐 가는데 유용하게 활용되어 결국 중국에] 좋았을 것이라는 말이다. 상소문의 내용에는 어쩌면 이 유럽의 이방인들이 모두 다 본국으로 돌아가지는 않았을지도 모른다는 암시를 남겨두기로 했다. 그렇게 많은 외국인이 그렇게 짧은 시간에 중국을 모두 떠날 수 없을 것이란 암시였다. 이 청원서를 올린 사람들은 황제가 백성의 행복을 위해 지혜와 배려를 발휘해야 하는데, 혹여 중국에 남아 있을 수 있는 이 재능 많은 외국인들을 찾아내기 위해 노력해야 한다고 간언했다. 만약에 이들을 찾게 된다면, 그들을 베이징으로 데려와서 여진족과의 전쟁을 수행하는 방법에 대해 도움이 되는 말을 하도록 하고, 대포를 주조하는 일을 관장하도록 황제의 명을 내려달라는 간청을 포함시켰다. 청원서에서는 이 외국인들의 대포 제조기술이 특히 뛰어나다는 점을

강조하려고 했다.[157)]

선교사 아담 샬은 이 특별한 청원서를 롱고바르디 신부가 직접 만들었다고 주장하지만, 세메도 신부는 중국인 학사들이 썼다고 말한다.[158)] 어쨌든 이런 책략이 담긴 내용을 선교사들이 좋아하지 않았던 것만은 틀림없다. 세메도가 이 내용에 대해서 말하고 있는 내용이다.

> "우리 신부님들은 자신들이 군사기술에 관하여는 아무것도 모른다는 것을 알고 있었으므로, 다른 구실을 찾아내는 것이 더 좋다고 생각했다. 따라서 이런 청원서를 통해 자신들을 복귀시키려는 계획에 크게 반대하였다. 하지만 이 희극의 주인공 가운데 하나였던 이지조가 신부들에게 반론을 제기하였다. 이지조는 '신부님들이여, 불안해하실 것 없습니다. 만약에 저들이 신부님들을 전사로 만들겠다고 제안한다면, 그 자리를 그냥 재단사가 이용하는 바늘이라고 생각하십시오. 재단사에게 바늘은 천을 꿰매게 하는 도구일 뿐입니다. 바느질이 끝나면, 옷이 완성되는 것이고, 바늘은 더 이상 필요 없는 것이 될 것입니다. [대포를 만들라는] 황제의 명에 따라 다시 돌아오시기만 하면, 그 뒤에는 무기를 붓으로 쉽사리 바꿀 수 있을 것이고, 전쟁을 하는 대신에 이교도들의 미신들에 맞서서 예수 그리스도를 방어하기 위해 붓을 들 수 있을 것입니다.'라고 말했다."[159)]

---

157) (원문) Schall von Bell: Historica Narratio, De Initio Et Progressu Missionis Societatis Jesu Apud Chinenses, Ac praesertim in Regia Pequinensi cap. i. p. 4.

158) 아담 샬(Johann Adam Schall von Bell, 湯若望, 1591-1666)은 독일 태생의 예수회 신부이자 중국에서 활동한 천문학자이다. 1622년 니콜라스 트리고(Nicolas Trigault) 신부와 함께 중국에 입국하여 西安에서 활동하였다. 역법 개정에 참여하였던 슈레크(Johann Terrenz Schreck) 선교사가 1630년에 베이징에서 사망하자 그 후임이 되었다. 청대에 들어서 황제와 친밀한 관계를 유지하면서 『西洋新法算書』를 완성하였고, 흠정감 감정의 자리에 올라 중국 선교에 크게 기여하였다. 저서로는 『西洋新法算書』 외에도, 『進呈書像』, 『主教緣起』, 『渾天儀說』, 『西洋測日曆』 등이 있다.

159) (원주) Alvares Semedo, p. 855.

상소문 쓰는 법에 능통했던 이지조가 바라던 대로 마침내 청원서를 만들게 되었고, 우리 친구들의 도움으로 황제에게 올려 진 상소문은 마침내 황제의 수중에 들어가게 되었다. 황제는 우리가 원하는 대로 성지를 병부 상서에게 보냈고, 상서는 내용을 살펴보았다. 그는 우리 신부들이 수학에 조예가 대단히 깊기 때문에 [상당한 화력을 가진 무기를 만들게 될 것이고] 여진족이 정신을 잃도록 만들어서 그들이 무기를 사용할 수 없게 될 것이라는 말을 덧붙이기까지 하였다. 그런 뒤에 병부 상서는 신부들을 즉시 찾아내라는 명이 내려졌으나, 이들을 찾아내기 위해 멀리 갈 필요가 없었다. 찾아내라는 하명을 받은 자들은 이미 신부들이 있는 곳을 정확하게 알고 있었기 때문이었다.[160]

이런 일이 생겨서 중국의 모든 그리스도인들이 크게 기뻐하는 가운데, 선교사들을 찾아내는 것은 그리 어려운 일이 아니었다. 항주 교당의 주임신부인 로차는 항주 근교에 있는 이지조의 집에 숨어 있었는데, 이제 자신이 뽑은 수사 두 명과 함께 공식적으로 궁정에 그 모습을 드러내게 되었다. 디아스 신부와 중국 교구장 롱고바르디 신부는 비슷한 내용의 통지를 받고 난 후에 서둘러 준비를 마치고 베이징으로 돌아갔다. 그는 승리한 사람처럼 많은 사람이 지켜보는 가운데 입성하였고, 많은 사람이 그 뒤를 따라 갔다.[161] 일행은 먼저 그들을 호출하였던 병부 상서의 관아로 갔는데, 상서는 크게 호감을 보이며 선교사들을 맞이하면서 병부에 거처를 마련해 주겠다는 제안하였다. 그러나 선교사들은 이런 호의를 정중히 거절하면서 그들이 아직 국가를 위해 봉사한 일이 없으니 그럴 자격이 없으며, 따라서 자신들의 생활방식에 맞게 전에 지었던 교당과 거처가 있는 곳에 머물겠다고 하였다. 선교사들의 옛 거처를 복구하는 일도 일

160) (원주) Histoire univeraelle da grand royaume de la Chine, p. 866.

161) 마누엘 디아스(Manuel Dias, 陽瑪諾, 1574-1659)는 포르투갈 출신의 선교사이자 천문학자이다. 1592년 예수회에 입회하였고, 1605년 마카오로 가서 신학을 가르쳤다. 韶州, 南雄, 北京, 南京, 上海, 杭州, 福州, 寧波 등지에서 활동하였고, 1623년 중국 부교구장이 되었다. 저서로 예배용으로 색인을 넣어 만든 성경해설집 『聖經直解』을 1642년에 8권으로 간행했다. 그 외에 『景教碑銓』, 『天問略』 등이 있다.

반인들에게는 추방령이 사실상 철회된 것으로 보였을 것이다. 선교사들은 일단 베이징에 다시 자리 잡게 되었지만 대포를 주조하고 무기를 조립하는 일을 크게 서두르지 않았다. 만약 그렇게 한다면 반란군과 여진족을 몰살시킬 수도 있기 때문이었다. 하지만 그들이 사랑하는 새 신자들을 다시 보게 되어 크게 기뻐하며, 열정적으로 선교 활동에 헌신했다.

서안 석비의 발견과 선교의 놀라운 성과

중국의 선교가 이렇게 예상외로 빨리 회복되고 있는 동안에, 하느님의 기쁘신 섭리대로 매우 중요한 발견을 하면서, 선교의 발전과 번영이 더욱 촉진되었다. 즉 이 시기에 서안西安에서 주목할 만한 석비를 발굴하였는데, 이는 중국에서 7세기에 이미 그리스도교가 번영했다는 확실한 증거를 제공했다. 이때 마침 알바레즈 세메도 신부가 중국에 있었으므로, 이 비문을 여유롭게 조사할 수 있었다. 여기에 그가 한 말을 옮기겠다.

"1625년에 일꾼들이 산서성 성도인 서안 근교에서 건물기초를 다지려고 땅을 파다가, 석판 하나를 우연히 발견하게 되었는데, 길이가 약 270센티, 너비가 120센티, 두께가 30센티 이상이었다. 이 석비의 한쪽 끝이 피라미드 모양으로 마무리되어 있었는데, 그 옆면의 경사의 꼭대기에서 바닥까지 높이가 60센티쯤 되었다. 이 피라미드 정면에는 백합 문양으로 조각된 십자가 하나가 있었는데, 말라바르에 있는 성 도마의 무덤에 새겨진 십자가와 모양이 비슷하였다. 이러한 모양의 십자가는 옛날에 유럽에서 쓰던 것이었다. 그 십자가를 구름이 덮고 전체를 에워싸고 있었으며, 그 밑으로 글자가 수직으로 세 줄 새겨져 있었는데, 중국에서 상용하는 한자였고 매우 또렷하게 새겨져 있어 쉽게 읽혔다. 석비 표면에는 전부 같은 크기의 한자가 음각되어 있었고, 또 이해하기 어려운 낯선 문자들도 새겨져 있었다. 중국인들은 이 오래된 귀한 보물을 발견하자마자 깨끗이 닦아서, [중국인들이] 본성적으로 가지고 있는 호기심이 발동하여, 지부의 관아로 달려가서 발견 사실을 알렸다. 지부는 재빨리 석비가 있는 곳으로 와서 이를 주의 깊게 살펴본 후에 멋진 받침대 위에 세우게 하고, 비바람에 훼손되는 것을 막기 위해 사방에 기둥을 세우고 지붕을 만들어 씌웠다. 하지만 사람들이 자유롭게 볼 수 있도록 그대로 놓아두었는데, 사람들은 그것이 자기 조상들이 믿던 종교의 기념비라는 것을 제대로 알지 못하는 듯했다. 지부는 심지어 귀중한 이 기념비를 발견된 근처에 있는 한 사찰 경내에 보관하는 것이 바람직하다고 생각했다.

중국 각지에서 이 석비를 보러 온 사람들의 숫자를 다 헤아리기는 힘들었는데, 어떤 사람들은 이것이 오래된 유물이어서 존중했고, 다른 사람들은 그들에게 생소해 보이는 글자에 호기심을 보였다. 이제 복음의 빛과 우리 교리에 관한 지식이 거의 중국 전역으로 퍼지자, 이지조의 가까운 벗인 불신자 하나가 석비에 새겨진 신비한 내용에 관한 말을 듣고서 그에게 이 탁본을 구해서 보내 달라고 했다. 이지조는 그가 6주 여행길이나 되는 먼 거리에 떨어져 살고 있었지만, 탁본을 보내주었다. 그리스도인 고관인 이지조는 항주에 살았는데, 지난번 박해 때 많은 신부가 항주로 피난 온 적이 있었다. 그 후로 3년이 흐른 1629년, 신부들 몇 명이, 필립이라는 세례명을 가진 그리스도교인 관리와 함께 산서성을 여행하게 되었다. 그 관리는 그가 나라의 직임을 맡고 있는 동안, 선교사들과 함께 하기를 바라고 있었다. 산서성 성도인 서안에 교당과 선교사 거처가 들어선 것은 얼마 전이었다. 산서성은 일찍이 하느님의 법을 가르치는 사람들이 하느님의 이름으로 번성케 하셨던 왕국에서 매우 귀중한 증거가 담긴 유물이 발굴된 곳이었다. 또한 당신의 백성들이 이미 존재했었고 또 그들이 예전부터 가지고 있었던 권리를 회복하도록 확증하기 위해 사용되도록 허락하신 곳이다.

> 기쁘게도 나는 이 새로운 서안의 교당과 소박한 거처를 마련하는 일을 맡도록 첫 번째로 정해진 사람들 가운데 포함되었다. 또 내가 이것을 매우 다행스럽게 생각하는 것은, 이 임무를 수행하면서 한가로운 시간을 활용하여, 이 석비를 검토하고 조사할 수 있었기 때문이다. [석비에 새겨진] 한자를 보면, 당시에 중국에서 활약하였던 여러 사제와 주교의 이름이 포함되어 있다. 또 그리스어나 히브리어처럼 금방 알아볼 수 있는 글자들은 아니지만, 이는 같은 사람들의 이름일 뿐이다. 나는 인도 크랑가노르Cranganore로 가서, 성 도마가 개종시킨 초기 그리스도인들에 관하여 조예가 깊은 안토니 페르난데즈Anthony Fernandez 신부와 이 문자 해독을 두고 협의했다.[162] 그는 이 문자가 시리아문자이고, 지금도 여전히 사용하는 문자들과 유사하다고 확인해 주었다."[163]

서안 석비의 발견으로 중국 전역에서 큰 반향이 일었고, 이 발견은 선교사들이 성공을 거두는 데 크게 공헌하였다. 최근에 온갖 모욕과 가혹한 행위를 견디어냈던 그리스도인들은, 이제는 관리들과 일반인들 모두에게서 커다란 배려를 받게 되었다. 특히 새 신자들 가운데 가장 유명한 인물인 이지조가 정승에 오르게 되는 큰 일이 있었다. 천주를 경외하는 사람이 조정의 우두머리가 된 것은 중국인들이 그리스도교에 대해 호감을 가지고 있다는 강력한 증거가 되었다. 이 시기에 수많은 개종자가 나왔고, 여러 명의 선교사들이 중국에 오랫동안 거주해왔던 선교사들과 일을 함께 하려고 입국했으며, 새로운 교당들이 세워졌다. 제국을 불안하게 만들었던 여러 가지 재난에도 불구하고, 개종자의 숫자가 빠르게 증가하고 있었다. 1627년 강서성, 절강성, 강남성, 산동성, 산서성, 섬서성, 북직예 등 7성省에 약 13,000명의 그리스도인들이 있었고, 그 뒤 10

---

162) 안토니 페르난데즈(Anthony Fernandez, 1569-1642)는 포르투갈 출신의 예수회 선교사로 인도와 에티오피아에서 주로 사역하였다.

163) (원주) Histoire Universelle da Grand Royaume de Chine, p. 289.

년 만에 이 숫자는 40,000명으로 증가하였다고 추정된다.[164] 이러한 교인의 숫자는 엄청난 중국 인구에 비하면 매우 미미해 보이지만, 내지로 들어가는 과정에서 겪었던 엄청난 어려움과 헤아릴 수 없을 정도의 장애물과 여러 차례의 피를 흘린 박해의 역사를 돌아보면 만족할 만한 결과라고 말할 수 있을 것이다. 약 40년 만에 지구상에서 가장 반종교적인 사람들 사이에서 얻어진 성과임을 고려한다면, 가장 거칠고 수확을 기대할 수 없던 토양을 경작자가 열정과 인내로 가꾸면 어느 정도 그 가능성이 있다는 좋은 증거가 되었다.

상류층의 개종

중국에서 복음이 전파되던 첫해에 새 신자가 된 사람은 상류층 사람이 아니었다. 앞서 말한 대로 중국의 첫 그리스도인은 불쌍하게 죽어가던 사람으로, 가족에게서 버림받은 이 노인을 루지에리 신부가 길에서 발견하여, 숨이 넘어가기 직전에 세례를 베푼 것이었다. 세상 사람들의 얕은 소견으로는, 이것은 멋진 시작은 아니었으나, 하느님이 보시기에는 이 가난한 사람의 영혼을 구원하는 것이 부유하고 권세 있는 권력자의 영혼을 구원하는 것만큼 귀중한 일이었다. 교회는 불행에 빠진 사람들을 각별한 애정으로 받아들이면서, 하느님의 자녀들은 하느님의 눈에는 모두 동등하다고 소리 높여 주장하였고, 또 세상이 버린 사람들을 받아들임으로써 교회가 [세상의] 어머니라는 것을 분명히 하였다. 그러나 교회는 또한 사랑으로 세상에서 지위가 높은 사람들도 상냥하게 받아들이고, 복음을 전하는 자가 신분이 고귀한 사람에게 우선적인 가치를 두는 것이, 때로 천한 사람들에게 효과적인 영향력을 발휘하는데 알맞고 합리적이다. 성

164) (원주) Martino Martinio, de Statu et qualitate Christianorum in Sina, p. 16.

보나벤투라의 말이다.[165] "부자의 개종이 때로는 가난한 자의 개종보다 더 유용한 것은, 가난한 자의 종교는 자신에게만 유익하지만 부유한 권력자의 종교는 많은 사람들에게 유익하기 때문이다. 콘스탄티누스 황제의 개종은 많은 하층계급 사람들의 개종보다 더 큰 유익을 교회에게 주었다."[166]

마테오 리치는 이러한 생각을 가지고 베이징에 가서 상류층 선교에 지속적인 노력을 기울였다. 그를 계승한 선교사들도 같은 목적을 가지고 그의 뒤를 따라서, 중국사회의 최고위층에 복음의 빛을 비추도록 노력하였다. 그렇게 함으로써 일반백성들에게 더욱 쉽게 복음의 빛을 비추게 할 수 있다고 믿었기 때문이었다. 그리하여 선교사들은 그들을 괴롭히던 끔찍한 박해에도 불구하고, 이런 상류층에서 많은 개종자를 만들어냈다. 앞서 말한 대로 서광계는 가장 유명한 관리였고, 이지조와 양정균은 조정의 대신이었는데, 이 위엄한 고위관리들 외에도 당시의 중국인 그리스도교인들 가운데, 1품 관리가 14명이고, 그 가운데 10명은 진사進士였으며, 11명의 거인과, 300명의 생원이 있었다. 황가皇家에서도 많은 개종자가 나왔는데, 140명이 넘는 황족들이 세례를 받았다. 황족들은 비록 조정에서 어떤 관직에 오르지는 않았으나, 신분이 고귀하였던 까닭에 상당한 영향력을 행사하였다. 황제의 시중을 드는 요직을 맡은 태감들 가운데 40명도 그리스도교로 개종하였다. 이 중국인 새 신자들은, 관리든, 선비든, 황족이든, 평민이든 가릴 것 없이, 그들이 받아들인 그리스도교에 충실히 헌신하였는데, 신의를 가지고 [교인으로서의] 의무를 다하였으며, 교리와 생활 규범을 공부하여 열정적으로 이를 실천하였다. 그들이 쉽게 방종하게 만드는 회의론과 우상숭배라는 관습을 포기하도록 강요하는 것은 아무것도 없었으나,

---

165) 성 보나벤투라(St. Bonaventura, 1221-1274)는 프란체스코회 소속 스콜라 신학자이다. 1257년 프란체스코회의 제 7 대 수도회 원장을 역임했고, 1273년 알바노의 주교 겸 추기경으로 임명되었다. 1484년 성자로 추존되었고, 도미니크 수도회의 토마스 아퀴나스와 함께 중세를 대표하는 신학자이다.

166) (원주) Quaestione 28, in determinationibus questionum circa Beg. Sancti Francisci.

그들은 모든 나쁜 욕정을 절제해야 하는 새 신앙을 받아들였다. 그들이 개종하게 된 것은 세속적인 관심 때문이 아니었고, 그리스도인이 되어서 얻을 수 있는 재물이나 벼슬 때문도 아니었다. 오히려 개종한 결과로 여전히 우상을 숭배하고 있는 친척과 친구들로부터 미움을 사고, 또 조정으로부터 박해를 받는 것 말고는 달리 얻는 것이 없었다. 심지어 개종 때문에, 투옥, 고문, 추방이나 죽음이 뒤따라오기까지 하였다. 인간적인 관심사에만 신경을 쓰는 사람들은 양심, 신, 영생이라는 동기 말고는 종교를 바꿀 다른 동기가 없었다. 중국인 새 신자들과 관련하여 우리가 알고 있는 내용으로 보면, 그들은 행동이 올바르고 독실하며, 한결같은 열정으로 하느님과 이웃에 대한 의무를 다하였다. 핍박을 당할 때도 그들은 지조를 지켰고, 용기를 잃지 않아서 그들의 신앙과 그리스도교에 대한 사랑이 진실하다는 증거를 보여주었다.

개종한 그리스도교인들의 형제애

이러한 사람들이 자신들의 신앙을 바꿈으로써 보여준 매우 주목할 만한 변화들 가운데 하나는, 개종자들 간의 놀라운 형제애였다. 전에는 완고하고, 냉정하며, 이기적이고, 탐욕스러웠던 마음에서 친절과 관용과 헌신의 마음이 솟아오르는 듯했다. 중국인들의 특징인 자기애를 극복하고, 형제들의 행복과 이익을 염려하게 되었는데, 이것이 아마도 복음이 가져다준 가장 놀라운 기적이었을 것이다. 하루는 마카오를 떠나 일본으로 향하던 포르투갈 선박 한 척이 복건성福建省 해안에서 암초에 파선되어 선원들 모두가 죽었는데, 단지 보트를 타게 된 12명만이 구조되는 행운을 얻었다. [당시에] 하늘은 두꺼운 먹구름에 가려 있었고, 바다에는 무서운 파도가 휘몰아치고 있었다. 보트에 탄 선원들은 밤새 이리저리 몰리다가 마침내 중국 해안에 몸을 던지게 되었는데, 그곳에서 그들은 곧바로 무례한 군중들에게 둘러싸이게 되었다. 그들은 불쌍한 선원들에게 음식이나 의복을 주기는커녕, 폭력을 행사하면서 위협했다. 당시 대만에서 잠복하고 있던 네덜란드인들이 복건성과 절강성 해안에서 고약한 해적질을 하던 때였다. 이 때문에 가까이 있던 관아의 종자들이 이 불운한 난파선의 선원들을 해적으로 오인해 감옥에 집어넣었다. 사람들이 선원들을 뚫어지게 보면서 호기심을 충족시키도록 내버려 둔 후에, 폭도들이 선원들을 둘러쌌는데, 어느 누구도 그들의 참혹한 광경을 보고도 위로의 말 한마디 건네지 않았다. 하지만 이웃에 사는 몇몇 그리스도교인 새 신자들이 찾아와서 보니 선원들이 묵주를 가지고 기도를 올리는 것을 보고, 그들이 그리스도인들이라는 것을 알게 되었고, 가엾은 마음이 들어 그들에게 따뜻한 위로의 말을 건네주었다. 당시 중국에서는 외국 선원들을 적으로 여기지 않고 다르게 취급하는 것을 금지하였으나, 새 신자들은 사랑과 재치로 불행에 빠진 이 죄수들을 도울 방법을 찾아내어 그들이 원하는 것을 공급해 주었다. 예를 들어, 새 신자들은 죄수들에게 옷을 가져다주려고 옷을 겹으로 입고 감옥에 가서는 떠나기 전에 아주 기민하게 안에 입은 옷가지를 벗어주었다.[167] 그 뒤에 이 새 신자들은 선원들 편에서 관리들을 잘 설득하여 이 선원들을 모두 마카오로 돌려보냈다. 그리스도교는 일상생활에서 드러내 보이는 것 말고도, 슬프고도 어려운 상황에서도 고결한 태도를 견지하도록 하였는데, 그런 태도는 그때까지 중국인들이 알지 못하던 것이었다.

그리스도교인 사령관의 믿음과 충성

만주 여진족이 중화 제국의 국경지대에 갑작스럽게 등장하여 위협이 되고

167) (원주) Alvares Semedo, p. 351.

있을 때, 만주와 접하고 있던 요동성에 송宋이라는 그리스도인 관리가 군구 사령관으로 있었다. 그는 여진족과의 여러 번의 전투에서 상당히 우위를 차지하고 있었고, 조정에서 좀 더 도움을 주었다면 나라에 더 이바지할 수 있었을 것이다. 그러나 조정은 그에게 병사들에게 줄 급여를 보내주지 않았다. 이는 그가 병부에서 권력을 쥐고 있는 원수들에게 절대로 뇌물을 주지 않겠다는 원칙을 고수했기 때문이었다. 그는 병사들에게 급여를 지급하지 못해서 반란이 일어날 지경이라고 글을 써서 보냈으나, 아무 소용이 없었고 회신조차 받을 수 없었다. 그는 병사들에게서 크게 신임을 얻고 있었기에 병사들의 은밀한 반란의 기운을 억누를 수 있었다. 그러나 시간이 지나 병사들의 인내심이 바닥나 반란을 일어났고, 반란군은 도시를 점령하고 약탈을 감행했다. 병사들은 이러한 반란이 자신들이 모신 장군을 파멸시키는 행동이므로, 따라서 황제에게 반기를 드는 것만이 그의 안전을 보장하는 유일한 방법이라는 것을 잘 알고 있었다. 병사들은 그가 이끄는 대로 무엇이든지 하겠다고 약속하고, 그를 황제의 자리에 앉히기 전까지는 그들 손에서 결코 무기를 내려놓지 않겠다고 맹세했다. 병사들의 이런 행동은 그를 절망적인 단계로 몰고 갔다. 당시에는 혁명의 기운이 전국을 감돌고 있었고, 황제의 자리를 노리는 자들도 이미 여럿이 있었다.

송 장군은 물론 병사들까지도 그의 몰락이 불가피하다고 여겼으므로, 그가 자신의 목숨을 구하려면 병사들의 제안을 받아드리는 길밖에 없다는 점을 잘 알고 있었다. 그러나 그는 그리스도인으로서 자신이 지켜온 원칙을 반역과 맞바꿀 수는 없었다. 그는 자신에게 제안한 경악스러운 일을 범죄라고 생각한다고 말하며, 온 힘을 다하여 수하들을 설득하였다. 그는 그 뒤에 군대의 지휘권을 다시 장악하고 나서 과감하게 반란 가담자들을 처벌하였다. 전 제국의 감탄을 자아낸 이러한 그의 고귀한 행동을 베이징에서는 그를 비난하는 자들만이 알고 있었다. 이 일이 궁정에 상세히 전해지자마자 병부에서는 송 장군에게 파발꾼을 보내 즉시 베이징으로 와서 황제에게 있었던 일을 고하라는 명을 내림과 동시에, 그의 지휘권을 박탈하고 군구 사령관을 교체하라고 명했다. 이러한 첩보를 접하자, 병사들은 모두 크게 실망한 나머지 한목소리로 장군에게 베이징으로 오라는 명에 따르지 말라고 간언하였다. 그들은 "저희들 가운데 계십시오. 장군을 시기하는 무리의 공격을 어떻게 막아낼지 우리는 알고 있습니다."라고 하였다. 병사들이 이 말을 하고 있는 중에, 한 여진족의 족장이 사태의 추이를 보고서 장군에게 자기나라에 피난처를 제공해 주겠고, 또 장군이 자기에게 오면 확실하게 보호해주겠다고 제안하였다. 하지만 이러한 유혹을 당하면서도 이 장군은 오직 양심에서 우러나는 소리에만 귀를 기울였다. 그는 병사들에게 자신의 충절을 본받으라고 설득하였고, 그들과 헤어져 원수의 손에 자신을 내주는 영웅적인 발걸음을 내디뎠다. 아량이라고는 조금도 없었던 원수들은 무자비하게, 꼭 살아 있어야 할 가치가 있는 이 장군에게 사형을 선고하였다.[168]

이지조의 간략한 전기

송 장군이 영예로운 죽음을 택한 지 며칠 만에, 중국의 그리스도인들은 다른 유명한 새 신자인 이지조를 잃는 슬픔을 당하게 되었다. 이 저명인사는 숨이 멈추는 마지막 순간까지도 선교사들과 그리스도교의 대의를 위한 헌신을 멈추지 않았던 분이므로, 그분의 행적을 조금이나마 살펴보는 것이 좋을 듯하다.

이지조李之藻, 1571-1630는 절강성浙江省 성도인 항주杭州에서 태어났고 학문을 연마한 끝에 성에서 실시한 과거에 합격하여 생원, 거사가 되었으며, 베

168) (원주) Father Dorléans, Hist. des Deux Conquerants Tartares, p. 40.

이징 [1598년] 전시殿試에서 진사에 급제한 뒤 [처음에는 南京工部員外郎이 되었고, 1612년부터 南京太僕寺少卿으로 일하다가 그 뒤로는 주로] 베이징에 머물렀다. 그는 베이징의 요직에 있을 때 리치 신부와 친분을 가지게 되었는데, 그는 적극적이고 통찰력이 있어서 학식과 덕망이 뛰어난 마테오 리치의 품성을 알아보는 눈이 있었다. 지식과 새로운 것에 대한 열망이 가득한 나머지 먼저 선교사들과 친분을 나누게 되었는데, 그는 선교사들의 품성과 재능에 크게 매료되었다. 지리학에 관한 공부가 그의 특별한 흥미를 끌었으나, 종교를 연구하는 더 중요하는 사실을 항상 잊지 않았다. 미사여구가 많은 세메도의 표현을 빌자면, 그는 "하느님을 아는 지식을 사람을 아는 지식과 함께 연마하였으며, 하늘 하느님과 땅 사람을 굳게 결합시키면서 동시에 예수 그리스도의 법과 지상 왕국의 상황을 알게 되었다." 그는 그리스도교 교리에 매료되어 기쁜 마음으로 선교사들을 도와서, 발간을 앞둔 교리문답서를 교정하였다. 또 비록 아직 견고한 믿음을 갖지 않았으나 그리스도교 진리의 일관성과 조화로움을 늘 흠모하고 있었다. 그는 종교가 참되지 않더라도, 적어도 인간의 이성이 묻고 있는 모든 것들을 제대로 충족시켜야 한다고 입버릇처럼 말했다. 그가 그리스도교를 흠모하는 것은 [이성적인] 선교사들에 대한 적극적이고도 진지한 애착에서 비롯된 것이었다. 그는 도움말을 해주고 또 자신의 직위를 이용하여 선교사들을 도와주었다. 그는 베이징 교당을 세울 때 이를 격려한 최초의 중국인으로, 자신의 돈을 들여 교당을 지을 부지를 매입할 정도로 헌신하였다.

비록 이지조는 여전히 불신자였으나, 진리를 탐구하는 그의 선행과 올곧음 때문에 하느님께서 그에게 특별한 은총을 내려 그의 영혼에 진리의 싹이 트게 되었다. 그의 지성이 하늘에서부터 내려오는 빛으로 타올라서 그리스도교의 거룩한 영광을 품게 되었으며, 사람과 하느님의 진정한 관계도 이해하게 되었다. 그는 이제 그리스도교인이 되어 진심으로 세례받기를 원했으나, 이 일이 잠시 지연되고 있었다. 다른 중국인들처럼, 그도 첩을 거느리고 있었기 때문이었다. 그가 죽음의 문턱에 이를 정도로 중병을 앓는 중에 선교사들은 그에게 거듭남重生의 성례를 베풀었다. 세례와 기름 부음이 그의 내면에 변화를 일으켜 그는 완전히 다른 사람이 되었다고 큰소리로 외쳤다. 그의 몸은 건강을 회복하였고, 그의 영혼은 아무런 제약도 받지 않고 하느님의 법을 따를 수 있는 힘을 얻게 되었다.

이지조는 이런 기적적인 변화를 체험한 직후에, 항주에 있는 가족의 품으로 돌아왔다. 그는 고향집에 도착하자마자 사당에 모셔두었던 수많은 작은 목상木像들을 서둘러 제거하고 집 뒷마당에서 불살라 버렸다. 이 광경은 본 친척들 가운데 하나가 이 일을 크게 문제로 삼아 불경하다고 하면서 날카롭게 꾸짖었다. 그러나 이지조가 유창한 언변으로 이런 행동을 하게 된 동기를 설명하자, 그 친척은 큰 충격을 받았고, 그를 헷갈리게 만드는 불교와 유교에 비하여 매우 명료한 [그리스도교라는] 종교를 연구해 보기로 마음먹었다. 전도자로서의 열정을 발휘하게 된 새 신자 이지조는 친구에게 애정을 담아 질문을 하였고, 체계적인 방법으로 그에게 그리스도교의 진리를 펼쳐 보여주었다. 이리하여 본인이 가진 확신을 다른 영혼 속에 깊이 스며들게 하는 기쁨을 맛보았다. 당시 항주에 있던 트리고 신부는 이 열성적인 구도자에게 가르침을 주어 곧바로 세례를 받게 하였다. 세례식에서 대부가 된 이지조는 친구인 새 신자에게 미카엘[양정균]이라는 세례명을 주었다.

이 두 사람[이지조와 양정균]은 어릴 때부터 친한 벗으로서 함께 동문수학하였고, 과거시험에서도 멋지게 경쟁하면서 똑같이 급제하여 같은 날 진사가 되었다. 두 사람은 친척이며 친구임과 동시에 같은 그리스도교 신앙이라는 성스러운 연관성을 갖는 사이가 되었으며, 그 후로 세상을 하직하는 날까지 새로운 중국교회의 튼튼한 기둥이 되었다. 교회의 존립이 위협을 받고 있을 때 항주에 있던 두 사람의 집은 선교사들에게 안전하고도 따스한 피난처가 되어, 선교사들은 박해의 불길을 피할 수 있었다. 나중에 평온을 회복하자 두 사람의 집은 그리스도교 선교의 진원지인 "다락방"이 되었는데, 다락방은 예수 그리스도의 제자들이 새로운 힘을 얻어 영혼들의 구제에 나서기 시작했던 곳이다.

이지조는 공적이고 사적인 삶을 통해, 관리로서, 학자로서 지속적으로 영향력을 크게 발휘하여 주변에 복음의 빛을 비추었고 선교 활동에 큰 도움을 주었다. 결단력과 진솔함이 그의 두드러진 성품이었는데, 이 때문에 그는 중국인들의 생활 속에 박혀있는 수많은 미신들과 타협하려는 어떠한 유혹에서도 벗어날 수 있었다. 그는 편협한 사람은 아니었으나, 양심에 따라 소신을 밝히는 데 주저함이 없었다. 관리들, 학자들, 일반인 그 누구라도 그를 두렵게 만들지 못했다. 그는 그리스도교로 개종한 직후에 남경태복시소경南京太僕寺少卿이 되었는데, 관리가 이런 새로운 자리에 부임하게 되면 먼저 그 고장의 사찰에 가서 우상들 앞에 무릎을 꿇고 보호해 달라는 간구 하는 것이 관례였다. 이지조는 예기禮記에서 말한 대로, 풍악이 울리고 깃발이 나부끼는 가운데 많은 시종을 거느리고 자신의 관아 안에 있는 불당을 향하여 엄숙하게 행진하였다. 그러나 자신이 우상들 앞에 섰다는 것을 깨닫자마자 종자들에게로 몸을 돌려, 금박을 입힌 목상들을 가리키면서, 병졸들에게 그것들을 끌어내려 사찰 밖으로 내던지고 태워버리라고 명하였다. 이지조는 "이제부터 이 관아는 나의 집이니, 내가 믿지도 않는 우상들을 이 집안에 두지 않겠다."고 말하였다. 종자들은 이런 예기치 못한 명령에 말문이 막히고 겁에 질렸다. 그러나 이지조가 권위를 담아 하는 말이었으므로, 잠시 머뭇거린 후에, 틀림없이 이 신임 고관은 천주를 섬기는 사람이라고 서로들 속삭이면서, 명에 따라 일을 시작하였다. 이지조는 사람들이 종교적인 충동 때문에 아무 것도 모른 채 우상들 앞에 꿇어 엎드리는 것까지는 어느 정도 인정할 수 있었으나, 복음의 교리를 알고 난 후에도 헛된 미신에 완강히 사로잡히거나 회의론에 빠지는 것을 이해할 수 없었다. 그는 책을 읽을 능력이 있는 사람들은 유럽인들이 가르치는 과학에 틀림없이 몰두하게 되고 결국에는 이런 과학을 통하여 진정한 하느님을 아는 지식을 갖게 된다는 점을 깨닫게 되었다. 그는 책들이 커다란 영향을 주며, 문학의 가치를 크게 확신하였으므로, 선교사들에게 서양의 양서들을 부지런히 번역하라고 끊임없이 촉구했다. 학문과 학자들을 매우 존경하는 중국인들에게, 복음을 전파하는데 가장 효과적인 방법은 바로 이러한 위치에 있는 사람들이 직접 복음을 전하는 것이었다.

그는 서적을 통해 그리스도교를 전파하는 것을 언제나 매우 중요한 일로 여기고, 개종한 뒤 30년 동안 큰 열정으로 이런 목적을 가진 서책을 집필했다. 한문에 능통한 몇몇 선교사들의 도움을 받아 유럽의 관련 서적들을 번역하는 것이 그의 일상이었다. 그는 성실과 끈기로 이 일을 했는데, 도시에 있거나 시골에 가거나, 집에 있거나 누구를 찾아가거나, 심지어 잔치에 가더라도, 손에서 책을 놓지 않았다고 세메도는 말했다. 혼자 가마를 타고 가면서도, 또 하인들의 어깨를 올라타고 가면서도, 읽고 쓰기를 거듭하여 한쪽 눈은 실명하였고, 다른 쪽 눈의 시력은 크게 나빠져서 서책을 눈 가까이에 대어야만 볼 수 있을 정도로 큰 불편을 감수하였다. 이지조는 이러한 끈기와 더불어 빼어난 지적 능력을 가지고 공부하였으므로, 유럽의 학문을 두루 섭렵할 수 있어서 무척 박식하였고 거의 모든 분야에 통달해 있었다. 그는 유클리드의『기하원본』첫 여섯 권의 내용을 숙지하여 이를 한문으로 옮겼고, 수학의 여러 분야를 두루 섭렵하여 이 주제를 가지고 7권의 책을 써냈다. 그는 천문학 관련 서적 외에도 아리스토텔레스Aristotle의 저술 여러 권과 당시 대학교재로 사용하고 있던 코임브라Coimbra 대학교의 유명한 교수들의 저작들도 한문으로 번역하였다.[169] 그가 자신의 시간을 온통 이 일에 쏟았고, 또 여러 가지 주제에 관한 책을 저술하거나 번역하였으므로, 임종할 때 즈음에는 20권이 넘는 책의 원고가 출판되기를 기다리고 있었다. 그는 중국 일반인들이 크게 반겼던 유럽의 온갖 기물奇物들에 대해서는 큰 매력을 느끼지 않았으나, 새로운 책을 보면 기쁨으로 설레어서 이를 탐독하였다. 그는 나이가 들면서 외국의 저술을 더욱 열정적으로 번역할 수 없게 된 것을 매우 슬퍼했다고 한다. 그는 선교사들을 만나기만 하면, 그들이 무슨 책을 쓰고 있는지에 가장 큰 관심을 보였고, 그들의 문체를 교정해주면서 학자로서의 자신의 풍부한 경험으로 그들을 도와주는 것에 커다란 자부심을 가졌다. 세메도 신부는 "진실을 말한다면, 당시 신부님들은 50권이 넘는 종교와 과학에 관한 서책들을 한문으로 번역하였는데, 그 가운데 이지조의 손길이 닿지 않은 책은 거의 없었다. 그는 그 책의 번역과 출간을 위해 수정이나 교정을 해주었고, 서문을 써주거나 수많은 보충을 해주었다. 그가 가장 받기를 원하는 선물은 바로 최근에 한문으로 옮긴 책이었다."

이지조에게 서적에 대한 순수한 문학적, 과학적 열의가 있었다기보다 그 서적을 자기 동포들을 개종시키는 가장 유효한 수단이라고 보았기에 특별한 열정을 기울였을 것이다. 그는 중국에서 그리스도교의 전파에 열심을 다했고, 이에 전념했다. 그는 경작해야 할 논밭같이 선교대상이 광대하지만, 일꾼인 선교사의 숫자가 너무 적다고 생각했고, 그들을 돕는 사람들의 숫자도 너무 적다고 한탄 하였다. 그는 [선교사들에게] 한마디로 이렇게 말하고 싶었을 것이다. "이제 나이도 들었고 한문은 매우 어려운데, 앞으로 올 선교사들을 훈련시킬 시간과 능력을 가지고 있소?"

---

169) 코임브라 대학은 1290년에 설립된 포르투갈의 명문대학으로 세계에서 가장 오래된 대학 중의 한 곳이다. 아시아로 파송되는 예수회 선교사들이 선편을 기다리면서 수학하였던 교육 기관이기도 하였다.

어느 날 포르투갈 예수회 수도원장이 이지조에게 유럽에서 가장 아름다운 진기한 물품을 보내겠다고 편지를 보냈는데, 그는 원장에게서 아무것도 받고 싶지는 않고, 단지 선교사들을 많이 보내주면 좋겠다고 답신하였다. 그는 새 선교사들이 오기를 갈망하였으므로, 우리는 그가 나이 든 선교사들의 복지에도 세심한 배려를 했을 것이라고 당연히 믿게 된다. 나이 든 선교사들의 건강, 연구, 언어를 습득하는 진도, 선교활동 등 모든 것에 그는 깊은 관심을 보였다. 그는 정기적으로 선교사들의 숙소를 찾아 부족한 생필품은 없는지 돌아보았고, 겨울철에는 선교사들이 추위를 잘 이겨낼 수 있도록 특히 의복을 챙겼다. 선교사들이 병들어 고생하면 자신이 직접 조제한 한약을 주면서[중국의 학자들 대부분은 언제나, 의사이며 약사였다], 약을 조심해서 조제하지 않으면 약효가 떨어진다고 말했다. 선교사가 새로 부임해 오면 이지조는 그의 성품에 관하여 많은 질문을 퍼붓기 일쑤였고, 신임 선교사의 신뢰와 호감을 얻으려고 애썼다. 그는 선교사들 모두의 따뜻한 친구였지만, 특히 젊은 선교사들에게 특별한 친절을 베풀었던 것 같다. 그는 이방인들이 중국어를 배우면서 겪는 어려움을 보면 매우 힘들어했고, 그들이 중국어를 더듬거리기 시작하면 크게 기뻐했다. 그들에게 중국에서 제대로 대접을 받으려는 사람에게는 꼭 필요한 인사말과 예절은 물론 대화법을 가르치는 등, 젊은 선교사들의 어려움을 덜어주려고 온 힘을 다했다. 그 뒤에 신참 선교사들이 좀 더 중국어를 익히게 되면, 학습계획을 세워주고 가장 도움이 되는 서적들을 골라주었다. 이 따뜻한 노학자가 젊은 선교사들 곁에 있으면서 그들을 빠르게 탈바꿈 시킬 수 있는 새로운 세계로 인도하여 그곳에서 새로운 언어는 물론 새로운 관습과 예절을 습득할 수 있도록 하였으니 이 얼마나 보물 같은 존재였겠는가! 우리는 이미 이 매우 대담한 이지조가 선교사들이 박해를 받을 때 헌신적으로 그들을 도왔다는 사실을 알고 있다. 우리는 이미 이지조가 탁월한 상소문을 올려 쫓겨났던 선교사들이 다시 베이징으로 돌아올 수 있도록 황제를 설득하였다는 사실도 알고 있다. 그러나 이지조의 명성과 인기를 시샘하였던 관리들이 이 마지막 정황을 이용하여 그를 몰락시켰다. 이 관리들은 이지조가 이방인들과 가깝고도 은밀한 관계를 맺고 있으며 중국에서 이방인들의 음모에 동조했으며, 또 국법과 고대 성현들의 금언에 반하는 종교의 신봉자이며 전파자를 자처했다고 궁정에 고발하였다. 이렇게 악의적으로 물고 늘어진 마지막 고소로 이지조는 불명예를 안게 되었다.

그러나 이 고결한 그리스도인은 관료층의 지지를 받지 못한다는 것에 별 관심을 두지 않았고, 자신이 직위를 걸고 선교사들의 안전을 확보한다는 생각에 큰 위안을 가졌다. 그러나 관직을 떠나있었던 것도 잠시였다. 친구 서광계가 정승이 되었으므로, 이제 이지조에게는 주의를 기울여야 할 주요한 정치적 이해관계도 없어졌다. 유난히 복잡하고 어려운 자리를 맡아 일을 처리하게 되어 조금이라도 종교에 대한 관심을 잊게 만들 일이나 그리스도교를 전파하는 일을 소홀하게 할 일도 없었다. 서광계는 선교사들에게 역법을 개정하는 일을 맡겼는데 이는 선교사들에 대한 신뢰와 권위를 높이는 일이었다. 그는 진정한 지식과 능력과 용기를 지닌 친구인 이지조가 이 사업을 추진할 최적임자라고 확신하고는 이지조를 예부 시랑으로 재기용하였다.

이지조는 정치적인 야심이 없었고, 은퇴하여 공부와 기도에만 시간을 할애하며 조용한 생활을 즐기고 있었고, 공직의 맡을 때 초래되는 소란스러움에서 벗어나 있었다. 그럼에도 불구하고 그는 자신의 재임용 소식을 기쁘게 받아들였다. 왜냐하면 그 자리가 그리스도교에 헌신하는 친구 서광계라는 정승의 도움을 받아 중국선교에 더 크게 봉사 할 수 있는 자리라고 생각하였기 때문이었다. 그리하여 이지조는 베이징을 향하여 길을 떠났는데, 고령으로 쇠약해진 데다가 긴 여정과 혹독한 겨울 추위로 과로하여 병이 들었다. 베이징에 도착한 지 며칠 만에 병세가 급속히 악화되어, 의사들은 그의 목숨이 위태롭다고 하였다. 곧 하늘에 계신 아버지께서는 맡긴 일을 잘 마무리한 이 충성스러운 종에게 상을 주시려고 그를 부르셨다.

이 뛰어난 그리스도인이 교회가 베푸는 마지막 성례를 어떤 신앙과 공덕을 가지고 받았는지 상상이 된다. 그가 세상을 떠날 때 당시 베이징에 있던 세 명의 선교사들과 정승 서광계, 그리고 수도에서 가장 유명했던 새 신자들과 함께 있었다. 서광계가 기도하기 위해 환자인 이지조에게 다가가자 이지조는 마지막 숨을 몰아쉬면서, 다정하게 벗의 손을 잡고 벗이 평소에 보여준 배려, 특히 최근에 자신을 재임용한 일에 대해 감사를 표했다. 이지조는 "형제여, 이제 나는 영원한 생명을 향해 나아가오. 내게 아무런 미련도 없는 것은 벗의 권위가 우리 교당들과 신부님들을 보호하고 있는 것을 보고 있기 때문이오. 벗이 나를 그리스도교의 장래에 가장 중요한 일을 하는 것을 도우라고 불렀으나, 내 죄가 커서 그 일에 참여할 수 없게 되었소. 그러니 이 임종의 자리에서나마 우리의 고귀한 사명의 장래 일을 털어놓는 나를 용서하시오."라고 말했다. 이지조는 자리를 함께 한 모든 이들이 깊은 감동에 젖어 들은 이 말을 마치고는 숨을 거두었다. 1630년 11월 1일이었다. 그를 잘 알고 있던 알바레즈 세메도 신부는 "그에 대한 기억은 우리 예수회의 모든 이들의 가슴 속에 영원히 살아있을 것이며, 중국의 고귀한 상류층 사람들은 그의 인품과 덕망을 영원히 간직할 것이다." 라고 말했다.

역법 개정을 위해 로 신부와 아담 샬 신부를 부른 서광계

황제를 보좌하는 정승인 서광계는 이지조가 숨을 거두게 되자 그리스도교 선교를 위한 고인의 열정을 고귀한 유산으로 이어받았다. 당시의 조정은 오류가 가득한 역법의 개정을 서두르고 있었다. 앞서 말한 대로 이 개정작업은 이제 천문학적 지식에 있어서 한인漢人이나 회회인回回人[무슬림]보다 크게 뛰어난 유럽 선교사들이 맡게 되었다. 서광계는 이 일에 관한 상소를 황제에게 올렸고, 황제는 이를 윤허하고, 이 일을 책임질 수 있는 가장 유능한 사람을 선교사들 가운데서 두 사람 뽑아서 맡기라고 조정에 지시했다. 이에 자크 로 신부와 아담 샬 신부 두 사람이 선정되었는데, 로 신부는 이탈리아 태생의 수학자로, 중국에서 그리스도인들에 대한 박해가 일어나자 마카오에 머물고 있던 중, 1622년 네덜란드인들의 마카오 침공을 막아냈다.[170] 그는 주민들에게 대포 사용법을 가르쳤고, 그 뒤에 새로 포대를 지어 앞으로의 공격에 대비하였다. 그는 이런 경로를 통해 중국에 들어와 단기간에 교육을 많이 받은 중국인 수준으로 중국어를 쓰고 말할 수 있게 되었다. 서안 석비가 발견된 지 2년 뒤에 서안으로 가서 교당을 세웠다. 한편 퀼른 출신인 아담 샬 신부는 1622년에 중국에 와서 서안 교당으로 가서 선교활동을 하였고, 또 천문학과 관련된 학문을 연구하였다. 그는 삽시간에 큰 인기를 얻게 되었는데, 자신이 감독하여 교당을 지을 때 그의 수학적 능력에 감탄했던 이교도들은 물론 그리스도교로 개종한 사람들에게서 많은 헌금을 받았을 정도였다. 이 두 선교사가 베이징으로 부름을 받은 것은 물론 그들의 과학적 명성이 자자했기 때문이었다.

두 선교사는 베이징에 도착하자마자 흠천감 감정으로 임명되었고, 서광계는 곧바로 황제에게 중국에 온 선교사들이 이제까지 출간한 천문학과 물리학에 관한 모든 저서를 진상하였다. 로 신부와 아담 샬 신부는 맡은 임무를 시작하면서부터 흠천감의 역관曆官들과 지속적인 다툼을 해야만 했는데, 그들은

---

170) 자크 로(Giacomo Rho, 羅雅谷, 1593-1638)는 이탈리아 태생의 예수회 선교사이자 수학자였다. 1624년 롱고바르디 신부의 권유로 요한 테렌츠 슈레크(Johann Terrenz Schreck) 신부, 아담 샬 신부와 함께 고아와 마카오를 거쳐 중국에 와서, 山西에서 선교했다. 1630년부터 서광계, 이지조, 아담 샬과 베이징에서 역법을 개정하는 일을 하였다. 저서로는 『哀矜行詮』, 『人身圖說』 등이 있다.

흠천감의 윗자리를 차지하게 된 이 선교사들을 질시의 눈으로 바라볼 수밖에 없었기 때문이다. 따라서 역관들은 유럽인들의 천문 관측법을 경시하는 소책자를 만들어 돌리면서 비방했다. 이런 와중에서 가장 떠들썩한 이들은 바로 천문학이라는 주제에 대해 아무것도 몰랐던 사대부들이었다. 황제가 이러한 음모에 휩쓸리지 않게 된 것은 정승의 도움이 있었기 때문이었다. 서광계는 황제에게 각각의 과학적 주장이 누가 더 탁월한 지 시험해보자고 제안했다. 얼마 뒤에 식蝕이 있을 것으로 예상되었기에, 한인 역관들과 유럽인 역관들에게 각각 이를 계산하여 그 결과를 조정에 제출하라는 명이 내려졌다. 신부들은 정성껏 관측한 결과로 월식이 일어났을 때 모든 위치에서 이를 검증할 수 있는 보고서를 내놓았으나, 한인 역관들의 보고서는 매우 불명확했다. 그러나 한인 역관들은 그들의 무지와 무능이 공개적으로 드러났음에도 불구하고 자신들이 옳다는 주장을 굽히지 않았다. 그들은 망신을 당하고 나서도 선교사들에 대한 맹렬한 증오심만을 더욱 불태우고 있었다.

서광계의 별세와 그의 후손들

이런 일이 벌어지고 있는 동안에 모든 중국인 가운데 가장 저명하고 성공한 그리스도인이었던 서광계가 세상을 떠났다. 그는 정치가이며 유명한 학자로, 중국인들이 가장 귀중하게 여기는 덕목인 중용中庸과 지성至誠을 갖춘 사람이었다. 그에 관한 다음과 같은 일화가 있다. 어느 날 황제가 조회에 모인 중신들에게 자신을 당혹하게 만드는 법률을 제정함에 있어서의 어려움에 관해 설명해달라고 요청했다. 아무도 이 문제를 만족스럽게 해결하지 못하였다. 그러나 조회가 끝나고 나서 서광계의 동료 대신 하나가 이 문제에 관한 서광계의 생각을 물었다. 그는 매우 명료하고도 박식하게 질문에 대한 답을 동료에게 주었다. 사람들이 어전에서 자신의 지식을 늘어놓지 않은 서광계를 보고 놀라서 왜 조회에서 설명하지 않았는지 그 이유를 물었다. 그는 "내게 직접 질문하시지 않았으므로 다른 이들에게 대답하여 공을 얻을 기회를 주려고 했을 뿐이오."라고 대답하였다.

서광계는 고관의 임무를 수행하면서도 그리스도인으로서 해야만 할 의무를 잊지 않고 있었다. 그는 자기 관아에 단아하게 만든 조그마한 기도실을 마련하고는 여유가 생기면 즐거운 마음으로 그곳에 가서 기도와 묵상에 잠겼다. 아침마다 빼놓지 않고, 또 예부의 회의를 주관하러 가기 전에, 그는 습관적으로 기도실에서 30분 동안 이러한 연단의 시간을 가졌다. 마지막 임종의 순간에 아담 샬 신부가 함께 했는데, 서광계는 그를 아들처럼 생각했다.

우리 지은이 일행은 중국에 사는 동안에 양자강 하구에서 멀지않은 상해 근교에 있는 그의 무덤을 찾았다. 무덤은 피라미드 모양의 커다란 봉분이었는데, 넝쿨과 딸기나무가 자라는 들판 한가운데 우뚝 솟아 있었다. 우리는 이 유명한 서광계 정승의 유해를 덮은 커다란 봉분의 주위에서, 지금은 산산이 부서졌지만, 한 때 개선문과 묘비의 일부였던 기둥과 조각의 파편들이 바닥에 떨어져 있는 것을 보았다. 그 어느 곳에도 묘비의 주인이 누구인지를 알려주는 글자는 한 자도 남아 있지 않았다. 우리와 동행하였던 상해의 새 신자 하나가 우리를 세워놓고, "명나라 마지막 황제의 정승인 유명한 그리스도인 서광계의 무덤입니다."라고 말해주지 않았다면, 우리는 그냥 모르고 지나칠 뻔했다. 우리가 못쓰게 된 화강암 조각들 위에 무릎을 꿇고 죽은 이를 위해 기도를 드리고 있는 동안에, 조금 떨어진 곳에서 중국 농부들이 끔찍하게 보이는 누더기를 걸치고 다리에는 시커먼 진흙을 묻힌 채 지나가는 것을 보았는데 논일을 하고 돌아가고 있는 듯했다. 그들은 가던 길을 멈추더니, 놀라서 넋이 반쯤은 나간 채 악의를 품은 눈으로 우리를 쳐다보면서, “이것 좀 봐. 저기에 천주쟁이들의 우두머리 하나가 있네. 죽은 자들을 위해 기도하고 있군!”이라고 말했다. 그런 말을 내뱉은 농부들이 서광계의 후손들이라니! 후손들의 숫자는 매우 많지만, 그들은 이미 오래 전부터 그리스도교를 버리고 극심한 비참함에 빠지게 되었다. 그들의 거처는 가축의 우리 같은 집이 모여 있는 곳으로 우리가 있는 곳에서 조금 떨어져 있었는데, 마을 이름도 여전히 서가위徐家匯였다. 이것은 정말 비참한 광경이었다! 몇 해 전[1842년]에 [다시 문을 연] 예수회의 신부들이 중국 선교에 복귀하면서, 바로 서가위 땅을 조금 사들여서 그들의 첫 번째 시설을 짓겠다는 묘안을 내놓았고, 서광계의 묘소 옆에 교당을 지었다.[171)] 만일 우리가 혼동하지 않았다면, 그 후에 이 신부들은, 17세기 초에 이전의 성 이냐시오St. Ignatius의 자녀들인 예수회 신부들의 선교 활동을 열성적으로 보호하였던 서광계의 후손들을 다시 그리스도인이 되도록 하는 행복을 누렸다.

171) 1540년에 정식으로 탄생된 예수회(Society of Jesus)는 1759년 포르투갈에서 활동 금지를 당했고 1773년 교황 클레멘스 14세 때 공식적으로 해산되었다가, 1814년 교황 비오 7세 때 복원되었다. 예수회가 강제 해산을 당한 이유는 나라별로 다양한데, 교황에 대한 절대 복종을 강조하는 예수회 세력의 확장이 각 가톨릭 국가들의 세속 권력과 충돌을 일으킨 것이 가장 큰 이유였다. 다른 수도회의 견제와 질시도 상당한 역할을 하였다.

제 8 장

명·청 교체기의 혼란과 아담 샬 신부의 활동

제 8 장

명·청 교체기의 혼란과 아담 샬 신부의 활동

스피넷을 수리한 아담 샬 신부

흠천감의 중국인 역관들은 선교사들을 반대하고 다른 사람들을 천거하면서, 중상과 모략을 통해 선교사들을 파멸시키려는 희망을 여전히 버리지 않았다. 그러나 하느님께서는 그런 자들이 성공하여 선교사들이 고통을 당하도록 놓아두지 않으셨다. 그들의 질투와 증오 때문에 오히려 스스로 파놓은 함정에 빠지게 되었고, 반면에 선교사들에 대한 일반의 평가는 더 높아지게 되었다. 숭정崇禎 13년[1640년] 어느 날, 궁정 한 구석에서 리치 신부가 황궁으로 가져왔다고 하는 유명한 스피넷Spinet이 우연히 발견되었는데, 이 풍금 때문에 리치는 적지 않은 황제의 은총을 입었던 적이 있었다. 이 악기는 한때 열광을 불러일으켰으나 곧 사람들의 관심에서 멀어졌고 만력萬曆, 태창泰昌, 천계天啓를 거치면서 크게 훼손 되어 있었다. 숭정제는 조부인 만력이 좋아했던 악기를 되찾는 행운을 얻게 되었고, 아담 샬 신부에게 명하여 이를 수리하여 다시 새것처럼 만들라고 명했다. 이 열정적인 사람에게는 알지 못하는 기술이나 과학은 없었기에, 아담 샬 신부는 수리작업에 착수하여 이 고물 악기를 재생, 아니 완전한 새것으로 만들어 놓았다. 또 그는 이 악기로 연주할 수 있는 곡조도 만들었는데, 중국인들의 특이한 취향에 어느 정도 맞았다. 이 학식이 높은 수학자는 스피넷이 궁정에 있는 사람들을 그리스도교로 개종하도록 하는 수단이 되기를 간절히 원했다. 역법에서 악기제조로, 종교논쟁에서 회화와 조각으로 방향을 바꾸었으나, 실제로 이 모든 것은 하느님의 영광을 드러내고 영혼들을 구제하기 위한 방편일 뿐이었다. 아담 샬 신부는 다시 새것처럼 만든 스피넷을 황제에게 바치면서 예수 그리스도의 생애에서 중요한 사건들을 그린 커다란 화첩을 보냈는데, 한문으로 설명이 덧붙여져 있었다. 신부는 또 세 동방박사의 경배 장면을 밀랍으로 만든 것도 함께 보냈는데, 아주 세심하게 채색한 인물상들이었다. 이 물건들을 보고 숭정제는 크게 기뻐하면서 개인 전용공간에 그것들을 두고 황궁의 여인들이 열흘 동안 와서 보도록 기꺼이 허락 하였다.

황궁 안의 그리스도교인들

아시아의 지배자들은 일반적으로 형편없는 호색에 빠져있다고들 한다. 그들은 궁궐 안에서 수많은 여인들을 거느리고 살았는데, 이 왕비와 후궁들에게 여러 품계를 내려주었고, 또 이들에게 명가 출신의 낳은 처녀와 많은 태감들을 시종으로 붙여주었다. 지금 우리가 언급하고 있는 시대의 중국 황제는 하렘에 2,000명의 여자들과, 10,000명이라는 엄청난 수의 태감들을 두고 있었는데, 이들은 궁궐 안의 온갖 일을 거들 뿐 아니라 조정에서도 중요한 자리를 차지하고 있었다. 태감들은 일반인들처럼 감각적인 쾌락에 빠져들기는 어렵지만, 야심만만하고, 또 수많은 음모에 많이 중독되어 있어서, 자신의 영향력을 확대시키는 방법을 찾아내고 조정의 중요한 자리를 차지할 궁리를 하면서 평생을 보냈다. 하지만 이런 모욕적인 삶을 사는 사람들 가운데서도 고결한 품성을 가진 예외적인 사람들을 볼 수 있는데, 이들은 순수하고 관대한 느낌을 주는 사람들이었다. 이런 성품을 가진 사람들 몇 명이 그리스도교를 받아들였고, 이에 따라 그리스도교가 숭정제의 하렘에까지 퍼지게 되었다.

자금성은 베이징 중심에 위치해있으며, 견고한 세 겹의 성곽이 둘러싸고 있는데, 첫 번째와 두 번째 성곽 안에는 황제의 호위부대와 조정의 고관들, 태감들과 수많은 문관과 무관들이 살고 있다. 세 번째 성곽은 다른 곳들보다 더 넓은데, 그 안에는 황제의 거처, 연못, 정원과 정말로 놀라운 규모의 공원이 자리 잡고 있다. 이곳이 바로 천자가 사는 곳으로, 환관들과 궁궐의 여인들 외에는 접근하기 어려운 곳이다. 여인들은 일단 이 찬란한 감옥으로 들어가면 그곳을 다시는 벗어날 수 없으며, 외부 세계와의 모든 관계가 영원히 단절된다. 복음의 빛을 질시로 가득한 이 호젓한 곳에 비치도록 하는 것이 얼마나 어려운지 상상이 되는가? 그러나 하느님의 영이 "임의로 불매" 사람의 힘으로는 그 영이 들어오는 것을 막을 수 없었다.[172]

매우 단조로운 삶을 살아가는 궁정의 여인들을 위해, 황제가 그녀들의 호기심을 만족시켜주려고, 아담 샬 신부가 황제에게 바친 밀랍 인형들과 조각품들을 볼 수 있도록 했다. 태감들 가운데 요셉이라는 아주 훌륭한 그리스도인이 있었는데, 그가 궁정의 여인네들에게 이 초상肖像이나 조상彫像이 누구라는 것을 자세하게 설명해 주었다. 처음에는 그저 하찮은 소일거리였고 쓸데없는 호기심을 만족시키는 것이었으나, 곧 그리스도교의 진리를 전하는 수단이 되었다. 하느님의 은혜로 궁정의 많은 여인들은 요셉이 들려준 이야기에 큰 영

172) 『요한복음』 3:8.

향을 받았다. 요셉은 이제 본격적으로 성경을 가르치는 일로 바빠졌고, 여인네들에게 세례를 베푸는 일을 주관하게 되었다. 새 신자가 된 여인들 가운데 셋이 비妃가 되었는데, 각기 아가타Agatha, 헬레나Helena, 테오도라Theodora라는 세례명을 받았다. 이 신실한 새 신자들은 미사를 드리러 궁궐 밖으로 나갈 수는 없었기에, 자신들의 거처에서 더 긴 시간 동안 기도하는 것으로 대신하였다. 궁인들은 여가 시간에 제의祭衣에 수를 놓고, 장식과 조화를 만드는 것을 즐겼는데, 이것들을 교당으로 보냈다. 그녀들은 결코 자기 눈으로 직접 볼 수는 없었지만 의식의 장려함을 더하는 데 보탬이 될 수 있어 크게 행복해했다. 1639년, 궁성에 사는 그리스도교인 궁인의 숫자는 38명이었다.[173]

여진족의 침공을 앞두고 대포를 제작한 아담 샬 신부

그리스도교가 이처럼 널리 전파되고 심지어 궁정에까지 유익한 영향을 주고 있는 가운데, 중국을 뒤흔든 혁명의 기운이 더욱 강해지고 있었다. 전 제국에서 반란이 크게 증가하고 있었다. 황제는 여진족으로부터 거센 공격을 당하고 있는 것을 알아내고서, 그들의 용기를 그에게 이로운 방향으로 돌려서, 다른 반란자들을 진압할 때 도움을 청하기로 했다. 조신들은 이러한 정책에 찬성했는데, 이 정책이 "외국인들의 채찍을 이용하여 국내의 적들을 벌하는[以夷制夷]" 매우 현명한 정책이라고 생각했다. 이에 황제의 편이 된 여진족은 지체하지 않고 황제의 간청에 응하여, 반란자들을 공격하였고 여러 차례의 전투에서 그들을 물리쳤다. 여진족들은 이때의 승리에 도취해 중국인들을 함부로 대했는데, 가는 곳마다 보조자라기보다는 정복자처럼 행동했다. 그렇게 되자 베이징의 조정은 이 위험한 원군을 불러들인 것을 크게 후회했다. 이미 승

173) (원주) M. Martinio, Brevis Relatoi, etc. p. 39.

리한 여진족이 수도를 포위하러 온다는 소문이 돌았다. 이에 황제는 위험이 금방이라도 닥칠 듯했으므로 수도를 방어하는 것과 버리고 떠나는 것을 동시에 검토하기에 이르렀다. 어느 날 중신 하나가 아담 샬 신부에게 와서 조정이 당황하고 있으며, 곧 여진족이 침입할 것을 두려워하고 있다는 말을 꺼냈다. 그 중신은 아담 샬에게 방어책에 대해 말하면서 만일 구경이 큰 대포를 정밀하게 주조할 수 있다면 아주 유리할 것이라고 했다. 사실 이 중신은 아담 샬의 의중을 떠보고, 다재다능한 이 사람에게 대포 제조기술이 있는지를 알아보려고 온 것이었다.

이 박식한 선교사는 자기 앞에 함정이 놓여있는 것을 모른 채, 대포 주조기술에 관해 자세한 설명을 했다. 이 중신은 즉시 황제의 명령서를 만들어서 내밀었는데, 탕약망[아담 샬]에게 즉각 대포 주조공장 건설에 착수하라는 내용이었다. 다른 여러 가지 명령서도 준비되어 있었는데, 놋쇠黃銅, 철과 그밖에 모든 필요한 자재를 아담 샬이 원하는 대로 사용할 수 있도록 준비했고, 이와 동시에 필요한 작업자들을 지휘할 수 있는 권한도 부여하였다. 아담 샬 선교사는 대포 제조에 관해서는 우연히 책에서 읽은 것이 전부여서 아는 것이 없었고, 이론과 실제 사이에는 큰 차이가 있다고 항변하였으나 아무런 소용이 없었다. 모든 항변은 무시되었고, 중신이 그에게 준 답변은 그것이 황제의 명령이라는 것뿐이었다. 그리하여 아담 샬은 모든 것을 운명에 맡기고 작업에 착수하였다. 대포 주물공장은 궁정과 가까운 곳에 세웠는데, 궁정에서 진척상황을 살펴보면서 기분전환을 할 수 있도록 하려는 것이었다. 놋쇠를 녹이자마자 주물을 형틀에 붓도록 준비하였고, 아담 샬 신부의 명령을 받도록 배치되어 있던 작업자들이 불의 정령에게 엄숙한 제물을 바칠 준비도 하였다. 그러나 아담 샬 신부는 그들의 미신적인 관습을 서둘러 멈추게 하고, 그 대신에 그리스도교식 제단을 마련하고는 그 위에 성모자상을 놓았다. 그는 사제복을 입고 많은 사람 앞에서 자신이 맡은 일을 통해, 하느님의 영광을 드러내기를 바라면서 기도를 드렸다. 아담 샬은 대포 주조에 성공했다. 역사가들은 이곳에서 성능이 뛰어난 20문의 대포를 주조하였는데, 그 가운데 반수 이상이 18kg 무게의 포탄을 장전할 수 있었다고 말한다. 많은 이들이 아담 샬 신부를 흠모하였으나 시기하는 사람들도 적지 않았다. 커다란 대포를 만들고 나서, 컬버린Culverin 소총도 주조하였다. 이 소총은 마차나, 두 사람의 어깨나, 쌍봉낙타의 봉 사이에 장착하도록 만든 것이었다. 아담 샬 신부는 만 2년 동안 이 주물공장 일에 전념하면서, 나라의 [돈을 착복하는] 강도들과 끊임없이 싸워야만 했다. 이 강도들은 언제나 실제로 대포를 제조하는 데 필요한 양의 세 배에 해당하는 재료를 요청했다. 또한 그는 갑자기 베이징에 퍼진 역병 때문에 크게 당황했는데, 그가 훈련시킨 30명의 기술자들 가운데 25명이 이 역병으로 사망했기 때문이었다.

숭정제는 아담 샬의 거처에 직접 붉은 글씨로 쓴 휘호揮毫 두 점을 보내서 이 위대한 노고에 감사를 표했다. 한 점은 아담 샬 신부의 과학적 지식과 덕성을 크게 칭찬하는 글이었고, 다른 한 점은 그리스도교에 대한 일반적인 찬사였는데, 해에서 벗어나 하느님께로 인도하는 종교라는 글이 쓰여 있었다. 중국인들의 눈에는 이보다 더 황제의 은혜를 표시하는 것은 없었다. 선교사들은 이 휘호 두 장의 복사본을 각 성에 보냄으로써, 선교사들의 영향력을 크게 하고 새 신자들을 고무시켰다. 실제로 마카오에서는 이 휘호의 사본을 받자마자 도시 전체가 커다란 행사로 이를 기념하였다. 성벽에 놓인 대포들로 이 기쁜 소식에 감사하는 예포禮砲를 터뜨렸고, 팔일 밤낮으로 도시의 주요 광장 곳곳에서 음악 소리와 합성이 울려 퍼졌다.

반란의 확산과 이자성의 베이징 공격 준비

그러나 황제의 명으로 주조한 대포와 컬버린 소총만으로는 반란자들을 막아낼 수 없게 되었다. 반란자들의 숫자와 세력이 점점 불어나고 있었기 때문이었다. 북쪽 끝에서 남쪽 끝까지 온 나라가 뒤집혔고, 이곳저곳에서 무기가 서로 부딪치는 소리가 들렸다. 성마다 스스로 천자라고 주장하는 자가 나타나서 왕조를 세우려 하고 있었다. 수많은 여진족 부대가 황제를 지킨다는 명분으로 자신들을 위한 싸움을 벌여 더욱 혼란스러워졌다. 베이징에서는 훈련도 받지 않은 병사들이 성벽 위를 바쁘게 뛰어다녔고, 백성들은 거리에서 크게 소리만 지를 뿐이었다. 관리들은 자리를 비우고 피신했으며, 태감의 우두머리들은 공공연히 반란자들, 여진족, 중신들과 친분을 유지하고 있었다. 이들은 모두, 누가 정복자가 되든지 그 깃발 아래로 모여서 공포심을 불러일으키는 혁명의 모토인 "패자는 비통하도다Vae victis"를 외칠 준비를 하고 있었다.[174)]

반란자의 수괴들 가운데 가장 중요한 인물은 이자성李自成이었다. 그는 한때 노상강도의 두목 노릇을 했는데, 시간이 지나면서 그의 주변에 수많은 부랑자들과 불량배들을 모여 들였다. 그는 신속하게 세력 결집에 성공하여 여섯 개가 넘는 성을 차지하게 되었는데, 이 성에 사는 사람들 모두가 이자성의 권위를 절대적으로 받아들인 것은 아니었으나, 그렇다고 황제의 권위에 복종하는 것도 아니었다. 이자성은 오랫동안 끌어온 싸움을 끝낼 결심으로, 마침내 병력을 총동원하여 베이징으로 진군하였다. 그는 권력이 완벽하게 중앙으로 집중된 전제적인 나라를 만들려면 수도를 점령해야만 하고, 이것이 곧 제국을 평

174) 서양 고전의 일화와 라틴어 문장이 인용되는 사례를 보여준다. "패자는 비통하도다Vae victis"는 BC 390년 경, 로마를 점령한 골족의 족장 브렌누스가 보상금으로 가져가기로 한 금의 저울을 조작했던 일화에서 나온 말이다. 로마인들이 저울 조작을 불평하자 승자인 브렌누스는 패자에게는 승자의 자비나 처단 외에 다른 변명거리가 없다는 뜻으로 이 말을 했다.

정하는 것임을 잘 알고 있었다. 비록 이자성이 엄청난 숫자의 호전적인 군대를 거느리고 있기는 했지만, 베이징을 대놓고 공격하는 것은 신중한 전략이라고 여기지 않았다. 이러한 큰 도시를 점령한다는 것은 결코 쉬운 일은 아니었기 때문이다. 베이징은 매우 컸고, 두꺼운 성벽으로 철저하게 요새화되어 있을 뿐 아니라, 대포도 충분히 비치되어 있었다. 황성의 둘레만 해도 4.8km가 넘었으며, 세 겹의 성벽, 수많은 해자와 멀리 떨어져 있는 많은 요새를 모두 점령해야만 하는 번거로움도 있었다. 이러한 수많은 난관 때문에 반란자들의 우두머리인 이자성은 황실 신하들의 반란을 획책했는데, 이것은 중국인의 성품을 잘 활용한 전략이었다. 그는 돈과 값진 선물로 태감 우두머리들과 또 더 중요한 자리에 있는 궁성의 관리들을 매수하였다. 이 일을 그다지 많은 시간을 들이지 않고 수행하여 사전 준비를 마친 다음, 이자성은 신중하고 헌신적인 자신의 참모들을 장사꾼으로 변장시켜 베이징으로 보냈다. 그의 군사들 가운데 가장 믿을만한 사람을 뽑아서 그 장사꾼들의 조수로 삼았다. 이자성은 그들에게 베이징에서 가게를 열고, 가지고 간 귀중품들을 팔라고 지시했다. 한 마디로 이들이 전쟁의 기회를 엿보는 사람들이 아니라 장사에 더 많은 관심이 있는 사람들처럼 행동하도록 했다.

자결로 생애를 마친 숭정제와 명 왕조의 몰락

이자성이 이러한 일들을 능숙하게 처리하면서, 자신의 군대를 베이징 성벽까지 진격시켰지만 황제는 이러한 위험이 다가오고 있다는 것을 믿지 않았다. 왜냐면 반란군에게 매수된 조신들이 이런 사실을 감추었고, 점성술사들의 터무니없는 예언만 속삭여댔기 때문이었다. 이자성과 그 휘하의 수많은 군대가 나타났다는 사실이 알려지자마자 황제는 그를 둘러싸고 있는 사람들로부터 버림을 받은 것을 스스로 알게 되었는데, 그에게 충언을 하는 사람이 아무도 없었던 것이다. 이 시련의 때에 황제는 다시 힘을 내서, 급히 말 위에 올라 병졸 몇 명을 거느리고 반란군들이 모습을 드러낸 성문으로 달려갔다. 하지만 마땅히 성문을 지키고 있어야 할 병사들이 황제를 배반하여 자리를 떠났고, 황제가 불과 며칠 전에 주조하여 큰 기대를 걸었던 대포에는 포탄이 장전되어 있지 않았다. 황제의 말馬은 그의 눈앞에서 죽었고, 수행원들은 모두 도망쳐 버렸으므로, 혼자 남겨진 불운한 황제는 걸어서 궁전으로 돌아왔다. 황제는 서둘러 황후의 처소로 가서 모든 것을 잃었다고 말한 후, 자결하라고 애원했다. 황제는 세 어린 자녀들을 충직한 궁인에게 맡기고 공주에게 눈길을 돌렸는데, 공주는 성년에 이른 유일한 자식이었다. 황제는 공주에게 닥칠 끔찍한 일이 두려워 검을 들어 공주를 죽이려 하였다. 그러나 이 가련한 공주는 죽음은 면했는데, 아버지의 검이 한 손만 잘랐기 때문이었다. 이 불운한 황제는 이제 분별력을 거의 상실하여, 궁궐을 둘러싸고 있는 넓은 정원으로 뛰쳐나가서, 조그마한 언덕으로 올라갔다. 그 언덕은 황제가 그를 향해 막 방향을 돌린, 바로 그 대포를 아담 샬 신부가 주조하던 모습을 바라보곤 하던 곳이었다. 황제는 잠시 숨을 고르고 나서, 칼끝으로 팔을 찔러 흐르는 피를 가지고 용포 구석에 다음과 같은 글을 썼다. "미래의 황제 이자성의 건강을 빈다. 내 백성을 해하지 말라! 내 조신들을 기용하지 말라!" 그런 뒤에 큰 나무 밑으로 가서 그 껍질에 "제국이 무너지면 황제는 죽어야 한다."라고 썼다. 그리고는 허리띠를 풀어 나뭇가지에 목을 매 죽었다.[175] 한때 세상에서 가장 큰 제국을 호령하던 황제는 36세에 이렇게 세상을 떠났고, 266년이나 명맥을 이어오던 명 왕조도 종말을 고했다. 숭정제는 대단한 지성과 빼어난 감성을 가지고 태어났으나, 태감들의 위세에 나약하게 휘둘려 파멸했다. 황제는 불교와 불승들의 미신에 빠져있었으나, 언제나 그리스

175) 1644년 3월 19일, 이자성의 반란군이 베이징을 함락시켰다. 1644년 3월 29일, 숭정제는 자금성의 북쪽에 있는 경산(景山)에서 목을 매달아 자살함으로써 명왕조는 몰락하게 된다.

도교와 선교사들을 보호하였다. 조부 만력제는 일찍이 리치 신부를 통하여 그리스도교를 궁정에 받아들였고, 숭정제 또한 계속해서 그리스도교에 호의적이었다. 그는 그리스도교를 크게 칭송하였고 그리스도교가 전파되는 모습을 기쁜 마음으로 바라보았다.

베이징에 입성한 반도들과 아담 샬 신부의 수난

우리가 지금 전하고 있는 이런 상세한 내용은 대부분 아담 샬 신부가 그의 편지로 전해 준 것으로, 그는 숭정제에게 일어날 모든 일이 기록된 중국 고서의 예언을 읽은 적이 있었다. 제국을 뒤흔드는 혁명과 여진족의 침입 그리고 황제의 비명횡사 같은 것들이 담긴 내용이었다. 중국에는 놀라운 내용이 포함된 이런 종류의 예언서들이 여러 권 있는데, 여기에는 모든 왕조의 과거, 현재, 미래의 역사가 제시되고 있다. 중국인들은 이런 예언을 암암리에 믿고 있었으며, 이런 사건들이 실제로 일어나도록 만들었다고 설명할 수 있을 것이다.

황제가 자결한 뒤 하루만에, 30만에 이르는 반란군들이 베이징으로 난입하여, 마치 사나운 급류처럼 주변에 있는 것들을 모두 휩쓸어버렸다. 이자성은 즉시 황궁으로 쳐들어가 황제를 찾았으나 헛수고였다. 누구든지 황제를 찾아내는 자에게는 엄청난 돈을 주겠다고 약속하자, 마침내 시신을 찾아냈으나 이미 모욕을 당한 모습이었다. 정복자들은 시가지를 돌아다니며 학살을 저질렀고, 마주치는 사람들은 남녀노소 가리지 않고 목을 쳤는데, 두목들이 약탈을 멈추라고 명했지만 듣지 않았다. 소름끼치는 학살이 진행되고 있었지만 선교사들의 거처는 하느님의 보호를 받고 있었다. 베이징 거리에 유혈이 낭자하였을 때 아담 샬 신부는 동료 신부들과 함께 교당으로 자리를 옮겨, 제단 아래서 기도와 체념 가운데 다가올 운명을 기다리고 있었다. 반란군들이 문 앞에 모습을 드러냈고, 아담 샬 신부는 그들을 들어오게 했다. 반란군들은 건물 전체를 뒤졌으나 아무것도 손상시키거나 가져가지 않았고, 하느님의 보호에 감사하는 독실한 그리스도인 가족을 남겨둔 채 조용히 물러났다. 바로 뒤에, 선교사들은 교당 정문에 벽보가 나붙은 것을 보았는데, 탕약망[아담 샬]의 거처를 조금이라도 해치는 것을 엄금한다는 내용이었다. 하지만 이런 벽보를 누가 썼는지 찾아낼 수는 없었다.

이러한 첫 번째 학살이 거리, 공공장소, 심지어 집안 구석까지 휩쓸고 지나간 후에, 반란군들의 정권은 살인하는 것을 다소 규제하기 시작했다. 그들은 일종의 공공 안전 위원회 같은 것을 만들어 이자성의 동생을 책임자로 앉히고, 모든 용의자, 즉 몰락한 왕조에 여전히 연루되어 있다고 의심이 되는 사람들을 불러서 약간의 공식절차를 거친 후에 사형에 처했다. 여기에는 군도軍刀와 교수대가 항상 위력을 발휘했다. 어느 날 이 재판소에 소속된 부하 세 명이 아담 샬에게 찾아 와서, 새 황제의 동생 앞으로 출두하라고 명하였다. 그러한 출두의 목적은 의심의 여지가 없는 것이었다. 아담 샬은 침착과 위엄을 갖추어 "쇠사슬은 가져오셨소? 내 손과 목은 당신들 손에 달렸소이다. 출두명령서는 아직 보이지 않으나 지금은 폭력과 압제의 시대가 아니오?"라고 하였다. 아담 샬은 이 말을 한 뒤에 이 저승사자들을 따라 나섰다. 아담 샬은 재판정으로 가는 길을 수많은 험상궂은 사람들이 막고 있는 것을 보았는데, 그들은 사납게 외치면서 그를 맞았다. "여기 천주교의 괴수가 왔다!" "그리스도인들의 우두머리를 보라!" 조소와 기쁨의 날카로운 외침들이 뒤섞인 것으로 보아 이 깡패들은 그들이 엄청난 부자를 붙잡았다고 생각하는 것이 분명했다. 무장한 형리들과 괴상하게 생기고 무시무시한 고문 기구들이 재판정을 메우고 있었는데, 그러한 고문 기구들은 극악무도한 중국인 천재들이 교묘하게 고안한 것들이었다. 재판정 앞에는 극장 비슷한 공간이 있었는데, 그곳에서는 창녀들의 부대가 공연을 벌이고 있었다. 재판관들의 흥을 돋우려고 음탕한 노래를 한창 부르고 있었으나, 아담 샬 신부가 침착하고도 위엄 있는 자세로 재판정에 들어서자 이 피에 굶주린 사람들의 마음속에 변화가 일어나는 것 같았다. 재판장은 가수들을 물러나게 한 다음 공손하게 선교사에게로 와서 손을 잡더니 자리로 안내하였다. 상 위에는 밥, 차, 포도주와 온갖 음식이 놓여있었다. 그는 회유하는 자세로 [아담 샬 신부를] 맞은 후에 교당에는 아무런 해도 가하지 않겠다고 안심을 시키고는 아담 샬 신부를 그대로 돌려보냈다. 악당들은 이를 크게 불쾌하게 여겼으니, 그들은 그렇게 부유한 먹잇감이 도망치는 것을 보면서 얼굴표정이 어두워졌고 이를 악물며 분노했다.

이처럼 불안한 시기를 이끌던 베이징 그리스도인 공동체의 지도자는 아담 샬 신부였다. 반란군이 커다란 혼란을 불러왔으므로 안전 때문에 다른 선교사들을 좀 더 한적한 성省으로 보냈지만, 본인은 사랑하는 양떼인 신자들과 함께 베이징에 남기로 했다. 늑대들이 양 떼를 집어 삼키려고 오는데 목자 없이 양떼만 남겨둘 수 없다고 하면서, 이것이 자기에게 맡겨진 특별한 임무라고 생각하였다. 그는 모든 새 신자들을 열정적으로, 또 세심한 배려로 돌보았다. 그는 밤낮으로 새 신자들을 하나하나 찾아다니며 위로하고 격려하였으며, 하느님을 의지하고 이 세상에서 겪는 고통과 위험을 통해서 영혼의 구원과 영생을 바라보라고 권면하였다.

이자성의 첫 조치와 베이징 관리들의 굴종

이자성은 베이징의 주인이 되자마자 황궁에서 스스로 대례大禮를 행하고,

엄숙하게 자신이 중국의 천자이며 황제이고 군주라고 선포하였다. 황제의 자리에 오르자, 그는 모든 문무 관리들에게 속달을 보내어 이름과 직위를 보고하라고 명했다. 이는 관리들에게 새 조정에서 여러 가지 직책을 맡기기 위한 것이라고 했다. 옛 군주를 추모하면서 폭군 이자성을 혐오하던 베이징의 많은 고관들은, 찬탈자에게 은총을 구하기 위해 허리를 굽히느니 차라리 숭정제가 보여준 매우 애석한 전례를 따라 자결할 생각이었다. 더러는 목을 찔렀고, 더러는 목을 매었으며, 더러는 우물에 몸을 던졌다. 전하는 말로는 중국에서 카토Cato를 흉내 낸 관리들의 숫자가 아주 많았다고 한다.[176] 그러나 관리들 대부분은 숭정제를 추모하는 간절한 모습을 보여주는 것이 바람직하지 않다고 생각하여, 자기네들 이름을 새 황제에게 서둘러 보내고 재빠르게 복종하여 조정에서 벼슬이 내리기를 기대했다. 그러나 그들은 이자성이 어떤 사람인지 잘못 이해하고 있었다. 이자성은 그들의 노예근성을 경멸했고 벼슬을 내리는 대신에 그들이 전에 차지하고 있던 벼슬의 경중에 따라 엄청나게 많은 돈을 바치라는 벌을 내렸다. 이는 자신이 제국의 상속자이니 그들은 마땅히 옛 황제에게서 훔친 것을 자신에게 되돌려 주어야 한다는 말을 덧붙였다.

새로운 조정에 힘을 보태겠다는 열망을 보인 무너진 왕조의 관리들은 무자비하게 벌금이 내려진 것을 알게 되었고, 제때에 벌금을 낼 수 없었던 자들은 참수되었다. 날마다 처형당하는 숫자가 적어져서 이자성의 성에 차지 않자, 처형자들의 자녀들에게까지 그들의 아비들의 몫인 벌금을 대신 내지 못하면, 같은 죄목으로 사형에 처하라고 명했다. 부당한 착복과 강제징수로 많은 사람들의 불만을 일으켜 결국 제국을 이렇게 끔찍한 혁명으로 몰고 가게 만든 탐욕스러운 관리들은 이렇게 사라졌다. 베이징에서 주인 행세를 하던 반란군들은 30

---

176) 여기서 카토(Marcus Porcius Cato, BC 95-46)는 율리우스 카이사르의 반란에 끝까지 저항했던 로마 공화정 말기의 보수파 정치가를 말한다. 카이사르와의 최후의 항전이 치러졌던 우티카에서 자결로 생애를 마쳤다.

일 동안 모든 것을 뒤엎었다. 수도의 구석구석이 폐허와 핏자국으로 뒤덮였고, 이자성이 저지른 만행보다 수하들이 저지른 만행이 더 많았다. 사실 유럽에서 보다 중국에서, 실권을 장악한 정권의 깃발 밑으로 들어갈 준비된 사람들이 많이 있음을 보게 된다. 누군가가 권력을 쥐면 이런 부류의 인간들은 탐욕을 가지고 권력을 향해 모여든다. 베이징의 사대부들은 서둘러 이자성에게 천자라는 칭호를 바치면서 그 발 앞에 스스로 무릎을 꿇었다. 아담 샬 신부는 한 편지에서 이렇게 표현하고 있다. "수학자曆官들이 가장 먼저 이 새로운 바람을 잡으려고 돛을 펼쳤다."

중국에서 책력冊曆이 중요하다는 것은 모두가 알고 있는 사실이다. 황제는 자신의 권력을 상징하는 이 책력을 자신의 통치 하에 있는 각 성은 물론이고, 조공을 바치는 나라들에도 보낸다. 황제가 보내는 책력을 받지 않겠다는 것은 황제에게 공공연히 반란을 일으키겠다고 말하는 것이나 다름이 없었다. 반도들은 베이징으로 들어오자마자, 세상을 떠난 황제의 밝은 장래를 예언했던 흠천감의 역관들을 불러서 줄을 세워놓고, 임시 조정으로 나아와 이자성에게 새로운 책력을 바치게 했다. 그들은 이자성에게 도움이 되도록 명明이라는 나라 이름을 지운 상태로 책력을 바쳤다. 역관들은 별자리가 이자성에게 확실히 유리하게 놓여있는 것을 보니 하늘이 그를 택하였다고 말했다. 그들은 이자성에게 길일을 택하여, 엄숙하게 예전을 갖추어 제위에 오르고, 천하에 새 책력을 반포할 것을 탄원하였다. 그들은 이것이 모든 선량한 시민들이 새로운 천자에게 염원하는 바라고 말했다. 이자성은 흠천감 관원들이 너무 강하게 몰아붙인다고 생각하여 책력의 반포를 잠시 미루게 하였다. 그리하여 역관들을 집으로 돌려보내면서, 그들의 임무가 어떤 다른 결과를 가져올지에 관해서는 아무런 의심을 하지 않았다. 역관들은 반란군들을 베이징에서 몰아내려는 여진족 편에 서서 두 번째 청원을 준비하고 있었다.

충절을 지킨 오삼계 장군의 반격

비록 명 왕조가 무너져서 백성과 관리들, 선비들과 병사들이 모두 전 왕조에 등을 돌리고 있었지만, 충직하고 헌신적인 신하 한 사람이 아직 남아 있었다. 이 용감한 장수의 이름은 오삼계吳三桂인데, 오늘날도 여전히 중국에서 그 명성을 날리고 있다.[177] 200년이 지난 오늘[19세기 중반]까지도 시인들은 그의 영웅적인 행동을 노래하고 있고, 많은 무대에서 그를 주인공으로 한 연극이 공연되고 있다. 중국에서는 지금도 농부들조차 오삼계의 이름을 모르는 사람이 없으며, 불행을 당한 황제에게 끝까지 충성심을 보인 본보기로 추앙되고 있다. 위대하거나 관대하거나 혹은 사심이 없는 사람의 진가를 인정하는데 인색한 중국에서조차 일반인들이 자랑스럽게 생각하는 고매한 인격을 가진 사람을 볼 수 있다는 것은 매우 흐뭇한 일이다.

반란군들이 베이징에서 주인노릇을 하고 있을 때 오삼계는 중국 북부 요동에서 중요한 직책을 맡고 있었다. 그는 자신이 그 자리에 있는 한, 황제의 적들이 권좌에 오르는 것을 용인하지 않겠다고 스스로 다짐했다. 이자성은 며칠 동안 최선을 다하여 반란군의 조직을 구성하는 일을 마무리한 후에, 군대를 거느리고 오삼계를 체포하러 나섰다. 이자성은 이렇게 용감하고도 부패를 모르는 전사의 손에 권력이 조금이라도 남아 있다면 그 주위로 몰락한 왕조의 지지자들이 몰려든다는 점을 잘 알고 있었다. 그리하여 사대부들의 의견을 무시하고, 오삼계를 무너뜨리기 전까지는 책력을 반포하지 않겠다고 마음먹었다. 그는 군대를 요동으로 진격시켰으나, 수많은 부대가 오삼계의 주둔지를 공격하는 것만이 성공하는 것이라고 여기지는 않았다. 이자성은 조국을 방어하고 있는

177) 오삼계(吳三桂, c. 1612-1678)의 자는 長伯과 月所이다. 명말에 여진에 투항하여 협력한 공으로 藩王에 봉해졌으며, 강희제가 번을 폐하려고 하자 광동의 尙之信, 복건의 耿精忠 등과 함께 반란을 일으킨 인물이다.

오삼계의 마음에 직접 호소하기로 했다. 이자성은 베이징에서 오삼계의 나이 든 부친을 포로로 잡아온 다음, 아들이 지키고 있는 도시의 성벽 앞으로 끌고 갔다. 이어 오삼계에게 사자를 보내, 그의 아버지가 거기에 있음을 알리고, 즉시 항복하지 않으면 아버지를 잔혹한 고문으로 죽여 버리겠다고 협박하였다. 이 소식에 오삼계는 성벽으로 달려와 자신의 사랑하는 아버지가 고문자들의 손아귀에 잡혀있는 것을 보았다. 그는 무릎을 꿇은 채, 아버지를 악명 높은 이자성의 손에 맡긴 것에 대해 용서를 구했다. 오삼계는 슬픔에 젖은 목소리였으나, 의연하게 외쳤다. "풍전등화 앞에 있는 제국의 안전을 아버님의 목숨보다 더 중요하게 여길 수밖에 없는 저의 직책이 저를 짓누릅니다. 아버님, 생명은 귀중한 것인데 아버님의 목숨이 이 비열한 자의 손안에 있습니다. 하지만 이 반역자에게 항복하여 아버님의 목숨을 구하는 것은 치욕일 뿐입니다." 이 말에 오삼계의 아버지도 담담하고 담대하게 답하였다. "아들아, 네게 주어진 직책에 충실하여라. 나는 죽을 준비가 되어 있다. 아비는 너를 사람답게 키운 것을 자랑스럽게 생각한다." 비열한 이자성은 이 말을 듣자, 이 고결한 노인에게 가장 혹독한 고문을 가하여 죽이라고 명했다.

오삼계는 살해된 아버지의 시신을 보고 의분에 넘쳐, 조국의 압제자인 동시에 이제는 자기 아버지를 죽인 자를 반드시 없애버리기로 맹세했다. 우리는 앞에서 숭정제가 반도들을 진압하려고 여진족에게 도움을 요청한 적이 있다고 말한 바 있다. 오삼계는 자신이 보유한 군대만으로는 이자성의 대군을 상대할 수 없다는 것을 깨닫고, 여진족 족장에게 파발을 띄워 원군을 보내 달라고 요청하였다. 이에 여진의 족장은 곧바로 중국 장수가 방어하고 있는 도시를 구하기 위해 나섰고, 오삼계의 군대와 합세하여 적군을 유인하고 포위했다. 여진족 군대는 대부분이 기병이어서 그 기세가 대단했기 때문에, 오삼계는 술수와 책략으로만 전쟁을 치르는데 익숙했던 이자성의 군대를 크게 이길 수 있었다. 여진족의 부대들은 전속력으로 달려와서 성난 파도와 같은 기세로 이자성의 반란군을 완전히 궤멸시켰다. 반란군은 실제로 겁에 질린 나머지 베이징에 이를 때까지 뒤도 돌아보지 않고 도주했다. 이자성은 베이징으로 도망갔으나, 여진의 기병들은 10만이 넘는 반란군들의 시신이 길에 깔릴 정도로 학살을 자행했다. 높고 견고한 성벽으로 둘러싸인 베이징은 대포와 탄약을 두루 갖추고 있었을 뿐 아니라 식량과 인력도 풍부했기 때문에, 오랜 포위를 견뎌낼 능력이 있었다. 그러나 여진족 기마병의 공격에 크게 당황한 이자성은 자신이 베이징으로 진군을 시작하였던 산서성까지 계속 도주하는 것이 좋겠다고 판단했다. 이자성은 자신의 안전을 취하기 전에, 무장한 병사들에게 궁전과 시가지 전체를 불태우라는 지시를 하는 예방조치를 취했다. 그러나 이자성의 군졸들은 자신들의 이익을 챙기느라, 엄청난 재화가 쌓여있는 베이징을 불사르지 않았다. 군졸들은 무자비하게 도시를 약탈한 후에, 전리품을 가득 싣고 두목 이자성이 있는 산서성으로 퇴각했다. 그러나 반란군들은 여진족이 먼저 산서성에 도달하는 바람에, 전속력으로 다시 도주할 수밖에 없었다. 만주 여진족 기병들은 이 반란군 무리를 추격하여 들판과 도로에서 도륙하였다. 베이징에서 서안에 이른 길에는 온통 비단 조각, 수놓은 옷과 온갖 값비싼 생활용품이 널려 있어서, 천하가 마치 공포에 질린 상인들 무리가 상품들을 버리고 도망친 자리 같았다고 전해진다.

산서성은 지금도 중국에서 가장 크고 부유한 성들 가운데 하나이고, 성도인 서안은 제국을 뒤집어 놓은 반란군들의 중심지였다. 당시에 이 도시에는 니콜라스 트리고Nicolas Trigault 신부가 기초를 세워왔던 번영하고 있는 선교회가 있었다.[178] 아담 샬 신부가 이곳의 주임신부로 여러 해 일하다가, 황제의 명으

178) 니콜라스 트리고(Nicolas Trigault, 1577-1628, 金尼閣)는 당시 네덜란드 지역 출신으로 1594년에 예수회에 입회하여 1611년, 남경에서 활동하였다. 이지조의 도움으로 항주로 옮겼다가 1628년, 그곳에서 임종하였다. 그는 마테오 리치 신부의 선교일지를 이탈리아에서 라틴어로 옮겼고, 이솝우화를 중국어로 번역하였다. 전례논쟁 당시 마테오 리치의 번역을 지지하여 상제上帝를 신명으로 사용하였다.

로 책력을 개정하고 흠천감의 조직을 정비하기 위해 베이징으로 떠났던 곳이었다. 베이징이 대대적인 파괴와 방화, 그리고 살육이 계속되자 여진족의 보호를 믿지 못하게 된 몇몇 간부 그리스도인들이 산서성으로 옮겨 살기를 원해서 아담 샬 신부에게도 자신들의 이러한 결심을 받아줄 것을 간청했다. 그들은 아담 샬 신부에게 이렇게 호소했다. "당신이 보시다시피, 베이징에서는 하느님의 일을 하는데 필요한 평화로움과 고요함을 더는 기대할 수 없습니다. 그러니 신부님께서 예전의 그리스도인 가족들이 기다리고 있는 첫 임지로 돌아가신다면, 베이징에 있는 저희들도 따라가겠습니다. 양들은 목자가 가는 곳으로 따라갈 것입니다." 하지만 아담 샬 신부는 그들의 간청을 완곡하게 거절하면서, 비록 천 가지 위험에 계속해서 노출되더라도 수도를 떠나지 않겠다고 하였다. 그는 위험을 피하기 위해서 자신에게 주어질 교당을 세울 수 있는 기회를 없애는 것은 하느님께서 용납하지 않으실 것이라고 생각했다. 따라서 그는 하느님의 손에 모든 것을 맡기고, 무슨 일을 당한다 해도 베이징에 남아있기로 결심했다. 전능자께서는 이처럼 확실한 믿음과 신실한 신뢰에 곧 보상해 주셨고, 아담 샬 신부가 하느님의 보호를 의지한 것이 헛되지 않았음을 증거로 보여주셨다.

불타는 자금성과 기적적으로 보존된 아담 샬의 서재

여진의 군대가 산시성 가는 길을 따라 약탈자들을 쫓고 있는 가운데 베이징에 잠복해 있던 반란군들이 시가지에 불을 질렀다. 성벽을 따라 나 있는 12개의 문 위에는 단청을 입힌 목조의 커다란 정자가 얹혀 있었는데, 신호가 터지자 이 곳에서 모두 동시에 불이 붙었고, 불꽃이 고관들의 저택, 각종 관청, 학교, 재판소와 도시의 주요광장으로 곧바로 옮겨 붙었다. 방화범들은 많은 양의 화약을 여러 곳에 미리 숨겨놓았으므로 중화제국의 수도는 곧 거대한 이글이글 타는 잿더미가 되었고, 엄청난 폭발이 일어날 때마다 건물의 잔해가 사방으로 튀었다. 이 대화재가 집어삼킨 첫 번째 공공건물은 바로 궁궐이었다. 중국에 있는 사찰, 관아와 모든 공공건물은 나무로 지었는데, 커다랗게 조각을 하고 채색했으며, 대부분 도금을 하고 유럽인들이 라커라고 부르는 광택제를 발랐다. 이런 건물은 그 장식이 특히 화려하고도 아름답기 마련이다. 대궐은 대리석 기초 위에 70개의 기둥이 떠받치고 있는 건물이었으므로, 불이 기둥에 붙자마자 궁궐 전체가 베이징 구석구석까지 들릴 정도의 엄청난 굉음과 함께 무너져 내렸고 무서운 공포가 사방을 뒤덮었다.

이 거대한 도시 전체가 불길에 사로잡혀 있을 때 아담 샬 신부의 거처는 아무런 손상을 입지 않았다. 방화범 셋이 들어왔으나 신부가 그들에게 정중하고도 부드럽게 인사를 건네면서 아무런 해도 입히지 말라고 부탁했다. 방화범들이 다시 문지방을 넘어 들어오려고 하는데 성난 반란군들의 무리가 외벽에 낸 커다란 구멍으로 횃불을 든 채 몰려들었다. 이 용감무쌍한 선교사는 그들에게 달려가 말했다. "사람들이 사는 집으로 난 그 문은 병사들이 아니라 도적들이 들어오는 길이오. 되돌아오시면 내가 당신들에게 문을 열어주겠소. 스스로를 하찮은 사람으로 만들지 마시오." 이 말을 듣자 잘못 판단한 이 사람들이 조용해지더니 선교사들을 해코지하려는 생각을 접고 사라져버렸다. 그렇지만 불길이 무척 빠르게 번져서 집이 무너지는 굉음, 피해자들의 아우성, 큰 건물에 숨겨놓은 화약이 때때로 폭발하는 소리 외에는 다른 아무 소리도 들리지 않았다. 베이징은 용광로를 방불케 했다. 외성 밖으로 도시를 둘러싸면서 당당하게 서 있던 나무들의 이파리와 가지들이 모두 불타버렸고, 멀리 또 널리 들판에 심어놓은 작물들도 타 없어져 버려서, 마치 한겨울이 온 것처럼 스산한 모습이었다.

아담 샬 신부는 이렇게 황량한 광경으로 가득한 곳에서, 경이로운 사랑을 실천하고 있었다. 그는 이런 큰 재앙을 당하면 중국인들은 절망에 빠져 자포자기하고, 또 자살도 저지르기 일쑤라는 것을 알고 있었기에, 도시의 한 끝에서 다른 끝까지 누비고 다니면서 아직 파괴되지 않은 집들을 찾아다녔다. 나중에 보낸 여러 편지에서 쓴 것처럼, 그는 이런 집들 대부분에서 전 가족이 목매단 채 숨져 있는 것을 보았다. 그는 아직 목숨이 붙어 있는 불쌍한 사람들을 구해내어 하느님의 섭리로 아직 해를 입지 않은 자기 집으로 데려와, 비록 연기가 자욱하며 타고 있는 나무 조각들이 널려있는 곳이었지만, 그곳에서 그들을 며칠 동안 돌보아주기도 하였다. 하지만 다행스럽게도 그의 서재와 천문 관측기기들은 한군데 손상도 입지 않고 그대로였다. 만약에 불길이 그의 서재까지 미쳤다면 그의 손실은 회복 불가능했을 것이다. 왜냐하면 그곳에는 리치 신부와 다른 선교사들의 소중한 저작들뿐만 아니라, 자신이 쓴 천문 관련 저술들이 많이 쌓여있었기 때문이었다. 그러나 하느님께서는 이런 불운을 허락하지 않으셔서, 서재의 주변은 모두 불길이 삼켜버렸지만, 과학과 신학의 보물들이 쌓여있는 이 서재를 둘러싼 벽에서 멈추게 하셨다. 그러므로 아담 샬 신부는 기기와 책이 하나도 손상되지 않은 것에 대해 크게 감사했다. 물론 이런 기적적인 상황을 중국인들이 그냥 보고 지나치지는 않았고, 이 일에 대한 소문이 제국의 구석구석까지 널리 퍼지게 되었다. 즉 베이징에서 그리스도교의 교리와 탕약망[아담 샬]의 천문학적 노고가 담긴 책들을 하늘이 보호하셨다는 소문이 퍼지게 되었다.

홍타이지의 베이징 입성과 청 왕조의 창건

만주군은 이자성 반도들을 완전히 축출한 후에, 부대들을 모아, 잿더미만 남아 완전히 폐허가 된 베이징으로 진군하였다. 베이징은 여전히 수도였고 조정이 있는 곳이었다. 그곳에서 반도들을 소탕한 후에 조정을 복구하려는 움직임이 시작되었다. 이 때까지만 해도 여진족 군대를 이자성과 싸우는 명나라의 [지원] 군대로만 알고 있었다. 당시 명 왕실에는 세상을 떠난 황제[숭정제]의 어린 황자 한 명이 멀리 떨어진 남쪽 어느 성省에 아직 남아 있다는 사실이 알려졌다. 그러나 만주족의 족장인 홍타이지皇太極는 여진족의 왕조를 세울 목적으로, 자신의 휘하에 있던 군대를 베이징에 주둔시키겠다는 의도를 숨기지 않았다.[179] 그의 군대는 정복자로서 중화제국 전역을 누비면서 중국 문명을 즐기고 있었고, 송화강과 흑룡강 강가로 돌아가서 단조로운 유목생활로 복귀하여 가축을 기르는 일에 전념할 생각은 조금도 없었다. 그들은 자신들이 이제는 중국의 목자이며 관리자가 될 자격이 있다고 생각했다.

그들은 이런 의도를 가지고 베이징으로 진군하였으므로 이제 만주군의 승리는 이제 더 이상 비밀이 아니었다. 그들이 베이징으로 입성하기 전에, 많은 고관과 시민, 저명한 사대부들이 대규모의 대표단을 만들어 만주군의 승리를 경축하였다. 만주군은 환영을 받으며 입성했다. 홍타이지는 대표단의 주요 인사들에게, 그들이 자신을 손님으로 맞고 있는 것인지 아니면 그들이 이제부터 여진족의 지배를 받기를 원하지를 물었다. 하지만 그가 던진 질문에 대해 돌아온 답은 분명한 것이 아니었다. 하지만 행렬이 막 성벽에 이르자 "만세! 만세!" 하는 우렁찬 외침이 울렸는데, 이것은 중국에서 국가의 원수를 맞이할 때 흔히 외치는 소리였다. 베이징의 정치인들은 대중들의 이런 열렬하고도 자발적인 외침을 듣고는, 그들도 "여진족의 제국이 탄생하였다."고 외칠 수밖에 없었다. 오삼계가 이의를 제기하기는 하였으나, 늦은 감이 있었다. 그는 오로지 제국을

179) 홍타이지(崇德帝, 1592-1643)는 후금의 제 2대 칸이자, 청 제국의 개국 황제이다. 누르하치가 세운 후금을 이어받아 연호를 天聰이라 하다가 1636년 국호와 연호를 大淸과 崇德으로 바꾸었다. 시호는 太宗 文皇帝이다.

방어해 협력자들을 찾으려는 생각이었지만, 그것은 결국 제국의 주인을 찾아 준 일이 되어 버렸다.

홍타이지는 승리를 거두었지만 기쁨은 잠시뿐이었다. 그는 베이징에 입성한 지 며칠 만에 중병이 들어 죽었는데, 죽기 전에 어린 아들인 순치順治를 황제로 선포하였고, 자신의 세 동생을 섭정으로 임명하면서, 여진족의 커다란 번영을 확고히 하려면 서로 힘을 합치라는 간곡한 부탁을 남겼다.[180] 어린 황제의 후견인이 된 섭정들은 위대한 전사들이고, 사려 깊은 정치인들이었다. 특히 그 가운데 연장자인 도르곤多爾袞은, 정치인으로서 또 매우 우수한 전사로서의 지혜와 능력을 겸비한 인물로, 중국에서 만 청 권력의 기초를 다진 진정한 건국자라고 볼 수 있는 인물이다.[181] 그는 중국인들에게 지나치게 무거운 멍에를 지우지 않으면서, 단호함과 힘으로 중국인들을 다스리는 법을 알고 있었다. 그는 두 민족을 융합하여 하나로 만들고자 했다. 정복을 마무리한 뒤 몇 년 동안, 그는 정복민족의 권위를 세우는 일에 특히 힘썼다. 새 왕조가 취한 첫 조치들 가운데 하나는 이러한 내용이었다. 즉 만주족 청군의 숫자가 대단히 많아 중국인들과 함께 베이징 시내에 거주하도록 할 수 없었으므로, 중국인들이 도시를 비우고 성벽 밖으로 나가 살도록 명했는데, 옮길 시간을 사흘만 주었다. 중국인들은 불과 며칠 전에 자기네들에게 호의를 베풀 것이냐고 물었던 사람들이 이렇게 가혹한 조치를 내렸지만 저항하지 않고 승복하였다. 가재도구를 옮기는데 허용된 기간을 두고는, 반노들과 약탈자들이 [모든 것을 이미 빼앗아가] 그런 명령을 수행하기에 아주 편하게 만들었으므로, 불쌍한 베이징 시민 대부분에게 옮겨갈 짐이라고는 굶주린 육체와 누더기가 된 옷밖에 없었다.

180) 순치제(順治帝, 1638-1661)는 청 제국의 제 3대 황제로 휘는 愛新覺羅福臨, 묘호는 世祖, 시호는 章皇帝이다.

181) 도르곤(多爾袞, 1612-1650)은 누르하치의 열네 번째 아들이었다. 이복형 홍타이지를 따라 전공을 세워 친왕에 책봉되었고, 팔기군 중 정백기와 양백기를 관장하였다. 1643년 홍타이지가 급사하자 어린 조카인 순치제를 옥좌에 올리고 본인은 섭정이 되었다.

아담 샬 신부의 베이징 거주 청원과 새로운 책력의 제작

베이징을 떠나라는 조치는 아담 샬 신부에게는 그가 사랑하는 선교회가 파괴된다는 것이었기에 큰 충격이었다. 오랫동안 자신의 노고와 열정을 다하여 일구어온 교당을 어떻게 떠날 수 있단 말인가? 그것은 그동안에 쌓은 모든 특권을 잃어버리는 위험을 감수하는 일이며, 또 모든 것이 리치 신부가 베이징에 발을 들여놓기 전으로 후퇴하는 일이 될 위험이 있었다. 아담 샬 신부는 자신에게 주어진 시간이 별로 없다는 것을 깨달았다. 그는 붓을 들어 상소문을 써 내려갔는다. 자신은 유럽인으로 종교 생활에 헌신하고 있으며, 여러 해 동안 중국인들에게 하느님의 법을 가르쳐 왔다는 점을 밝히고, 베이징의 교당과 여러 성상들, 그리고 많은 책과 사도직을 수행하는데 필요한 물건들을 다른 곳으로 옮겨가는데 사흘은 크게 부족하다고 적었다. 이어서 그는 세상을 떠난 황제의 명으로 오류가 많았던 중국의 책력을 개정하는 자리인 흠천감을 맡고 있고, 자신의 집에 새 책력을 만들기 위한 각종 기록과 중요한 계산 결과를 새긴 목판을 보관하고 있다는 것을 강조했다. 이것들은 모두 인쇄할 준비가 끝난 것이라는 말과 함께, 다른 곳으로 옮긴다면 파괴될 위험에 노출되는 것이고, 결국 그것은 나라에도 큰 손해일 것이라고 덧붙였다. 따라서 아담 샬 신부는 이제 제국의 주인이 된 영광스러운 이방인에게, 저들과 같은 신세인 자신이 계속 수도에 남아 있을 수 있게 해달라고 간청하였다.

아담 샬 신부는 최선을 다해 중국식으로 작성한 이 상소문을 들고. 만한[滿族과 漢族]이 같은 수로 배정된 원로원 비슷한 기구에 탄원을 하기 위해 찾아갔다. 그는 그곳에서 아레오파고스 주변에 벌떼같이 모여드는 구직자들과 탄원자들을 보게 되었다.[182] 그런 사람들은 모두 무릎을 꿇은 채 두 손에 탄원서

182) 아레오파고스(Areopagus)는 그리스 아테네에 있는 언덕으로 귀족들에 참여하는 최고재판소가 있었던 곳이다.

를 들고 깊은 한숨을 쉬며 중얼거렸지만, 하인 몇 명을 제외하고는 아무도 그들에게 눈길 한 번 주지 않았다. 이 하인들은 탄원자들이 너무 많이 밀려들면 언제나 등나무나 대나무로 만든 작대기로 후려칠 수 있는 대단한 권한을 가진 사람들이었다. 아담 샬 신부는 명나라가 멸망한 뒤로 공식적인 직책이 없었으므로, 평복을 입은 채 다른 사람들처럼 무릎을 꿇고 있었다. 그의 긴 수염과 위엄 있는 풍채 때문에 그는 곧 사람들의 눈에 띄게 되었다. 원로원의 수장은 그에게 따뜻한 눈길을 보내면서 다가와서는 탄원서를 바치라는 신호를 보냈다. 그는 상소문의 내용을 재빨리 훑어보고 나서 선교사에게 그가 언급한 사원이 무엇이냐고 물었다. "그리스도교인들이 만물을 창조하신 참 하느님께 경배하러 가는 곳이오."라고 답하자, "왜 그 이름에 묘廟, 사찰라는 이름을 붙이지 않았소?"라고 물었다. 이에 아담 샬 신부는 "다른 종교들과 우리 종교를 구별하기 위함이오."라고 답했다. 그러고 나자 원로원 수장은 책력에 관한 이야기를 하면서, 아담 샬 신부가 흠천감에서 직책을 맡고 있었는지를 물었다. 이에 샬 신부는, "내가 흠천감 감정이오."라고 답하자, 이 말에 수장은 그를 일으켜 세우더니 매우 친근하게 말을 걸면서, 이튿날 다시 와주기를 청했다. 그리고는 관복을 입은 두 관리에게 명해 신부의 거처로 함께 가도록 하였는데, 신부에게 경의를 표한다는 뜻도 있었고, 신부의 거처를 살펴서 그가 말한 것이 사실인지를 확인하겠다는 뜻도 있었다.

이튿날 원로원 수장은 커다란 존경을 표하며 신부를 맞이하였고, 그에게 베이징 체류를 허가하는 결정서를 내주었다. 이에 더하여 만주 병사들에게 명령을 내려, 탕약망을 예를 갖추어 대할 것과 거처를 번거롭게 하지 말라고 조치하였고, 이 결정서를 대문에 붙여놓게 하였다. 아담 샬 신부가 이 결정서를 받아들고 그의 거처로 돌아가자, 집안에 만주 병사들이 가득한 것을 보았다. 병사들이 아담 샬 신부의 집에 거주할 목적으로 그를 문 앞에서 돌려세웠다. 그러나 신부가 지니고 있던 결정문을 읽자, 그들은 모두 물러나서 다른 곳으로 가서 거처를 찾았다. 성 밖에 있던 리치 신부의 유해가 묻혀 있는 묘지도 같은 방법으로 보존할 수 있었다

우리는 천문학자들과 수학자들이 어떤 열의와 긴박함으로 반란군들의 우두머리가 베이징으로 들어온 당일에 새 책력을 그에게 바쳤는지를 살펴본 적이 있다. 흠천감의 역관들은 이제 때에 맞게 만주 조정에 보탬이 되는 일을 해야 함을 걱정하게 되었다. 그들은 새 주인에게 드릴 것이 무엇이냐는 질문을 받자, "저희는 중국 왕조에서 예전부터 내려오는 책력을 가져왔습니다. 이제 다행스럽게도 완전히 수정한 책력이 폐하의 것이 되었습니다."라고 답하였다. 중국 황실의 새 주인은, "너희가 쓰고 있는 책력이 오류로 가득함을 알고 있는데, 서양에서 온 유명한 천문학자 탕약망이 그 책력을 잘 정리했다는 말을 들었노라. 탕약망을 부르라."고 말하였다. 이는 흠천감 역관들이 결코 듣기를 원했던 말이 아니었다. 그들은, 능력이 뛰어나서 오랫동안 그들에게 불만 거리였던 아담 샬 신부를 따돌리려고 생각하였는데, 새 주인이 그를 역법의 개혁자라고 단언하는 말을 듣고 화가 났다.

1644년 9월, 일식이 있었는데, 이것이 여진족 앞에서 유럽 선교사들이 가진 천문학 지식이 정확하다는 증거를 보여주고, 또 중국의 엉터리 역관들의 무지가 드러나는 기회가 되었다. 만 청의 조정은 탕약망의 계산만이 옳다는 것을 알고 난 후에 그를 흠천감 감정으로 기용하였다. 예부에서 상신한 이 문서는 1645년 2월, 어린 황제 순치의 재가를 받았다. 청나라의 새 조정이 임명한 아담 샬 신부의 자리는 무게가 있고 모두가 탐내는 자리였다. 이제 제국의 고관이 된 수도사는 그리스도교를 전파하는 일을 촉진하기 위해 그 직책이 갖는 영향력을 행사할 수 있게 되었다. 그가 베이징에서 누리고 있는 명성 덕분에, 여러

성에 흩어져 있는 동료 신부들을 보호하고, 또 관리들의 박해에 대항해서 성공적으로 싸울 수 있게 되었다. 시련과 혼란의 시기에 선교사들도 다른 사람들과 마찬가지로 고통을 받을 수밖에 없었으나, 청나라는 대체로 그들을 잘 대해주었으므로, 왕조가 교체되면서 그들의 선교 활동이 위축되는 일은 거의 없었다.

마르티니 신부의 활동과 청나라 조정이 요구한 변발

그 시기에 중국에서 일어나고 있는 사건에 관한 가장 정확한 정보를 가장 빠르게 입수하여 유럽에 전한 사람은 마르틴 마르티니Martin Martini 신부였다. 그는 절강성浙江省에 있는 교당의 주임 신부였는데, 당시는 청나라 군대가 다가오고 있다는 소문이 전국으로 퍼진 때였다.[183] 이 소식에 모든 중국 백성이 공포에 휩싸이게 되었고, 그리스도인들은 마르티니 신부의 거처에 몸을 숨기려고 몰려들었다. 신부는 이들을 친절하게 맞았고, 용기를 북돋워 주었으며, 하느님의 보호를 의지하라고 권면했다. 마르티니 신부는 청나라 군대가 도시로 진입하려 했을 때 문 앞에 큰 글자로 다음과 같이 쓴 벽보를 내걸었다. "서양에서 온, 하느님의 법을 아는 학자가 사는 집泰西天道大學士之寓." 그러고는 집 현관에 내놓은 책상 위에 한문 서적과 유럽의 서적, 망원경, 각종 천문 관측기기들을 쌓아놓았고, 중앙에 있는 책상에는 아름다운 구세주의 성상을 올려놓았다. 청나라 군사들은 이런 전시품을 보고는 크게 놀랐고, 이에 부대장은 마르티니 선교사를 불러 잘 배려해주었다.

183) 마르틴 마르티니(Martin Martini, 衛匡國, 1614-1661)는 이탈리아 출신의 예수회 선교사이며 지도제작자 겸 역사가이기도 했다. 1631년 예수회에 입회하였고, 1643년 중국에 와서 浙江省 蘭溪에서 활동을 시작하였다. 저서로는 1654년 독일에서 출판된 『世界新圖』와 『中國地圖』, 1655년 네덜란드에서 출판된 『中國新圖』 외에도, 『中國史』(1658), 『韃靼戰紀』(1654), 『中國耶蘇會宣教史紀略』(1654) 등 라틴어 저작들과, 중국어로 쓴 『天主理證』, 『靈性理證』, 『逑友篇』 등이 있다. 항주교당을 지었다.

청나라는 중국 전역에서 더욱 입지를 강화하게 되자, 중국인들에게 변발과 만주식 복장을 강요하기 시작하였다. 이러한 일련의 조치는, 처음에는 작은 변화로 보였으나, 사실은 대단한 정치적 의도를 가지고 있었다.[184] 이것은 복속의 증거가 되었고, 이에 따르지 않는 경우 새 조정을 지지하는지 여부를 쉽게 구분하는 수단이 되었다. 또한 복장의 단일화는 두 민족을 하나로 융합하는데 기여 할 수밖에 없었고, 외적으로 볼 때 수적으로 만주족에 비해 한족이 엄청나게 우세하다는 사실을 숨길 수 있었다. 정복자와 피정복자의 외적인 다양성이 더 이상 눈에 띄지 않으면, 중국인들은 외국인의 지배를 받는 것도 덜 혐오스럽게 여겼다. 그러나 한족들은 이러한 조치에 격렬히 저항하였으며, 노예 상태를 밖으로 드러내는 표지를 노예 상태 그 자체보다 더 견디지 못하는 듯했다. 나라의 독립에는 관심이 없는 듯이 보였고, 백성을 보호하는 일에 큰 노력을 기울이지 않던 사람들도 변발과 만주식 복장에 대해서는 용기를 내서 결사적으로 반대했다. 실제로 많은 한족들이 머리를 자르고 변발을 하느니, 차라리 죽음을 택했다.

청나라의 부대장이 마르티니 신부에게도 변발을 하고 만주인의 복장을 하라고 요구하자, 그는 복장에 대해서는 별 관심이 없었으므로, 순순히 이에 따랐다. 머리의 길이나 모양에 대해서도 한족들처럼 격노하지 않았다. 변발의 시행은 청나라 부대장이 참석한 자리에서 상당히 엄숙하게 거행되었는데, 마르티니 신부는 자신의 변발이 한족의 복장과 잘 어울리지 않는 것 같아 웃음을 터뜨렸다. 이에 부대장은 자신의 군복 겉옷, 모자와 장화를 벗어서 예수회 신부에게 걸쳐주면서, 영예롭게도 군사들의 호위를 받으며 집으로 돌아가게 했다.

184) (원주) 이 순간[19세기 중반]에도 중국에 혼란을 일으키고 있는 반도 지도자들은 비슷한 정책을 채택하여, 추종자들에게 만주족이 없앤 고대 중국인의 모발과 복장으로 돌아가라고 강제하고 있다.

폭군 장헌충의 사천성 유린과 예수회 신부들의 수난

새로운 청나라 조정은 이내 중국 북부를 상당히 안정된 상태로 만들었으나, 남부와 서부는 여전히 매우 불안한 상태였다. 사천성泗川省은 제국에서 부유하고도 아름다운 지방의 하나로, 장헌충張獻忠이라는 잘 알려진 반란자의 우두머리의 손에 있었는데, 그가 끼친 손해와 잔학한 행위는 상상 이상이었다.[185] 그가 사천성의 성도인 청두成都로 신속하게 움직이자 겁에 질린 주민들이 그가 오는 것을 알고 도망쳐서 산속에 몸을 숨겼다. 급히 도주한 사람들만 목숨을 구했는데, 이 폭군은 도시로 진입하자마자 도시에 남아 있던 모든 남녀노소를 가리지 말고 모두 학살하라고 명했다. 그는 피로 물든 시신들이 끔찍한 모습으로 널려있는 가운데서 자신이 새로운 황제라고 선포했다. 이 끔찍한 학살이 자행된 지 얼마 후에, 장헌충은 도시 전체의 반이 넘는 주민들이 산속에 피신해 있는 것을 알고는, 이들을 찾아내라고 병사들을 보냈다. 많은 주민을 찾아서 데려왔는데, 그중에는 부글리오Lodovicus Buglio 신부와 마갈아에스Gabriel de Magalhães신부가 포함되어 있었다.[186] 두 신부는 몇 년 전에 청도에 교당을 세웠었다.

선교사들은 사슬에 목이 묶인 채 흉악한 폭군에게 끌려갔는데, 강도의 무리들이 그를 황제로 추대한 바로 직후였기 때문에 모두들 그가 선교사들을 죽일

185) 장헌충(張獻忠, 1606-1647)은 1644년 陝西省에서 일어난 농민반란의 주모자이다. 반란이 잠시 성공을 거두어 사천지방을 다스렸으나 이내 만청군에게 패배를 당했다.

186) 부글리오(Lodovicus Buglio, 利類思 또는 利再可, 1606-1682)는 이탈리아 출신의 예수회 선교사이다. 로마대학에서 인문학과 수사학을 교수하다 1636년 중국에 와서, 泗川, 福建, 江西에서 활동하였다. 1665년 曆獄에 연루되었으나, 1669년에 사면되었다. 많은 그리스도교 관련 저술이 있으며, 토마스 아퀴나스의 『神學大全』 1부와 3부를 번역하여 『超性學要』로 출간했다. 아담 샬 신부, 베르비스트 신부, 마갈아에스 신부 등과 역법 개정에 참여하였다. 마갈아에스(Gabriel de Magalhães, 安文思, 1610-1677)는 포르투갈 출신의 예수회 선교사였다. 고아를 경유하여 1640년에 중국에 도착해서 杭州, 成都에서 활동하였고, 역법 개정에 참여하였다. 저서로는 『復活論』이 있고 『超性學要』도 일부 번역하였다.

것이라고 생각했다. 그러나 잔인한 장헌충은 선교사들을 보자마자 사슬을 풀라고 명하고는 매우 정중하게 맞이하면서 자신이 제국을 평화롭게 차지하는 즉시 모든 지방에 천주를 위한 아름다운 교당을 짓겠다고 약속했다. 그는 또한 이러한 약속이 진심임을 선교사들에게 보여주기 위해, 선교사들에게 호화 저택을 내어주고, 그 안에 기도실을 차려주었으며, 또 자유롭게 선교에 헌신할 수 있도록 허락하였다. 제국의 서부 전역을 공포에 몰아넣은 자가 그런 자비를 베풀었다는 것은 전혀 이해할 수 없는 일이었으나, 이는 선교사들이 기대하지 않았던 혜택을 주었다. 선교사들은 여러 사람에게 세례를 베풀었는데, 그 가운데는 장헌충의 장인도 들어 있었다. 한동안 빼앗은 권력을 유지하던 장헌충은 사천성을 공정하게 다스렸는데, 그를 짐승처럼 여기던 사람들을 잠시 놀라게 했다. 하지만 장헌충의 온건한 태도는 오래 가지 않았고, 다시 잔학한 본성의 나쁜 충동에 빠지게 되었다. 그는 여러 곳에서 사람들이 자신을 없애려고 봉기하였다는 말을 듣고는 그들에 대한 학살을 명했다. 자세한 내용은 중국 역사에 기록되어 있는데, 읽어보면 오싹한 느낌이 든다.

일반적으로는 한 개인의 저항 때문에 그가 살고 있던 같은 구역의 주민들 전부가 몰살당하는 일은 있을 수 없다. 그러나 불교 승려 하나가 자신의 통치 체제를 비판하자 장헌충은 사천성 전역에 있는 2만 여명의 승려들을 모두 학살했다. 또한 인구가 60만으로 추정되는 한 도시의 주민 전체를 단 한 사람도 도망치지 못하게 한 채, 무자비하게 살해했다. 중국 역사에는 "곧 피가 강물처럼 흘러서 온 땅을 적셨다. 폭군 장헌충이 시신을 강에 버린 것은, 이 강물을 마시고 사는 주민들이 강물이 핏물로 변하고 훼손된 시신이 그 위에 떠다니는 것을 보면서 그런 끔찍한 운명이 그들을 기다리고 있다는 경각심을 갖게 하려는 것이었다."라고 기록되어 있다.[187] 이 무법자들이 산서성을 점령하려고 진격을

187) (원주) Histoire Générale de la Chine, vol. 11. p. 24.

준비하고 있었으나, 장헌충은 출발에 앞서, 그가 없는 동안 반란을 일으킬지도 모르는 세력들을 사천성에서 쓸어버리려고 하였다. 그리하여 생각해 낸 방법이 구역별로 주민 전체를 처형하라는 명하는 것이었다. 그는 원정에 필요한 부대들을 선출하고 나서, 나머지 부대들로 하여금 14만 명의 주민을 학살하도록 했다. 피와 잘려나간 팔다리가 흔들거리는 광경을 장헌충은 즐기는 듯했다. 그는 이 무시무시한 광경을 보러 나가기를 좋아했고, 학살을 자행하고 있는 병사들에게 더 잔혹하게 처형하라는 명을 직접 내리기까지 했다. 병사들은 여러 가지 방법으로 고문을 자행했는데, 팔다리를 찢거나, 산 채로 껍질을 벗기거나, 천천히 신체를 조각내거나, 심지어 고통 없이 죽게 만들지 않으려고 몸을 짓이겨서 더 길게 고통을 당하며 죽도록 했다. 어느 날 장헌충은 군대를 보내 그 병사들의 아내들을 가까운 들판에 모이도록 했다. 병사들에게 군대가 떠나가 있는 동안에 가족들이 살아갈 수 있는 일정액의 급여를 지급한다는 것이었다. 자신도 그 자리에 나갈 것이라고 말했고, 이에 따라 병사들은 많은 처첩들을 거느리고 약속한 장소에 모습을 드러냈다. 이 불운한 아낙네들이 도착하자 그는 이들의 목을 모두 베어 버렸다. 당대의 역사가들은 이런 거의 믿기 어려운 일에 대한 자세한 내용을 전하고 있는데, 장헌충이 사천이라는 커다란 지방을 거의 황무지로 만들었다는 말도 덧붙이고 있다.[188)]

부글리오 신부와 마갈아에스 신부는 이런 괴물이 다스리는 조정에 남아 있을 수는 없었으나, 이 괴물의 허락이 없이는 그가 정해준 거처를 감히 떠날 수

188) (원주) "피에 굶주린 호랑이[장헌충의 별명이 黃虎였다]는 주민들을 모두 학살할 때 도망친 가축들에게까지 노기를 내뿜었다. 그의 명으로 말, 소, 양들 모두가 도살되었다. 사천성 전체가 아무도 살 수 없는 상태로 바뀌어, 파괴를 일삼는 괴물이라도 할 짓이 아무 것도 남아 있지 않았다. 저택들, 성벽, 공공 및 민간 건물 모두를 헐어버려서 아무 것도 남아 있는 것은 없었고, 군대가 나머지조차도 싹 쓸어버렸다. 그가 나중에 군대를 통하여 공표한 내용이다. '나는 사천성이라는 이름까지도 없애버릴 것이다. 내 복수는 끝나지 않을 것이기 때문이다. 나는 어느 곳에서고 머물 궁전을 찾아낼 것이고, 내 병사들은 더 편하고 화려한 집에서 살게 될 것이다. 이 모든 것들이 완전히 파괴되는 것을 보면서도 후회하지 말라. 사천성은 영원히 사막으로 남아 있을 것이므로 나무와 숲이 무슨 소용이 될 것이냐? 불로써 내 앙갚음을 끝내게 하리라. 대화재 정도는 되어야 불로써 없앨 수 있는 모든 것을 태워버리리라.'" General History of China, vol. xi. p. 25.

도 없었다. 따라서 두 사람은 그에게 전쟁의 소용돌이에 덜 휘말린 곳을 찾게 해달라고 간청했다. 그런 곳에서는 그들이 평화로운 가운데 성스러운 임무를 감당할 수 있으리라는 뜻이었다. 장헌충은 이런 요청에 화가 치밀어, 선교사들의 하인들에게 그들의 주인에게 피신하라고 제안했는지 질책하면서, 그들을 산 채로 껍질을 벗기는 형벌을 내렸다. 이 소식에 공포에 질린 선교사들은 이 불운한 개종자들의 목숨을 구하기 위해 관아로 급히 달려갔다. 선교사들은 자신들이 그런 결심을 하는데 하인들은 전혀 관여하지 않았으며, 심지어 사천성을 떠난다는 계획도 알지 못하고 있었다고 말하였다. 그러나 장헌충은 선교사의 하인들을 용서하기는커녕, 선교사들도 처형장으로 끌고 가도록 명했다. 선교사들의 몸을 산산조각 내려는 순간에 흉포한 장헌충의 아들이, 막 내려치려는 형리의 팔을 붙잡아 희생자들을 간신히 구했다. 장헌충은 아들의 애원에 마음이 누그러졌는데, 아들은 선교사들을 잘 알고 있었고 또 그들을 좋아했다. 그러나 부글리오 신부와 마갈아에스 신부는 지하 감옥에 갇혀서 온갖 학대를 당해야만 했다. 두 신부는 어두운 감옥에서 한 달을 지내다가 장헌충 앞으로 끌려 나왔는데, 선교사들은 이제 확실한 마지막 순간이 다가왔다고 생각했다. 이 흡혈귀가 계속 끔찍한 처형을 지시하고 있었고, 그가 앉아 있는 넓은 홀은 사람들의 피로 강을 이루고, 시신이 높이 쌓여 있었기 때문이었다. 형리가 마갈아에스 신부에게 다가오고 있을 때, 청나라 기마병이 청두로 진격하고 있다는 보초병의 외침이 들려왔다. 폭군은 이 말이 믿어지지 않았지만 일어서서 병졸 몇을 데리고 실제로 위험이 닥쳤는지 보려고 나섰는데, 곧 청나라 기병의 선발대가 나타난 것을 제 눈으로 보게 되었다. 이 흉포한 장헌충은 첫 공격을 받자 화살에 심장이 관통해 죽었고, 반군들은 두려움에 휩싸인 채 곧바로 붙잡혔다. 선교사들은 이러한 혼란을 틈타서, 형리들의 손을 벗어나 서둘러 청나라 진영으로 도피했다. 하지만 하나의 위험은 급히 피했지만 또 다른 위험에 처하게 되었다. 왜냐면 그들은 첩자로 오인을 받아 청나라 기병부대의 습격을 받았으며,

이로 인해 심한 부상을 입었기 때문이다. 화살촉이 마갈아에스 신부의 팔을 정확히 뚫고 지나갔고, 부글리오 신부는 오른쪽 넓적다리에 깊은 상처를 입었는데, 화살촉이 깊이 박혀 있었다. 하지만 불운한 선교사들은 서로를 위로하며 상대방의 상처를 싸매주었다. 마갈아에스 신부가 동료의 살 속에 깊이 박힌 화살촉을 이빨로 뜯어내려고 애쓰고 있을 때, 다른 기병들이 이들에게 달려들었다. 청나라 병사 하나가 마갈아에스 신부의 머리채를 휘어잡고 거의 목을 자르려고 하고 있을 때, 대장이 우연히 선교사의 긴 턱수염을 보고 병사를 멈추게 했다. 그는 마갈아에스 신부에게 탕약망[아담 샬] 신부를 아느냐고 물었다. 마갈아에스 신부는 "그분이 내 형님이오."라고 답했다. 이 말에 두 선교사를 둘러싸고 있던 기병들은 그들을 만청 장군의 군막으로 데려갔다. 장군은 그들이 누구이고 또 무슨 일이 있었는지 듣고는, 최선을 다하여 자신의 군막에서 치료를 받게 한 다음, 그들이 회복된 후에 베이징으로 데리고 갔다. 두 선교사는 아담 샬 신부가 청나라 군주의 호의를 받고 있으며, 새 조정에 크게 영향을 끼치고 있는 것을 보았다. 아담 샬 신부 덕분에 자신들도 청나라로부터 친절한 대우를 받았다는 것을 알게 되었다.

흠천감 감정이 된 아담 샬 신부

중국에 있는 교당들은 실제로 아담 샬 신부가 흠천감 감정에 오른 이후 전례 없는 큰 자유를 누리고 있었다. 하지만 날마다 수행해야 할 일은 많았고, 또 그 일들이 사제로서 그가 해 왔던 일들과 언제나 조화를 이루는 것만은 아니었으므로, 아담 샬 신부는 성무에 전념할 수 있는 시간이 부족했다. 궁궐에서 해야만 하는 일일 보고, 예방과 답방, 공식행사 참석, 신하들과 부하들을 위한 온갖 훈련 등을 감당해야만 큰 부서의 일이 부담으로 다가왔다. 때로는 이런 일들이 선교사에게 적절하지 않은 일처럼 보였다. 사제나 선교사이기보다는 나라의 관료라는 신분을 갖게 된 아담 샬 신부는 자신의 적절치 않은 처지를 곧 깨닫고, 어린 황제 순치에게 서둘러 상소를 올렸다. 자신은 성직자로서 기도와 선교의 의무를 다해야만 하며, 이를 소홀히 하는 것을 양심이 허락지 않는다고 하였다. 그러나 현실적으로는 그렇지 못한 상황이므로, 자신의 새로운 직무와 늘 조화를 이루도록 노력하고 있다는 내용이었다. 아담 샬 신부는 이 영예롭고도 의식儀式을 중시여기는 자리에서 물러나게 해 달라고 간청하였고, 황제는 이 간청을 받아들였다. 관례에 따르면 새로 선임된 흠천감 역관들은 첫해의 녹봉을 상관에게 진상하게 되어 있었다. 그러나 흠천감의 상관이었던 아담 샬은 청렴하게도 이런 특권을 사양하였다. 그는 전임자들이 즐기기를 좋아했던 온갖 격식과 사치를 없애버렸고, 또 문지기의 숫자도 크게 줄였다. 그들은 관아를 드나드는 사람을 가로막으면서, 그들에게서 돈을 뜯어내고, 관아에 대한 접근을 막는 허세를 부리고 있었다. 그러나 이런 온갖 개혁에도 불구하고 오히려 이러한 개혁은 커다란 분란의 원인이 되었고, 또 아담 샬 신부의 속을 크게 태우게 된다.

예수회 신부들이 청나라 조정에서 흠천감 감정이라는 자리를 차지하는 것은 선교를 성공으로 이끄는 데 큰 도움이 되었으나, 반대로 자주 큰 해로움을 끼치는 일도 발생했다.[189] 흠천감에는 70명의 역관들 외에도 100명이나 되는 임시직원들이 있었다. 빈자리가 생기면 감정인 아담 샬 신부가 임명권을 행사하였다. 그러므로 임용에서 탈락한 후보자들은 물론이고 그 친척, 친구들까지 그리스도교와 선교사들과 원수가 되곤 했다. 그리스도교 성직자가 세속의 일에 크게 얽매이는 일은 일반적으로 환영할 만한 일이 아니다. 사제가 세속의 관직에 올라 하느님의 영광을 드러내고 인간구원에 보탬이 되는 경우는 많지

189) 예수회 신부들이 청나라 조정에서 흠천감 감정의 자리를 1665-1826년까지 162년 동안 차지하고 있었다.

않다. 이런 일은 모든 나라에서 있을 수 있는 일이지만, 중국에서는 심각한 문제를 야기한다. 탐욕스럽고 질투심이 많은 이들은 자국의 선비들이 아니라 외국인들이 요직에 앉는 것을 용인하지 못하기 때문이다.

제 9 장

청의 초기 건국기인 순치제 시대의 중국선교

제 9 장

청의 초기 건국기인 순치제 시대의 중국선교

만주족의 기원 설화와 아담 샬 신부의 등용

새로운 중화제국은 머지않아 온 힘을 다해 체계를 확고히 세우게 되었는데, 이는 만주족의 포용력 때문이었다고 말할 수 있다. 만주족은 그 이전까지는 광활한 숲과 넓은 강에서 가축을 돌보고 수렵하는 것 외에는 다른 것을 할 생각을 하지 않고 살았다. 하지만 그들은 자신들이 생각했던 것보다 지방을 다스리는 훌륭한 통치자와 현명한 군주가 될 자질이 있음을 깨달았다. 그들 부족에게 큰 사명이 있다는 확신이 생기면서, 그들은 자신들이 하늘에서 기적적으로 내려온 민족이고 이 땅에서 위대한 일을 성취할 운명을 가지고 태어났다고 확신하게 되었다. 제국의 진정한 정복자인 도르곤은 어린 순치제의 삼촌으로 아담 샬 신부와는 절친한 관계였고, 그와 허물없이 대화하는 사이였다. 하루는 두 사람이 대화를 주고받던 중에, 그의 가문의 기원이 별이라는 기적 같은 이야기를 들려주었다. 그는 아담 샬 신부에게 이런 말을 해 주었다.

"10세대 전에 아르길라Argila, 창구라Changura, 페굴라Fegula라는 이름을 가진 세 처녀가 하늘에서 내려와 송화강에서 목욕하고 있었다네. 페굴라는 어디서 온지 모르는 커다란 붉은 열매가 자신이 강가에 벗어놓은 겉옷 가까이에 있는 것을 보고, 그 아름다움을 감탄하며 모두 먹어버렸지. 다른 두 처녀는 뭍으로 올라와 다시 하늘로 올라갔으나 페굴라는 그들을 따라갈 수 없었는데, 임신해서 이 땅을 떠날 힘이 없었기 때문이었다네. 페굴라는 아름다운 사내아이를 낳아 젖을 먹인 후에, 강줄기들이 만들어낸 작은 섬에 그 아이를 두었다네. 그녀는 곧 물고기를 낚으러 그 섬에 올 그 아이의 후견인이 올 때까지, 그 아이를 기다리도록 했다네. 아이에게 이 말을 하고 난 후에 그녀는 하늘로 다시 올라가 버렸지. 페굴라가 말한 대로 아이는 매우 강하고 용맹한 청년으로 성장했다네. 청년에게서 자손들이 생겨났는데, 그들이 점차 그 땅에서 세력을 키웠다네. 다섯 세대가 지난 후, 아주 끔찍한 전쟁이 일어나서 한 명만 남고 모두 전멸하였는데, 살아남은 한 사람이 사막을 건너 피신하였다네. 그는 너무 피곤해서 길을 더 갈 수 없게 되자, 땅바닥에 주저앉았고, 추격자의 손에 죽을 위험에 처했지. 그러나 하늘에서 그 모습을 바라보던 페굴라가 까치를 보내어 그 머리 위에 앉도록 하였다네. 추격자는 까치가 나뭇가지에 앉아 있다고 생각하고는 지나쳐 버렸다네. 페굴라가 낳았던 그 종족의 후손은 이러한 하늘의 도움으로 구조 되었지.[190] 그가 만주족의 조상이 되었고, 그의 직계후손이 지금 베이징에서 왕좌에 오른 왕조의 창시자가 되었다네."

만주족은 이 설화를 실제로 믿고 있으며, 그들이 성스러운 혈통이라고 확신했으므로, 진정으로 성공한다는 완벽한 확신이 그들을 늘 크게 격려하였다. 그들은 또 본래 미신을 숭상했으므로, 매사에 자신들의 위대한 미래에 관한 징조를 알아내려고 했다. 따라서 여러 해 동안 추진되어왔던 역법 개정과 천문학의

190) 청나라 조정이 지극 정성으로 베이징에 있는 까치둥지를 보호한 것은 이런 기적에 대한 기억 때문이었다.

발전이, 만주족이 제국의 주인이 된 바로 그 시점에 완성된 것은 확실한 길조였다. 따라서 그들은 주저함 없이 그들의 제국이 영원할 것이라는 결론을 내렸다. 이처럼 역법의 개정과 제국의 건설이 다행스럽게도 동시에 일어났기 때문에 아담 샬 신부는 매우 유명해졌다. 탕약망이라는 이름이 조정과 지방에 널리 알려지게 되었는데, 이것이 새 왕조의 운명과 직접적으로 연관되어 있었기 때문이었다. 어린 황제인 순치는 아담 샬 신부에게 천주에게 경의를 표하고, 그의 지식과 덕망을 기리는 석판을 하사했다. 황제는 만주족이 의기양양하게 베이징에 입성한 바로 그 날에, 새 역법을 진상한 일을 두고 크게 뿌듯해했다. 황제는 "짐이 탕약망에게 큰 영예를 내리고 또한 매우 각별한 호의를 보이는 것에 아무도 놀라지 말라. 하늘이 짐에게 이 제국을 내려주신 바로 그날에, 이 탁월한 사람도 하늘이 나에게 보내주셨고, 짐은 그를 하늘이 보내준 선물로 맞이하였노라."라고 말하였다.

아담 샬 신부와 소현세자의 만남과 이별

이때 조선의 왕세자[소현세자]가 베이징에 있었다.[191] 그는 병자호란이 끝난 후에 후금後金의 정치적인 볼모가 되어 수도인 성경盛京, 즉 지금의 심양瀋陽으로 끌려왔다.[192] 대청의 왕은 중국의 황제가 되면 그를 풀어주기로 약속한 적이 있었다. 순치는 자신이 황제라고 선언하자마자 이 유명한 포로에게 한 약속을 지켰고, 세자는 귀국하기 전에 자기를 풀어준 황제에게 감사하려고

191) 소현세자(昭顯世子, 1612-1645)는 仁祖의 嫡長子였다. 육 신부는 세자를 조선의 왕이라고 잘못 쓰고 있으나, 여기서는 왕세자로 옮긴다.

192) 후금(後金)은 누르하치가 1616년 여진의 여러 부족을 통합하여 1618년에 개국한 나라로, 첫 국호는 大金이었으나, 이전의 금나라와 구분하기 위해 後金이라고 부른다. 후금의 제2대 칸인 홍타이지(崇德帝, 1592-1643)가 1637년, 조선을 침공한 것이 병자호란(丙子胡亂)이다. 그는 1635년에 부족의 이름을 여진족에서 만주족으로 바꾸었고, 1636년에는 국호도 大淸으로 바꾸었다.

[베이징으로] 오게 되었다. [소현] 세자는 베이징에 머무는 동안, 아담 샬 신부와 사귀게 되었다. 세자는 신부를 친절하게 대하며 만나는 것을 즐겼는데, 보통은 매우 자기 거처에서 신부를 매우 정중하게 맞았다. 세자는 아담 샬 신부와의 유익한 대화를 통하여 자신을 수행할 조선의 귀족들도, 조선에서는 아직 발전하지 못한 천문학, 수학과 과학과 관련된 귀중한 지식을 얻고 귀국하기를 바라고 있었다. 아담 샬 신부는 이러한 교제의 기회를 이용하여 그의 새로운 벗들에게 그리스도교의 진리를 전했다. 이들을 통해 불신자들이 사는 땅[조선]에 진정한 신앙의 씨앗을 뿌리게 될 것이라고 확신했다. 점차 두 사람이 가까워지게 되자, 서로 헤어지게 된 것을 매우 안타깝게 여겼다. 아담 샬 신부는 세자가 중국 문학에 조예가 깊다는 것을 알고, 베이징을 떠나기 며칠 전에 예수회 신부들이 종교와 과학에 관하여 쓴 모든 저서와 함께, 지구의와 아름다운 구세주상을 선물로 주었다. 이런 선물을 받은 세자는 매우 기쁜 나머지 직접 붓을 들어 아담 샬 신부에게 감사의 뜻을 전하는 편지를 보냈다. 여기에 이 흥미진진한 서신의 내용을 소개한다.

> "저는 어제 신부님께서 보내주신 구세주 상, 지구의, 유럽의 모든 과학과 지혜가 담긴 천문학 책과, 또 다른 많은 주제를 가지고 쓴 서적 등의 뜻밖의 선물을 보면서 매우 기뻤습니다. 제 부족한 말로는 감사의 마음을 표현하지 못하겠습니다. 이러한 귀한 서적들을 살펴보면서, 그 속에 저의 심경을 변화시키며 덕성을 기르는 진리가 들어 있다는 생각을 했습니다. 이 숭고한 교리는 지성의 빛이 희미하고 어두운 우리나라[조선]에는 아직까지 알려지지 않은 것입니다. 성상은 위엄을 갖춘 것이어서, 벽에 걸어 놓으니, 누구나 그것을 쳐다보기만 해도 마음의 평온해지고 또 때가 씻기는 것 같은 느낌을 가지게 됩니다. 지구의와 천문학 서적은 어느 나라에서나 꼭 필요한 서적인데, 제가 무슨 행운으로 그러한 것들을 얻게 되었는지 모르겠습니다. 우리나라에도 물론 같은 종류의 서책들이 있으나, 거

기에는 오류가 많고 또 여러 세기를 지나면서 [그 내용이] 점점 더 [과학적] 진실에서 멀어지고 있다는 말씀을 반드시 드려야겠습니다. 신부님께서 저를 이처럼 풍요롭게 해주셨으니 제 마음이 어찌 기쁘지 않겠습니까? 귀국하게 되면 이 귀중한 선물을 제 궁궐에 소중히 간직하겠습니다. 반드시 이 서책들을 판각하여 학자들과 과학자들이 읽도록 보급하겠습니다. 이렇게 함으로써 제 신하들이 행운을 만나 황무지에서 벗어나 박식함의 전당으로 들어가게 될 것이고, 조선은 유럽의 학자들로부터 그러한 복을 받았음을 알게 될 것입니다.

그리고 우리는 각각 대양이 갈라놓은 먼 나라에서 온 국적이 서로 다른 사람들인데, 이처럼 외국 땅에서 만나게 되었고, 마치 혈육처럼 서로를 아끼게 되었습니다. 어떤 보이지 않는 힘이 이 모든 일을 이루게 하였는지 저는 알 수 없습니다. 그러나 고백하건대, 사람의 영혼들은, 지상에서 아무리 멀리 떨어진 사이라 해도, 지식으로 하나가 된다는 사실입니다. 이제 제게는 이 서적들과 성상을 가지고 고국으로 돌아가는 행복감 말고 다른 것은 염두에도 없습니다. 그러나 제 신하들은 성스러운 예배에 관하여 들어 본 적도 없고, 또 그들이 잘못된 관행으로 천주의 위엄을 거스를 것이라 생각하니, 제 마음에는 불안과 염려가 많습니다. 따라서 제가 그동안 생각한 것은, 허락해 주신다면 성상을 신부님께 되돌려 드리고 싶다는 것입니다. 성상이 마땅히 받으셔야만 할 경배를 만약에 받지 못하신다면, 저는 대죄를 저지를 수밖에 없기 때문입니다. 제가 우리나라에서 신부님께 드릴만한 것을 발견하게 된다면, 제 감사의 표시로 곧 보내드리겠습니다. 그것은 제가 신부님에게 진 무한한 빚을 갚는 조그마한 선물이 될 것입니다."

세자는 편지의 끝부분에서 구세주의 성상을 돌려드린다는 말을 함으로써, 중국식 예법에 따라 처신하였다. 그것은 단지 예절과 겸양을 표현하는 방식일 뿐이었다. 여러 품목이 뒤섞인 선물을 받게 되면, 그 가운데서 가장 고귀한 것을 돌려주는 것이 예법에 맞는다고 생각하기 때문이었다. 아담 샬 신부는 세자에게 성상을 가지고 가라고 간청하였고, 조선인들에게 그리스도교를 전파하기 위해 세자가 전도사 한 사람을 데리고 갈 수 있겠는지를 물었다. 세자는 "모든 선물을 기쁘게 받았고," "저희에게 가르침을 줄, 당신의 유럽인 동료 한 분을 제가 모시고 갔으면 좋겠습니다. 누구를 보내주시든지 불문하고, 저는 그분을 신부님의 대리인으로 여기겠습니다."라는 말을 덧붙였다.

세자는 그리스도교를 받아들이는데 호의적이었지만, 당시에 중국에 있는 선교사들의 숫자가 적었기 때문에 조선으로 파송할 선교사들을 구할 수 없었다. 또 청나라 황제들이 정책적으로 조선인들과 중국인들 사이의 교류를 금지했으므로 이 일은 성사되지 않았다. 두 나라의 백성들은 특정 기간을 제외하고는 서로 왕래할 수 없었는데, 사절을 보낼 때도 사전에 인원수를 제한하였으며, 사절도 단지 아주 짧게 제한된 기간에만 남아서 장사할 수 있었다. 그 뒤로 프란체스코회 수도사 몇몇이 조선 땅을 밟기 위해 육로와 해로로 많은 시도를 하다가, 마침내 조선의 사신 하나가 귀한 복음의 씨앗을 찾아서 오게 되었는데, 자기 나라에 그 씨앗을 심으려는 생각이었다. 앞으로 이 문제를 다시 거론할 기회가 있을 것이다.[193]

권력을 탐하던 섭정 도르곤에게 직언했던 아담 샬 신부

어린 황제 순치가 자금성에서 성장하고 있는 동안에, 제국의 진정한 건국자

193) (원주) 앞서서 17세기 초 일본군의 조선 침략에 대해 언급한 적이 있다. 이 때 일본군 장수들 가운데 그리스도교인이 있었고, 이들이 이끄는 원정군을 따라 예수회 선교사 몇이 조선에 입국하였으며, 많은 조선인들이 세례를 받았다. 샤를부아(Pierre François Xavier de Charlevoix, 1682-1761)는 "선교사들의 설교에 설득되었다기보다는 선교사들이 조선인들에게 보여준 덕행 때문에 더 감화되었다"고 하였다. History and General Description of Japan, vol. I, p. 609.

인 그의 삼촌은 각 성의 행정을 정비하면서 중국 남부에서 전 왕조의 잔당들과 싸움을 벌이고 있었다. 이 잔당들은 여기저기서 청 왕조를 타도하기 위해 산발적인 공격을 하고 있었다. 순치는 나이는 어렸지만 아주 영리한 황제였다. 그는 어린 나이에도 불구하고 공적인 일에 성실히 몰두하였고, 열의와 능력을 보여주어 그의 삼촌이 오랫동안 섭정하기를 바라는 사람들의 심기를 불편하게 만들었다. 도르곤은 이 조카인 황제에게 큰 애정을 가졌으나 권력을 사랑했다. 그는 여러 해 동안 제국을 혼자서 지배하는 데 익숙해져 있었으므로, 어린 황제가 빠르게 성장하는 것을 불안해했다. 그는 정권의 통제력이 점점 자신에게서 벗어나는 것을 못마땅하게 여겨서, 보호 하에 있던 황제가 자신에게 순종하게 만들어야겠다고 생각했다. 자신의 통치 기간을 가능한 한 오래 지속시키기 위해 이미 부담스러워진 어린 황제를 통치에서 손을 떼도록 할 생각을 하였다. 이를 위해 그는 수도 인근에 큰 도시를 세울 터를 잡고 관청들과 6부를 데리고 그곳으로 옮겨가고자 했다. 물론 상인들과 선비들과 승려들은 순치와 함께 베이징에 남겨두기로 했다. 이런 거대한 계획을 실천에 옮기려면 엄청난 돈을 사용해야 했으므로 국고가 바닥나게 되었다. 백성들에게서 더 많은 세금을 거두었고, 각 가정에서 노동자를 뽑아야만 했는데, 그들은 보수도 받지 못하고 수많은 강제노역에 동원되었다. 권력을 지나치게 좋아하여 눈이 멀게 된 도르곤은 어느 면으로는 현명한 사람이었고 많은 좋은 자질을 갖춘 사람이었다.

이 무렵에 이미 멸망한 왕조[명]의 지지자들은 조직을 재건하려고 남쪽 지방으로 내려갔다. 전해지기로는 그곳에 명 황실의 일가가 살고 있다고 한다. 그들은 당시 자신들에게 부과된 지나친 세금에 격분하여, 공공연하게 불만을 토로했고, 만주족은 손에 넣은 지 얼마 되지 않은 제국을 잃을까 봐 염려하고 있었다. 사람들은 도르곤이 두려운 나머지 아무도 그에게 위험이 다가왔다는 것을 경고하거나, 정신 나간 생각을 버리라고 촉구하지 못했다. 그러나 베이징에는 백성들의 참상을 보면서 깊은 연민에 빠진 한 사람이 있었다. 그는 내전이 다시 불붙게 되는 것을 두려워하면서 용기를 내어 도르곤에게 진언하여, 권력자의 주변을 둘러싼 거짓 침묵을 깨뜨리려 하였다. 이 사람은 바로 가톨릭 선교사 아담 샬이었다. 그가 가진 흠천감 감정이라는 벼슬이 주는 영향력과 권위에 힘입어, 그는 감히 섭정 왕에게 경고하였다. 제국 전역에 경고의 표지들이 나타나고 있다는 것을 먼저 알리고 나서, 백성들에게 평화를 되찾아주기 위해서는 이 대도시를 세우겠다는 불길한 계획을 마땅히 취소해야만 하는데, 그 일을 감행한다면 제국이 전복될 수도 있기 때문이라고 말했다.

새 도시 건설이 활발하게 진척되고 있었고, 앞으로 이 새 도시에 입주할 관리들이 도르곤의 궁전에 모여 회의를 하고 있었다. 이때 아담 샬 신부의 경고 서한이 전달되었다. 섭정은 이 용감한 항의의 편지를 빠르게, 큰 목소리로 읽기 시작하였으나, 화가 치민 나머지 끝까지 다 읽지 못했다. 그는 "어찌하여 탕약망이 이처럼 대담하게 내게 말하는가?"라고 큰 소리로 말하였다. 그 자리에 있던 조신 한 명이, "그 유럽인이 자신의 권위나 흠천감의 직무 범위를 벗어난 말을 한 것은 아닙니다. 섭정께서 그가 지나치다고 생각하시어 꾸짖으신다면, 그는 앞으로 입을 다물 것이고, 제국은 충언을 듣는 기회를 잃을 것입니다."라고 답하였다. 이에 도르곤은 냉정을 되찾고 심각하게 반성하기 시작했다. 그 이튿날 그는 아담 샬 신부를 불러, 신중하고도 지혜 있는 경고를 보내주어 흠천감 감정으로서의 책무를 다했다고 말해 주었다. 이로써 대도시 신설계획은 백지화되었고, 모든 건설을 중단하고 부역자들을 집으로 돌려보내라는 명이 떨어졌다. 이 사건으로 만주족들과 한족들 모두 아담 샬 신부가 이로운 사람이라고 생각하게 했고, 그리스도교와 선교사들에게 큰 존경을 나타냈다.

섭정 도르곤이 새 도시 건설을 백지화한다고 포고한 날에도, 베이징 감옥에는 여전히 700명이 넘는 비참한 사람들이 자신이 일하던 사업장에서 차출되어 새 도시의 건설에 투입되고 있었다. 그들은 함께 신음하며 쓰러진 채 무서운 지하 감옥에 갇혀 있었는데, 갑자기 쇠사슬이 풀리면서 자유를 되찾게 되었다. 그들은 그들에게 이러한 행복을 안겨주기 위해 애써 준 사람이 천주교 선교사 탕약망이라는 것을 알게 되자마자, 무리를 지어 교당으로 몰려가 바닥에 엎드려 감사의 표시로 이마를 땅에 대었다. 교당 주변의 거리에는 온통 이 가난한 노동자들로 가득했고, 그들은 교당을 향해 두 팔을 뻗고는, 그들에게 자유를 되찾게 해준 "서방에서 온 성자"에게 큰 목소리로 감사를 표했다. 아담 샬 신부가 생명을 되찾게 된 많은 사람이 감사하는 소리를 듣게 되었을 때 그의 마음이 얼마나 벅찼겠는가! 예수회 신부들은 예술과 과학에 헌신하여 베이징의 조정을 기쁘게 하려고 애썼다는 점 때문에 종종 비난을 받을 때가 있었다. 그러나 이런 비난을 일삼는 사람들이 신부들이 끼친 긍정적인 영향을 고려한다면 그 선교사들에 대한 판단을 조금 더 공정하게 할 것이다. 자비를 베푸는 것이 매우 유창한 설교를 하는 것보다 그리스도교를 전파할 때 더 위력이 있다.

탕약망의 이름은 사람들의 입에 오르내리게 되었다. 어른이나 아이나, 한족이나 만주족이나, 모두가 한마음으로 그를 칭송하였다. 중신들도 그를 만나러 가서 과학과 종교에 관한 담론을 나누는 것을 영광으로 여기는 듯했다. 물론 이런 방문자들이 모두 그리스도교를 받아들이는 것은 아니었으나, 이 뛰어난 선교사는 그 명성을 가지고 하느님의 영광을 드러내고 영혼들을 구제하는데 크게 기여했다. 아담 샬 신부의 벗들이 여러 성의 총독으로 임명되었고, 이들은 천주교 교구장과의 관계를 생각해서 자기 성에 사는 그리스도인들에게 은전을 베풀었다. 중국 전체에서 탕약망을 모르는 사람이 없었으며, 그 이름은 선교사들에게 적들의 과녁을 피하는 방패가 되기도 하였다. 어느 날 프란치스코 페라리Francis Ferrari 신부가 지방 수령 앞으로 끌려 나와 사교를 전파했다는 이유로 태형을 당하게 되었는데, 관아에 있던 사람 하나가 그가 유명한 탕약망의 친구라고 소리쳤다.[194] 이 말에 관리는 자리에서 일어나 수천 마디의 사과 말을 한 후에 그를 호위하여 집까지 모시도록 명하였다. 우리가 이미 본 대로 아담 샬 신부의 이름을 댄 것만으로 부글리오와 마갈아에스 두 신부가 만주족 부대 한가운데서 화살을 맞고 쓰러져 있으면서도 목숨을 구한 적이 있었다.

명 황제의 후예들의 왕조 복권 노력

선교사들이 중국 북부에서 만청의 호의와 보호 가운데 활동하고 있을 때, 남부의 여러 성에 흩어져서 복음을 전하고 있던 동료들은 왕권 회복에 헛된 노력을 하고 있던 명 왕조 후예들로부터 친절한 대접을 받고 있었다. 우리는 앞에서 숭정제가 잔혹한 자비심을 베풀어 공주를 죽이려 한 다음에, 궁궐 후원에 있는 나무에 목을 매달아 비참한 최후를 맞은 일에 관해 이야기했다. 이 불행한 군주에게는 세 황자가 있었는데, 그 가운데 두 어린 황자들은 반란군의 우두머리 이자성의 흉포한 부하들 손에 학살당했다. 그러나 18살이었던 큰 황자는 도주에 성공하여 변장한 채 남부의 여러 성을 전전하였다. 그가 마침내 어느 부잣집의 하인으로 자리를 잡게 되자, 외로움을 달래려고 독서와 시를 지으며 시간을 보냈다고 한다. 그는 자기의 황위를 찬탈한 자들을 원망하는 풍자시를 지어, 황위를 잃은 것을 탄식했고, 거문고 소리에 맞추어 노래를 불렀다. 그러나 부잣집 주인은 하인을 원했던 것이지, 시인을 원한 것은 아니었으므로 그를 거칠게 대했기 때문에, 이 불운의 황자는 다른 피난처를 찾아 나서야만 했다.

---

194) 저자인 육 신부는 이 신부의 이름을 프란치스코 페라리(Francisco Ferrari)라고 밝히고 있으나, 기안프란체스코 페라리(Gianfrancesco Ferrari 1609-1671) 선교사일 확률이 높다. 그는 『論語』를 번역한 사람 중의 한 명이었다.

황자는 전에 황은을 입었던 한 나이 든 관리에게로 갔는데, 황제가 베푼 은전을 기억하여 도망자 신세인 불쌍한 황자를 따뜻하게 맞아 주리라는 기대가 있었기 때문이었다. 하지만 이 관리는 더 이상 은총을 베풀 수 있는 자리에 있지 않은 이 사람들에게 어떻게 감사를 표해야 하는지를 모르는 사람처럼 행동했다. 명나라 황제의 총애를 받던 이 관리는 자기 명예를 더럽힐 마음이 조금도 없었으므로, 매정하게도 자기가 모셨던 주인의 상속자에게 문을 열어주지 않았다. 그가 황자임이 발각이라도 되면 같이 망하게 될 것이라는 염려가 앞섰던 까닭이었다. 그렇게 되자 이 불운한 황자는 산서성 산중에서 방랑생활을 다시 시작하였지만, 배고픔과 고통에 시달린 나머지, 외조부가 사는 피난처를 찾아 나서기로 하였다. 외조부는 남에게 싫은 말을 하지 못하는, 가난하게 한가로움을 즐기는 노인이었으므로 만청이 그를 풀어주었던 것이다. 황자는 고산지대 한가운데 깊은 협곡에 있는 초막을 찾아 길을 나섰고, 마침내 외조부를 찾아내었는데 곁에는 젊은 여자가 한 명 있었다. 바로 황자의 친누이로, 숭정제가 자결하기 전에 죽이려 하였으나 칼을 잘못 겨누는 바람에 한 손이 잘려나간 바로 그 공주였다. 이 두 젊은이는 아시아 최강의 군주가 사는 궁궐에서, 온갖 사치와 쾌락을 누리며, 함께 성장하였다. 의심할 나위도 없이, 그들의 장래는 찬란하리라는 꿈을 꾸며 살았을 것이다. 그러나 이제 쫓기는 방랑자 신세가 되어, 황무지에서 반도들의 살육을 피하는 장소를 찾다가 우연히 다시 만나게 되었다. 그 만남이 얼마나 애절하였을지 상상해 보라. 아마도 큰 비탄과 위로가 함께 했을 것이다. 덕망이 높은 백발의 노인, 사랑하는 아버지의 필사적인 행동으로 불구가 된 젊은 공주, 세상에서 가장 위대한 왕위의 계승자였던 젊은 황자, 이 세 사람이 피할 곳을 찾다가 깊은 산속에 있는 숲에 감추어진 초막에서 마침내 서로 만나게 되었던 것이다.

무너진 명 왕조의 후예들 모두가 왕좌를 빼앗은 만청세력에 굴복한 것은 아니었다. 숭정제의 어린 황자들, 조카들이나 사촌들은 무력에 의지하여 주변에 열렬한 한족 지지자들을 끌어 모았다. 그들 가운데 한 명이 광서성廣西省에서 상당한 군사를 모아 자신이 영력제永曆帝라고 선포했다.[195] 그는 자신의 조정을 완벽하게 재조직하고 명나라를 복구했는데, 정벌로 획득한 땅에서 일어났다.[196] 아마도 광서성은 16세기에 [중국에서] 그리스도교 선교를 처음 시작한 곳으로 기억될 것이다. 그곳에서 루지에리 신부와 리치 신부는 수많은 어려움을 이겨내고 소주韶州의 화탑花塔 근처에 거처와 교당을 짓는 데 성공한 적이 있다. 사람들은 나중에 이 화탑을 "이방인들의 탑"이라고 불렀다. 첫 가톨릭 교당을 두고 벌어졌던 갈등과 우여곡절에 관하여는 이미 언급한 바가 있으나, 노고와 인내로 그리스도교가 마침내 광서성에 단단하게 뿌리내리게 되었고, 우리가 지금 말하고 있는 시대[17세기 중반]에 와서는 여러 명의 선교사와 상당수의 새 신자들이 있는 교회로 성장하게 되었다.

명 왕조 후예들이 보여 준 선교사들에 대한 호감과 후예들 간의 알력

광서성으로 피신하였던 몰락한 왕조의 후예들은 예전에 베이징에 있을 때 리치 신부의 이름을 들어서 알고 있었다. 그들은 리치의 종교적 가르침을 들었었고, 그가 발간한 서책들을 읽은 적이 있었으며, 그리스도교가 중국에서 발전하는 것을 본 증인들이었다. 그러나 황실의 힘을 배경으로 어처구니없는 허식에 둘러싸인 채 위엄이 절정에 있던 그 좋은 시절에도 그들은 빛에 대해 눈감

195) (원주) 광서성(廣西省)은 지금[19세기 중반] 중국에서 반란이 시작된 지역과 같은 지역이며, 반란의 목적은, 이전의 반란에서처럼 청나라 세력을 몰아내는 것이었다. 영력제(永曆帝, 1649-1662년 재위)는 南明의 마지막 황제로 萬曆帝의 손자이고 崇禎帝의 사촌동생이다.

196) (원주) 영력제(永曆帝)는 1647년 광서성(廣西省)에서 황제라 선포하였고, 이어서 호남성과 복건성까지 세력의 범위를 넓혔다.

았고, 십자가 밑에 겸손하게 엎드리려고 하지 않았다. 그러나 조상들의 옥좌가 무너져 내리고 이 세상의 왕국을 영원히 잃어버릴 위험에 처해 있는 지금에 와서야, 황가의 후예들은 생각을 바꾸게 된다. 비록 왕국을 되찾으려 용감하게 싸우고는 있지만, 영원한 나라에 자신들을 위한 처소를 마련해야겠다는 생각도 하게 되었다. 하느님의 자비는 무한하셔서, 때로 환경을 놀랍게 결합하심으로 선택받은 자들의 구원을 이루신다.

중국 전역에 퍼져있던 선교사들은 이러한 격동기에 정치적 목적을 가진 어떤 단체와도 얽히지 않으려는 신중함을 보였다. 베이징에 살고 있던 선교사들이 만청의 조정에 즉각 굴복했던 것처럼, 광서성에 살고 있던 선교사들은 영력제에게 충성했다. 다른 사람들은 [세상의] 제국을 차지하려고 피범벅이 된 전투를 벌이고 있었지만, 선교사들은 평화스러운 방법으로 영혼들을 구원하는 일에 열심을 다했다. 화북華北에서는 만주족의 친구인 아담 샬 신부가 순치제의 총애를 입고 있었고, 화남華南에서는 안드레아 코플러Andreas Wolfgang Koffler 신부가 명 왕조를 가까이 하면서 영력제와 조정의 신임을 얻고 있었다.[197] 코플러 신부는 황족들을 개종시키는 일에 크게 노력을 기울였다. 그는 황제의 동의를 얻어, 여러 명의 왕자와 공주에게 세례를 주었는데, 그 가운데는 황후와 황자도 들어 있었다. 황후는 헬레나라는 세례명을 얻었고, 황자에게는 콘스탄티누스라는 세례명을 주었다. 그러나 슬프게도 그들은 훌륭한 세례명을 가지고 있었지만 그 이름을 가졌던 이들과 같이 되라는 희망을 이루지 못했다. 그럼에도 불구하고, 이 유명한 새 신자들은 신실하고 진지하게 그들이 믿게 된 새로운 종교의 의무에 헌신하였다. 그들은 명나라를 회복하는 것보다 더 진지하게 천국을 차지하는 일에 전념했다. 황후 헬레나는

197) 안드레아 코플러(Andreas Wolfgang Koffler)는 오스트리아 출신의 예수회 선교사였다. 1527년 예수회에 입회하였고, 기상 악화로 1차 중국 입국 시도는 실패했다가 고아와 자카르타를 거쳐 1645년부터 영력제의 조정에 일했다. 많은 황족들을 개종시켰는데, 그 가운데는 황태후, 황태자, 龐天壽와 같은 환관도 있었다.

효심의 표시로 교황에게 공물을 바치려고, 폴란드 출신의 예수회 신부인 보임 Boym을 통하여 성 베드로의 자리를 차지하고 있는 교황 알렉산데르 8세에게 서신을 보내려고 하였다.[198] 그러나 정치적인 변화가 생기는 바람에 명 왕조의 기대는 산산조각이 났고, 또 그리스도교를 널리 전파하겠다는 헬레나 황후의 원대한 계획도 좌절되어, 보임 신부는 중국 해안을 벗어날 수 없었다.

명 왕조의 정통성을 되찾기 위해 광서성에서 일어난 일은 승승장구하고 있던 만청 왕조에게는 큰 골칫거리였다. 그러나 만청에게는 다행스러운 일이 발생했다. 명 왕조에서 또 다른 왕자가 나타나 남경에서 황제로 즉위하면서, 명의 세력이 양분되게 되었기 때문이다. 이에 따라 만청의 적들은 구심점을 잃어버리고, 어느 편으로 갈 지 모른 채, 남경에서 광서성으로, 다시 광서성에서 남경으로, 운이 좋아보는 대로 이리저리 옮겨 다녔다. 이 때 황제로 자처하는 제 3의 왕자가 나타나는 바람에 상황이 더욱 복잡해졌는데, 실제로 그가 돌아가신 황제의 적자였고, 황위의 진정한 계승자여서 세 명 가운데 가장 적통이었다. 제 3의 왕자는 피난처를 찾아 외조부의 집으로 갔고, 그곳에서 여동생을 만났던 인물이다. 그는 조용히 숨어서 세상을 잊고 살다가 자기의 친척 둘이 황가의 지지자들을 모아 제국을 회복하려 한다는 말을 듣게 되었다. 그 소식에 충격을 받아 이 젊은이의 혈관에 흐르던 황제 가문의 피가 다시 끓어오르게 되었다. 그는 이방 민족이 자신의 권리를 침해한 데에는 잠잠했으나, 자기 친척들의 권리 침해에는 분노를 억누를 수 없었다. 자기 신하들 가운데 하나가 옥좌

198) 보임(Micha Boym, 卜彌格, 1612–1659)은 폴란드 태생의 예수회 선교사이자 과학자, 탐험가였다. 1631년 예수회에 입회하였고, 중국에서 코플러와 함께 활동하면서 많은 황족에게 복음을 전했다. 황후의 편지를 교황청, 예수회, 포르투갈, 베네치아 등에 전하기 위해 출발했으나 고아에서 포르투갈을 반대로 유럽으로의 항해가 불가능했다. 그는 도보로 서 아시아를 횡단해서 1652년 베네치아에 도착했다. 당시 유럽은 명대의 중국과 청대의 중국 사이에 선택해야 했으므로 보임의 편지에 이중적인 태도로 대했다. 보임 선교사는 1656년 다시 고아로 돌아왔으나 포르투갈 총독의 반대로 마카오로 갈 수 없게 되었다. 결국 그는 태국과 베트남 하노이를 거쳐 육로로 걸어서 1659년에 광서에 도착했으나 그곳에서 순직하였다. 그가 유럽으로 돌아갈 때 가져갔던 아시아 지도에서 처음으로 조선이 반도 국가로 묘사되어 있다. 그가 남긴 책은 중국의 식물도감인 『Flora Sinensis』인데, 1656년 비엔나에서 출간되었다. 중국의 약초와 한방에 대한 책도 남겼다.

에 앉아있는 것을 본다고 생각하면 만주족 정복자가 옥좌를 차지하는 것보다 더 고통스러울 듯했다. 따라서 그는 누이동생에게 작별을 고하고 남경으로 가서, 자신이 숭정제의 아들이며 명 왕조의 유일한 적통이라고 밝혔다. 이러한 갑작스러운 출현에 한족들은 큰 혼란에 빠졌고, 어떤 이는 황태자를 지지하고, 어떤 이는 황태자를 반대한다는 입장을 밝혔다. 그러나 남경에서 황제라고 선언했던 먼 친척은 황태자를 적법한 군주로 인정하기를 거부하고 황태자를 사기꾼으로 몰아, 그를 옥에 가두었다.

명 왕조의 후예들을 모두 무너뜨린 도르곤

이 소식이 베이징에 전해지자 청나라 조정은 적진의 무정부상태를 이용하여 결정적인 타격을 가함으로써 한 번에 모든 왕위 주장자들을 섬멸하기로 결정했다. 용맹스런 섭정 왕 도르곤은 직접 대군을 이끌고 남경으로 진군하였다. 그는 아무런 방해를 받지 않은 채 황하를 건너, 양자강 강가에 군영을 설치했다. 만청군은 몇 차례의 격렬한 전쟁을 치룬 후에, 양자강을 건너 남경을 기습하여 점령하였다. 상대가 가짜라고 몰아붙이던 두 왕위 주장자들은 도르곤의 손에 생포되어 베이징으로 압송되었고, 중요 지지자들과 함께 처형되었다. 청나라 조정이 원수들을 이처럼 처참하게 처형시키고 있을 때, 도르곤은 거침없이 승리의 가도를 달리고 있었다. 남경을 함락시킨 후에 그는 번개처럼 빠르고 무섭게 광서성에 있는 세 번째의 왕위 주장자에게 들이닥쳤다. 잠시 복원되었던 명 왕조는 만청 기병대의 일격에 무너져버렸다. 영력제는 태자 콘스탄티누스와 함께 궁궐에서 살해되었고, 황후 헬레나는 베이징으로 압송되었는데, 예배를 드리면서 자신에게 닥친 불행을 위로하였다. 아담 샬 신부가 가끔 그녀를 찾아 성직자로서 위로를 베풀었는데, 선교사들의 편지를 보면 황후는 불행하기 짝이 없는 이 고초를 참다운 그리스도인만이 가질 수 있는 용기로 이겨냈다고 한다.

도르곤의 죽음과 성년이 된 황제의 친정

도르곤은 영광스러운 모습으로 온 시민의 환호 속에 베이징으로 개선하였는데, 만주족들은 물론 한족들까지도 이 섭정 왕의 무용과 뛰어난 자질을 크게 칭송하였다. 하지만 빛나는 개선을 한 후 며칠이 지나 이 걸출한 정복자이며 조정자이고 제국 제일의 행정가였던 도르곤은 죽음 앞에 무릎을 꿇었다. 도르곤이 죽었을 때 황제의 나이가 열네 살이었는데, 국법에 따르면 성년이 된 셈이었다. 섭정들은 어린 군주를 한동안 지도하려고 애썼으나, 순치가 가능한 한 빨리 조정을 지배해야만 한다고 큰 소리로 요구하는 조신들의 여론에 밀리고 말았다. 이 청년은 조숙하였고 나이를 뛰어넘는 정신력 때문에 일찍이 사람들의 주목을 받았다. 그에게는 지력, 활동력과 용기가 충만하였고, 성인 못지않은 설득력을 가지고 있었으며 강인한 결단력도 가지고 있었다. 그는 아담 샬 신부에 대한 강한 애정을 가지고 있었고, 신부와 오랜 대화를 나누면서, 신부가 진지하고도 유용한 주제를 가지고 말하면 항상 듣는 편이었다. 이 뛰어난 선교사와 잦은 접촉을 하였으므로 순치제는 천성으로 받은 귀한 자질을 계발하는 데 성공했다. 그가 성년이 된 뒤에 섭정들이 자신들의 손에서 최고의 권력을 놓지 않으려는 것을 알게 되었다. 이 때문에 베이징에서는 전례가 없는 정치적인 움직임이 나타나게 되었다.

조신들과 상서들, 그리고 중앙관서의 모든 관리들이 자금성으로 엄숙하게 행렬을 지어 문 앞으로 와서, 자신들의 권위를 상징하는 패를 내려놓았다. 그들은 젊은 황제가 친정을 하지 않고, 또 최고의 권력을 행사하지 않는다면, 내려놓은 패를 거두지 않겠다고 선언하였다. 이에 순치는 섭정제도를 더 이상 두지 않겠다고 선언하면서, 제국의 수장 자리를 과감하게 받아들였다. 이어 순치는 만주족의 왕자들과 대관들을 모두 소집하여 그들에게 가르침을 하달하였는데, 그 기량과 힘 있는 교시 때문에 나이든 한족 정치인들과 만청 무인들 모두가 큰 감동을 받았다. 그 교시에는 유럽인 탕약망에 대한 찬사도 들어있었다.

청 황제 순치를 위한 아담 샬 신부의 진언들

아담 샬 신부는 젊은 황제에 대한 영향력을 명예롭고 불안하게 여기면서도 선교라는 성스러운 목적을 소홀히 한 적이 없었다. 그는 황제와의 친근한 관계를 이용하여 두 가지 상소를 올렸다. 하나는 이자성의 반란군들이 불태워버린 성벽과 황궁을 복구하자는 것으로, 큰 갈채를 받으며 즉시 허락되었다. 다른 하나는 좀 더 미묘하고 어려운 내용이었다. 불교라는 미신에 크게 중독된 황태후는 젊은 황제가 불교와 가까이 할 것을 원했지만 별 성과가 없었다. 도르곤이 죽고 나자 불승들이 서둘러 순치 주위로 모여들게 되었는데, 그들은 황제에게서 붓다를 위한 수많은 불탑을 온 나라에 세우겠다는 약속을 받아내는 것에 만족하지 않았다. 그들은 황제가 공공연히 또 정식으로 부처의 제자임을 공표하기를 원하였다. 이 불승들은 뻔뻔하게도 황제가 자신들의 소원을 들어주지 않으면, 그해 8월에 서거하게 될 거라는 말을 내뱉기에 이르렀다. 아담 샬 신부는 어린 황제가 그런 개탄스러운 상황에 빠진 것을 보고 괴로운 나머지, 두 번째 상소에서 자신이 품고 있는 불승들과 불교의 미신에 관한 의견을 솔직하게 말하였다. 그 내용은 다음과 같다.

"황제의 교사가 될 만한 아무런 자격도 없는, 무지하고 덕성도 없는 자들의 손에 제국의 운명을 맡기는 것은 수치스러운 일입니다. 불승들이 악령을 물리칠 어떤 능력을 가지고 있다는 것은 진실이 아니며, 그들이 탑 꼭대기와 집 지붕에 걸어놓는 작은 깃발들은 단지 바람의 장난감일 뿐입니다. 그 깃발들은 하느님의 전능하신 능력 아래 있는 영들에게 아무런 영향을 끼치지 못합니다. 이 작은 깃발을 가지고는 영들을 저지할 수 없습니다. 왜냐면 영들은, 하느님께서 허락하시면, 벽을 뚫고 공중을 날거나 땅속을 뚫고 지나가기 때문입니다. 영들에게는 아무런 장애물이 없습니다. 육신은 육신만을 막을 수 있으며, 불승들은 영들이 오가는 것을 막을 힘이 없으므로, 영들이 언제나 오고갈 수 있습니다. 불승들은 또한 미래의 일을 알 수 없습니다. 인간의 생사는 오직 하느님의 손에 달려 있습니다."

순치는 자기의 신하인 흠천감 감정의 상소를 주의 깊게 읽고 나서, 주위에 있는 사람들에게 외쳤다. "짐은 이 현명한 노인이 언제나 짐에게 진실을 말해준다고 알고 있노라. 짐에게 미리 경고해 주지 못한 것이 얼마나 안타까운 일인가!" 황제는 불탑을 하나 짓기로 불승들과 이미 약속했고, 다른 불탑들을 세우라고 많은 돈을 건네주었었다. 황제는 아담 샬 신부의 상소문을 읽은 후에 그렇게 조치를 한 것을 후회를 하는 듯 보였지만, 모후의 조언을 들은 후에 약속을 철회하겠다고 생각했다. 이에 황제는 상소문을 모후에게 보냈으나, 모후는 말 한 마디 없이 머리만 숙일 뿐이었다. 아담 샬 신부가 올린 상소가 본인이 원했던 것처럼 성공적인 것은 아니어서 황제로부터 공식적인 [불탑 건축에 대한] 금지조치를 얻어내지는 못했지만, 불승들에게 불만을 가지고 있던 예부가 불탑건설을 계속하는 것을 금지하는 조치를 내릴 수 있는 계기를 마련해 주었다.

아담 샬 신부는 황제에게 계속하여 큰 영향력을 행사하였다. 황제는 신부를 늘 "마파Maffa"라고 부르곤 했는데, 이 말은 만주어로 굳이 번역하면 "덕망이 있는 노인"이라는 말이다. 이 열성적인 선교사는 천성적으로 뛰어난 기품을 가진 젊은 군주에게 유익한 조언을 하는 일에 자신이 가진 모든 영향력을 동원하였지만 황제 주위에서 어른거리는 유혹 때문에 허사가 되곤 했다. 신부가 공식적으로 하는 일은 황제에게 거대한 제국의 수장에게 필요한 덕목에 관하여 진언하는 것이었다. 감각적인 기쁨을 지나치게 탐닉하는 것은 백성들의 행복과 복지를 위하여 황제가 품어야 할 품성에 어울리지 않는다는 것에 관하여 용감하게 충언했다. 어느 날 두 사람은 좋은 행정체제를 만드는 방법에 관하여 허물없는 대화를 나누던 중에 황제가 물었다. "마파, 관리들과 지방관들이 그들의 직무를 소홀히 하는 것은 무슨 연유입니까? 저는 그들을 잘 대해주고 있는데 그 소홀함의 연유가 궁금합니다." 이에 아담 샬 신부는 "폐하, 관리들은 틀림없이 폐하께서 종종 제국의 이익을 위해 전념할 필요가 없는 것처럼 행동하실 때가 있음을 알아차리고, 그러한 폐하의 행동을 닮으려고 애쓰고 있습니다. 그것이 관리들이 직무를 소홀히 하는 이유입니다."라고 답하였다. 대답이 약간 지나칠 정도여서 황제가 불쑥 일어나 나가버렸으나, 정말로 기분이 상한 것은 아니었다. 황제가 자신의 조언이 너무 심하였다고 염려했던 마파에게 곧바로 다과를 보낸 것을 보면 그것을 알 수 있다.

순치는 사냥을 매우 좋아하여 이 오락에 16살이 된 황제의 열정이 모두 바쳐졌다. 황제의 권력은 몸짓 하나로 제국의 모든 귀족들을 움직이기에 충분하며, 그들은 황제가 좋아하는 것을 서로 만족시키려고 앞 다투어 나선다. 사냥에 대한 황제의 열정은 만주족의 기질에 속한 것이었다. 황제는 비록 화려한 중국문화에 심취해 있었지만, 아직 만주족의 기질이 남아있었기 때문에 유목민들이 좋아하는 활달한 육체운동에 대한 취향을 보여주었다. 황제의 사냥은 대규모 군사원정에 맞먹을 정도로 치러지는데, 몽골의 칸들과 팔기八旗의 대장들이 이 사냥에 초대되었다. 초대를 받은 귀족들은 많은 사람과 기병들과 짐 실은 낙타들을 몰고 베이징으로 왔으며, 이 사냥꾼 부대는 어디를 가든지 그 지역을 황폐하고 황량하게 만들어 버렸다.

어느 날 순치는 장성 너머에서 사냥대회를 하라고 명했고, 이 소식 때문에 베이징과 몽골 사이에 살고 있는 주민들은 실의에 빠졌다. 왜냐하면 이러한 명령은 바로 그들의 파멸을 뜻하는 것과 다름이 없기 때문이었다. 사람들은 이 사냥대회 때문에 수많은 가구가 궁핍해지고 절망에 빠지게 될 것이라는 사실을 잘 알고 있었다. 하지만 그 누구도 그렇다고 말하는 사람은 없었으며, 이 떠들썩한 축제를 위한 준비로 베이징 부근에는 벌써 드넓은 야영장이 마련되었고, 이 야영장에서는 호전적인 사냥꾼 부대가 베이징을 에워쌀 준비를 하고 있었다.

그러나 아담 샬 신부는 그리스도인으로서의 사랑을 가졌으므로 백성들이 당할 고통에 대한 생각으로 가득해서, 황제에게 가서 선교사로서의 매우 정직한 자세로 이 사냥대회가 대재앙을 부를 것이므로 이를 삼가야만 한다고 말하였다. 황제는 크게 놀라서 "짐이 이 문제를 두고 온 나라의 왕자들과 귀족들의 자문을 받았는데, 그들은 모두 이 대회를 여는 것에 찬성하였습니다."라고 말하였다. 이에 대해 아담 샬 신부는, "반일에 폐하께서 이전에 이 사냥을 하시겠다는 소원을 말씀하셨다면 누구도 감히 이에 대한 반론을 펴지 못했을 것입니다. 폐하께서는 자신들의 농토가 못쓰게 되어버릴 가난한 농부들의 마음을 헤아리셔야만 합니다. 그렇게 하셨다면 이렇게 무장한 사냥대회에 찬성하는 사람을 단 한 사람도 찾아내지 못하셨을 것입니다. 부디 민생을 위해 폐하께서 스스로 생각을 거두시기를 간청 드립니다. 이런 소란을 떨며 경작지로 가면서 연도에 사는 모든 백성을 짓밟는 대신에, 궁성에 머물러 계시면서 제국을 다스리는 일에 전념하시는 것이 좋을 것입니다."라고 말하였다. 순치는 이러한 질책에 아무런 답이 없었고, 아담 샬 신부는 어전에서 물러났다. 그런데 신부가 교당으로 돌아오자 수많은 만주족 기병대가 떠나는 것을 보게 되었는데, 무슨 연고인가를 물었더니, 황제가 사냥대회를 철회하여서 그들이 몽골 초원으로 돌아가는 것이라는 말을 듣게 되었다.

만주족의 옛 법에 따르면 왕이 전장에서 죽으면, 왕과 함께 있던 군대의 부대장들은 왕의 명으로 다른 곳에서 작전하고 있다는 것을 입증하지 않는 한 사형에 처하도록 규정하고 있었다. 그래서 만주족의 부대장들은 목숨을 걸고 왕을 지켜야만 했다. 1653년에 남부에서 커다란 반란이 일어나자 청 왕조는 원정군을 그곳에 보내게 되었다. 만주족 왕자가 대장이 되었는데, 그는 매우 용맹한 사람이었고 전승의 영광을 독차지하려 하였으므로, 본대는 뒤에 남겨둔 채 소수의 선발대만을 이끌고 적진으로 들어갔다. 그는 [승리를 확신했으므로] 다른 부대장과 그 승리의 영광을 나누고 싶지 않았기 때문이었다. 그는 곧 적군을 만나 전투를 벌이게 되었는데, 그가 가진 병력만으로 그런 전투를 벌인다는 것은 무리였다. 하지만 본대가 오기를 기다린다면 겁쟁이로 여겨질 것이 두려운 나머지, 왕자 대장은 반도의 대군 속으로 성급하게 뛰어들었다. 그는 사자처럼 용맹스럽게 싸웠으나, 지쳐서 쓰러졌고, 수많은 화살이 그의 몸을 꿰뚫었다. 다른 부대장들이 달려와서 2만이 넘는 반란군들을 죽이고 나머지는 도망치게 만드는 대승을 거두었으나, 왕자는 이미 죽은 후였다.

병사들의 용맹은 칭찬받아 마땅한 것이었다. 그러나 베이징으로 돌아온 후에 200명의 주요 군관들은 사슬에 묶여 처형을 기다리는 신세가 되었다. 그들이 지하 감옥에서 형의 집행을 기다리고 있을 때, 사람들은 그들의 운명에 깊은 관심을 보이고는 있었으나, 감히 용서를 구하는 상소를 올리는 사람이 아무도 없었다. 만주족 군대의 규율이 약화되는 것을 염려하였기 때문이었다. 하지만 아담 샬 신부가 이 불운한 영웅들을 돕기 위해 나섰다. 신부는 어전에 나아가 자신의 상소를 몇 마디만 읽어 내려갔을 뿐이지만, 순치는 큰 충격을 받고, 신부의 말을 중간에 잘랐다. "마파, 신부님이 저에게 내 마음과 똑같은 말을 해준 유일한 사람이오. 짐은 이 전사들의 목숨을 살리기를 원했으나, 짐이 그런 말을 처음으로 꺼낼 수는 없었소. 짐이 아직 어리니 엄중한 군대의 규율의 중요성을 이해하지 못할 수도 있소. 짐은 누군가가 짐에게 저들의 용서를 구하기만 기다리고 있었다오."라고 하였다. 그리하여 이 불행한 군관들 모두가 목숨을 부지하게 되었고, 단지 계급만 조금씩 강등되었다. 어떤 면에서는 청나라 군대조직의 기초를 이루는 책임에 관한 법을 위반하지는 않은 셈이었다.

선교사들이 이룬 성과

우리는 아담 샬 신부가 젊은 황제에게 자신의 영향력을 이용했던 사례들을 살펴보았다. 그가 이와 같은 노력을 한 것은 언제나 자비심 때문이었다. 신부는 많은 사람에게서 신뢰를 얻어 그들이 그리스도교를 알고 받아들이게 하려고 모두에게 잘 해주려고 애썼다. 그가 조정에서 황제와 대화를 나눌 때 사람들은 언제나, "탕약명이 군주와 함께 있다. 그는 불쌍한 사람들을 행복하게 해주기 위해 노력하고 있다."고 말하였다. 순치는 조신들에게, "자네들은 야심과 헛된 영광 말고는 내게 말해 준 것이 없소. 하지만 탕약망은 다르오. 짐에게 바친 상소문을 보면, 그는 연민을 가지고 말하고 있어서 눈물을 쏟지 않고는 그것을 읽을 수 없소."라고 말할 때가 많았다. 황제는 아담 샬 신부의 이런 상소문들을 보물처럼 궤에 조심스럽게 간직하고는 여행을 할 때마다 가지고 다니면서 자기가 좋아하는 마파의 글을 자주 꺼내어 반복해서 읽는 습관이 있었다. 이는 물론 아담 샬 신부의 고결한 품성을 돋보이게 하는 증거이지만, 순치도 비록 나이는 어리지만 덕성이 얼마나 중요한지 잘 알고 있는 고결한 사람이라는 점을 인정해야만 한다.

낯선 땅에서 서로 다른 두 민족으로 구성된 고관들에게 보여준 이 가난한 사제의 행동을 자세히 살펴보는 것은 즐거운 일이다. 한 민족은 세련되고, 아첨을 잘 하며, 치밀하며 또 외교와 책략에 능한 반면, 다른 민족은 반은 야만인이고, 예의도 모르고, 전쟁놀이나 하고, 세상에서 가장 넓은 제국을 정복하는 일에 여전히 매달려 있었다. 하지만 아담 샬 신부는 중립적이고, 열려있고, 자비심을 지닌 사람이었기에, 세련된 한족이나 거만한 만주족과 사귀면서도 모두에게서 존경과 신뢰를 받는 방법을 알고 있었다.

순치와 아담 샬 신부의 친밀한 관계

순치는 사람들과 접촉하는 기회를 넓히려고 중국 황제들의 관습에서 탈피했다. 청나라 황제로 즉위하기 전에는 태감들이 궁궐 문을 밤낮으로 지켰고, 아침이 되면 그들이 황제에게 올리는 상소문을 한데 모았다. 역관들과 선비들도 궁궐 문 앞에 모습을 드러냈지만, 허락을 받아야만 황제를 알현할 수 있었고, 명을 받으면 그 때 출두해야 했다. 아담 샬 신부에게는 큰 특권이 주어져 있었다. 그는 언제, 어디서나 황제를 알현하는 허락을 얻어낼 수 있었으므로, 그가 황제에게 올리는 상소가 다른 상소들과 함께 전달되는 경우는 거의 드물었다. 순치가 궁궐이나 정원, 또는 황태후와 함께 있을 때에도, 아담 샬 신부에게는 언제고 황제 알현을 허락하였다. 한밤에 알현하는 일도 잦았는데, 대화가 자정이 지나서까지 이어질 때도 있었다. 그럴 때면 순치는 아담 샬 신부가 베이징 시내를 지나 말을 타고 집으로 돌아갈 때 사고라도 날 것을 염려하여, 자신의 호위병 여섯을 딸려 보호하는 배려도 하였다. 황제는 호위병들에게 너무 서둘러서 말이 놀라지 않게 하라고 명하는 것도 잊지 않았다. 아담 샬 신부는 궁궐에서는 언제나 가까운 벗처럼, 최고로 정중한 대우를 받았다. 그에게 담비 털로 두른 방석을 내주어서 만주식으로 다리를 꼬고 앉을 때 겪는 불편을 덜어주었다. 가끔은 황제가 종일 하루를 신부와 함께 보내면서 천문학과 수학을 배우고, 화학실험을 함께 하거나 환약을 조제하기도 하였고, 때로는 신부를 자신의 저녁 식사에 초대하기도 했다. 하루는 황제가 궁궐 한 편에 있는 후원에서 사냥을 즐기면서 말을 타고 있었을 때 아담 샬 신부가 상소를 올리려 하였다. 이에 황제가 웃으면서, "마파, 저녁에 읽어 보겠소."라고 말할 때, 나무 밑에서 토끼 한 마리가 뛰어들자 화살로 맞추었다. 황제는 자신의 사냥 솜씨를 마파에게 보일 기회를 얻은 것을 크게 기뻐하기도 했다.

순치는 아담 샬 신부를 궁궐에서 정중하게 맞이하는 데 그치지 않고 종종 신부의 집을 직접 방문하기도 했다. 황제는 격식을 차리지 않고 즐겨 교당을 찾았으며, 언제나 가문의 친구처럼 선교사들과 대화를 나누었다. 황제는 예배당, 식당, [또 교당에서] 사제 수업을 받고 있던 중국 청년들을 방문했고, 교당 마당에서 직접 꽃과 과일을 따서 모으기도 했다. 선교사들이 하고 있던 색다른 일들, 그들이 하고 있던 공부, 종교적인 수련, 이 모든 것들이 그를 크게 자극하였다. 그는 신부들의 관습, 예수회의 규정, 공동생활 규칙 같은 것을 알고 싶어 했다. 황제는 많은 시간을 아담 샬 신부와 대화를 나누며 보낼 때가 있었는데, 그럴 때면 웃으면서, "마파, 짐이 여기에 이렇게 오래 있는데도 먹고 마실 것을 내오지 않네요."라고 하고는, 하찮은 간식도 가리지도 않고 받아서 먹었는데, 언제나 맛있다고 칭찬하는 예를 갖추었다.

중국 황제는 하늘의 아들[天子]로서 지상에서 신을 대신하는 자리이기 때문에, 말 그대로 숭배의 대상이다. 그가 사용하는 물건은 무엇이든지 신성한 것이고, 황제가 사용하고 난 물건을 다른 일에 사용하는 것을 허용하지 않는다. 그의 이름에 들어간 한자를 민간이나 서책에서 사사로이 사용하게 되면 형벌을 내려 사용하지 못하게 한다. 궁궐 밖에서 황제들이 앉았던 자리는 귀중한 유물로 취급되었으며, 만일 어느 누가 감히 그 자리에 앉기라도 한다면 신성을 모독한 것으로 간주 되었다. 황제가 앉았던 자리는 황색 비단으로 삼가 감싸놓고 이 성물이 놓인 자리에 우연히 오게 되는 사람들은, 마치 어전에 나아간 것처럼 반드시 그 앞에 무릎을 꿇고 절을 해야만 한다. 이제 순치가 선교사들을 찾아갈 때면, 여기저기 가리지 않고 아무 데나 앉는 것이 습관이 되어버렸으므로, 결국 아담 샬 신부의 거처와 교당에는 당혹스럽게도 돈 들어갈 일이 생기게 되었다. 황제가 앉지 않고 지나친 자리가 거의 없었기 때문이었다. 그리하여 어느 날 샬 신부는 황제 앞에 꿇어앉아서, "폐하, 이곳에 황상께서 건드리시지 않은 의자가 하나도 없사오니, 저희는 도대체 어디에 앉으라는 것입니까?"라고 말했다. 이 말에 순치는 아주 우아한 말투로, "마파, 신부님도 미신을 믿으시나요? 저처럼 앉고 싶은 아무 곳에나 앉으세요."하고 답하였다.[199] 이 만주인에게 앙리 4세와 같은 기질이 있었다는 말만은 꼭 해 두어야겠다.[200]

아담 샬 신부가 3억 명의 운명을 손에 쥐고 있는 어린 황제와 자주 친밀한 만남을 가졌기에 새로운 희망이 솟고 있었다. 복음의 일꾼들이 여러 시대에 걸쳐 길고도 아낌없는 노력을 했음에도 불구하고 그때까지 특별한 성과도 없었

199) (원주) History of the Conquerors of China, p. 117.

200) 앙리 4세(1553-1610)는 프랑스와 나바르 왕국의 왕으로, 카페 왕조의 분가인 부르봉 왕가 최초의 왕이다. 1589년 프랑스 왕위에 오른 뒤에는 믿음의 자유를 부여하는 낭트 칙령(1598년)을 반포하여 내전을 종식시킨 뒤 프랑스의 발전을 이끌었다.

던 이 중국 땅에, 그리스도교가 심어져 영원히 뿌리 내리게 될 것이라는 희망이었다. 중국에 온 [예수회] 선교사들은 이 재능이 넘치는 황제의 개종을 위해 하느님께 열심히 기도했다. 선교사들은 순치를 벌써 중국의 콘스탄티누스처럼 떠받들기를 좋아했다. 아담 샬 신부는 신중한 가운데 예의를 갖추면서도, 기회가 있을 때마다 황제의 마음속에 가톨릭 진리의 빛을 심어주는데 전력을 다하였다. 어느 날 신부는 황제와 오래 함께 걸으면서 십계명을 설명해 주고, 그리스도교에 대해 간략한 이야기를 들려주었다. 황제는 그가 들었던 모든 말에 크게 충격을 받았다. 황제는 밤중에 아담 샬 신부를 불러 낮에 말로 해주었던 가르침을 간결하게 적어두고 싶다면서, 붓을 들고 대령하고 있던 기록관에게 마파가 부르는 대로 받아 적게 하였다. 아담 샬 신부는 이미 많은 그리스도교 관련서적들이 한문으로 저술, 발간되었다는 말을 하였다. 이에 황제가 보기를 원하자, 그 즉시 관원을 교당으로 보내어 서책들을 황실로 가져오게 하였다. 순치는 이 서적들을 유심히 살펴보다가 복음서와 성자들의 생애에 관한 책에 특별한 관심을 보였다. 그런 일이 있고 나서 어느 날, 황제는 우리 주님의 고난에 관한 역사를 읽다가 마음이 크게 흔들려 아담 샬 신부에게 와서 이 위대한 신비에 관하여 말해 달라고 졸랐다. 황제는 이 장엄하고도 감동적인 대화가 시작되자 숭배의 표시로 무릎을 꿇었고, 공경하는 선교사도 관심을 보이고 있는 입문자 옆에서 같이 무릎을 꿇고, 인류의 구원자의 수난과 죽음에 관한 이야기를 들려주었다. 순치는 그리스도교 서적에서 듣고 읽은 계율을 실천에 옮기는데 전념하는 때가 많았다. 하루는 황제가 입문서를 손에 든 채 [손으로] 십자가 모양을 그리는 것을 배우고 있던 참에, 태감 하나가 불쑥 들어오자 얼굴이 붉어지면서 짐짓 딴청을 부렸다. 곧은 성격을 가진 사람에게 다른 사람들의 의견을 존중하여야 한다는 생각이 크게 영향을 주어, 때로는 자기가 원하는 바를 공공연히 행하는데 지장을 초래하기도 하였다.

청나라 초기에 펼쳐진 중국 선교의 눈부신 발전

황제와 아담 샬 신부가 돈독한 관계라는 사실을 중국의 여러 지방에서 활동하고 있는 많은 선교사도 알게 되었다. 베이징에 있는 제국의 원수와 제국의 대관들이 보호해주고 아껴주는 종교였으므로, 그때부터 복음의 일꾼들은 그리스도교 전파를 평화로운 가운데 펼쳐나갈 수 있게 되었다. 중국인 신자들은 관리들의 박해를 두려워하지 않았으며, 태형을 당하거나, 물건을 강탈당하거나, 유배형이나 사형을 받을 것을 걱정하지 않고, 자유롭게 세례를 받고 공개적으로 종교적 의무를 실천에 옮기게 되었다. 어떤 희생을 치르더라도 양심의 소리에 복종하고 또 현재의 생활이 비록 넉넉지 않더라도 영적인 문제에 전적으로 헌신하겠다는 사람들에게 이런 말을 들려주는 것이 중요하다. "선을 행하라. 오로지 영원한 복락만을 생각하라. 그리하면 이생에서 불행하지 않으리라." 인간이란 연약한 존재여서 그에게 올바른 힘을 북돋아 주는 것이라면 이를 무시하지 않는다. 베이징에서 아담 샬 신부가 맡은 특별한 직책 때문에 중국 선교가 성공하는 데 큰 도움이 되었다는 것은 맞는 말이다. [아담 샬 신부 덕분에] 많은 선교사가 중국 땅을 밟게 되었고, 제국의 내지 깊숙이 들어갈 수 있었다. 선교사들은 아무런 두려움 없이 중국인들과 접촉을 이어가면서 그들의 편견을 깨뜨리고, 그들을 계몽하고 지도하였으며, 그들이 예수 그리스도의 종교를 이해하고 사랑하도록 가르쳤다. 전국 각처에서 새 신자들의 숫자가 급속히 늘어났다. 도시에서, 농촌에서, 강가에서, 어느 곳이고 가릴 곳 없이, 신령과 진리로 하느님을 열정적으로 섬기는 자그마한 그리스도교인 공동체들이 많이 생겨났다. 천주교는 이제 중국에서는 더는 호기심의 대상이 아니었다. 복음서, 교리입문서, 『그리스도를 본받아』, 『성자열전』과 같은 책들, 그 밖에도 많은 교리서가 중국어로 출판되어 널리 보급되었다.[201] 그리스도인

201) 토마스 아켐피스(Thomas à Kempis)가 1418-1427년에 쓴 『그리스도를 본받아De Imitatione Christi』를

들이 사는 집의 대문에는 십자가를 그려 놓았고, 묘석에도 십자가를 새겨 넣었다. 많은 교당을 공공 예배를 위하여 신자들에게 개방하였으며, 중국어로 번역된 가톨릭교회의 아름다운 기도문을 제국의 이 끝에서 저 끝에 사는 사람들이 모두 읊조렸다. 물론 [외국인인] 아담 샬 신부가 흠천감 감정이라는 높은 벼슬을 가지고 있었으므로 이를 비난하는 사람들이 있었다. 또 그가 황실과 깊은 관련을 맺고 있는 것에 대해서도 불만이 많았다. 다른 선교사들은, 그리스도교의 진리를 진지하게 배우려 하지 않으면서 [실제로 황제는 큰 관심이 없었다], 단지 호기심을 충족시키려는 황제 때문에 시간을 온통 빼앗기는 이유가 도대체 무엇이냐고 그에게 따지기도 했다. 이런 비난은 우리가 보기에 온당치 않다. 아담 샬 신부는 황제인 순치를 그리스도인으로 만들지는 못했지만, 적어도 신부가 황제를 그렇게 만들려고 열정과 인내로써 노력했다는 점은 높이 평가해야만 한다. 어쨌든 순치의 조정이 그리스도교에 대하여 호의적이었기에, 많은 중국인을 개종시켜 구원에 이를 수 있게 했다는 것만은 확실하다.

베이징에 지은 아름다운 성당

마테오 리치가 중국 땅에서 처음 복음을 전하기 시작한 때부터 약 80년이 흘렀다. 그 동안에 그리스도인의 숫자가 많이 증가했고, 가톨릭교회는 곳곳에서 만족스럽게 조직을 갖추었으나, 대중에게 보일 수 있을 만한 성당을 아직 짓지는 못했다. 당시 그렇게 중요한 건축을 감당할 수 있을 정도로 그리스도인들의 숫자가 많지 않았다. 또 이교도들의 모욕과 관리들의 박해라는 골칫거리를 해결하지 않은 채 그리스도교 예배를 공개적으로 드릴 수 있을 정도로 조정

말한다. 『성자열전』은 폴란드 출신의 예수회 신부(Piotr Skarga, 1536-1612)가 1579년에 집필한 『성자열전 ywoty wi tych』을 말한다.

의 보호를 받을 수는 없었다. 개종자들은 개인 집을 그리스도인들의 자발적인 헌금으로, 중국인들의 취향에 맞게 예배실과 기도실로 꾸며서 그곳에서 집회를 가졌는데, 이곳에서 입문자들과 몇몇 뜻있는 이교도들을 맞아들이기도 하였다.

그렇지만 아담 샬 신부는 1650년, 황궁에서 가까운 곳에 황제가 내어준 넓은 대지 위에 커다란 성당을 지을 터를 닦았다. 베이징 시내에는 여전히 잡동사니가 길에 널려있었는데, 바로 한 해 전에 반도들이 불 지르거나 무너뜨린 건물의 잔해들이었다. 따라서 목재, 벽돌, 석재 같은 것들을 매우 싼 값에 구할 수 있었다. 아담 샬 신부의 감독으로 건축공사가 시작되었고, 베이징 시가지 한가운데 다른 건물들을 압도하는 높은 건물이 모습을 드러냈다. 성당의 평면은 라틴 십자가 모양이었고, 건축과 장식의 세부는 중국풍을 제대로 가미한 유럽풍 건물이었다. 아주 멋지고 높은 제단이 있었고, 네 개의 예배실에는 각기 구세주, 성모, 성 이냐시오와 성 프란치스코 하비에르의 성상을 걸었으며, 벽에는 십계명, 팔복과 그리스도교의 주요교리를 큰 한자로 새겨 장식하였다. 주 출입구의 지붕에는 커다란 석판을 얹어놓았는데, 그 위에 한자와 만주글자로 다음과 같은 내용의 글이 새겨져 있었다.

"사도 성 도마가 처음 중국에 전한 그리스도교는, 당나라 때 다시 전파되었고, 명나라 때에 이르러서 예수회의 성 프란치스코 하비에르, 마테오 리치와 여러 명의 사제가 말과 한자로 된 서적들을 가지고 이 종교를 전했다. 선교사들은 열심히 노력하였으나, 나라가 불안정했기 때문에 그 열매는 빈약했다. 만주족에게 이양된 이 제국과 이 제국의 역법을 새로 개정하여 발간한 예수회 사제들의 이름으로, 순치 7년[1650년]에 이 성당을 지어서 살아계신 하느님께 봉헌하노라."

아치 모양을 한 흰 대리석으로 만든 개선문을 여러 우화적인 주제를 나타내는 조각들로 장식하여, 성당 맞은편에 세웠다. [성당의] 주 출입문을 바라보는 아치 측면에는 이런 말을 펜던트 모양으로 새겨 넣었다.

> "그레고리우스력曆으로 복귀한 해에 이탈리아인 마테오 리치 신부가 [중화] 제국에 들어와 베이징까지 온 예수회의 첫 사제가 되었다. 그는 유클리드의 『원론』을 번역한 『기하원본』을 출간하였다. 그는 베이징과 그 밖의 여러 성에 유럽 여러 나라 출신의 예수회 형제들이 들어가 활동하도록 했다. 1623년 거의 같은 시기에 요한 테렌즈 슈렉Johann Terrenz Schreck과 아담 샬 두 신부가 중국에 도착하여, 역법을 개정하는 일을 하였다. 슈렉 신부가 세상을 떠나자 지아코모 로Giacomo Rho 신부가 곧바로 이 일을 이어받았고, 그 또한 세상을 떠나자 역법 개정이라는 큰일을 아담 샬 신부 혼자서 떠안았다.[202] 그 뒤 20년 동안 피로가 누적되고 많은 사람들의 질시에도 불구하고, 새로운 방법으로 수정, 발전시킨 역법을 내놓았다. 이리하여 그리스도교의 업무도 더욱 안정 되어서 성전을 짓게 되었다. 감사의 표시로 은혜의 해인 1652년에 이 개선문을 세워 하느님과 성모님께 봉헌한다."

개선문 정면 외벽에는 황제가 하사한 황금색으로 쓰여진 네 글자가 크게 각인되어 있었는데, 그리스도교를 찬양하는 내용이었다. 왼쪽 외벽에는 좀 작은 크기로 네 글자가 각인되어 있었는데, 공자의 66대손이 보내온 것이었다. 아담 샬 신부는 3,000년이 지난 뒤에도 중국에서 이름을 떨치는 이 명문가로부터 그리스도교에 대한 커다란 찬사를 받았다. [개선문] 오른쪽 외벽은 외국

---

202) 요한 테렌즈 슈레크(Johann Terrenz Schreck, 鄧玉函, 1576-1630)는 독일 출신의 예수회 선교사이자 과학자였다. 1619년 아담 샬 등과 함께 마카오를 통하여 중국에 입국한 뒤에 1621년 杭州에서, 1623년부터는 베이징에서 활동하였다. 1629년 徐光啟의 추천으로 역법개정에 참여하였으나 그 이듬해에 세상을 떠났다. 중국에 처음으로 천체 망원경을 소개하였으며, 천문, 의학, 역학, 기계학에 정통하였다. 저서로는 『遠西奇器圖說』이 전해지고 있다.

인과 제사에 관한 일을 관장하는 예부 상서가 지은 찬양의 글이 새겨져 있었다. 베이징에 있는 유명한 사찰들을, 규모와 아름다움에서 압도하는 이 성당이 세워지자 중국인들은 마음속으로 이 건물에 대해 대단하다고 생각했다. 그리스도교의 교리를 축약해 놓은 것 같은 아름다운 성상들, 장엄한 종교의식과 온갖 명각銘刻들 때문에 날마다 많은 이교도들이 줄을 이어 찾아왔다. 단지 호기심 때문에 성당을 찾은 많은 사람들은 이곳에서 전혀 예상치도 않게 그들의 심금을 울리고 지각을 일깨우는 은혜와 깨달음을 경험하게 되었고, 훌륭한 그리스도인으로 변화하였다. 이 성당이야말로 성모자상 위에 새겨진 라틴어 2행 연구聯句에 표현된 갈망을 성취한 건물이었다.

> "오, 중국이여, 우리 구세주와 성모 마리아가 가리키시는,
> 오래전에 잃어버린 진리의 길을 용기를 내어 되찾으라."[203)]

열성적인 중국의 그리스도인들

매우 신기하고도 아주 자랑스러운 이 웅장한 성전이 세워짐으로써 개종자들의 열정에도 불이 붙었다. 성당 문이 열리기 전인 이른 새벽부터 장인匠人들이 성당 앞에 서 있는 모습을 볼 수 있었는데, 그들은 일하러 가기 전에 성당 앞에 조그만 보따리를 잠시 내려놓고 무릎 꿇고 기도를 드렸다. 때로는 엄청난 군중이 모여들기도 했는데, 이교도들이 그리스도교인들과 기쁜 마음으로 뒤엉켜 경건한 지지 시위를 해서 그들에게 행운이 깃들기를 바랐기 때문이었다. 일요일이 되면 베이징 인근에 사는 개종자들이 간절한 마음으로 이 아름다운 성당을 찾아 왔으며, 연중 중요한 축제 때에는 먼 곳에 있는 교당들

203) (원주) Qua monstrat Salvator iter cam Virgini matre China diu amissam concita carpe viam.

로부터 신자들이 대열을 이루어 왔다. 그들은 때로는 이레나 여드레 길을 마다하지 않고 피로와 불편을 이겨내면서 베이징 성당을 찾아오기도 하였다.

두 명의 나이든 그리스도인들이 성당에 상주하면서 성당에 찾아와 그리스도교를 배우려는 사람들을 가르쳤고, 아담 샬 신부 자신도 그리스도교를 알리는 강좌를 열었다. 신부는 이 중요한 일을 돕는 조교로 열성이 넘치는 개종자 하나를 택하였다. 그는 뛰어난 성적으로 받은 여러 개의 문학적인 등급을 소유한 사람으로, '교리문답 교사'라는 직함을 가지고 있었다. 이 자리는 중국 모든 교당에서, 그리스도인들 가운데 가장 빼어난 사람들에게, 특별히 아무런 흠이 없는 사람들에게 맡기는 직책이었다. 교리문답 교사들은 선교활동 중에 선교사들에게 크나큰 봉사를 했다. 그들은 이교도들을 열심히 설득하고 그리스도교에 관한 개념을 소개하는 일을 일상적으로 하였으며, 입문자들을 가르치는 일도 하였다. 토착민인 관계로 중국어를 구사할 수 있었고 또 중국인들의 장단점을 잘 알고 있었으므로, 자기네들이 생각하는 바를 동족들에게, 최근에 중국에 와서 언어와 태도 면에서 어색한 점이 많은 외국인보다, 잘 전달할 수 있었다. 아담 샬 신부의 말에 따르면, 이런 교리문답 교사들 가운데 한 명이 베이징에서 5,000명이 넘는 이교도들을 그리스도교로 개종시켰다고 한다.

교회에 속한 단체들과 선교 활동

내가 지은 다른 책에서 언급한 적이 있지만, 중국인들은 유대관계가 매우 강한 민족이다.[204] 중국인들은 결코 홀로 있지 않으며, 회會라고 부르는 것을

204) (원주) Empire Chinois, tom. ii. p. 86.

만들어내는 놀라운 성향을 가지고 있다. 사회계급에 따라서, 업종에 따라서, 업무에 따라서, 무슨 일인지 표기하는 바에 따라서 모두 회가 하나씩 있다. 심지어 거지와 강도들까지도 거의 예외 없이 공동체를 만들어낸다. 이런 일은 거의 본능에 가까운 것으로, 개인들을 한데 뭉치게 함으로써 그들이 가진 모든 자원을 하나로 묶어서 이를 최대한으로 활용하고자 한다. 관청의 힘이 약하거나 관리들이 질서를 지키는 일을 소홀히 하는 어떤 지방에서는, 시민들이 자발적으로 준법 감시조직을 만들기도 한다. 선교사들은 회를 만들어내는 중국인들의 성향을 제대로 활용하였다. 그리스도교가 베이징과 지방에 어느 정도 전파되자마자, 선교사들은 남녀별로 단체를 만들어서 한 달에 한 차례씩 정해진 날에 모이게 하였다. 남 신도들을 위해서는 3개의 중요한 단체를 만들었는데, 첫 번째는 "전당포 형제회"라는 것으로, 그리스도인들 가운데 어렵고 가난한 사람들에게 생필품을 나누어주고 또 온갖 어려움으로부터 구제해주는 것을 목적으로 하였다. 두 번째는 연옥에 있는 영혼들을 위하여 중보기도를 하고 선을 행하는 것을 목적으로 만들어진 모임이었고, 세 번째는 중국인들이 큰일로 여기는 장례의식을 십시일반으로 치러주는 것이 목적이었다. 이교도들은 그리스도교인들은 죽은 이를 돌보는 일에 전혀 관심을 갖기 않는다고 끊임없이 비방했다. 천주교 신자들은 세상을 떠난 친척들과 친구들을 완전히 잊어버리고, 엄숙한 절차도 없이 매장하며, 애도를 표하기 위해 장지에 가지도 않는다는 것이었다. 세 번째로 소개한 '장례의식 형제회'는 이러한 거짓 비난에서 비롯되는 해로운 결과를 차단하려고 만든 조직이었다. 여신도들도 이와 비슷한 성격의 단체를 만들었다. 이들은 정해진 날에 따로 모여서, 버려진 아기들을 돌보고 세례를 받도록 하는 일을 맡겼으며, 환자들을 심방하고, 임종을 돕도록 하였다. 또 가난한 사람들에게 구호품을 나누어주고 장례식에 참석하도록 했다.

선교사들은 무엇보다도 교회에서 엄숙하게 예배드리는 일에 신경을 썼다. 의식을 따르는 일에 익숙하고 의식을 주관하는 사람이 중요하다는 것을 아는 사람들에게 이 일은 어려운 것이 아니었다. 때로는 중국의 교회와 성당에서 유럽보다 더 장중하고 격식을 갖춘 미사가 드려지는 것을 볼 수 있었다. 중국인들은 무엇보다도 성찬식이 거행되는 동안에는 결코 웃거나 서로 말을 나누는 법이 없었다. 그들은 성찬을 나누어주는 동안 앉고, 서고, 무릎 꿇는 일을 예식서에 쓰인 대로 행했으며, 수도사들이나 수녀들의 모임처럼 매우 절도 있게 자세를 매번 바꾸었으므로, 종교의식을 보는 것에 흥미가 없는 이교도들조차도 그리스도인들이 존중하여 따르는 의식순서와 격식을 따르게 되었다.

일반인들이 다니는 성당을 세운 일은 베이징에 사는 개종자들은 물론이고 지방에 두루 퍼져 사는 다른 개종자들에게도 새로운 충격이었다. 선교사들의 숫자가 나날이 늘어났고, 어느 곳에서나 복음을 전할 자유를 만끽하고 있었으므로 그리스도교가 급속하게 전파되었다. 무관심 속에서 활기를 잃고 있던 중국인들에게 모든 것들이 희망으로 보여, 마침내 중국인들이 분발하게 되었고, 동시에 그리스도교를 받아들이게 되었다. 선교사들은 하느님의 은혜로 황제가 개종하는 것에 모든 것이 달려있으며, 그렇게 되면 온 나라가 이 충격적인 전례를 따르게 될 것이라고 생각하였다. 이런 이유로, 모든 그리스도교인 공동체에서는 성공할 가망이 많은 이 중요한 [황제의] 개종이 이루어지기를 하느님께 간절히 간구하였다. 황제는 그리스도교에 관한 지식을 많이 가지고 있었다. 그는 그리스도교를 잘 알고 있었고, 권면을 그치지 않는 열정에 찬 선교사가 언제나 그의 곁을 지키고 있었다. 그는 아담 샬 신부를 좋아하고 존경했으며, 다른 사람들 앞에서 신부에게 존경심을 보이기를 즐겼다.

아담 샬을 승진시키고 그의 조상에게도 같은 품계를 하사한 순치

베이징에서 교회당 봉헌식이 있던 바로 그 해에, 황제는 [가톨릭교회의] 중국 관구장에게 큰 영예를 베푸는 자리를 마련하였는데, 그의 벼슬을 높여준 후에 그를 베이징의 시민으로 삼는다는 증서를 보냈다. 이로써 탕약망에게 특혜를 내렸다는 사실을 온 나라가 알게 되었다. 조서詔書의 내용은 다음과 같다.

"하늘의 뜻을 받들어 아담 샬에게 조서를 내리노라. 하늘이 정직하고도 충직한 사람 하나를 세상에 보내면서, 그가 하는 일을 받아들이고 이 일을 보상해 줄 수 있는 군주를 보냈노라. 짐이 그런 사람의 가치를 말하고자 하는 이유는 짐을 위해 일하는 것에 보람을 느끼게 하려 함이라. 이 뛰어난 인물이 바로 그대, 저명한 고관, 요하네스 아담 샬이로다. 그대는 어릴 때부터 수학을 공부하였고, 경계조차 없는 여러 바다를 건너 이곳으로 와서, 짐과 함께 여러 해를 살았노라. 짐 또한, 적당한 때가 이르매, 그대가 하는 말을 들을 수 있게 되었고 또 그 말을 이해하게 되었노라. 또 짐은 그대가 출간한 여러 과학서적을 보고서, 그대를 흠천감 감정에 임명하였노라. 그대는 여러 번 거절한 끝에 그 직책을 받아들였노라. 그대의 천문학 계산은 언제나 천상의 규칙과 일치하였노라. 옛 역법이 불확실하였고, 또 때로는 근거가 없었는데, 그대는 이를 검증하여 바로 잡았으니, 그대가 밝혀낸 과학이 이제 크게 활용되고 정제되기에 이르렀노라. 이에 짐은 그대를 승진시키는 것이 좋겠다고 생각하였노라. 벼슬이 높아졌으니 더욱 분발하여 새로 발견한 것들을 있는 그대로 짐에게 전하도록 하라. 짐은 그대를 친구로 삼고, 또 그대에게 한없는 자비를 베풀 것을 약속하노라. 새로운 제국에는 짐에게 상서로운 일만 생기나니, 그대는 이런 모두의 기쁨을 빼앗아가지 말도록 하라. 오히려 그대가 이 기쁨을 함께 나누기를 짐은 바라노라. 이런 이유로 그대에게 품위를

> 더하려고 정3품 통의대부通議大夫의 벼슬을 내리노라. 짐은 이 조서를 진심을 담아서 내리노라. 그러므로 용기를 잃지 말라! 이 혜택은 단지 벼슬뿐이지만, 앞으로 더 많은 혜택을 내리리라. 그대가 재능과 지식을 더 많이 발휘할수록, 그대의 품계와 연급은 늘어나리라. 그대의 노고에 대한 보상이라면, 짐이 원하는 바는, 그대의 과학지식, 그대의 정직성과 신실성, 또 그대의 덕성이 온 세상을 두루 비추는 것이니라. 순치 8년에 하사함."

이 조서로 아담 샬 신부는 제국의 고관대열에 오르게 되었고, 황제는 나중에 신부의 조상들에게도 벼슬을 주려고, 부모에게 품계를 내리는 조서 둘을 내렸다.[205] 내가 다른 책에서 말한 적이 있지만, 전쟁이나 행정에서 뛰어난 업적을 올린 고위 문관과 무관들에게는 각기 공公, 후侯, 백伯, 자子, 남男이라는 작위를 내리는데, 서양에서는 공작, 후작, 백작, 남작, 기사에 해당하는 것이다.[206] 이런 작위는 세습되는 것은 아니며, 훈작을 받은 사람의 자손들은 아무런 권리는 없고 단지 명예만 가질 뿐이다. 그러나 아주 이상하게 보이는 것은, 서훈자의 선조들에게는 이 훈작이 돌아갈 수 있다는 것이다. 이러한 관습은 고인이 된 조상들을 위한 제사와 그분들에게 한자로 된 칭호를 올리는 것에서 비롯된 것으로 보인다. 황제에게서 훈작을 받은 관리가, 본인과 대등한 훈작을 받지 않은 조상들에게라면 적당한 예의를 갖추어 제사를 지낼 수는 없다. 아버지보다 높은 품계를 가진 자식이 있다면 이는 위계를 무너뜨리는 일이며, 또 중국의 기본질서를 어지럽히는 일이 될 것이다. 훈작이 자녀들에게 상속되지 않고 오래전에 세상을 떠난 조상들에게로 거꾸로 올라간다는 생각은 우리들에게는 한편으로 볼 때 불합리하게 보이지만, 개인적인 영광이 자녀들에게

205) 아담 샬 신부는 1644년에 정5품인 欽天監 監正에 봉해졌으며, 1646년 정4품 太常寺少卿에, 1651년 정3품 通議大夫 太僕寺卿으로, 1653년 정2품 通玄教師에 올랐고, 1658년 2월에는 정1품 光祿大夫로 봉호가 올랐다. 황제가 賜姓을 하였는데, 본인은 湯, 증조모에게는 황실의 성인 趙, 조모에게는 朗, 모에게는 謝라는 성이었다.

206) (원주) Chinese Empire.

앞서 돌아가는 것이 아니라 부모에게로 거꾸로 돌아가는 것을 허용하게 되면, 더 많은 장점이 있고 또 불편함도 적어질 수 있는지 물어볼 가치는 있을 것이다. 순치가 아담 샬 신부의 부모에게 훈작을 내린 증서가 남아있는데, 이것의 번역문을 보면 중국인들의 관습과 생각이 어떤 것인지를 잘 알 수 있다.

"아담 샬의 부친을 찬하노라! 사람이 덕을 완벽하게 갖추었다면 그러한 덕은 부모에게서 받게 마련이므로, 이런 진리는 온 세상이 알고 있노라. [아담 샬 신부여!] 이제 그대가 훌륭한 부모의 자식이라는 것을 자랑하려면, 마땅히 그대의 명성을 부모에게 되돌려야 할 것인데, 그대가 얻은 명성도 부모에게서 비롯되었기 때문이니라. 이에 짐은, 아비로부터 그대에게로 옮겨온 훌륭한 자질을 살펴보고는, 그대의 아비에게 그대가 받은 것과 같은 품계의 벼슬을 내리노라. [아담 샬의 부친이여!] 이제 백성이 된 나라에서 크게 명성을 떨치고 있는 흠천감 감정 탕약망의 아버지 헨리 샬 그대는, 자녀를 훌륭하게 키워냈으므로 큰 명성을 얻게 되었노라. 그대는 후회할 일이 결코 없으리니, 그대의 명성이 영원한 기초 위에 세워졌음이라. 짐과 그대에게 꼭 필요한 그대 아들의 공훈을 생각하여, 짐은 그대를 탕약망과 같은 벼슬인 통의대부에 봉하고, 이에 조서를 내리노라. 힘써 자녀들을 잘 훈도하고 양육하라. 그리하여야만 그 명성이 더하게 될 것이니라. 그대 아들은 짐과 제국을 온 힘을 다해 섬기고 있노라. 짐이 그대에게 이 조서를 내리는 것은 까닭이 있으니, 바로 그대의 삶에 평강이 임하고, 여기에 있는 그대 아들도 그 때문에 영광스럽게 되기를 바라서이다.

아담 샬의 모친에게 내리노라! 모든 것이 잘 갖추어진 나라는, 공을 세우는 사람을 찾아내면, 반드시 그 공의 근원이 어디에 있는지 모든 방법을 다하여 알아보기 마련이다. 이 조사를 하면서 짐은 짐이 찾던 정보에 관하여 그대 아들의 충실함에 기대었노라. 흠천감 감정 요하네스 아담 샬의 어미 마리 쉐이파르트 데

메로데Marie Schaiffart de Merode는 근면과 배려로 감탄스러운 결과를 얻어내었노라. 그대는 남다른 근면함으로 아이를 공부하도록 독려하였는바, 실제로 아들의 노력보다는 그대의 보살핌 덕분에 아들이 크게 성공하게 되었노라. 그대의 덕을 모두가 알게 하려고 그대에게 훈작을 내리는 것은 마땅한 일이로다. 짐의 나라가 개혁을 이룬 것에 대해, 짐은 그대가 유년시기부터 아들을 잘 키운 덕분이었다는 점을 칭찬하지 않을 수 없노라. 이에 그대에게 정경부인이라는 훈작을 내리노라. 힘을 내라! 공부하면서도 그대의 격려를 잊지 않고 있는 아들 덕분에 그 아들이 첫걸음을 내딛도록 만든 어머니는 영광을 받아 마땅하니, 이에 훈작을 내리노라. 이 훈작을 그대에게 내리는 것은 우리나라의 관습을 따름이니, 우리나라에 영예를 얻은 한, 아들을 그대가 짐에게 주었기 때문이니라. 그대에 대한 이러한 찬양은 모든 시대에 널리 알려질 것이고, 모두가 그대를 뛰어난 덕을 가진 어머니라고 말하게 되리라. 순치 8년에 하사함."

그 뒤에 아담 샬 신부는 관등이 정1품까지 올랐는데, 황제는 신부의 부모는 물론 그 증조부에게까지도 작호를 내렸다.

병이 든 순치와 아담 샬 신부의 대화

순치가 좋아하는 마파에게 온갖 혜택과 훈작을 수여한지 얼마 안 되어서, 황제는 병석에 눕게 되었다. 병세가 심하여 밖으로는 정치적으로 크게 불안하게 되었고, 안으로는 목숨이 위태로워지는 비통한 일이 생겼다. 나라는 왕조 교체로 인한 혼란이 아직 완전히 가시지 않은 상태였다. 지방에서는 총독들이 끊임없이 반란을 일으켰는데, 때로는 반란군들의 편에, 때로는 망해버린 왕조의 지지자들 편에 서기도 하였다. 역관들은 천문현상을 흉조凶兆로 보면서, 황실과 대중을 상대로 암울한 앞날을 알려주는 일에만 몰두하였다. 아담 샬 신부는 이러한 상황 속에서 황제의 마음에 종교적인 심성을 길러주고 이런 [미신적인] 경고에 귀가 멀지 않도록 충고하였다. 무엇보다 황제의 영혼이 하느님을 향하게 하려고 애썼다. 신부는 황제를 강권하여 하느님과 양심이 주는 감화를 거부하지 않도록 하였다. 어느 날 순치의 병세가 악화 되어서 더욱 고통을 느끼면서 침상에 누어있었을 때 황제는 환관에게 이렇게 말했다.

> "어서 가서 마파를 찾아오너라. 그가 어제 올린 상소를 보니 무서운 일이 있었다고 전하라. 짐은 마파가 원하는 것이 무엇인지 알겠다. 그는 다른 자들이 감히 고하지 못하는 것을 짐에게 솔직하게 고한다. 그는 짐의 잘못을 고쳐주려고 열심히 권면한다. 짐은 그가 신실하고 솔직한 것을 안다. 짐에게 그렇게 곧이곧대로 행동하는 사람은 천하를 뒤져도 찾을 수 없으리라. 7월 이후로 짐의 건강이 나빠지고 있는데, 전쟁과 폭동이 온 나라를 뒤흔들고 있구나. 하늘이 지켜주시리라. 전화戰禍가 온 나라에 가득한데 아무런 소용도 없이 죽음을 눈앞에 두고 있다니! 바라건대 이런 흉조를 짐에게 고하지 말라. 짐이 무슨 일을 하든지 별들이 짐에게 흉조를 알리는구나. 마파를 들게 하여 짐을 도우라고 하라. 그에게 짐이 마땅히 행하여야 할 바를 조언하도록 하라. 하늘이 짐을 이 나라의 주인으로 삼았기에, 짐은 최선을 다하여 나라와 하늘 모두를 섬기었노라. 짐의 몸이 곡기를 받아들이지 않고, 누더기를 걸쳤으며, 짐의 식탁에는 접시 하나만 댕그라니 놓였구나. 짐이 더할 일이 무엇이 있겠는가? 짐이 무엇을 하고 싶어도, 짐의 눈앞에 하늘의 협박이 계속해서 아른거리기 때문에 내키지 않노라. 별들이 흉조를 보인다면 마파가 짐에게 그런 일은 고하지 않게 하라."

아담 샬 신부는 환관을 통해 황제의 말에 답하면서 너무 낙심하지 말라고 황제에게 간청하였고, 자신이 언제나 가까이 있으면서 황제의 행복에 도움이 되는 일과 조언을 해주겠다고 약속했다. 황제의 생명이 다하는 날까지 황제에게 충성하겠으며, 황제가 당하고 있는 온갖 시련을 도와주시도록 하느님께 기도하기에 힘쓰겠다고 하였다. 연로한 신부는 이 말을 하면서 하염없이 눈물을 흘렸고, 환관은 신부 앞에서 물러나 순치에게 신부가 말한 내용을 그대로 고하러 갔다. 이 보고를 들은 황제는 크게 소리쳤다.

> "마파의 마음이 짐에 대한 사랑으로 가득 차 있구나. 다시 그에게 가서 짐은 죽음이 내일이나 모레 찾아오더라도 두렵지 않다고 전하라. 나라를 위하여 짐이 할 수 있는 일이 남아있는지 모르겠구나. 이 궁궐 안에는 신부처럼 좋은 말을 해줄 수 있는 다른 사람은 아무도 없구나. 짐이 백성들에게 유익하고 하늘의 보호를 받을 수 있는 일이 무엇이 있는지 신부가 알고 있다면, 짐에게 고하도록 하라. 짐은 그가 조언한 그대로 행하리라. 짐은 언제나 그를 진실하고도 정중한 우정으로 대해 왔으니, 그에게도 짐과 같은 태도로 그를 대하도록 하라."

이런 말을 나눈 지 며칠 후에, 이 불행한 군주는 나라의 안녕과 아담 샬 신부에게 한 약속도, 심지어 그를 괴롭히던 심한 병조차 잊은 채, 비빈 하나를 장례하는 일에 온통 정신을 빼앗기게 되었다. 순치는 젊은 과부에게 푹 빠지기 전에 잠시 외도한 적이 있었다. 국법에 따르면 군주는 과부를 후궁에 들일 수 없게 되어 있었으나, 열정이 지나친 나머지 내려오는 관습을 무시하고, 이 여인을 비妃로 맞아 황후 다음가는 자리에 앉혔다. 황제는 이 여인에게 완전히 빠져있었는데, 여인이 미신적인 불교를 광적으로 믿었으므로, 은근히 황제를 그리스도교에서 떼어놓아 불승들의 영향권으로 몰아넣으려고 했다. 이 여인은 심지어 황제가 미신들 앞에 늘 머리를 조아리게 만들고 불승들이 하자는 대로 막무가내로 따라가게 하였다.

순치는 온 나라를 주어도 아깝지 않을 만큼 물불을 가리지 않고 사랑하던 이 여인이 갑자기 죽게 되자, 이 일로 깊은 슬픔에 빠진 나머지 거의 미친 것처럼 자포자기 상태가 되었다. 황제가 스스로 목숨을 끊으려는 것을 막는 것도 큰일이었는데, 태후가 자결하려고 칼을 집어 든 황제에게서 칼을 잡아채려고 몸을 던지는 일까지 벌어졌다. 감정이 이렇게 격동되니 병세는 점점 악화 되었다. 황제는 죽은 여인 생각에 밤낮으로 뒤척였으며, 이 여인을 사후에 황후로 봉하는 장엄한 예식까지 치렀다. 황제는 이 여인의 장례식을 일찍이 들어본 일이 없을 정도로 화려하게 치르라고 명했고, 이 여인을 위해, 중국 본토를 차지한 뒤에 없애버렸던 만주족의 관습인, 왕자들의 무덤에 시녀들과 노예들을 함께 묻어버리는 순장 제도를 되살리기까지 했다. 이는 이 희생자들이 주인에게 사후의 세계에서도 이승에서와 마찬가지로 시중들게 하려는 것이었다. 순치의 명으로 30명이 넘는 사람들이 이런 [어처구니없는] 생각 때문에 세상을 떠난 황후의 무덤에서 죽임을 당하는 일이 벌어졌다.[207] 장례식에서는 천지사방에서 몰려든 어마어마한 무리의 승려들이 장관을 연출하였는데, 2,000명이 넘는 사람들이 커다란 장례식장 안에서 복작거렸다. 슬픔 때문에 정신이 혼미해진 불행한 황제는 이 승려들에게 분에 넘치는 은전을 베풀었다. 황제는 화려하게 수놓은 겉옷을 나누어 주었으며, 승려들의 변덕에 자신을 내맡겼다. 심지어 승려들이 하는 대로 삭발을 하고 자신이 불자라는 것을 천하가 알게 하였다.

모든 고위관료들은 이런 터무니없는 행동을 보고 일제히 황제에게 상소를 올렸다. 특히 아담 샬 신부는 사도의 용기를 가지고, 황제의 면전에서 아주 의연한 자세를 유지하면서, 많은 군주가 미신에 빠진 나머지 그 감정을 이기지 못하여 멸망에 이르렀다는 말로 타일렀다. 하지만 순치는 결연하게 말하였다. "마파, 짐은 그대를 이해할 수 없노라. 종교인이라는 그대가, 짐이 믿는 종교

207) (원주) Pierre-Joseph d' Orléans,Histoire des deux conquérants Tartares qui ont subjugué la Chine C. Barbin, 1688, p. 182.

가 짐에게 하라는 것을 짐이 하였다고 비난할 수 있는가? 짐이 그대의 종교행사를 훼방 놓았다면 그대는 짐이 나빴다고 하지 않겠는가? 그렇다면 그대는 왜 짐이 하는 종교행사를 막으려고 하는가? 짐은 그대가 짐을 아끼는 마음에서 그리하였다는 것을 알고 있으니, 그대를 용서하겠다. 친구가 하는 비난이라면 기꺼이 감내해야 하지 않겠나."[208]

황제는 계속해서 과장된 모습으로 슬픔을 드러냈고, 승려들과 더불어 어리석은 미신에 몸을 맡기게 되어 한족들은 물론이고 만주족까지도 그를 경멸하고 조소하게 되었다. 병약했던 황제가 미친 사람처럼 이 절과 저 절을 찾아 거리를 헤매고 다니면서 눈에 띄는 우상마다 그 앞에 엎드려서 불경을 읊조려대는 것을 사람들이 보게 되었다. 수많은 승려, 시녀들, 환관들이 황제와 함께 몰려다니며 그 앞길에 융단을 깔아대고 군중들이 밀려드는 것을 막으려고 소동이 일어났다. 이런 무질서한 집단 때문에 행인들이 지나다니지 못하게 되었으며, 이 무리들은 거리에 진열된 상품을 보는 즉시 약탈하고 짓밟아버렸다. 이런 제멋대로인 노략질 때문에 시가지를 왕래하는데 큰 지장을 주게 되어서, 장사꾼들은 가게 문을 닫아걸고 집안에 몸을 숨겼다. 그들은 황제의 수행원들이 헌물을 바치기 위해 저지르는 강도짓을 지켜보고 있어야만 했다. 사람들은 다음과 같은 중국 속담을 중얼거리며 이를 반복하였다. "상인들이 오가는 것을 밤낮으로 방해하는 것을 보니, 나라가 무너지기 직전이네."

순치제의 붕어와 강희제의 등극

황제의 건강상태는 이런 것들을 감내할 수준이 아니었다. 몸은 고열로 들끓

208) (원주) Histoire des Deux Conquérants de Chine, p. 185.

어서 이제는 임종이 가까웠다. 아담 샬 신부가 그를 보러 갔으나, 병석의 황제는 차를 대접하라는 말만 겨우 뱉었을 뿐, 다른 말은 하지 못했다. 황제는 죽음이 임박하였다는 것을 알고, 낯선 사람이 자기 앞에 들어오지 못하도록 하였다. 그는 한동안 깊은 생각에 잠겨 있다가, 붓을 내놓으라 하더니, 유지遺旨 12개를 써 내려갔다. 이 유지를 통해 황제는 반란죄와 존속살인죄로 기소된 사람들을 제외하고는, 모두 사면해 주었다. 황제는 또 대신들에게 훈작을 더하여 주었고, 다른 사람들에게는 포상금을 나누어 주었다. 백성들에게 온갖 세금을 면해주었고, 시종들에게도 은전을 내렸다. 마지막으로 네 명의 대신들을 지명하여 어린 후계자의 섭정이 되어 도우라고 명하였다. 이 모든 일을 한 후에, 사람들 앞에서 일종의 고해를 하였는데, 지상의 모든 왕과 민족들의 교화를 위하여 사서에 기록을 남기었다.

순치는 첫째, 조상들이 자신에게 물려준 나라를 제대로 다스리지 못하고 나라에 평화의 기틀을 쌓지 못한 것, 둘째, 혼인의 연을 맺음으로써 자신의 편이 된 왕자들이 명예를 얻을 좋은 기회를 주지 못한 것, 셋째, 나라에 도움이 된다고 하여 모후가 천거한 고문들의 말에 귀를 기울이지 않은 것, 넷째, 부친과 조부와 나라로부터 대우를 받아야 마땅한 전사들에게 충분한 경의를 표하지 못한 것, 다섯 번째, 관리들과 병사들에게 보상하는데 인색했던 것, 여섯 번째, 재산을 긁어모으고 탐욕을 채우려고 관리들과 아전들의 보수를 개인적으로 취한 것, 일곱 번째, 호기심을 채우려고 그 일에 헛돈을 쓴 것, 여덟 번째, 백성들이 관리들로부터 부당한 압력을 받을 때 그들을 자녀처럼 대하지 않고 타인처럼 대했던 것, 아홉 번째, 현자들의 충언을 듣지 않고 비열한 태감 무리를 궁궐에 들이고 총애한 것, 열 번째, 고인이 된 황후를 지나치게 사랑한 나머지 본인은 물론이고 백성들에게도 골칫거리가 될 정도로 그 여인의 죽음을 애통해한 것을 자책하였다. 순치는 숨을 거두면서 이르기를, "짐에게 여덟 살 난 아들이 있는데, 아직 어리지만 남다른 머리를 가지고 있어 장차 나라를 잘 다스릴 것이라는 희망을 짐에게 주었노라. 이에 그를 짐의 후계자로 삼겠노라. 짐이 신실하다고 여기는 네 명의 섭정들을 믿고 황자를 맡기노라."라고 하였다. 이런 유지를 남긴 뒤에 황제는 죽어가면서도 존경의 표시로 네 섭정들 쪽으로 머리를 기울였고, 금실로 용을 수놓은 황제의 예복을 가져오라고 하였다. 그러더니 두 팔을 감싸고 두 다리를 꼬면서, "이제 가네."라는 말을 남기고는 숨을 멈추었다.

순치제는 자정에 승하하였는데, 새벽이 되자 승려와 불자들이 궁궐로 몰려들었다. 정오가 가까이 되어 입관을 하였는데 이 예식에 함께 하였던 많은 사람들이 곡을 하였다. 그 이튿날 네 명의 섭정이 여덟 살 된 황자를 용상에 앉혔는데, 그가 바로 나중에 강희康熙라는 이름으로 오랫동안 영광스러운 치세를 한 바로 그 황자이다. 섭정, 황자, 장군들과 6부 상서들, 당시에 베이징에 체류하고 있던 모든 대관이 새 군주 앞에서 세 차례 엎드리고, 아홉 차례 이마를 바닥에 대었다. 아담 샬 신부는, "청나라가 이렇게도 짧은 기간에 한족들의 여러 요소를 한데 묶어 만주족과 단단하게 결속을 시키고, 어린아이를 옥좌에 앉혀야만 할 필요가 있을 때 아무런 반대의 소리가 없도록 만든 것은 기이하고 감탄스러운 일이었다."라고 말하였다.[209]

순치제가 붕어한 다음 날, 베이징 가까이 있던 만주족 모두가 주인의 죽음에 애도를 표하려고 식구들을 데리고 대열을 이루며 몰려왔다. 만주족은 팔기八旗로 나뉘어 있었는데, 많은 사람이 기별旗別로 나와서 황제의 관을 둘러싸고 애곡 하였다. 예전禮典에 따르면, 그들은 꼬박 사흘 동안 애곡을 해야만 했다. 베이징의 고관들은 이 이방인들의 애도가 전처럼 대단하였지만, 모든 문상

209) (원주) Johann Georg Pritius, De Statu Religionis Christ. In Regno Sinensi Ob Cultum Confutii Perturbato Relatio p. 287.

객들에게 양식을 충분히 공급할 수 있으리라고는 보지 않았다. 아담 샬 신부가 굶주리고 있는 이 불쌍한 조문객들을 동정하여 그들을 위하여 섭정들에게 상소를 올릴 때까지, 아무도 이들에게 음식을 내줄 생각을 하지 않았다. 신부는 섭정들에게 부인들과 노인들이 섞여 있는 이 불쌍한 만주족 조문객들이 이렇게 긴 애도 기간의 고통을 이겨낼 수 없어 고통 받고 있다는 점을 지적했다. 신부는 그들이 자기 고장으로 돌아가도록 허락하거나 먹을 것을 주라고 조정에 간청하였다. 섭정들은 선교사의 깊은 사려와 안목을 칭찬하면서 팔기군들에게 각기의 병영으로 돌아가는 것을 허락한다는 칙령을 반포하였다. 칙령에는 인산因山에 참여하기 위해 남기를 원하는 자의 비용은 국가가 부담한다는 말이 포함되어 있었다.

정월 열나흘에 새 황제에 대한 충성을 맹세하는 의식이 엄숙하게 거행되었다. 피를 나눈 왕자들, 6부 상서들과 판관들, 정1품, 정2품 관리들을 비롯한 제국의 고관들이 궁궐에 들어와서 서열에 따라 도열 하였다. 돌아가신 황제의 관은 화려하게 장식한 단위에 올려 모셔져 있었고, 참석자들 모두가 곡을 했다. 그 후에 섭정들 가운데 하나가 적당한 우선순위에 따라 맹세문을 읽고 나서, 관 위에 놓인 황금단지에서 그 맹세문을 불사르자, 참석자들 모두가 엎드려 바닥에 이마를 세 차례 바닥에 댔다. 이런 행동은 마치 돌아가신 황제를 다시 불러내어 자신들의 신실함을 증명하려는 듯했다. 그 뒤에 모든 참석자들은 궁궐 안에 있는 절로 몰려가서 우상들 앞에서 자기네들의 맹세를 다시 확인하였다. 아담 샬 신부는 이런 종교행사에는 참석할 수 없었으므로, 섭정들에게 다가가서 자신은 천주를 섬기는 사람으로서 우상들 앞에 무릎을 꿇을 수 없다는 말을 하였다. 따라서 이에 해당하는 의식을 자신의 기도실에서 할 수 있도록 허락을 요청하였다. 섭정들은 친절하게도, "마파, 설령 당신이 맹세하지 않더라도 아무도 황제에 대한 당신의 신실함과 헌신을 의심하지 않소. 하지만 이런 의식을 굳이 행하고자 한다면 당신 집이든 다른 곳이든, 당신이 마음에 드는 곳에서 하시오."라고 말하였다.

어린 강희제에 대한 충성을 맹세하는 의식이 끝나자마자, 순치의 장례의식이 시작되었는데, 이제까지 보았던 어떤 의식보다 훨씬 더 장엄한 모습이었다. 엄숙하고도 호화롭기 그지없는 중국적 의식에 더하여, 이례적이고도 저속하기까지 한 만주족의 관습이 곁들여졌다. 비극적인 장면이 연출되었는데, 돌아가신 황제의 시종들을 죽여 다른 세상으로 보내고, 그곳에서 그들의 주인을 능숙한 솜씨로 계속해서 모시게 하였다. 중국 사서에는 황태후가 순치의 가까운 친구이자 충신이었던 어떤 젊은 왕자가 여전히 살아있는 것을 보고는, 격발한 감정으로 이렇게 말했다고 한다.

> "여전히 살아있다니 가능하지 않도다. 내 아들이 그대를 사랑했으니 틀림없이 그대를 기다리고 있으리라. 그에게 가기를 서두르라. 그에게 가서 너의 사랑이 진실하고도 넉넉하다는 것을 보여주어라. 네 부모에게 뛰어가서 작별을 고한 뒤에, 용기를 내어 죽으라. 네 친구인 내 아들이 네게 손을 내미는구나."

역사가에 따르면 황태후가 자애롭고도 진지하게 한 이 말 때문에 그 청년은 큰 고통을 받았다고 한다. 청년은 순치를 사랑했지만 자신의 목숨도 사랑했으므로, 두려움 없이 죽음을 생각할 수 없었다. 청년이 걱정하는 가족들에게 둘러싸여 무서운 제물이 되는 것을 피하여 도망치라는 말을 듣고 있을 때, 황태후가 보석이 박힌 상자를 보내왔는데, 상자 안에는 스스로 목을 맬 때 쓰는 교수용 밧줄이 들어 있었다. 이 불운한 청년은 인생의 절정기를 보내고 있었으므로, 여전히 망설이면서 나라의 상스러운 편견에 따라 자결하는 문제를 두고 고심했다. 그러나 운명적인 선물상자를 들고 온 두 관원이 황태후의 명을 전하면서 그를 이 곤혹스러움에서 구해주었다. 그에게 스스로 목숨을 끊을 용기가 없다면 약간의 도움을 주겠다는 것이었고, 그들은 청년을 그렇게 도와주었다.

승하한 황제의 관은 베이징에서 115km 떨어진 곳에 새 왕조가 마련한 능침으로 운반되었으므로, 순치의 시신이 만주로 가면서 동행하게 되는 긴 행렬은 볼 수 없게 되었다. 엄청나게 많은 사람이 애곡하는 소리가 온 나라에 울려 퍼졌는데, 말년에 백성들을 크게 피곤하게 만들었던 바로 이 군주에게 시끄럽기는 하지만, 아마도 진심으로 아끼는 마음이 생겼기 때문이었을 것이다. 아담 샬 신부는 유럽에 있는 친구에게 이런 편지를 보냈다.

> "나는 황제의 죽음을 각별하게 애도한다네. 그는 17년 동안 나라를 다스리면서 내게 감사와 존경의 표하기를 멈춘 적이 없었네. 나의 요청에 따라서 그는 백성들의 복지를 위해 많은 일을 하였는데, 만약에 그가 24살이란 나이로 그렇게 일찍 죽지만 않았더라면, 틀림없이 더 많은 일을 하였을 것이네. 참으로 총명하고 천부적인 재능을 가진 젊은이였다네."

참고문헌

에바히스트 헤지 육이 저술한 1차 문헌

Huc, Évariste Régis. "Rapports sur la Mission en Tartarie, Mongolie, Tibet, 1842, 1847." In *Annales de la propagation de la foi* 19, (1847) and 20, (1848).

Huc, Évariste Régis. *A Journey through Tartary, Thibet, and China during the Years 1844, 1845 and 1846.* Translated by Percy Sinnett. 2 volumes. New York: 1852. and London: 1859.

Huc, Évariste Régis. *Christianity in China, Tartary and Thibet.* 3 volumes. Translated by Percy Sinnett. London: 1857—1858.

Huc, Évariste Régis. *L'Empire chinois, faisant suite à l'ouvrage instituté Souvenirs d'un voyage dans la Tartarie et le Thibet.* 2 volumes. Paris: Librairie de Gaume Frères, 1854.

Huc, Évariste Régis. *Souvenirs d'un voyage dans la Tartarie, le Thibet, et la Chine pendant les années 1844, 1845 et 1846.* 2 vols., Paris: 1850.

Huc, Évariste Régis. *The Chinese Empire.* Translated by Percy Sinnett. London: 1855.

Huc, Évariste Régis. *Travels in Tartary, Thibet and China, 1844-1846.* Translated by W. Hazlitt. 2 volumes. London: 1851.

Thevenet, Jacqueline. ed., *Joseph Gabet, Évariste Huc: Lettres de Chine et d'ailleurs, 1835-1860.* Paris: 2005.

에바히스트 헤지 육과 관련된 2차 문헌

Cammann, Schuyler. "New Light on Huc and Gabet: Their Expulsion form Lhasa in 1846." *Far East Quarterly* 1, no. 4 (Aug., 1942): 352-353.

Guillemot, Jean. "From Peking to Lhassa, an Extraordinary Adventure." *Futura-Sciences* (March, 2006).

명말청초 시대의 예수회 선교에 관한 1차 문헌과 2차 문헌

이 시기에 대한 연구를 위한 1차 문헌과 2차 문헌의 목록은 Kim, Sangkeun. *Strange Names of God: The Missionary Translation of the Divine Name and the Chinese Responses to Matteo Ricci's Shangti in Late Ming China, 1583-1644.* New Yoek: Peter Lang, 2004., pp. 275-314에 상세히 정리되어 있다.

프란체스코 하비에르에 대한 상세한 연구사와 1차 사료를 포함한 연구 자료는 김상근. 『프란치스코 하비에르: 아시아 선교의 개척자』. 서울: 홍성사, 2010., pp. 347-350에 정리되어 있다.

그 외에 부족한 연구 자료는 니콜라스 스탠대어트가 편집한 방대한 서지 정보를 참고하면 된다. Standaert, Nicolas. *Handbook of Christianity in China. v. 1, 635-1800.* Leiden and Boston: Brill, 2001. 1800년 이후부터 현재까지의 중국 그리스도 선교 역사에 대한 거의 대부분의 서지 정보는, Tiedemann, R. G. *Handbook of Christianity in China. v. 2, 1800 to the Present.* Leiden and Boston: Brill, 2010.

명청 시대의 반反그리스도 문서 중 『파사집』과 『부득이』는 아래와 같이 우리말로 번역되었다.

서창치 저. 우가이 테츠죠우 엮음. 안경덕, 이주해 옮김. 『파사집: 17세기 중국인의 기독교 비판 서울』. 서울: 일조각, 2018.

양광선, 이류사, 남회인 저. 안경덕, 김상근, 하경심 옮김. 『부득이: 17세기 중국의 반기독교 논쟁』. 서울: 일조각, 2013.

최근에 발간된 명말청초 시대의 예수회 선교 활동에 관한 저술은 아래와 같다.

Bays, Daniel H. *A New History of Christianity in China.* Chichester: Wiley-Blackwell, 2012.

Brockey, Liam Matthew. *Journey to the East : the Jesuit mission to China, 1579-1724.* Cambridge: Harvard University Press, 2007.

Hart, Roger. *Imagined Civilizations: China, the West, and Their First Encounter.* Baltimore: Johns Hopkins University Press, 2013.

Shin, Junhyoung Michael. *The Jesuits, Images, and Devotional Practices in China and Japan, 1549-1644.* Seoul: Seoul National University Press, 2017.

Smorzhevskii, Hieromonk Feodosii. *Notes on the Jesuits in China.* translated and edited Gregory A. Chestnut Hill: Institute of Jesuit Sources, 2016.

Tang, Kaijian. *Setting off from Macau: Essays on Jesuit History during the Ming and Qing Dynasties.* Leiden and Boston: Brill, 2016.

Yang, Sen-fu. A History of Nestorian Christianity in China. translated Herbert J. Hatcher. Budapest: The Author, 2007.

김혜경. 『예수회의 적응주의 선교: 역사와 의미』. 서울: 서강대학교 출판부, 2012.

리치, 마테오. 신진호, 전미경 옮김. 『마테오 리치의 중국 선교사 I·II』. 서울: 지식을만드는지식, 2013.

먼젤로, 데이비드 E. 지음. 이향만, 장동진, 정인재 옮김. 『진기한 나라, 중국: 예수회 적응주의와 중국학의 기원』. 파주: 나남, 2009.

박수철. 『오다 노부나가와 도요토미 히데요시는 어떤 인물인가: 16세기 예수회 선교사 루이스 프로이스의 기록』. 서울: 위더스북, 2017.

심장섭. 『그리스도교는 어떻게 중국을 공략했는가: 마테오 리치의 제국주의 기독교와 중국불교』. 서울: 자유문고, 2018.

알레니, 줄리오. 지음. 천기철 옮김. 『직방외기: 17세기 예수회 신부들이 그려낸 세계』. 서울: 일조각, 2005.

전홍석. 『초기 근대 서구지식인의 동아시아상과 지식체계: 예수회 선교사의 유교오리엔트』. 서울: 동과서, 2018.

아시아 그리스도교 역사 ❷

명말청초(明末淸初) 시대의 예수회 중국선교

번역과 주해 김지인 · 안경덕 · 김상근
펴낸곳 연세대학교 대학출판문화원
주소 서울시 서대문구 연세로 50
전화 02) 2123-3380~82
팩스 02) 2123-8673
전자우편 ysup@yonsei.ac.kr
http://press.yonsei.ac.kr
등록 1955년 10월 13일 제9-60호
인쇄 동호커뮤니케이션

2021년 04월 20일 1판 1쇄

ISBN 978-89-6850-583-6 (94230)
978-89-6850-527-0 (세트)

값 23,000원